Jean Peneff

LA FRANCE MALADE DE SES MÉDECINS

Les Empêcheurs de penser en rond

Si vous souhaitez recevoir notre catalogue,
contactez-nous à cette adresse e-mail :
empecheurs@seuil.com

ISBN 2-84671-138-0

5, rue d'Enghien, Paris Xe

« Il y a aujourd'hui un grand danger de routinisation du travail médical à travers la rationalisation des savoirs et l'encadrement des médecins. Ceci les empêche de mettre en œuvre leur aptitude clinique et leur sens pratique. Ce n'est bon ni pour le docteur ni pour le malade. L'enjeu pour la médecine est de créer un système de santé qui assure les soins appropriés, décents et humains, à un coût supportable pour l'économie nationale, sans réduire les travailleurs de la Santé à l'état d'employés qui appliqueraient mécaniquement des normes et offriraient machinalement leurs services. Les réponses à cette question ne peuvent pas être médicales. Elles doivent être économiques, politiques et sociologiques. »

Eliot Freidson. Conférence donnée à la Faculté de médecine de l'Université de Londres en 1980.

L'ouvrage qu'on va lire est dédié à Eliot Freidson, pionnier de la sociologie médicale. Son livre *La Profession médicale* (traduit en français avec une présentation de Claudine Herzlich) a inspiré nos travaux. La citation ci-dessus est tirée de son texte : *Sociologie et médecine : des points de vue contradictoires et polémiques.* Freidson se demande ce que font les médecins de leur pouvoir et de leur liberté. Il leur suggère de faire appel à la sociologie « pour analyser leurs valeurs et leurs pratiques, pour trouver une voie d'exercice de leur art, mesurée et humaine, ouverte à tous et à un prix supportable pour la collectivité ». Encore faudrait-il que la sociologie se révèle apte à répondre à cette éventuelle sollicitation, ce qui – selon l'auteur – est loin d'être assuré !

AVERTISSEMENT

Les réformes de l'Assurance maladie ont jusqu'à présent été de cuisants échecs. La nouvelle réforme ne réussira pas plus que les précédentes. Ces réformes ne sont-elles alors que des mises en scène destinées à masquer l'impuissance ? L'expression de velléités sans audace ? La simple ignorance des structures profondes qui régissent le monde de la santé ? La dernière réforme suit la trace des précédentes. Elle est un ensemble de recettes éculées. Depuis près de trente ans, les mondes de la médecine se développent de manière chaotique. Les trous noirs de l'univers médical engloutissent les économies péniblement réalisées par l'Assurance maladie et par les patients. Et pourtant, nous avalons continûment ces réformes telles des potions amères, sans trop d'espoir, sans illusion, fatalistes. Nous voulons toujours « sauver la Sécurité sociale », même si nous avons maintenant vingt ans de retard !

Ce livre propose de penser les choses autrement, de changer notre regard sur la médecine et la maladie. Il s'agit de renverser les perspectives en présentant une théorie de l'action médicale prenant d'abord pour objet les modes d'organisation de la profession médicale. Il s'agit de prendre en compte le désordre de la réglementation, envahissante par endroits, improductive ou lacunaire en d'autres. Il faut admettre l'idée d'une défaillance de l'administration de la profession médicale et ne pas tout déduire de la relation médecin/patient, quand c'est le face-à-face de la médecine avec l'ensemble de la société qui mérite d'être examiné.

Nous voulons aussi réintroduire le point de vue du « non-malade » ou de l'usager « non consommateur ». Pour cela, il faut que la société soit en mesure de discuter de sujets jusque-là cachés. Il appartient à la sociologie de les prendre comme objets d'enquêtes dépassionnées, c'est-à-dire débarrassées de leur contexte émotionnel. Il s'agit d'affronter les questions internes à la profession médicale telles que la hiérarchie des revenus médicaux, l'action syndicale et politique, ou encore le dilemme de la mort volontaire, le secret médical, les tests de médicaments. Il faut apprendre à distinguer ce qui relève effectivement de l'offre de soins aux clients et ce qui relève de l'offre de satisfactions aux personnels de santé, aux auxiliaires paramédicaux, aux élus locaux, aux industriels de la pharmacie.

Du fait de son ambition, ce texte échappe à la sociologie classique et ne cherche pas à répondre aux standards – d'ailleurs flous – de cette discipline. Il se veut à la fois objectif et militant. Il veut attirer l'attention sur les conséquences sociales des dépenses médicales. Les problèmes de l'économie française et celui de la croissance non maîtrisée des dépenses de santé sont en partie liés. L'apparition d'une nouvelle pauvreté, le chômage, la « crise » sont contemporains de l'accroissement rapide des dépenses et des déficits de l'Assurance maladie. Trouver un sens politique aux « trous » cumulés de la Sécu est une condition pour comprendre à la fois les inégalités en France et celles qui opposent pays du Nord et du Sud. La confiscation des capacités médicales du tiers-monde par l'émigration de leurs praticiens vient s'ajouter aux sacrifices demandés aux travailleurs pauvres des pays avancés pour couvrir les dettes de l'État providence. Sur qui pèse le plus cette extorsion voilée : les catégories sociales défavorisées en France ou celles des pays les plus démunis ? N'existerait-il pas une « subvention indirecte » de l'économie mondiale à la machine médicale des pays riches ?

Ce livre est la synthèse d'une douzaine d'années d'observation. Il est le résultat des enquêtes que nous avons menées dans plusieurs hôpitaux, par observation participante. Cette méthode sociologique repose sur la confrontation permanente du chercheur avec son terrain, la connaissance par la vision *in situ* grâce à une longue présence (plusieurs années). Les idées sont testées de manière expérimentale. Le chercheur doit apprendre à se familiariser lui-même avec la réalité qu'il étudie. Cette méthode convient à tous ceux qui sont conscients des biais induits par les discours et les représentations subjectives résultant des méthodes privilégiant les questionnaires, les interviews, les enquêtes traditionnelles. Cette démarche relativise ainsi les justifications données par les acteurs, leurs opinions, grâce à l'épreuve des faits vécus. Elle tente également d'éviter les statistiques trop générales. Les comptes de la santé sont peu exploitables, difficiles à comparer. Dans un texte que je ferai paraître ultérieurement, les principes de cette théorie et de cette pratique de l'observation seront exposés (« Le goût de l'observation, sa naissance, sa réalisation, sa transmission »). Pour approcher le monde médical, j'ai travaillé comme brancardier dans un hôpital pendant un an (voir mon livre *L'Hôpital en urgence*) et pour connaître les patients, je me suis fait passer pour un malade. Vie politique, travail médical, mondes des enseignants ou des jeunes lycéens sont des univers particulièrement fermés, qui nécessitent des méthodes spécifiques de levée de barrages et de secrets, et de jeunes collègues ont récemment tenté l'aventure[1].

Nos conclusions divergent d'avec les idées toutes faites et les opinions conformistes. De surcroît, nos enquêtes ont volontairement été menées hors des organisations de recherche officielles, de façon indépendante, sans contrat ni indemnisation d'aucune sorte, à nos risques et périls et donc sans institutions à défendre, sans permission ni autorisation à demander, sans dépendance ou remerciements imposés. Ce type d'étude est rare en France alors qu'il a gagné sa légitimité dans beaucoup d'autres pays. Nous avons évidemment respecté nos codes de déontologie : anonymat, confidentialité, neutralité.

Je remercie Philippe Masson qui m'a encouragé à poursuivre cette enquête laborieuse, Philippe Pignarre qui m'a aidé à la terminer. Je suis redevable également à mes anciens étudiants devenus des collaborateurs sur tous ces sujets : Christophe Andréo, Nadya Benyounès, Christophe Brochier, Michel Estèves.

---

1. Voir, par exemple, Philippe Masson, *Les Coulisses d'un lycée ordinaire*, PUF, 1999 ; Christophe Andréo, *Déviance scolaire et contrôle social. Une ethnographie des jeunes à l'école*, Presses universitaires du Septentrion, 2005 ; Daniel Bizeul, *Avec ceux du FN, un sociologue au Front national*, La Découverte, 2003.

Introduction

L'augmentation des dépenses de santé semble désormais une fatalité. Elles ont été multipliées par vingt (en monnaie constante) sur trois générations ! Le volume des dépenses défie tout ce qu'on imaginait il y a trente ans. Aucun budget, aucun autre secteur n'a connu ou même approché ce rythme.

Mais pourquoi et comment ? Au profit de qui ? Depuis quand et où ?

Pour justifier l'explosion des dépenses de santé, on évoque le plus souvent le coût du progrès dans la lutte contre les maladies, en oubliant l'ambivalence de l'argument du progrès : pourquoi les coûts nouveaux ne seraient-ils pas compensés par les économies induites par ces progrès eux-mêmes et par la rationalisation des soins qu'ils permettent ?

On a évoqué le coût de la recherche. On sait pourtant, de manière générale, que le coût de la recherche scientifique pèse souvent moins lourd que celui du marketing (publicité et communication).

On a ensuite fait porter la responsabilité aux malades pris de façon indifférenciée, sans justifier les surprenants écarts entre catégories sociales ou entre régions. Puis le coupable désigné est devenu le « vieillissement ». Le poids des « vieux » dans la société est venu à point nommé, l'argument justifiant les déficits. Mais quels « vieux » ? À la suite de quelles pathologies ? Dans quel environnement ? On ne s'attarde pas ! Pourtant, la moitié des « vieux » meurent brutalement ou à domicile.

On peut donc continuer à s'interroger. Quelles catégories sociales se retrouvent-elles prioritaires ? Qui est le plus malade ? À quel âge et dans quels lieux les patients sont-ils traités ? En cabinet ? À l'hôpital ? À domicile ? En maisons de retraite ? Faut-il dans ce cas rapporter l'envolée des dépenses à la géographie des installations ? Au clientélisme ? À la politique des régions où il y a de nombreux médecins élus ?

Qui contribue le plus à ce budget et en fonction de quelles ressources ? Les bas salaires ou les revenus élevés ? Les prélèvements se font-ils sur le travail (cotisations) ou par le biais des taxes et impôts ? Comment éviter que ce soit les ouvriers (spécialement ceux du privé dont les rémunérations sont les plus faibles) qui contribuent proportionnellement le plus fortement à ce budget ? La médecine, à notre insu, pourrait bien être devenue une vaste organisation de redistribution irrationnelle d'une partie importante de la richesse nationale.

Mais les patients seraient-ils les seuls responsables ? Pourquoi dans les exposés des motifs des réformes ne met-on jamais en cause le corps médical ? Pourquoi ne s'intéresse-t-on finalement que marginalement à ce que font et décident les médecins ? Pourquoi n'étudierait-on pas leurs organisations, la gestion et le fonctionnement de leurs instances représentatives ? C'est ce que nous avons voulu faire. Pour connaître de l'intérieur la profession médicale nous avons enquêté sur le travail quotidien de cet univers qui compte 180 000 médecins actifs. Il ne s'agit pas de critiquer leur compétence, leurs qualités humaines, leur savoir : ils sont incontestables. Ce que nous avons étudié, c'est le poids des structures, la division du travail, la distribution territoriale, la concurrence, les formations universitaires, leurs syndicats et organisations. Nous nous sommes donc plus intéressé à la médecine elle-même qu'à ses patients. Dans leur étude du monde médical contemporain, la plupart des auteurs prennent la position inverse. Citons, par exemple, Isabelle Stengers qui reconnaît que dans son analyse « l'ensemble des institutions, des industries, des régulations administratives, des modes de financements qui contribuent pourtant à façonner les pratiques médicales » est quasiment absent[1].

---

1. Isabelle Stengers, « Le médecin et le charlatan », *in* Tobie Nathan, Isabelle Stengers, *Médecins et sorciers*, Les Empêcheurs de penser en rond, 1999, p. 116.

Nous n'userons pas du terme générique « malade ». Il implique en lui-même un mode de raisonnement. Nous utiliserons des termes moins connotés (émotionnellement) : usagers, consommateurs, patients, clients. Cela nous permettra de nous démarquer des discours officiels qui associent pathologie et souffrance. La terminologie introduit souvent, à notre insu, des considérations morales dans les problèmes dits de société. Si les statistiques montrent les « inégalités » entre Français, il est difficile d'en tirer des conclusions car les comptes de la santé sont quant à eux peu exploitables et fournissent des données difficiles à comparer. Les médias et les hommes politiques les évaluent grossièrement (les classements et les nomenclatures changent constamment), et ce brouillage a évidemment de multiples conséquences sociales. Nous avons renoncé à étudier les malades en tant que tels. Nous avons étudié ceux qui les définissent et les soignent puisque la maladie peut être considérée comme un produit de l'action de catégorisation et de traitement de plusieurs professions.

Le problème de la santé, c'est celui des dépenses de santé, ce qui renvoie au droit de définir la maladie et le contenu de ce « droit » à la santé. Par son organisation interne et ses divisions, sa régionalisation (existence de régions favorisées et d'autres défavorisées quant aux dépenses), la médecine joue un rôle clé dans la construction singulière de la société. En résumé, pour expliquer l'augmentation des dépenses, cette enquête privilégie les causes internes et nous nous tournerons vers le grand absent des explications habituelles : le monde médical. On entend beaucoup dire que l'autonomie des praticiens est désormais menacée par l'ampleur des conséquences des inventions venues de la biologie, de la pharmacie. Nous verrons que ce n'est pas si simple. Si le corps médical a perdu certaines positions, il a compensé en conquérant la faveur du monde social et politique pour ce qui constitue un

---

La philosophe s'interrogeant sur la faiblesse épistémologique des questionnements médicaux et la foi ontologique envers le « raisonnement » médical prend, là, volontairement un parti pris de méthode. Ailleurs, par exemple dans *Histoire de la chimie* (avec Bernadette Bensaude-Vincent, La Découverte, 1993), elle avait préféré opter, comme nous, pour le point de vue des institutions et de la profession.

nouveau marché : l'idée de « santé » supplante désormais celle de « maladie ». La maladie n'est plus la préoccupation principale de la médecine. La médecine est devenue, par là, un problème social et même, certainement, la *grande question sociale* du siècle.

Nous commencerons par rendre compte des principaux changements survenus dans cette profession ces cinquante dernières années, en particulier là où la médecine apparaît comme une entreprise « neutre », quand elle définit des modes de fin de vie, des droits à la procréation, des modes de délivrance de médicaments dangereux ou d'autres normes éthiques. L'ignorance de la fonction des structures médicales désordonnées pourrait expliquer pourquoi toutes les réformes globales ont lamentablement échoué (que ce soient les mesures de tarifications, la surveillance des prescriptions ou les modifications des modes de gestion). Ces réformes sont de fragiles édifices, combinant à la fois des incitations morales et de timides mesures sans réelle intention de modifier l'édifice, par exemple en identifiant les populations les mieux prises en charge et celles qui le sont le moins. De 30 à 40 % de la population ne voient jamais un médecin, y compris à un âge avancé. Comment vivent ceux qui en font partie ? Pourquoi disparaissent-ils silencieusement ou discrètement (par exemple, pendant les étés de canicule) ?

Que la redistribution des prestations (en gros les dépenses) soit dans un rapport inverse à la contribution est une idée qui a déjà été avancée par certains observateurs, quoique plus allusivement que dans le cas des retraites. Quelques sociologues, des économistes et des juristes ont constaté que l'accès aux soins les plus coûteux ne concerne finalement qu'une fraction étroite de la catégorie des personnes âgées. Dans le cas des retraites, le retournement du début des années 70, inaugurant une « répartition à l'envers » (contribution inverse à la richesse personnelle et donc transfert de revenus des pauvres vers les riches), correspond à l'allongement plus important de la durée de vie des populations recevant les pensions les plus élevées ; ce qui explique l'origine des déficits des caisses de retraite. Un raisonnement similaire suggère que les prestations de l'Assurance maladie profitent aux plus fortunés (dont les cotisations sont plafonnées) qui atteignent plus souvent des âges avancés et sont des grands consommateurs de soins de santé ou à ceux qui vivent dans certaines villes et régions possédant un important maillage médical. Cette redistribution à l'envers – des pauvres vers les riches – est favorisée par une série de mécanismes sociaux dont la médecine n'est pas totalement responsable. Il n'en demeure pas moins que les privilégiés bénéficient de la plus large couverture sociale, n'ont pas à faire l'avance des honoraires (grâce à leur mutuelle) et profitent des remboursements les meilleurs et les plus rapides.

D'autres connexions interviennent. Il existe d'importants facteurs géographiques et démographiques : les traitements les plus longs ont surtout lieu dans les hôpitaux des villes du sud de la France ou de la capitale et dans les quartiers aisés des grandes villes. Dès les années 80, il devient évident que les ouvriers du privé qui font les travaux les plus épuisants ont une durée de vie plus courte et sont ceux qui consomment le moins de soins médicaux. Les dépenses des autres catégories sociales ont crû rapidement, même si ce n'est pas toujours de manière très visible, à cause de deux autres variables : le sexe et la région de résidence. Certains sociologues ont justifié la croissance continue et indifférenciée (selon eux) des dépenses au nom d'un phénomène un peu obscur qu'ils ont appelé « médicalisation de la société moderne ». Ils n'ont néanmoins jamais montré que toutes les catégories sociales en profitaient de manière égale. On peut appeler « médicalisation » l'accroissement brutal des nouvelles dépenses des années 80 dû à l'intensité des soins coûteux, à l'augmentation du nombre de consultations, de séances et de séjours hospitaliers, de consultations de prévention, etc. Mais si on étudie cette médicalisation en fonction des différentes catégories sociales, on constate qu'elle ne concerne qu'une très petite frange de malades : de 5 à 10 %. Les autres ne sont pas, loin de là, de gros consommateurs. Les trois quarts des 120 milliards d'euros de l'Assurance maladie sont dépensés par quelques catégories très spécifiques. La médicalisation – présentée comme un changement dans les mœurs – n'explique pas ces disparités. Les deux ou trois régions qui, à elles seules, mobilisent plus de la moitié des ressources de l'Assurance maladie appartiennent clairement à la *medical belt*[1], cette zone

1. Ceinture médicale : en référence à la « Bible Belt » – ceinture biblique – pour décrire les États les plus religieux du sud des États-Unis.

qui va de Bordeaux à Nice où les dépenses sont les plus élevées pour toutes les catégories (mais où l'on constate simultanément les plus gros écarts encore les pauvres et les riches).

Résumons notre idée principale : il faut chercher les raisons de la crise dans la complexité institutionnelle de la vie médicale elle-même. Un peu comme dans de nombreuses maladies, on suspecte les facteurs endogènes ! Pour mieux appréhender ce problème, nous commencerons par passer en revue les arguments et les justifications donnés par les acteurs eux-mêmes. Notre contribution poursuit sur la voie ouverte par les critiques des médecins. On auscultera le fonctionnement de la « société médicale » : le corporatisme, le clientélisme, le technicisme, le scientisme, les éventuels excès ou dysfonctionnements qui retentissent sur l'état des professions de santé. D'une manière plus symbolique que descriptive, nous appellerons pour le moment « offre » cet ensemble de causes internes. Sur ces sujets, nous avons été confrontés à des opinions et à des stratégies de défense contradictoires, mettant face à face des accusateurs et des accusés (tabac, conduites à risque, abus de sport ou d'alimentation). Pour sauvegarder le consensus social et l'harmonie entre malades – plus ou moins gros consommateurs – ou entre générations, on nous a opposé qu'il fallait laisser dans l'obscurité les divisions et les désaccords au sein du corps médical.

Pourtant, découvrir que ce qui restait caché apparut plus important que ce qui était connu, et cela nous a convaincu que le secret sous ses formes médicales, politiques et sociales, loin d'être marginal ou accidentel, était en fait central et décisif. Nous nous sommes donc orienté vers des sujets tabous : les effets des différences de revenus entre médecins pour une même durée de travail, la politisation des représentants de la profession, l'euthanasie discrète, la fraude à l'Assurance maladie, etc.

Rendre compte des dimensions historiques de l'offre de soins dans ses différenciations n'est pas aisé. En un siècle, beaucoup d'événements se sont produits qui sont mal connus alors qu'ils eurent des conséquences décisives dans la vie quotidienne des praticiens et des patients. Certains changements sont des glissements insensibles, à la différence des revirements brusques qui surprennent les acteurs. On verra que 1940, 1945, 1947, 1958, 1981,

1983, 1995 sont les dates importantes pour l'histoire que nous voulons faire.

La première et la deuxième partie traiteront donc de l'évolution de l'offre de soins ; la troisième et la quatrième examineront les nouvelles caractéristiques de l'exercice du métier médical, en particulier l'usage grandissant du « secret » pour cacher les lacunes de la coordination des soins, la politisation syndicale, la protection corporatiste et les disparités des conditions de travail entre praticiens qui sont sources de dissensions. L'absence de coordination et le laxisme des contrôles internes conduisent, par défaut, à la préservation du statu quo au prix de l'immobilisme, de l'échec des timides réformes, de la confusion des débats sur des questions comme l'euthanasie, ainsi qu'au développement de recherches médicales approximatives qui ne sont que des paravents dans le but de maintenir le rythme démentiel de croissance des dépenses de santé.

Sur ce thème parfois décourageant, exposé à des tensions sociales et à des clivages sévères dans toutes les familles politiques, nos conclusions seront perçues comme provocatrices. L'idée que la santé de quelques-uns est garantie aux dépens de la santé pour tous, au détriment du travail, peut-elle être soutenue sans faire scandale ? La nouvelle médecine serait-elle l'expression latente de la compétition entre les classes ? À chacun de juger en fonction des résultats auxquels cette enquête nous a progressivement conduit. Ils nous ont surpris nous-même tant ils étaient en décalage par rapport au sens commun. Ils ont pu heurter nos croyances personnelles, nos convictions ou intérêts de membres des classes moyennes ou supérieures. Mais être en contradiction avec soi-même, son milieu professionnel, sa famille est une banalité pour un chercheur.

La plupart de nos enquêtes ont été faites en cachant notre identité de sociologue. Quand nous n'avons pas été autorisé à enquêter, quand la présence du sociologue a été rejetée hors des centres cruciaux (pas d'intrus dans les cabines de pilotage !), nous avons dissimulé notre profession et nous nous sommes infiltré par d'autres moyens. Ce fut notamment le cas pour étudier les effets de la distribution des psychotropes en psychiatrie, les pratiques d'euthanasie et les conséquences du secret médical. Quand des questions (comme le rôle des journalistes ou des visiteurs médicaux) ne pouvaient pas être posées frontalement, nous avons progressé en contournant les interdits et les obstacles. Devant l'ampleur de ces questions et par prudence, nous ne livrons que des données personnelles à côté de lectures d'enquêtes médicales ou sociales. De jeunes chercheurs et moi-même avons pris tour à tour des rôles variés (aide-soignant, malade, cobaye de la recherche pharmaceutique, journaliste) afin de contourner les oppositions de milieux peu ouverts aux investigations à qui ne fait pas preuve de complaisance ou de complicité[1].

Par ailleurs, à la fin de plusieurs chapitres j'ai ajouté un court appendice intitulé : Opinions et humeurs. Il s'agit, après l'analyse, de fournir un aperçu personnel, mon propre sentiment sur les résultats présentés. Cela n'est pas habituel en sociologie où on n'avance ses propres valeurs et normes que de façon clandestine, sous le couvert d'objectivité professionnelle. J'ai choisi de donner une place à part aux différentes propositions pratiques que je pouvais faire et à leurs conséquences sociales. En faisant ces propositions, je sors de la neutralité. Le sociologue s'efface derrière le citoyen sans titre et sans mandat.

Dans un ouvrage à vocation strictement scientifique, ce changement de rôle serait illégitime. Ce type de confusion a entraîné beaucoup d'échecs et conduit à beaucoup d'impasses en sociologie. La sociologie ne doit pas être confondue avec l'action militante et aucun titre universitaire ni des succès éditoriaux ne le justifient. Sauf s'il y a des raisons urgentes à le faire. C'est me semble-t-il le cas ici.

---

1. Le compte rendu de ces investigations est disponible sur le site internet : http://perso.wanadoo.fr/ peneff-médecine. Il fait suite à plusieurs articles et deux livres publiés chez A.-M. Métailié en 1992 et 2000 : *L'Hôpital en urgence* (nous avions travaillé un an comme brancardier pour observer l'hôpital de l'intérieur) et *Les Malades des urgences, une nouvelle forme de consommation médicale* (où nous avions pris, entre autres, le rôle de malade).

Première partie

L'offre médicale

Pour fournir un cadre explicatif général, unifier les critiques et prendre le recul historique nécessaire face à un phénomène majeur, on doit s'efforcer de dépasser les enquêtes dispersées ou les micro-études. Les réalités médicales sont mouvantes, ambivalentes, à multiples facettes, et on doit se méfier des tentations simplificatrices. Le monde médical est très réactif, très sensible. Il réagit vite aux images que lui renvoient la science, les médias et, plus généralement, la population. Il est prompt à anticiper les problèmes et à proposer ses « réponses » avant même que les choses aient pu être examinées dans la clarté. Une liberté d'esprit totale et la non-inféodation sont indispensables si on veut mettre en cause les arguments opportunistes, les idées toutes faites, pour saisir la cohérence (ou l'absence de cohérence) de cette gestion de la santé.

Une révolution blanche ? Bilan du siècle écoulé

Tous ceux qui veulent prendre la mesure des changements se heurtent à une série de paradoxes étonnants. La médecine a évidemment beaucoup changé, ne serait-ce que par le nombre de ses acteurs ainsi que par les domaines de leurs compétences qui ont beaucoup augmenté. Nous venons de vivre une révolution blanche, silencieuse : l'ascension, dans les pays riches, tout au long d'un demi-siècle, d'une profession qui est allée plus loin que toute autre dans la mobilisation de ressources pour satisfaire les « besoins » de la nation au nom de la « santé » (nous mettons des guillemets car on verra combien les définitions sont relatives).

Comment multiplie-t-on par cinq les acteurs principaux en cinquante ans (on est passé de 40 000 à 200 000 diplômés en médecine) ? Comment passe-t-on de une ou deux consultations par an (c'était la moyenne pour nos parents) à 10 ou 12 pour nous ? Comment recrute-t-on deux millions d'actifs dans un secteur qui n'en comptait que quelques milliers (les paramédicaux et les aides) ? Comment se crée, à partir de rien, une trentaine de nouveaux métiers collaborant avec les médecins ? Comment expliquer l'évolution du nombre d'hospitalisés, de 300 000 environ à 13 millions entre le début et la fin du siècle ? Comment une industrie presque inexistante (celle du médicament) devient-elle une des premières par son chiffre d'affaires ? L'augmentation du nombre des médecins sur un siècle est continue (rappelons qu'ils n'étaient qu'environ 20 000 en 1920) ; le nombre des consultations, estimé à 40 millions dans les années 30, est passé à 800 millions aujourd'hui ; dans le même temps, le nombre des hospitalisations a été multiplié par 40. Comment vivons-nous ces nouvelles conceptions de la santé ? Quels bouleversements entraînent-elles dans nos façons de voir, dans nos vies quotidiennes, nos comportements sociaux, familiaux ou politiques ? Cette révolution s'est déroulée en douceur, sans qu'on fasse l'effort de la comprendre, à tel point qu'on a maintenant du mal à imaginer comment nos grands-parents « survivaient »...

Pour les inconditionnels, nous avons en France « le meilleur système de santé », une excellente médecine (qui n'a engendré que deux médecins français prix Nobel en quatre-vingts ans...), capable de remarquables découvertes mais... sans que cela entraîne une baisse de la mortalité supérieure à celle de nos voisins qui investissent pourtant beaucoup moins. Les discussions autour de la santé mêlent des aspects connus et très documentés à d'autres ignorés ou secrets. Une partie du public, réticente devant l'ampleur des dépenses et le fardeau qu'elles représentent pour le budget de la nation, se prend à douter ; certains chercheurs multiplient les critiques. D'autres s'inquiètent de la charge sociale ainsi imposée aux futures générations du fait des déficits cumulés alors que les réformes, qui s'avèrent régulièrement des échecs, creusent à leur tour de nouveaux déficits. Ceux qui veulent faire payer les futures générations arguent que c'est légitime puisque les générations à venir profiteront du travail, des savoirs, des profits, du pouvoir international et de la production de biens accumulés par les précédentes. Leurs opposants insistent sur le volume de la dette léguée et sur le fait que l'on ne demande pas leur avis aux futurs débiteurs...

L'image sociale de l'organisation médicale

Il est impérieux d'examiner en premier lieu l'état d'esprit des professionnels qui ont le sentiment d'être débordés, menacés, voire agressés par les malades. Ce sentiment n'est pas nouveau. La profession a toujours entretenu des rapports tumultueux avec l'opinion. Les médecins ont constamment déploré un manque de reconnaissance envers leur métier. Depuis les mots d'Hippocrate («La médecine est de toutes les professions la plus noble; et cependant, par l'ignorance et de ceux qui l'exercent et de ceux qui la jugent à la légère, elle est dès à présent reléguée au dernier rang») jusqu'à ceux de Claude Bernard («J'ai entendu des médecins se plaindre de ce que la foi médicale diminuait et que les doctrines perdaient de leur crédit. Ils voyaient là un signe de décadence de la médecine. J'y vois au contraire un progrès[1]»), un sentiment de déréliction, un catastrophisme récurrent, une idéalisation du passé sont toujours manifestes. Cette réaction dramatisée ne correspond pourtant pas du tout à la réalité des faits. Par rapport aux générations précédentes, les médecins ont aujourd'hui des moyens inégalés et inespérés pour se défendre. Les autres professions leur envient le plus gros budget – et de loin – de toute la nation, reconduit chaque année et toujours dépassé. La collectivité couvre, bon gré mal gré, tous les déficits.

1. On trouvera ces extraits dans Hippocrate, *La Consultation*, Hermann, 1986, p. 182, et dans Claude Bernard, *Principes de médecine expérimentale*, PUF, 1947.

En effet, plus la profession médicale est critiquée, plus elle semble forte! Il faut garder en mémoire les grèves victorieuses successives qu'elle a menées en 1983, 1990, 2002, et toutes les réformes avortées comme le plan Juppé, le carnet de santé, etc. Certes, ébranlée par quelques scandales (sang contaminé, chirurgie abusive) ou par des procès, elle sort généralement indemne de ses démêlés judiciaires. Elle a réussi à préserver sa bonne image générale et est restée à l'abri des désaveux moraux qui ont affecté les autres grandes institutions (l'Église, l'École, la Justice, les partis politiques, etc.) touchées par la pédophilie, les affaires de mœurs, la corruption. Comment la profession s'est-elle organisée pour transformer les échecs en victoires, les reculs en offensives, les retraites en avancées? Le projet de dissolution de l'Ordre en 1981, les réformes prévues par l'Union de la gauche (comme les centres gratuits de santé) ont été votés puis abandonnés sous la pression des manifestations! L'année 2002 s'annonçait mal: scandale du dopage, médecins compromis dans des expériences éthiquement douteuses (mères porteuses, etc.), menaces de sanction venant de directeurs de caisses primaires décidés à passer à l'action. Sur la défensive, la profession ressort gagnante grâce à l'accord « historique » (selon les syndicats) du 5 juin 2002: la consultation passe à 20 euros!

Est-ce un effet du pouvoir médical? Cette notion est controversée, mal définie et ne rend pas compte de l'intervention médicale dans la vie politique.

Les médecins sont-ils trop ou pas assez payés? Harassés de travail ou gaspilleurs de leur temps? Au bénéfice de quels clients? Auprès de qui passent-ils le plus grand nombre d'heures? Qui oriente réellement la profession? Qui sont les médecins qui ont une influence professionnelle? Ceux qui, dans l'ombre, conseillent le prince ou ses ministres? Les activistes, les syndicats ou – nouveauté – les « coordinations »? Les conseillers de l'Ordre ou les conférences de doyens de facultés, les membres des commissions de nominations ou les associations de professeurs de CHU? Les amicales, sociétés savantes, académies? Comment expliquer la masse des réactions désordonnées?

Les questions les plus simples qui permettraient de connaître une profession aussi importante et aussi présente (aucun journal télévisé sans la présence de médecins ou de malades) ne sont pas soulevées. De quels milieux professionnels sont-ils issus ? Où font-ils leurs études ? Quel est le contenu de ces études ? Comment vivent-ils ? Se cultivent-ils ? Se distraient-ils ? Quelles orientations prennent leurs enfants ? Ces questions le plus souvent laissées sans réponses précises témoignent de notre timidité, à nous, spécialistes en sciences sociales, malgré quelques études récentes[1].

La place de la maladie dans la médecine

La maladie n'est plus la seule préoccupation des médecins. Ils ont de plus en plus d'autres obligations. Ils sont amenés à traiter des relations au travail, des faits de carrière, des déceptions professionnelles, du chômage, des résultats scolaires ou de ceux de la justice. Ils sont aussi mobilisés pour maîtriser la procréation ou son interruption, stimuler la vie sexuelle, transformer l'apparence du corps. Les patients vont les voir pour améliorer leur état psychique, subjectif, moral. Il faut gérer leurs demandes pour des produits de « substitution » souvent toxiques, lorsque certains visent des performances sportives, intellectuelles, sensorielles. Parfois le tout en même temps ! Bien au-delà de la stricte maladie, les patients multiplient les rapports à la médecine, la forçant à des adaptations incessantes. La profession médicale réussit dans la plupart de ces nouvelles entreprises, mais c'est avec des arrangements compliqués, instables, des compromis et des renonciations plus ou moins voyants.

Les circonstances dans lesquelles on est susceptible de rencon-

---

1. Pour un état des travaux et des principaux auteurs contemporains, voir : Danièle Carricaburu et Marie Ménoret, *Sociologie de la santé. Institutions, professions et maladies*, Armand Colin, 2004, et Pierre Aïach et Daniel Delanoë, *L'Ère de la médicalisation*, Anthropos, 1998. Auparavant, une approche qui s'inspirait des sociologues américains de la santé avait été réalisée par Pierre Aïach et Didier Fassin (sous la direction), *Les Métiers de la santé. Enjeux de pouvoir et quête de légitimité*, Anthropos, 1994.

trer un médecin ont donc explosé. Mais tout cela reste invisible, occulté, à cause d'un grand « fait social total » : le secret médical. Ce secret limite toute investigation sociale et démocratique, soumet toute enquête à autorisation, voire à un patronage officiel. Cela ne facilite pas l'observation et l'étude des rencontres entre clients et professionnels. Aucune profession n'a élevé de telles barrières, ne s'est montrée aussi méfiante envers toute intrusion ; aucune n'a autant peur du regard des autres, ce qui pourrait être un signe, non pas de confiance en soi, mais bien plutôt de désarroi. Cette question du secret n'est pas seulement un problème pour les sociologues. Elle touche à des intérêts collectifs : quels dangers, pour une société, implique l'ignorance tolérée d'une partie d'elle-même ? Ce secret a de multiples facettes ; il est plutôt, dans la profession, la marque d'un manque de coordination entre ses activités, d'un niveau faible de liaisons entre flux de malades, de l'opacité des relations et de la pauvreté des transferts des connaissances entre les différentes spécialités. Aucun médecin ne peut savoir ce que fait son collègue sans un accord explicite qui sera très rarement demandé. Un médecin ne sait pas ce qui se passe derrière la porte à côté, celle de son confrère. Cette ignorance, hélas, se déploie dans un contexte où la plupart des actes professionnels ne sont pas encadrés réglementairement. Il n'y a pas de législation, par exemple, sur l'euthanasie pourtant pratiquée ; dans d'autres cas (médicaments, recherches thérapeutiques) la législation est peu ou mal appliquée.

D'autres caractéristiques nous ont frappé. C'est d'abord la disparité des revenus. Les milliardaires et les prolétaires de la médecine se côtoient. C'est ensuite leur disponibilité pour l'action publique : lobbyings dans la presse et l'administration, élections. Cette disponibilité est étonnante de la part de professionnels si occupés ! En France, les médecins font beaucoup de politique. Ils la subissent aussi, étant souvent mobilisés ou interpellés par les pouvoirs publics. Ils la défont parfois : ils savent la faire échouer quand elle ne leur convient pas. Ce fut le cas avec le plan Juppé, la réforme instituant le médecin référent ou la carte Sésame.

Ce livre, né de ces questions et de constats, va essayer d'associer une théorie – celle de l'offre médicale – à un contexte particulier :

la conjoncture politique instable marquée par un désordre des structures au sein de l'administration du contrôle médical (affaiblissement de l'Ordre, absence de cohérence des plans de réforme successifs, gestion éclatée de l'Assurance maladie). Ces circonstances n'atténuent pas, au contraire, le pouvoir et l'influence des médecins, même si ces processus l'éparpillent. Plus que jamais, on doit considérer le corps médical comme un parti politique, et même comme le Parti dominant, non soumis à élection mais dépendant de la satisfaction de ses clients ; j'emploie le mot « dominant » pour insister sur la certitude implicite des acteurs médicaux : « Qui s'oppose à nous perd les élections ! » Ainsi, aucune réforme n'est tentée sans contrepartie, le plus souvent financière, accordée au corps médical. Une fois l'échec de la réforme consommé, le ministre initiateur disparu, seules les concessions restent.

Nous avons donc voulu embrasser toutes ces questions à la fois et en faire des sujets d'enquêtes. Nous avons cherché la logique sous-jacente à des faits apparemment hétérogènes, tels que la dispersion des pratiques d'un côté et l'inadéquation des réactions gouvernementales et législatives de l'autre. Une des clés pour comprendre ce qui s'est passé au cours de cette dernière décennie, c'est qu'après avoir été triomphante la médecine a dû redescendre du piédestal où elle avait été installée ; elle redevient aujourd'hui une profession comme les autres. Malgré sa réputation prestigieuse, elle est de plus en plus soumise aux mêmes contraintes et obligations de droit commun que les autres professions privilégiées. Elle a bénéficié pendant un siècle d'un statut à part ; elle a été intouchable et protégée. Aujourd'hui elle est en train de perdre, en partie, son autorité morale et sa toute-puissance. Elle vit mal ce moment de bascule où, après avoir été au faîte du pouvoir, elle descend et connaît les contingences ordinaires des autres professions. Ce sont ces changements entre l'ancienne profession médicale et la nouvelle que nous allons essayer d'inventorier.

1
L'AUTO-ADMINISTRATION DE LA PROFESSION MÉDICALE

La sociologie doit étudier le monde de la médecine et, simultanément, le problème des dépenses de santé qu'elle a trop longtemps ignoré. C'est un défi majeur pour elle, un test quant à sa capacité à rendre compte de ce phénomène majeur de la seconde moitié du XXe siècle: l'extraordinaire développement de la consommation médicale. Les dépenses de santé dépassent désormais l'ensemble du budget de l'État, c'est-à-dire la totalité des dépenses consacrées à l'éducation, la formation professionnelle, la jeunesse et les sports, l'aménagement du territoire, la défense, la police, la justice, les services publics, etc. On peut estimer qu'entre 140 milliards et 180 milliards d'euros y sont consacrés.

La médecine constitue désormais un État dans l'État. Il paraît donc élémentaire d'essayer de répondre aux questions suivantes: qui dirige cet État? Comment est-il administré? Comment se répartissent les ressources? Quels sont les contrôles et les évaluations? Avec quel mandat les acteurs principaux agissent-ils? Dans quel contexte: «autonomie satisfaite ou autocritique»? La liberté de gestion et de décision des médecins (actes, prescriptions, évaluation interne) transcende les principes organisateurs de toutes les autres professions. Cette autorégulation excède de très loin les droits des autres professions «hautes» ou, plus généralement, des autres professions libérales[1]. La singularité médicale est très

1. Je reprends ici une terminologie consacrée, à la suite des travaux d'Everett Hughes et de ses élèves (dont les sociologues américains de la médecine: H. Becker, E. Goffman, E. Freidson, J. Roth, A. Strauss). Les professions hautes

importante si on la compare à toutes les autres professions. Les médecins ont la capacité reconnue de définir seuls ce qui convient pour la guérison. Ils sont, en ce sens, le modèle de la profession autonome. Les enseignants ont perdu en autonomie pendant cette même période : la stricte surveillance de la hiérarchie, des inspecteurs et des directeurs s'est atténuée mais, dans le même temps, l'ingérence des parents d'élèves a pris de l'ampleur. Ils n'ont de toute façon jamais bénéficié d'une autorégulation. Pour comprendre la situation particulière du monde médical, il faut imaginer ce qui se passerait si les enseignants avaient le droit d'élaborer eux-mêmes les programmes, de définir qui est scolarisable et dans quelles filières, de diriger les élèves vers certaines qualifications ou diplômes, mais aussi le droit de définir les charges des services, les sanctions disciplinaires, les normes du travail, le nombre d'élèves et de classes, les horaires et les formes de la pédagogie. Rien d'approchant ne leur a jamais été accordé.

Le pouvoir professionnel des médecins est donc exceptionnel, particulièrement leur droit d'exercer le contrôle de leur propre travail (ou de le faire entre pairs). Le monopole et la reconnaissance légale d'évaluer leur propre expertise leur permettent de définir, entre eux, leurs normes de travail (les références opposables, les bonnes pratiques) et de se protéger, grâce au secret professionnel, des profanes et de toute autre intervention extérieure.

La profession médicale n'a jamais eu à renoncer à son indépendance ; elle continue à s'évaluer et à juger elle-même ses membres fautifs, et à fixer ses règles collectives disciplinaires (par Ordre et syndicats interposés). Elle délimite également – mais avec plus de difficultés – les compétences entre les spécialités et leurs responsabilités respectives, détermine les pouvoirs hiérarchiques, intervient dans les conflits et, bien entendu, valide les connaissances en

---

sont constituées de métiers bien établis, à fort statut, particulièrement respectés. Elles détiennent de ce fait un ensemble de privilèges et de droits à des positions et à des biens. Elles bénéficient, dans la hiérarchie des activités, d'une crédibilité et d'une légitimité peu contestées. La médecine a été considérée au XXe siècle comme le symbole de la profession prestigieuse. Lire les articles de E. Hugues dans *Le Regard sociologique* (essais rassemblés et présentés par Jean-Michel Chapoulie), éd. de l'EHESS, 1996.

fixant le contenu et les modalités des enseignements. Elle contrôle aussi de près les savoirs des paramédicaux. Ce travail de réglementation interne mobilise des forces considérables : Ordre, commissions et juridictions disciplinaires y épuisent leurs forces mais garantissent en fin de compte cette indépendance chèrement acquise et défendue. Même quand elle doit négocier (et cela arrive souvent : barème des différents actes, astreintes ou gardes), elle le fait avec adresse, en position de force, confirmée par cinquante ans d'avancées et de victoires. Cette autonomie évolue cependant en fonction du droit des caisses de remboursement et des interventions des associations de malades. En cinquante ans, des éléments de pouvoir et de liberté ont été perdus mais d'autres ont été gagnés, maintenant presque intacts les privilèges de la profession médicale, exorbitants par rapport au droit (que ce soit le droit du travail, le droit civil ou pénal).

Si la profession semble reculer dans sa conception de son autonomie corporatiste, elle a gagné dans l'espace public d'intervention où elle intervient sans retenue. Elle y perd néanmoins sa cohésion d'antan. Ce manque d'unité a éclaté au grand jour lors de la création des modes d'exercices particuliers. Il y a quelques années, il n'en existait que 3 ; il en existe 54 aujourd'hui ! Ayant éliminé hier les empiriques, la profession a dû également s'ouvrir à d'autres offreurs de guérison et de soulagement aux pratiques considérées comme non scientifiques par les tenants d'une stricte orthodoxie (l'homéopathie a été ainsi jugée peu légitime). Les administrateurs des caisses de l'Assurance maladie ont le droit d'être ébahis devant les savoirs controversés, les spécialités éparpillées, les règles mal rédigées et ambiguës. Seule la confidentialité permet de sauvegarder les apparences d'un ensemble cohérent.

La « révolution blanche » a en conséquence touché les patients comme les thérapeutes. Elle a profondément modifié le sens du travail des médecins et des institutions de santé. Mais elle a eu aussi des répercussions sur les mentalités des usagers. En quelques années, l'extension du domaine de la santé et, subséquemment, l'accroissement des « soins nécessaires » à l'entretien de celle-ci ont abouti à un problème socialement ingérable. La société civile a approché ces problèmes avec beaucoup de circonspection parce que l'on continue à s'interdire de considérer les médecins comme des professionnels comme les autres. Leur mission sans cesse rappelée – sauver des vies – paralyse tout esprit critique en rendant notamment indiscutables les statistiques de morbidité ou la rationalité de l'utilisation des masses financières allouées. En effet, si, à niveau de développement égal, la valeur d'une médecine était indexée au volume des dépenses, les statisticiens auraient le droit d'attribuer à la France le record mondial de qualité. Le Japon ferait la plus mauvaise performance. Mais si on prenait en compte la durée de vie, les résultats seraient inverses ! Les comparaisons au sein de l'Europe mettent en évidence de singuliers écarts et font apparaître des corrélations négatives surprenantes entre le volume des dépenses et les résultats obtenus en matière de mortalité et de morbidité générale. La qualité de la santé – au-delà d'un seuil relativement bas – n'est pas liée à la dépense mais est dépendante de l'organisation du travail médical et de la distribution de cette dépense.

Cette dépense n'est d'ailleurs pas connue de manière satisfaisante. Les statistiques s'appuient sur les nomenclatures et sur des comptages réalisés sur la base des classements et des catégories médicales. Tout ce qui n'est pas remboursé par l'Assurance maladie disparaît des chiffres, notamment le prix des médecines non dominantes alors qu'elles ont évidemment un coût pour les patients. Dans les discours officiels, la « santé » est définie par les chiffres produits au sein du domaine régi par le monopole de la médecine. Ce que cautionne l'État. Les sociologues de la médecine, par un mouvement similaire, s'interdisent d'étudier les pratiques de soins hors des institutions ou hors remboursements. Pourtant, une discipline scientifique avance quand elle renonce aux perceptions et aux catégories de jugement des acteurs. Ainsi, il y a longtemps que les sociologues de l'éducation ne prennent plus les taux de succès aux examens et les appréciations des enseignants comme principes de hiérarchie de l'intelligence, ou les résultats aux tests scolaires comme signe des capacités générales des élèves. Il y a longtemps que les sociologues de la police et de la justice ne voient pas dans les statistiques de la délinquance le niveau avéré de l'état de la déviance ou des transgressions des règles de la société. De la même manière, nous aurons fait un pas en avant en ne déclarant pas *a priori* « malades » des individus parce qu'ils ont été qualifiés ainsi par des médecins. Il faut donc se détacher des catégories « indigènes » et déclarer que bien des malades ne sont pas identifiés comme tels par des médecins et que tous ceux qu'ils déclarent malades ne sont pas atteints de la pathologie incriminée. C'est pour cela qu'en bonne logique scientifique nous devrions utiliser une autre catégorisation préalablement définie comme *patient, client, consommateur, usager* [1], et non pas les classements et qualifications déterminés par la profession elle-même. Les taxinomies professionnelles gênent nos analyses en reprenant les conceptions déterminant qui est malade ou non [2]. En proposant ainsi une autre classification, nous essaierons de différencier le terme générique « malade » et de le séparer de ses connotations morales et compassionnelles.

Il n'y a jamais eu en sociologie de la médecine une théorie radicale ou une démystification audacieuse. Seul un gauchisme médical – dont les représentants sont connus : Ivan Illitch, Peter Skrabanek et James McCormick, Michael Balint, Norbert Bensaïd – a émergé, à travers le temps. Les sciences sociales ou les institutions académiques se sont abstenues d'intégrer la pensée contestataire et ont fait preuve de beaucoup de prudence, à l'exception des médecins philosophes comme Georges Canguilhem, Mirko Grmeck et François Dagognet. Même un critique combatif comme Pierre Bourdieu a épargné la corporation médicale et esquivé la question du poids social et économique de la médecine. On s'étonnera de la réserve d'un auteur dont l'indépendance d'opinion ne fait aucun doute. Il n'a pas ménagé par ailleurs ses critiques contre les patrons, les juges, les hommes politiques, les

1. Voir les définitions en Annexe.

2. D'autant que la sociologie est liée, plus que d'autres, par contrat à des demandes d'autorisation d'enquête (ce que nous avons choisi d'éviter). Les relations sociales (ou la proximité familiale) entre les deux positions, sociologue et médecin, aggravent la dépendance notoire des enquêteurs vis-à-vis des organisations de santé. Voir Jean Peneff, « Enquêter à l'hôpital », *in* Charles Amourous (sous la direction), *Que faire de l'hôpital ?*, L'Harmattan, 2004.

journalistes, les artistes, les prêtres, les enseignants, les travailleurs sociaux, les policiers, etc.[1].

La puissance sociale de la profession médicale se manifeste par sa capacité à définir la maladie et donc à imposer ses recensements et comptages au travers de ses propres nomenclatures. Elle diffuse auprès des chercheurs les catégories qui servent à classer, recenser, compter, donc de fait à organiser l'affectation du budget (ce qui n'est le cas pour aucun autre budget). En maintenant son influence sur le secteur de l'activité de recensement des malades et des maladies, elle gère directement l'image qu'elle veut donner d'elle. Il y a cependant fallu le consentement passif de l'administration et des patients. En sciences sociales le classement des tableaux de taux de morbidité, ou des causes de mortalité – repris des calculs médicaux – est une caricature ou, pour le moins, une incroyable simplification. Comment faire tenir les 5 000 affections majeures en dix lignes d'un tableau ? Ces statistiques vulgarisées ne sont évidemment pas neutres. Toutes les classifications professionnelles opèrent des amalgames qui édulcorent ou dissimulent un phénomène complexe.

Une économie morale de la santé

Les dépenses peuvent être jugées trop élevées ou insuffisantes. Dans les deux cas, cela pose un dilemme. Doit-on accepter l'idée que dans les sociétés occidentales les budgets de la santé connaissent une croissance rapide mais guère différente des autres grands budgets, comme ceux de l'Éducation nationale et de la Défense (pour ces derniers, à des rythmes moins rapides) ? L'Éducation ou la Défense (ajoutons-y la Police) ne reçoivent pas, en ce moment, des moyens comparables alors que la formation des esprits et la défense du territoire pourraient tout à fait être perçues comme des

1. Néanmoins, trois mois après sa mort, la revue *Actes* consacrait un numéro spécial aux médecins suivi d'un autre tout récent. Était-ce intentionnel ou fortuit ? On ne sait pas.

missions affectant la continuité d'une communauté organisée. Cette hiérarchie des priorités – la santé avant l'ensemble additionné de la culture, de l'école, de la formation, de l'assistance, de la protection du territoire, de la justice, du travail social, etc. – s'est imposée dans un laps de temps court parallèlement aux modifications de la structure des classes sociales en France, particulièrement repérable au bouleversement politico-syndical des années 80 et 90 (désyndicalisation, dépolitisation, montée de l'abstention électorale, alternance régulée). Ce changement, accéléré notamment après 1990 – et imputé trop rapidement à la mondialisation –, a aggravé la démobilisation des ouvriers alors que leurs intérêts s'identifiaient de moins en moins avec ceux des autres classes sociales. Certaines fractions ouvrières (les plus qualifiées d'entre elles) ont cependant pu s'intégrer aux classes moyennes par le biais de mariages avec des conjoints de niveau bac ou bac plus deux souvent employés dans l'hospitalier, le paramédical et le travail social. Une classe moyenne est ainsi apparue dont les membres sont liés, par leur emploi même, à l'idée qu'il est légitime de « dépenser sans compter en santé ». Un consensus implicite excluant une grande partie des classes populaires s'est établi sur l'objectif du bien-être comme devoir moral et sur l'Assurance maladie comme modèle de solidarité. Du coup, les déficits permanents ont bien été couverts et le resteront tant que cette combinaison qui est à la fois morale et politique se maintiendra.

Certaines fractions de la société sont néanmoins restées dubitatives. Quelques-unes ayant des revenus médiocres tirent individuellement leur épingle du jeu à l'aide d'astuces mettant l'État providence à contribution et vivent cette nouvelle aspiration générale à la santé comme une occasion de recours, une sorte de compensation justifiée. Les classes populaires dont l'avenir est plus incertain ont pu s'y engouffrer, perdant du même coup le sens de l'organisation et de la revendication collective. Les doutes qui sont ceux de la petite classe moyenne des bureaux et services, dont le travail est particulièrement monotone, sont différents. Dans ce cas, une autre conception salvatrice de la santé s'est développée : échappatoire à l'ennui au travail, à l'absence de promotion. Cela a entraîné un recours aux congés maladie et aux indemnités journalières en vue d'adoucir la dureté de la compétition pour l'emploi ou les conditions de vie des femmes à la double journée de travail. La fracture entre classes moyennes hautes et classes populaires pauvres – là où existait auparavant une alliance circonstancielle mais solide – est concomitante de l'émergence de la préoccupation « profiter de la médecine sans frein ». Une nouvelle répartition du PIB par compensation sous le couvert de l'Assurance maladie, idéalisée dans son apparence égalitaire formelle, s'est mise peu à peu en place.

Cette économie morale de la santé, dans un contexte général de moindre emploi pour les peu qualifiés, a déstabilisé le syndicalisme classique, mettant en crise l'engagement politique traditionnel et substituant à toute orientation combative une cogestion relativement harmonieuse – au moins jusqu'à une date récente – entre syndicats et patronat. Cette entente est destructrice des mentalités de luttes car basée tacitement sur la tolérance, le laxisme quant au contrôle, le compromis permanent et le respect des idéologies de la santé dans le cadre d'un travail organisationnel mené en commun dans l'appareil de l'Assurance maladie.

Ce système est progressivement entré en crise sans que tous les acteurs en aient conscience. Après l'euphorie des dépenses des années 80 à 95, les déficits ont continué à se creuser du fait des habitudes prises, de l'inertie des institutions créées dans les années 50. Les réclamations tardives de gouvernants demandant toujours plus de santé pour moins de dépenses furent après 1995 confuses, peu lisibles pour le public et incompréhensibles pour les médecins, car continuellement contradictoires. La presse, quant à elle, a soufflé en permanence le chaud et le froid. Les prévisions sont toujours en défaut. Le déficit est « intolérable », puis il devient subitement « supportable ». Cette présentation est aussi incertaine et imprévisible que la météo. Un citoyen ordinaire ne peut rien y comprendre ! Les changements de conjoncture électorale font passer les dirigeants d'un optimisme forcé au pessimisme le plus noir. Comment un assuré social peut-il s'y reconnaître ? Considéré comme irresponsable et incapable de comprendre, il devient lui-même fataliste devant tant de sinuosités troublantes ou d'abîmes insondables. Le flou est, en effet, produit par une entreprise qui échappe à tous les protagonistes.

Le niveau des dépenses et le niveau des statistiques

Le brouillage est d'autant plus efficace que personne n'avance les mêmes chiffres. Personne ne peut prétendre maîtriser l'ensemble des comptes nécessaires à la gestion d'un tel système. Les chiffres donnent ainsi l'impression de ne pas être maîtrisés. La définition de la dépense est un processus devenu incontrôlable, compliqué par la nature des alliances politiques. Dans cette confusion, personne ne semble relever que la dépense de la France (c'est-à-dire de l'État et ses institutions) ne correspond pas aux dépenses réelles des Français. Nous avons les yeux fixés sur les dépenses officielles, c'est-à-dire celles qui sont remboursées (chiffres publiés régulièrement). Ces dépenses sont strictement définies et n'incluent pas les dépenses engagées par les ménages qui ne sont pas connues (automédication) ou qui ne rentrent pas dans la catégorie « soins », ou qui ne sont pas remboursées car relevant de médecines non dominantes ou de pratiques marginales. Les pratiques « illégales » représenteraient, par exemple, plus de 10 milliards d'euros par an, selon le fisc qui évalue les revenus des guérisseurs et des soignants non reconnus avant de les imposer. Ces dépenses relèvent pourtant de la santé. En bonne logique, on devrait aussi inclure dans les « dépenses de santé » le fonctionnement au sens large des administrations sanitaires, les salaires des fonctionnaires du ministère ou des collectivités publiques de santé, les coûts de la formation des agents (salaires des enseignants et personnels des facultés de médecine et des écoles, coût de la recherche médicale publique, etc.). C'est ce qui se fait pour l'Éducation nationale et la Défense. Il apparaît donc que l'on masque par tous les moyens l'ampleur des charges et donc des déficits relatifs à la santé.

L'incertitude systématique du coût réel de la santé en France est une caractéristique de notre appareil : une pauvreté statistique qui contraste avec les moyens de recensement mobilisés et l'importance de l'enjeu. Les chiffres annoncés dans la presse sont toujours sous-évalués et donc également les déficits qu'il a été longtemps commun de sous-estimer. Quelles en sont les raisons ? Les statistiques administratives issues d'une longue histoire bureaucratique échouent à prendre la mesure de problèmes enchevêtrés. Les statistiques administratives et les enquêtes d'opinion étayent alternativement la critique ou l'apologie du « meilleur système au monde ». On a dit que les statistiques scolaires (inscriptions, réussite des élèves, orientation) sont seulement l'indice de l'activité des agents de l'école (essentiellement les enseignants) et des pratiques de l'institution, comme les statistiques de la délinquance reflètent l'activité de la police, le degré de répression, l'intensité de l'enregistrement, mais certainement pas la délinquance. De la même manière, les statistiques médicales mesurent l'activité des médecins mais pas l'état de santé ou la morbidité de la population. Les statistiques par leur mode de calcul et d'enregistrement représentent un indice d'un fonctionnement et non la mesure des caractéristiques de la population mesurée.

L'indétermination des chiffres par indétermination de l'objet

Mais comment mesurer et calculer ? Doit-on prendre le point de vue des prescripteurs (en position de décideurs) ou celui des usagers pour évaluer l'ensemble du coût de la santé ? Dans le premier cas, l'homogénéité des dépenses de santé est réelle et est due au seul fait qu'elles sont engagées exclusivement par un groupe : les 160 000 médecins prescripteurs qui traitent directement une dépense de 120 milliards d'euros ; dans le second cas, la définition est celle des acteurs qui se sentent ou se déclarent malades et qui prennent ou non les décisions de recours ou d'évitement de la médecine officielle. Une question se pose alors : existe-t-il un intérêt commun aux agents des « systèmes de santé », aux gouvernants et à différentes professions pour sous-évaluer systématiquement le niveau des dépenses ?

Les statistiques sanitaires épidémiologiques sont une manière pour les médecins de rendre publique leur utilité, de mettre en valeur leur efficacité et leur rendement. Il n'y a pas d'appareils de mesure indépendants construits, par exemple, par les usagers.

À mi-chemin, des professionnels de la statistique entrent en scène et rencontrent les médecins et associations de malades avec lesquels il faut passer des compromis sur les méthodes de classement et de comptage (notamment à l'Inserm). Leurs travaux masquent plus qu'ils ne révèlent *les inégalités sociales de santé*[1].

Ainsi, par exemple, les responsables du recensement chargés de compter les malades et les soins reçus évitent de poser des questions délicates sur des anomalies constatées. Ils dépendent, pour leur collecte, du corps médical qu'ils doivent donc ménager. La seule catégorie qui serait intéressante et qui pourrait sembler élémentaire à tout profane pour juger de l'efficacité des soins – « guéri » – n'existe pas ! Celles de « sorti » ou de « transféré », « orienté » sont censées la remplacer et évitent de distinguer dans les fréquences d'admission les « retours », les « habitués » ou les « nomades » (qui tournent sur plusieurs hôpitaux ou en multiconsultations simultanées).

Comment se fier aux résultats de telles enquêtes ? Que penser de la minorité des maladies qui occupe l'espace du débat médical et mobilise ses forces ? Patients incurables ? Pathologies inconnues ? Comportements d'addiction médicale ? Suractivité professionnelle ? Tout cela est impossible à déterminer ! Le débat statistique sur les chiffres se résume à l'équation classique : l'inégalité sanitaire apparaît entre ceux qui dépensent beaucoup et ceux qui dépensent moins et il faudrait donc aligner les seconds sur les premiers. Découvrir des inégalités de santé à travers des inégalités dans les dépenses (mal évaluées) est une gageure. Les inégalités de consom-

---

1. A. Leclerc, D. Fassin, H. Grandjean, M. Kaminski, T. Lang (sous la direction), *Les Inégalités sociales de santé,* Inserm, La Découverte, 2000. Un exemple : « Les ouvriers consomment plus en frais d'hospitalisations. » Ce fait est largement admis pour montrer leur surreprésentation dans une forme de l'accès aux soins. Mais cette statistique ne différencie pas les pathologies du travail et celles ordinaires de la vie. Quand on recense avec précision les entrées dans les hôpitaux des moins de 60 ans, on constate que deux ouvriers sur trois sont admis pour des maladies professionnelles ou en rapport avec des accidents du travail (récents ou passés). C'est loin d'être le cas des autres catégories sociales. En bonne logique, il faudrait pondérer toutes les consommations hospitalières en fonction des risques professionnels pour chaque groupe et l'on verrait apparaître des phénomènes de sous- et de sur-hospitalisation en fonction de l'origine sociale, différents ou contraires au constat trop rapidement établi.

mation cachent-elles des inégalités de santé ? Rien n'est moins sûr ! Peut-on, à travers les dépenses, approcher quelque chose de plus subtil, de moins objectivement mesurable, comme les inégalités biologiques ? Des handicaps acquis ou de naissance ? Ou des risques liés aux conditions de vie (zone du logement, type de l'environnement du travail, durée et fatigue liées aux transports) ? Peut-on mesurer l'intensité d'une même pathologie ? À partir de sa durée ? D'éventuelles séquelles ? Tous ces indicateurs sont rarement pris en compte ou non pondérés en fonction d'inégalités durables et non momentanées.

Comment appréhender la consommation médicale par famille ? Les caisses d'Assurance maladie connaissent les dépenses exactes, les mesures objectives. Mais un mur de secrets est élevé au nom de la protection des libertés individuelles par la CNIL (Commission nationale informatique et libertés). La population qui ne consomme pas sur la longue durée est tout aussi inconnue. Les échantillons enquêtés sont construits sur la base d'une population qui a consulté pendant les semaines ou les mois précédant l'étude. Cette saisie à l'instant T qui élimine toute profondeur d'étude, réduisant la durée à quelques semaines, ne donne pas la vision large qui permettrait d'identifier les gros consommateurs de soins et ne permet pas d'identifier la population qui, de façon durable, ne consulte pas. Les enquêtes s'interdisent des bilans nominatifs et refusent de considérer le document objectif (le remboursement réel par la caisse, par ménage) au profit de l'annonce par les sujets de leur dépense[1].

1. Dans mon livre *Les Malades des urgences,* j'ai attiré l'attention sur la faiblesse de ce type de statistiques. Cette ignorance a des conséquences sur les appréciations sociales des différentes inégalités. Cette mise en évidence du biais statistique découle de mon observation des travailleurs de l'INSEE (sondeurs et enquêteurs) et de la connaissance directe de leur travail (voir ma vérification, par exemple, des données d'origine sociale qui surestiment la scolarisation des couches moyennes ou basses). De même, j'ai pu voir des médecins à l'œuvre, certifiant les causes des décès hospitaliers ou les déclarations de morbidité, inévitablement approximatives (ainsi sur les suicides par dosage excessif ou prise volontairement mortelle d'anxiolytiques) et polémiques en raison de l'activité médicale et du travail hospitalier implicitement jugés, sans compter les raisons d'impossibilité scientifique d'établissement des causes (cas de leur multiplicité dans les polypathologies complexes).

La sociologie prospère sur quelques mythes dont un semble particulièrement vivace : la fiabilité des données administratives fournies par les grandes institutions de l'État. C'est faire preuve de naïveté que de postuler la transparence et la bonne foi des répondants aux enquêtes et recensements ; cette présomption constitue le principal artefact de la statistique nationale, notamment quand il s'agit de l'Assurance maladie. Sur un sujet aussi polémique, moral et politique à la fois, les dépenses provoquent inévitablement des réticences et des détournements de réponses. Sur un arrière-fond de controverses portant sur la nécessité des contrôles des abus de certains patients, la sincérité des réponses est illusoire. Les statistiques des institutions de santé (hôpitaux et cliniques) souffrent d'autres biais : ignorance ou médiocre connaissance de la profession et de la situation sociale des admis, de leur nationalité, par crainte de révéler des orientations vers certaines pathologies ou des discriminations (par exemple, la proportion de malades venant de l'étranger a été longtemps dissimulée). L'activité opaque favorise les retournements et les logiques d'action contradictoires. Dès qu'un ministre soulève le problème des déficits et annonce une redéfinition des besoins, un député de son parti le conteste immédiatement. Un cas parmi cent : Simone Veil, après son passage au ministère de la Santé, s'est plainte des attaques de la députée médecin Élisabeth Hubert et l'a accusée de l'avoir empêchée de prendre des mesures de maîtrise lorsqu'elle était en charge de ce ministère dans le gouvernement d'Édouard Balladur.

Sans statistique valide, une définition incontestable de la formule « système de santé » est impossible. La faiblesse notionnelle du terme « santé » résulte des divergences de conceptions propres à chaque groupe social. On ne peut pas davantage concevoir de « système », c'est-à-dire une forme organisée et intégrée, cohérente dans ses relations internes, avec ses dépendances causales, élaborée en vue du fonctionnement harmonieux d'un ensemble, mais bien plutôt tout un ensemble de sous-systèmes rivaux victimes de leur gigantisme. L'expression passe-partout, omniprésente, de « système de santé » est une formulation creuse, une paresse de la pensée, un concept totalement imprécis. D'abord, le recensement des acteurs et des institutions formant ce « système » est impossible. Il en est ainsi pour les auxiliaires, les collaborateurs des médecins dont l'inventaire dépend de définitions plus ou moins relatives et des nomenclatures de l'INSEE. Il y a, en France, plus d'un million d'organisations distinctes qui s'occupent de la « santé » et leurs diverses bureaucraties (administrateurs, médecins, cadres et employés) appliquent des règles le plus souvent floues pour réaliser leurs objectifs ou bien improvisent en fonction de leurs intérêts du moment ou de ceux de leurs clients. Pas de vrai ministère, ni d'administration hiérarchisée, ni de cohérence, ni de principe unificateur, mais un éclatement de tutelles diverses sans possibilité de recoupement et de contrôle. Il faut des dizaines d'annuaires et un livre de 400 pages pour faire une énumération grossière[1]. Et l'on s'étonne qu'un ministre (à qui l'on donne généralement d'autres responsabilités) soit dépassé dès que surgit une l'affaire comme celle du sang contaminé ! Des milliers de médecins décideurs signent des actes dont l'addition constitue les dépenses de santé sur fonds publics ou cotisations sociales, et cela dans la plus grande confusion !

Ainsi, la formation et l'instruction de millions de professionnels (para- ou divers médicaux) sont conçues dans le cadre amalgamé d'écoles, d'universités, de lieux de stage et d'apprentissage sur le tas, difficiles à inventorier à cause de la dispersion de l'acquisition des compétences. L'enseignement ne s'arrête pas au cadre étroit du métier : l'hygiène, les soins de base, le secourisme relèvent d'une vulgarisation débordante (écoles, presse, associations de malades, bénévoles ou aides à domicile, myriade de métiers qui s'occupent de la santé). Chacun d'entre nous n'est-il pas acteur-enseignant et sujet apprenant ? En effet, où faut-il mettre les pratiques privées de santé et l'éducation (famille ou école) ? Où placer les coûts des politiques locales, engagées à l'initiative des départements et des régions ? Où faut-il inclure les actions que les individus considèrent comme indispensables à leur santé : régimes, automédication, thalassothérapie, médecine chinoise ou

1. Se reporter par exemple à Bernard Marrot, *L'Administration de la santé en France*, L'Harmattan, 1995.

autre, fitness, diététique ? Et les subventions masquées à l'industrie privée du médicament ? Où placer la parapharmacie, les actions de la médecine caritative ?

Il est illusoire de voir un « système » dans un tel ensemble diffus, désarticulé. S'il n'y a ni « système » ni « santé » préalablement intelligibles, il reste à faire des enquêtes sur des sujets circonscrits avant de se risquer à une quelconque synthèse.

Une définition de la « santé » relative à chaque classe sociale est-elle concevable ?

L'existence d'innombrables définitions de la santé ne doit pas étonner dans une société aussi stratifiée que la nôtre. La plus creuse est aussi la plus consensuelle, c'est celle de la très conservatrice OMS (Organisation mondiale de la santé) : « La santé est un état de complet bien-être physique, mental et social, et ne consiste pas seulement en une absence de maladie ou d'infirmité[1]. » Cette définition pose un premier problème : les notions de « bien-être » et « d'absence de maladie » ne peuvent pas être objectives ; elles sont évaluées différemment et suscitent donc, même si cela reste implicite, un conflit entre l'intérêt individuel et l'intérêt collectif au sein de groupes sociaux eux-mêmes antagonistes. Cette tension nécessite la recherche de compromis globaux pour harmoniser les comportements civiques de solidarité nationale et les comportements liés à l'assouvissement de désirs personnels. Il s'agit d'un perpétuel débat, même s'il est esquivé ou partiellement occulté.

Autrement dit, sous toutes les définitions, apparaît un rapport de forces inexprimé, un rapport politique de classe. Si, en un sens, l'absence de définition officielle de la « santé » est une chance pour la démocratie, ce serait, en revanche, un malheur pour la sociologie de ne pas examiner les clivages et les conséquences qui découlent des multiples définitions en présence. Notamment celles de maladie et de santé, qui sont un amalgame d'idées dominantes,

1. Constitution de l'Organisation mondiale de la santé (7 avril 1948).

une combinaison entre des conceptions propres aux nouvelles classes moyennes attachées au progrès et des représentations plus traditionnelles empruntées aux classes supérieures.

Mens sana in corpore sano était une formule simple pour parler des équilibres souhaitables. Mais nous avons des repères et des choix autrement plus élargis aujourd'hui : que ce soit la durée et la qualité de vie, les possibilités de l'esthétique, l'arrivée des biotechnologies, la fourniture d'organes et même l'assistance artificielle en fin de vie : la gamme s'est ouverte presque à l'infini. Les possibilités d'action sur la maladie se sont considérablement multipliées, notamment pour ceux qui possèdent du temps, des moyens de pression et des connaissances médicales. Pouvoir se préoccuper de sa santé, en faire constamment état dépendent largement de ses moyens d'existence et de sa situation matérielle.

Savoir parler des problèmes de sa santé devient une compétence sociale qui donne des avantages importants dans la course à la consommation de biens médicaux. Savoir parler de phénomènes qui sont de l'ordre de la subjectivité, être capable d'exprimer sa conception du bon fonctionnement corporel, de ses pratiques intimes, de ses sensations face aux petits maux créent un avantage social. La position sociale, le niveau de scolarisation, la capacité à verbaliser ne sont pas ici sans effets. Sur des questions comme le dopage, la drogue, l'alcool, le tabac, l'abus de médicaments, les pratiques sexuelles, l'hygiène, les dangers au travail ou ceux liés à certains loisirs, on est devant une multiplication de gammes de cas inouïs, et le sociologue est dans l'impossibilité de toutes les recenser, encore moins de les imputer à des comportements spécifiques de classe, d'âge ou de sexe. Chaque groupe constitué englobe ses « normaux » et ses « déviants », ses conduites acceptables et répréhensibles, ses pratiques tolérables et dangereuses. Les normes les plus usuelles sont un mélange des valeurs morales des classes supérieures exprimées d'une manière qui traduit une longue tradition de fréquentation de la médecine. Il y a cependant, y compris dans une classe sociale relativement homogène, des oppositions engendrées par les inégalités et les différences biologiques individuelles que l'on peut considérer irréductibles. Des divergences d'intérêts apparaissent au sein d'une même classe sociale en raison de l'influence locale des médecins. Les notables de la profession dont la réputation est considérable ont aussi un impact plus ou moins variable. L'histoire de la profession (illustrée en la littérature par Émile Zola ou Georges Duhamel) suggère que de multiples valeurs formulées et diffusées par des fractions de la bourgeoisie parisienne sont souvent d'inspiration médicale. Elles ont donné le ton et déterminé le contenu de l'offre en particulier pour les maladies ou les épidémies qui débutent toutes dans les grandes villes[1].

L'investissement sur sa santé – on pourrait même parler de sa « planification » – peut produire un ascétisme modéré, un renoncement momentané à certains plaisirs ou activités pour s'assurer d'un bien futur : une plus grande longévité. Il s'agit de la capacité à projeter dans le temps l'usage de soi. Les classes sociales et des groupes organisés en leur sein (les familles, secondairement l'école ou le collectif de travail) proposent des conceptions de la santé normale et des philosophies du corps variables, par exemple, selon l'âge. Pour évaluer les chances d'un ascétisme relatif ou la valeur de l'aménagement d'un avenir, chaque fraction sociale intègre certainement les probabilités de mortalité et fait ainsi des paris sur les satisfactions présentes ou capitalisées. D'où les divergences dans les définitions des excès, des addictions, des comportements à risques dans le sport, l'alimentation, le style de vie (s'économiser ou se dépenser, consommer ou durer).

Étant donné la variété des conditions de vie dans une société très stratifiée et multiculturelle, il est irréaliste de vouloir élaborer des règles contraignantes de santé, de vouloir normaliser l'hygiène, l'alimentation, la pratique des activités physiques, ou de moraliser la sexualité. Quel genre ou style de vie prôner ? À partir de quels niveaux considérer qu'une consommation devient exces-

1. La presse féminine a banalisé cette potentialité de morbidité ; les associations de recruteurs de malades telles que SOS dépression ont proposé des rationalisations. Notons qu'il s'agit du travail conjugué de femmes des classes supérieures (journalistes et directrices de revues de vulgarisation, animatrices des associations de consommateurs) qui ont réalisé l'entreprise de conviction. Leur approche est légitimée par une meilleure connaissance du milieu et du langage médical.

sive (alcool, tabac, psychotropes) ? Qu'interdire dans le dopage et à quel niveau ? Comment distinguer l'obésité de la simple surcharge pondérale ? Qu'est-ce qui relève du privé et du public quand il s'agit des risques liés à la maternité, de la mise en danger du fœtus, des IVG ? La liberté sexuelle doit-elle être totale ou la protection contre les maladies sexuellement transmissibles obligatoire ? Si l'on essaie de définir un « ordre sanitaire », on n'obtiendra qu'une morale d'État avec laquelle de nombreux citoyens seront immédiatement en conflit. Le dopage fait du bien (satisfaction physique) au preneur qui préfère la « santé » du moment lui permettant certaines performances quitte à en payer le prix éventuel dans le futur. De même, les drogues sont un élément de la santé (plaisir) pour l'usager qui y voit un élément indispensable à son équilibre, un agrément vital par les sensations qu'elles procurent.

L'attention aux seuls besoins fonctionnels n'est pas la même chose que la qualité des apparences (musculation, stature, réparation des accidents pour gommer l'image des séquelles) ; la lutte contre l'usure organique n'est pas la même chose que les remplacements prothésistes (greffes, implants, biotechnologies…). Le sentiment d'un « devoir moral de santé » qui est différent de la simple envie de se maintenir hors du déclin irrémédiable ouvre des portes infinies à l'extension des domaines qui relèvent de la médecine. La recherche du plaisir, la stimulation des sens, l'accroissement des capacités physiques, sexuelles, sportives ou intellectuelles font partie des nouvelles exigences des classes aisées urbaines.

Les médecins – qui sont le plus souvent un point de passage obligé – seront-ils portés à faire autant confiance à celui qui est étranger à leur milieu et à leur langage qu'à celui qui en est proche et répond bien aux attentes médicales de comportement modèle (confiance dans les praticiens, déférence, activisme de la famille qui assiste son malade) ? On a toutes les raisons d'en douter. Esquissons quelques différenciations.

Les classes moyennes

Dans le territoire immense de la santé, chaque fraction de classe choisit et sélectionne ce qui lui importe. Par leur fréquence de consultations, par les préoccupations qu'elles y manifestent, les classes moyennes tentent d'imposer leurs normes d'une culture de la santé. Des sociologues, notamment femmes, ont attiré notre attention sur l'occasion de rencontres que furent pour elles la pédiatrie, les fonctions de reproduction et les cancers qui y sont liés. Ce mouvement fut surtout initié par les femmes des classes supérieures, mais il a diffusé vers le bas un modèle de prévention et entraîné l'adoption d'une législation favorable à la protection de l'enfance (PMI, suivi des enfants, vaccinations). Une autre tendance, en revanche, est indépendante de l'influence des classes supérieures. Il s'agit de la psychiatrisation des catégories intermédiaires, employées dans les services publics, en particulier dans l'Éducation nationale. Parmi toutes les femmes actives, les enseignantes femmes sont les plus grosses consommatrices de psychotropes[1]. L'affectation des ressources de la MGEN indique l'importance de cette mobilisation, tout comme la publicité pour ses maisons de repos, les études sur ses adhérents, etc. Cela ne fait que traduire l'essor contemporain de la psychologisation des conflits, des problèmes au travail, des rapports familiaux et sociaux (appuyée sur les désormais omniprésentes cellules de soutien « psy »).

Les classes moyennes ont été les grandes bénéficiaires d'un système où la santé est laissée à l'appréciation des groupes et classes en compétition, et aux décisions du corps médical qui négocie de manière informelle avec les différents acteurs. On passe ainsi de « maladie » à « trouble » de santé, de « santé » à « dépassement de soi » avec exploration des limites et recherche de performances, travail sur les sensations ou les sentiments à partir de la chimie ou sur

1. D'après l'enquête de la MGEN (septembre 2001) et de son très actif département « recherche en santé publique », ses adhérents seraient victimes, plus que d'autres, d'anxiété, d'insomnies, de maladies psychosomatiques.

l'apparence grâce à la chirurgie esthétique. La santé devient un élément de la planification de sa vie et justifie une consommation de soins qui soit au niveau de cette conception.

Les classes moyennes et supérieures échangent régulièrement et débattent à travers la presse ou, plus discrètement, dans les conseils d'administration des caisses de l'Assurance maladie où les syndicats de salariés cohabitent avec le patronat. Les grandes centrales syndicales envisagent des solutions et les transmettent à leurs représentants dans les caisses puis à leurs militants. Depuis cinquante ans – avec l'apparition de professionnels de la gestion, des syndicalistes élus comme administrateurs des caisses de l'Assurance maladie ou autres –, on a assisté à la montée en puissance de ces classes moyennes au sein de ces instances aux dépens des ouvriers. Cela facilite la diffusion de certaines valeurs dans la définition de la santé.

L'augmentation des dépenses peut être rapportée à l'organisation étagée de ces clientèles, bien représentées dans la fonction publique, favorables à la rémunération à l'acte, principe du libéralisme. Le remboursement des honoraires, tel qu'il est conçu dans le cadre de surenchères de l'offre dans les lieux de forte concentration, constitue un mécanisme inflationniste parce qu'il avantage des médecins qui soutiennent les définitions culturelles hédonistes les plus onéreuses et qui gagnent sur tous les tableaux à se montrer incitateurs et dépensiers. Comme dans tout phénomène de mode ostentatoire et moral à la fois, les médecins tirent avantage du traitement de clientèles qui estiment l'efficacité au succès de notoriété auprès de personnes célèbres ou connues, et par l'accumulation des biens médicaux. Ces médecins prescrivent sans modération, multiplient les consultations rapprochées, font consulter des confrères, orientent sans restriction vers des spécialistes, des cliniques ou des hôpitaux. Dans cette conception, la « santé » est perçue comme bien personnel à faire valoir avec les moyens de sa culture et de sa position, un patrimoine à défendre. Une telle situation rend évidemment impossible toute logique de maîtrise rationnelle.

Les classes populaires

Les classes populaires ont toujours été peu concernées par les tractations implicites dont nous venons de parler. Mais elles en sont désormais totalement absentes. Leurs conceptions ne sont pas défendues par des groupes organisés. Certains peuvent prétendre que ces débats avec les experts requièrent un haut niveau d'instruction. Mais la médecine du travail industriel (le calcul des risques au travail) n'a pas reçu dans l'histoire récente la même attention (particulièrement après l'échec de la réforme de 1983) que d'autres domaines. Relevons en passant la quasi-absence de grèves des médecins du travail pour questions de salaires, alors que les spécialités libérales en agitent sans cesse le spectre.

En principe, en milieu populaire, chacun s'emploie à améliorer sa « santé » au travail en faisant confiance aux commissions d'hygiène et de sécurité et à la défense syndicale. Or, c'est loin d'être le cas. Des fractions de la société usent du maximum de registres de protection et combinent de nombreuses améliorations réglementaires tandis que d'autres y renoncent. Si on ne peut soigner correctement sa vue, ses dents, son ouïe par manque de moyens, comment s'occuper du corps au travail y compris quand celui-ci est particulièrement exposé ? Les classes populaires, écartées des discussions et négociations sur la santé, ont du mal à exprimer leurs « maux » dans des termes plus ou moins scientifiques comme peuvent le faire les catégories plus scolarisées. On les accusera facilement de simulacre ou de « pathologies sociales ». Dans les conjonctures économiques caractérisées par un sous-emploi important, les risques liés au transport, les suites des traitements lourds des maladies liées aux efforts physiques (fréquents dans les secteurs de la métallurgie, du bâtiment, des mines, des transports routiers, etc.), les « cancers populaires » (liés par exemple à l'alcoolisme ou au tabac) ne sont pas traités avec la même attention que les maladies des travailleurs du tertiaire (comme le stress) ou sont dangereusement fractionnées par des institutions éclatées. La médecine ouvrière, jadis puissante, a perdu son appui syndical en entrant dans les cadres ordinaires de la pratique médicale. Il existe de moins en moins de consultations réservées, organisées en fonction d'un emploi et d'un habitat, dans le cadre d'une médecine salariée gérée par les médecins et les syndicats. Mieux placées pour imposer leurs habitudes culturelles et transformer les préoccupations quotidiennes en troubles de santé, les catégories moyennes, « modernes », pèsent davantage. Aux classes populaires qui n'ont qu'un faible pouvoir de négociation, il reste l'opportunisme individuel dans l'usage de la plainte, usant des cordes de la compassion jusqu'au parasitisme. À classe et à position égales, les chances de voir ses demandes écoutées dépendent prioritairement de la disponibilité des médecins et du quadrillage médical. Les perdants sont donc les membres des classes populaires peu scolarisés qui peinent à user de la médecine à leur guise et à se faire rembourser. Les gagnants sont une partie des classes moyennes urbaines, éduquées et scolarisées.

Toutefois, après des années d'accord tacite dans la gestion des fonds de remboursements, syndicats et patronat se divisent aujourd'hui, et les centrales de salariés se déchirent sur les décisions à prendre. On tentera de comprendre ce retournement, ainsi que le fait surprenant de la relative soumission des syndicats ouvriers et le conformisme de leur vision dans les représentations des dépenses. Le professeur Jean-Paul Escande fait partie de ceux qui avaient pressenti le danger de la tendance à suivre les protagonistes intéressés à alourdir les charges sur les salaires au bénéfice des catégories de patients privilégiés. Dans *Les Malades*, il écrivait : « Les syndicats ouvriers défendent "leurs conquêtes" obtenues par "leurs luttes" et veillent sur "leur" Sécurité sociale un peu comme on veillerait sur le Veau d'or… La Sécurité sociale est devenue un mythe, un tabou auquel on ne doit pas toucher et dont il est prudent de ne pas trop parler, surtout si c'est pour en critiquer certains aspects. » On reparlera du destin de cette grande machine égalitaire que fut, dans le passé récent, la Sécurité sociale avant de devenir une machine de « redistribution à l'envers »[1].

1. Il poursuit : « Je dis tout de suite que les syndicats ouvriers ont bien raison d'être fiers de ce qu'ils ont réussi, d'être vigilants, et qu'on ne peut leur donner tort lorsqu'ils relèvent les charges indues du régime général et bien d'autres

Tout un jeu entre fractions sociales se construit pour obtenir le statut d'allié préféré du corps médical. Faux malades, habitués du congé maladie, demandeurs abusifs, parasites se mêlent à ceux qui utilisent l'institution médicale au nom de la morale sous le couvert d'idéaux certes sincères mais rarement mis en balance avec d'autres options de dépenses sociales. On ne peut plus faire marche arrière face à cette dérive. Il reste à étudier comment ce piège s'est mis en place, le rôle du fonctionnement de la profession médicale, l'absence d'ordre réglementé de l'activité, l'exercice qui se pratique sur un mode de plus en plus individualisé. Quel a été le facteur majeur ?

anomalies qui font peser sur les salariés les plus défavorisés les charges proportionnellement les plus lourdes. Cela dit, je ne suis pas sûr que les grandes centrales aient en matière d'avenir de la médecine les meilleures conceptions qui soient. J'ai tout au contraire l'impression que des syndicalistes, de très bonne foi, considèrent comme un bien la surmédicalisation qui est en train de s'installer », Jean-Paul Escande, *Les Malades,* Grasset, 1977, p. 116-120.

2
Les formes variées de l'offre médicale

Puisqu'il n'y a pas de définition de la santé qui fasse unanimité mais des conduites diverses et complexes déterminées par l'éducation, les morales, les situations professionnelles et les revenus, on peut comprendre comment s'est imposée une force cohérente destinée à faire taire les désaccords et à façonner l'offre de soins. Il s'agit de l'expertise, tout auréolée des découvertes de la science. Elle est l'apanage du corps médical.

Nous allons étudier l'offre de médecine dans ses formes et contenus, ses dispositifs, mais aussi dans ses aires territoriales privilégiées ou délaissées.

Dans le contexte changeant de rapports à l'Assurance maladie et face aux définitions multiples de la santé, comment réagit la profession médicale sachant qu'elle est présente très inégalement sur le territoire français ? Certains médecins sont arc-boutés sur le passé : leurs conceptions de ce que sont la maladie et la santé sont figées. À l'inverse, d'autres sont à l'affût de toutes les opportunités, scrutent le surgissement de nouvelles pathologies afin de ne rien abandonner de la légitimité de leur monopole de définition de la « maladie ». Il est des médecins favorables à l'innovation, sans aucune restriction. Traditionalistes et modernistes cohabitent difficilement, mais cela a été de tout temps une caractéristique de la vie médicale.

L'offre médicale moderne doit être particulièrement vigilante aujourd'hui dans sa fonction créatrice de besoins parce que beaucoup de choses lui échappent : la diversité des genres de vie, la variabilité du sentiment de la douleur, celle des anomalies physico-physiologiques insupportables, les affections ressenties. La médecine dispose de sentinelles qui lui permettent de percevoir les modifications souterraines de la demande. Il s'agit des actions diffuses des auxiliaires et des paramédicaux. Leur action relève d'une sorte de « sous-offre » : il s'agit des soins courants, peu autonomes et subalternes, dépendant des médecins qui les prescrivent, les supervisent et les coordonnent. Cela concerne trois millions de personnes, si on inclut la recherche, l'enseignement, la gestion, l'administration, la fabrication et la vente des médicaments, la presse professionnelle ou de vulgarisation. Les plus importants sont les paramédicaux qui doivent être contrôlés, tâche nouvelle pour la profession médicale.

La plupart des membres de ces professions sont issus des nouvelles classes moyennes dont le développement a accompagné l'essor du nombre de bacheliers dans les années 70 à 80. L'emploi dans le domaine de la santé publique a souvent représenté une promotion sociale (mais il y a aussi tout ceux qui n'ont pas réussi leurs études en médecine). Venue du bas des classes moyennes, il est probable que cette promotion leur a fait adopter les normes de la petite bourgeoisie médicale. Cette adoption a été facilitée par la création d'un milieu commun favorisé par les mariages (par exemple entre médecins et infirmières) et la création d'intérêts libéraux communs entre ces différentes professions. Les influences sont réciproques. Elles peuvent être morales : par exemple, pour une greffe, on fera promettre au patient de renoncer à des comportements pathogènes et à risque, pour avoir le droit de recevoir le greffon convoité par d'autres. Les médecins sont portés à accepter les promesses de ceux qui ne leur sont pas socialement trop éloignés. Ils sont portés à croire la sincérité de l'individu manifestant les critères du bon comportement (déférence, activisme apparent dans la volonté de guérison). Certes, il existe des médecins qui s'interrogent sur l'étendue de leur pouvoir distributif et sont pris de vertige devant l'autorité et le pouvoir qui sont les leurs. D'autres se jugent inaptes à intervenir dans ces clivages sociaux et préfèrent déléguer à des collaborateurs (infirmières, assistantes sociales, psychologues). Des médecins originaires des classes supérieures négocient ou sont contraints de tenir compte des opinions de femmes de classes moyennes. À d'autres moments, ils décident seuls des moyens à mettre en œuvre : en réanimation, néo-natalité, cancérologie, soins intensifs, etc. Dans tous les cas, cela conforte l'idée qu'ils se font du leadership moral de leur profession.

Les médecins se sentent comptables de ces millions d'emplois nouveaux qui dépendent directement de leurs actes. Ils sont aussi en partie redevables à tous ces alliés qui leur permettent de renforcer leur autorité. Ils expérimentent la solidarité collective : l'emploi des uns dépend de la prescription et des orientations des autres. Dès lors, ils se sentent investis de la défense de cette grande armée quand ils sont face aux malades. Deux générations avant, ils étaient pratiquement solitaires sur le terrain de la maladie (en compagnie de sœurs soignantes, de sages-femmes et des pharmaciens). Cette pression pour maintenir l'emploi de tous ces alliés essentiels est à l'origine de certaines de leurs conduites. On ne peut pas comprendre autrement leur réaction indignée quand on leur demande de faire baisser les déficits dans l'intérêt général. Ils ne cesseront de clamer que cela ne peut avoir lieu qu'au détriment des malades.

Les critiques de l'exercice médical par les médecins

Une partie des médecins (hospitaliers surtout, professeurs agrégés notamment) fait le constat alarmant de l'état médiocre de la profession, dressant une liste de critiques sévères. Elles furent l'objet récemment d'une publicité inattendue, signe que les temps changent. Commencer l'étude de la médecine à la lumière d'écrits de médecins, universitaires et chercheurs, pourrait être considéré comme une gageure. Mais ces écrits nous informent sur les problèmes, les équilibres internes ou les divisions entre écoles de pensée. Un aspect surprenant est la liberté de ton, la variété des arguments ; aucune autre profession n'adresse ainsi publiquement des reproches à ses membres. Le jugement professionnel est le plus souvent maintenu dans le cercle interne ou livré confidentiellement.

Les syndicats enseignants ou de policiers gardent en leur sein les défaillances et les erreurs des pairs ; les officiers de l'état-major ne livrent pas leurs états d'âme. Pas de disputes publiques, solidarité avant tout sont les règles d'or du corporatisme ! La transgression ne peut être que conjoncturelle et éphémère.

Nous appellerons ces auteurs des « critiques de gauche », quoique tous ne se placeraient pas ainsi sur l'échiquier politique (certains ont revendiqué une étiquette centriste ou la neutralité). Le réformisme modéré qu'ils symbolisent est difficile à classer. Mais il est vrai que rien n'apparaît stable, actuellement, dans les positions professionnelles. Ainsi, il est finalement assez difficile d'interpréter le refus des syndicats de salariés qui cogèrent la Caisse nationale d'Assurance maladie de tout projet de réforme des dépenses de l'Assurance maladie et leur soutien à l'essentiel des revendications médicales (par exemple, la hausse du prix de la consultation). Pourquoi ce fossé (ancien) entre les idées de la CFDT et celles du groupe appelé le G7 (petits syndicats patronaux et principales centrales CGT, FO) [1] ? Que signifie la réticence actuelle du Medef à soutenir comme dans le passé les syndicats médicaux ? On sait que ces dernières années ont été fertiles en revirements et en « coups d'État » au sein de la CNAM.

Nous avons donc pris le parti de considérer avec sérieux les écrits des acteurs en position de porter un jugement global sur

1. Mais ce terrain est très mouvant, explosif (grèves de 1995) et de nouvelles configurations paradoxales apparaîtront. Même l'Église catholique se manifeste pour défendre l'organisation actuelle de l'Assurance maladie. Alliance constamment scellée entre syndicats de gauche et médecine de droite comme le confirme le groupe dit du « G7 » où les syndicats ultralibéraux (CSMF, FMF, SML) signent des propositions avec quatre centrales (CGT, FO, CFTC, CGC) d'où il ressort que l'amélioration de la santé passe inévitablement par l'amélioration des revenus des médecins ; en l'occurrence, dans ce projet, le quasi-doublement de la consultation. Pourquoi ce fossé avec les idées de la CFDT, bien antérieur à la prise de la direction de la CNAM ? Que signifie le retournement du Medef, devenu réticent à soutenir toutes les revendications médicales ? Je n'ai pas lu d'explications ou d'enquêtes de sociologues ou de politologues sur ces clivages étranges, ce bouleversement des positions traditionnelles. Même le livre riche et documenté de Bruno Palier est muet sur ce point. Bruno Palier, *Gouverner la Sécurité sociale*, PUF, 2002.

leur activité. Nous avons fait un choix de livres qui ont eu un certain succès et nous avons résumé leur contenu dans un tableau synoptique. Ces diagnostics sur l'état de la médecine contrastent avec les plaintes corporatives et les déplorations habituelles sur les difficultés de la pratique actuelle, sur les risques de l'abandon du métier, le manque de reconnaissance. Ces polémiques récentes ont modifié le climat intérieur et les relations confraternelles. Elles détonnent aussi avec les nombreux ouvrages qui font l'apologie du progrès et de la médecine contemporaine. Ces livres contiennent des accusations sérieuses : la médecine actuelle serait elle-même – en forçant un peu le trait – devenue un problème sanitaire (un danger par ses excès), un problème social (par les inégalités qu'elle génère), un problème professionnel et politique : son conservatisme conduisant toutes les tentatives d'améliorations pourtant indispensables, en particulier dans l'enseignement de la médecine, à un échec assuré. Pourquoi quelques acteurs en vue prennent-ils ainsi le risque d'exposer au public des choses qui relèvent du fonctionnement interne et dénoncent-ils les excès de « l'offre de soins » ?

Plusieurs dizaines de livres de ce type sont parues ces dernières années. La profession médicale a une très grande propension à l'écriture : témoignages, essais, textes professionnels, entretiens ou œuvres de pure littérature (romans, essais, biographies d'écrivains). Près de mille titres par an, en laissant de côté les ouvrages techniques de la discipline : les manuels, traités, histoire thérapeutique, conseils pour soignants et soignés !

L'exercice médical sécrète un penchant pour l'écrit, souvent compulsif, et a depuis toujours ses laudateurs et ses imprécateurs, ses frustrés et ses satisfaits. Il y a, de surcroît, en permanence, des opposants internes, des luttes entre anciens et modernes, mais quelque chose de plus qu'une discordance scientifique ou qu'une controverse thérapeutique apparaît désormais. En fait, c'est la première fois dans l'histoire de la profession médicale qu'on assiste à une fronde de ce niveau, venant d'horizons distincts, bénéficiant depuis une dizaine d'années des encouragements les plus divers. Ces essais démontrent les différents dysfonctionnements sérieux et les effets de l'actuelle offre de soins (dans la concurrence libérale ou la rivalité hospitalière). Il s'agit d'une explication cohérente fournie par les acteurs eux-mêmes.

Nous avons sélectionné une vingtaine de livres qui donnent de multiples informations sur l'organisation de la profession et proposent des solutions. La moitié des critiques concernent l'organisation, le travail, les modes de fonctionnement et l'enseignement. L'offre excessive de soins (ils ne disent pas de « traitements ») est mentionnée plusieurs fois, sous diverses formes négatives ; c'est parfois une formule simple peu explicitée, parfois détaillée avec des exemples pris en médecine de ville mais aussi parfois à l'hôpital. Le paiement à l'acte, la logique du profit sont montrés du doigt, analysés comme une dérive surproductrice de soins, entraînant une accumulation de diagnostics rapides et des prescriptions surabondantes. Trop de médecine nuit à sa qualité et met en danger les patients : tel est le constat que l'on tire de ces lectures !

Une autre série de raisons divise les auteurs sur la base de la critique intramédicale classique : mauvaise évaluation des pratiques, excès de médicaments et distribution irréfléchie (due à l'influence des lobbies de l'industrie pharmaceutique, mais ce n'est pas toujours dit), et enfin absence d'autorité et de surveillance accompagnée d'une critique des différentes interventions de l'Ordre des médecins. Ajoutons-y les remarques désabusées sur l'enseignement des jeunes médecins, la médiocrité de la pédagogie des premières années tout comme celle des méthodes de validation des connaissances, y compris dans les concours.

Les autres griefs s'adressent à l'État et à l'administration hospitalière. C'est une sorte de leitmotiv sur lequel nous reviendrons ultérieurement car il fait l'unanimité de la communauté professionnelle[1].

---

1. On aurait pu inclure d'autres livres rendant compte de ces dérives. Citons, par exemple, Aquilino Morelle, énarque, médecin hospitalier, haut fonctionnaire qui, dans *La Défaite de la Santé publique* (Flammarion, 1996), examine le scandale à responsabilités multiples du « sang contaminé ». Les hommes politiques auraient été dépassés, l'État serait apparu comme « un nain administratif ». Ou encore, René Brauman avec *Utopies sanitaires* (Le Pommier, 2000), et Jean-Charles Sournia, *Ces malades qu'on fabrique. La médecine gaspillée* (éd. du Seuil, 1977). À une critique de la médecine traditionnelle de type Ivan

Comment ce revirement s'est-il fait ?

On peut trouver deux précurseurs : les professeurs Jean-Pierre Escande et Claude Béraud. Ce dernier avait rédigé un rapport qui n'est jamais sorti en librairie mais que la CNAM avait prudemment gardé sous le coude. Il s'intitulait : *La Sécu c'est bien, en abuser, ça craint.* Il y avait de quoi inquiéter l'Assurance maladie ! Une part notable de l'activité médicale serait dangereuse ou inefficace (exemple connu des variations des taux des mêmes actes chirurgicaux, selon les villes, différences inexplicables par pathologies). Abus d'interventions et de traitements par excès de diagnostics fautifs, de médications sans raison, de séjours hospitaliers injustifiés, bref, de travail médical « à vide » ! L'intérêt personnel des médecins à diagnostiquer et à prescrire, l'intéressement financier de l'hospitalisation privée étaient épinglés à côté de quelques escroqueries de « délinquants en blouse blanche », une expression qui a fait couler beaucoup d'encre.

En bref, trop de médecine (payée à l'acte) nuirait gravement à la santé publique. L'offre de soins, abandonnée aux intérêts individuels et aux demandes infondées des consommateurs, conduirait à une surmédicalisation. L'exemple des psychotropes est souvent évoqué. Ces griefs visent les généralistes et les spécialistes libéraux auxquels les auteurs imputent implicitement la faillite d'une mission historique : maintenir en vie la Sécurité sociale. Quelques-uns, cependant, font les mêmes reproches à l'hôpital : excès d'activité et de soins inutiles (opérations, examens, traitements coûteux). Quelques-uns vont même jusqu'à proposer des solutions radicales : faire payer le prix de la médecine aux riches et réserver la Sécurité sociale aux pauvres (assurances volontaires pour les autres). Ces propositions révolutionnaires surprennent dans un paysage de réformes sans idées neuves. On peut les trouver utopiques et irréalisables. D'autres propositions étonnantes se trou-

---

Illich a succédé une critique, par des hospitaliers, du libéralisme sans frein, critique qui avait débuté avec Paul Milliez et Alexandre Minkovski dans *Une certaine idée de la médecine* (Ramsay, 1981). Pour une synthèse de ces remises en question, se reporter particulièrement au livre d'histoire de Maurice Tubiana, *Histoire de la pensée médicale* (Flammarion, 1995) en particulier les chapitres 7, 8 et 9.

vent ainsi dans ces livres[1]. Ils s'adressent implicitement aux élites dirigeantes, à la haute administration de la santé, aux confrères et au public informé. Comme on pouvait s'y attendre, tout cela a irrité les défenseurs attitrés du système actuel : syndicats, associations, sociétés savantes, Ordre. Une des raisons pourrait être la relative incompréhension que ces agrégés hospitaliers manifestent envers le médecin de ville dont ils ne saisissent pas bien les problèmes, manifestant parfois du mépris et gardant toujours une grande distance. Ces médecins de quartier qu'il faudrait, selon l'un, interdire de conventionnement si, tous les dix ans, ils ne se soumettent pas à une actualisation de leurs connaissances se sont sentis, à juste titre, directement visés.

Comment expliquer cette fronde et le moment choisi ? Assiste-t-on à une crise de l'élite médicale ou avons-nous seulement affaire à une recherche de notoriété poussée par le sensationnalisme éditorial actuel ? D'abord, ces livres rappellent la présence continue en médecine de traditions venues de l'humanisme, de courants chrétiens ou libres-penseurs. Le désir de justice sociale, la révolte contre des gaspillages heurtant leur sens de la morale publique sont toujours en arrière-fond.

On ne doit certainement pas négliger non plus le rôle des éditeurs qui se sont lancés dans de multiples opérations de démystification (et de mystification) de nombreuses institutions ou d'événements du passé : justice, école, armée, guerre d'Algérie. L'existence d'un public mécontent de soignés (et de soignants) a pu soudainement apparaître comme un marché qui accueillerait avidement les règlements de comptes internes. L'air du temps est à la critique

1. Lucien Sfez, *L'Utopie de la santé parfaite,* PUF, 2001 ; Claude Le Pen et Didier Sicard, *Santé : l'heure des choix,* Desclée de Brouwer, 2004. Un palier supplémentaire dans la critique vient d'être franchi, toutefois, même s'il épargne toujours la pratique hospitalière : Jean-Pierre Davant, Thomas Tursz, Guy Vallancien, Pierre Boncenne, *La Révolution médicale,* éd. du Seuil, 2003. De nouveaux livres continuent dans la progression des mises en question dont celui de Jean-Michel Dubernard, *Sauvons la Sécu,* Bourin, 2004. Il s'agit d'un plaidoyer en faveur de l'Assurance maladie venant de la droite majoritaire puisque le professeur Dubernard est député UMP, proche de Jacques Chirac. Il illustre le renversement des alliances ou, du moins, une défense et un inattendu soutien à la Sécurité sociale dans sa configuration actuelle.

âpre des grandes institutions. Des opinions tranchées – que les instances représentatives pétries de conformisme professionnel refoulent habituellement – sont ainsi sorties du silence des cabinets médicaux et des salles hospitalières entre 1990 et 2000. Une petite fenêtre pour une expression critique s'est ainsi ouverte comme ce fut le cas dans les années qui ont suivi Mai 68, et la comparaison n'est pas illégitime. C'est d'une véritable petite révolution intérieure qu'il s'agit ici !

L'exposition publique de tensions signale une crise de confiance entre groupes de médecins, par exemple entre hospitaliers et libéraux. Cette crise s'est manifestée également dans la critique de « l'hospitalocentrisme », c'est-à-dire la tendance au repliement sur l'hôpital. Ce n'est certes pas un début de schisme mais ne peut-on pas y voir le fossé qui se creuse entre les généralistes et leurs anciens professeurs de l'hôpital ? Entre ceux qui reçoivent des honoraires – notamment les spécialistes libéraux jugés trop nombreux – et ceux qui sont salariés ? Une des cassures a lieu autour de l'idée du progrès continu promis par la science, idée qui va de pair avec la dénonciation des médecines parallèles jugées, du point de vue de la médecine de pointe, sans effet et dangereuses. Les critiques se placent donc le plus souvent du côté d'un absolutisme du savoir. Ils vivent en permanence « la révolution médicale » qui est une de leurs expressions préférées. Ils participent d'ailleurs des disciplines médicales les plus orientées vers la recherche comme la cancérologie ou la chirurgie.

Cette division n'est pas nouvelle : la profession n'a jamais été complètement unie autour du positivisme et de la science appliquée. Mais désormais la médecine ne peut plus cacher ce type de désaccord. Ces livres fracassants témoignent que l'Ordre, l'Académie de médecine, les sociétés savantes, la Conférence des doyens ne contrôlent plus, ou plus aussi bien qu'avant, les relations entre les différentes fractions médicales. De plus, la lutte s'est engagée devant le public inquiet. Après des émissions télévisées sur le progrès médical, dans les réunions professionnelles, les controverses intérieures ont vu s'affronter deux conceptions de la présentation publique du travail en médecine mais, dans ce cas, à fronts renversés : l'une, hospitalière, incarnait le doute scientifique, l'incertitude diagnostique, les aléas thérapeutiques, alors que l'autre représentait la position des associations corporatives ou celle des syndicats, insistant sur l'expertise incontestable, la glorification du savant appuyé sur l'argument passe-partout du « meilleur système au monde ». Ne jamais avouer un échec, cacher les fautes, toujours faire preuve de convictions, nier le doute médical : c'est l'attitude classique de l'expression syndicale, celle de l'Ordre ou des associations de spécialistes de ville ou des cliniques privées.

Un autre clivage que celui habituel dépendant du rang hiérarchique est apparu : la nécessité ou non de maintenir un front uni contre toute révélation d'éventuelles erreurs. Ce type de divergences et d'altercations provoquant de nombreux échos agressifs affecte à la fois la confiance des malades et l'unité de la profession. Plus personne ne coordonne ou ne semble même en mesure d'appliquer la fameuse « autorégulation » de la profession, c'est-à-dire ce système de surveillance par les pairs. Même l'Ordre est désormais obligé d'en appeler aux tribunaux tant ses sections disciplinaires ont du mal à se faire entendre et à faire accepter ses décisions !

Ces reproches réciproques signifient-ils que la profession est entrée dans une période de doute généralisé ou ne faut-il y voir que la reprise de divergences traditionnelles au sein des élites médicales ? Si on étudie la biographie des différents auteurs critiques, on constate qu'ils ne viennent pas de la haute bourgeoisie médicale parisienne, mais plutôt d'une petite bourgeoisie de province ayant progressé rapidement dans des spécialités neuves. Ce que les auteurs racontent de leur enfance suggère une éducation chrétienne de gauche, un goût pour le service public, le sentiment des fortes inégalités dans la société française mais aussi une exigence de savant, un sens de la rigueur scientifique qu'ils ont appliqués d'un point de vue social pour trouver des explications rationnelles aux incohérences qu'ils découvraient en sortant du monde de leur étroite spécialité.

Les réflexions de cette partie de l'élite hospitalière ont peu de chance de peser sur les décisions des gouvernements qui cherchent à définir un nouvel équilibre entre médecine, État et Assurance maladie. « L'union par la santé » reste le terrain de captation par excellence de tous les votes typiquement centristes particulièrement recherchés par les grands partis. Il n'est donc pas surprenant que ces livres soient si peu cités par les hommes politiques : ils remettent en cause un équilibre vieux de cinquante ans. En revanche, on peut regretter que ces analyses aient été peu exploitées par les sciences sociales, car leur documentation est du même type que celles auxquelles les chercheurs de ces disciplines sont habitués, notamment les statistiques et les comptes-rendus d'observations directes. Quant à nous, nous en retiendrons une idée essentielle : la « théorie » d'une offre pléthorique, mal régulée, mal ajustée, et l'explication par la division de la médecine en statuts de plus en plus séparés, parfois antagonistes, par blocs de spécialités, du fait des contraintes auxquelles sont soumis les médecins libéraux en raison de la concurrence qu'ils se font selon les villes et régions.

Que sont devenus les éléments significatifs que contiennent ces ouvrages, et d'abord les auteurs ? Certains ont poursuivi leur carrière d'écrivain y compris quand ils ont été menacés par l'Ordre de sanctions ou de poursuites pour atteinte au moral de la profession, en raison de leurs écrits « calomnieux ». Les associations professionnelles dominées par les spécialistes de ville (eux ne publient pas de livres, mais agissent auprès des élus et interviennent en coulisses) sont très attentives aux représentations données de leur profession, et les relations verbales avec ces différents auteurs sont fracassantes quand ils se croisent dans les congrès.

Ces professeurs réputés, ayant manifesté de l'audace et beaucoup d'engagement quand ils ont travaillé à un rapport ministériel qui était commandé par un homme politique avec l'objectif de s'allier aux familles des malades, ont été déçus de l'« enterrement » de leurs textes. Ils ont souvent ressenti beaucoup d'amertume à ne pas être écoutés. On leur a parfois octroyé une responsabilité mineure, on leur a confié un gadget de recherche (une présidence de commission éthique ou de lutte contre le dopage...), en espérant que cela constituerait un dérivatif à leur frustration.

Ces auteurs n'étaient pas engagés dans les structures de l'Ordre ou des syndicats et moins que d'autres dans des instances académiques, mais ils en sont désormais encore plus éloignés. Experts appelés pour une mission, devenus auteurs à succès, ils ont le plus souvent été des météores de l'actualité médiatique. Mais le contenu de leurs livres a finalement été négligé.

On peut être également frappé par l'absence de coordination des différents critiques. Ils n'ont jamais constitué un courant de pensée alors qu'ils étaient finalement très proches dans leurs orientations. On touche là à une caractéristique du milieu : les médecins, quelles que soient leurs positions, restent des individualistes acharnés, et toute idée d'action collective et concertée leur est étrangère. Habitués à la compétition, méfiants (il est remarquable que, dans leurs livres, ils ne se citent pratiquement jamais), ils ne cherchent pas à confronter leurs opinions et à unifier les critiques pour créer un mouvement fort de contestation. Leur travail risque dès lors d'être réduit à une vaine agitation et de rester comme une manifestation livresque d'humeur. Il reste au sociologue à se pencher attentivement sur la longue liste des offres indues de soins qui confortent, nuancent ou démentent les faits et observations ainsi relevés.

Les critiques des hauts fonctionnaires de la Santé

Les livres écrits par de hauts fonctionnaires élus ou nommés à la direction de mutuelles ou de caisses, ou encore par des conseillers du ministre de la Santé, ont connu le même destin médiatique. Ils ont fait l'objet de rapides polémiques, de chroniques ou de tribunes dans la presse (surtout dans *Le Monde*). Ils ont été soutenus ou attaqués par d'autres experts, généralement des gestionnaires de haut niveau comme des directeurs issus de la Cour des comptes, des universitaires, des consultants divers.

De 1995 à 2000 donc, plusieurs hauts fonctionnaires ont ainsi publié des ouvrages sur le système de santé[1]. Leur préoccupation

1. Nous avons retenu les auteurs suivants :

– Jean-Pierre Davant, président de la Mutualité française ; il a exercé dans la fonction publique (Impôts) ; origine sociale : moyenne, provinciale. Ses livres : *Santé. Moment de vérité*, éd. du Seuil, 1996 ; *Notre santé n'est pas à vendre*, éd. du Seuil, 2000.

est la survie de l'Assurance maladie qui serait aujourd'hui menacée. Leur conviction commune est que la Sécurité sociale (et plus précisément l'Assurance maladie) risque l'implosion à cause de ses déficits cumulés. Ils ont le sentiment qu'une époque se termine : l'agonie du système à la française, l'effondrement d'un régime qui fut, dans le passé, innovateur, protecteur et démocratique. Leurs livres sont aussi virulents que ceux des médecins mais sont d'abord une critique de l'État, de « gouvernants sans direction, sans vision et perspective ». Ils dénoncent la « perte des valeurs de courage, de détermination, du sens des responsabilités des ministres ». Ces propos acerbes nous laissent penser que la santé a été l'occasion d'une rupture de confiance entre les gouvernants et certains hauts fonctionnaires constituant une fraction de la bourgeoisie éclairée. Il peut s'agir d'administrateurs de caisses issus de l'ENA (des centristes proches de Raymond Barre, de Michel Rocard), de spécialistes du Plan, de la prévision, de la gestion syndicale qui font partie des équipes de Pierre Mauroy ou Lionel Jospin. Les renseignements biographiques (pauvres) que nous avons recueillis sont indiqués en note.

Ces ouvrages sont, par certains côtés, dans la tradition de la critique faite par les courants politiques centralisateurs, étatistes jacobins. Ils aboutissent à l'idée qu'une offre de soins sans frein (du fait de la concurrence libérale) ou mal maîtrisée (dans la compétition hospitalière) est inflationniste, sans qu'on puisse trouver aucune justification proprement sanitaire. Les définitions de la santé socialement instables, issues de conflits entre groupes puissants, exaspèrent

---

– Gilles Johanet, énarque, magistrat et en mission auprès de Pierre Mauroy, directeur de la CNAM de 1989 à 1993, puis de 1998 à 2002. Ses écrits : « Santé, dépenser sans compter », *Santé de France*, 1995 ; *La Sécurité sociale : l'échec et le défi*, éd. du Seuil, 1998.

– Jean de Kervasdoué, ingénieur des Eaux et Forêts, professeur au CNAM, directeur des hôpitaux ministère de la Santé, origine sociale inconnue. Ses livres : *La Santé intouchable*, Lattès, 1996 ; *Santé, pour une révolution sans réforme*, Gallimard, 1999.

– Béatrice Majnoni d'Intignano, professeur d'économie, Université Paris-XII, consultante OMS, journaliste. Ses livres : *Santé, mon cher souci*, Lattès, 1989 ; *La Protection sociale*, Fallois, 1993.

des rivalités dans le monde des producteurs, fabriquant un espace libre pour des consommateurs devenus avertis et boulimiques. Tout cela n'est pas neuf, mais c'est l'ampleur du phénomène qui inquiète, de même que ses conséquences négatives en matière de santé publique. Jusqu'ici, les contradictions de la médecine – activité à la fois scientifique et commerciale – avaient été mineures et contrôlées. Ce ne serait apparemment plus le cas. Cependant, ces opinions qui ont connu un succès d'estime bref n'ont jamais été l'occasion d'ouvrir un grand débat à influence sociale.

Pourquoi ces dirigeants ayant une culture de fonctionnaires et des publications d'intellectuels reconnues veulent-ils attirer l'attention sur une économie qui favorise des dépenses élevées et engendre par là même des dangers sanitaires ? Pourquoi se constitue ainsi, venant de plusieurs horizons, un front pour sauver la Sécurité sociale[1] ? Certes, les styles et les arguments utilisés sont différents. Par exemple, entre Jean de Kervasdoué et Jean-Pierre Davant : le premier essaie d'être analytique, le second est plus personnel dans son récit de l'aventure de la Mutualité. Mais tous les deux énumèrent une série de facteurs négatifs même s'ils se gardent de les hiérarchiser : les profits des entreprises, la liste déroutante de résultats négatifs, paradoxaux, basés sur des statistiques et des sondages financés par des commanditaires officieux dont les sources ne sont jamais évoquées.

La question des sources statistiques est d'ailleurs incroyablement confuse, on l'a signalé. Le ministère des Affaires sociales a le plus petit nombre d'agents de dénombrement ou de recensement (Service des études statistiques et de l'information, SESI) de toutes les administrations ! Ils ne peuvent pas lutter contre les statistiques et enquêtes d'opinion fournies par les agences et les laboratoires qui sont de gros clients des instituts de sondages et qui produisent une grande quantité d'enquêtes (*ad hoc*, toujours en fonction de leurs intérêts) et en inondent la presse. Même au sein de la CNAM, les

1. Auquel on aurait pu ajouter Philippe Pignarre (*Comment sauver [vraiment] la Sécu ?*, La Découverte, 2004) et Jean-Michel Dubernard, député, président de la Commission des affaires culturelles, familiales et sociales de l'Assemblée nationale (*Sauvons la Sécu*, Bourin, 2004).

chiffres publiés sont contestés, surtout à propos des versements de l'État comme de ses prélèvements, celui des dettes des cotisations patronales et de l'affectation des crédits, qu'ils proviennent des cotisations (prélevées sur le travail) ou de fonds publics généraux (prélèvements, impôts de rattrapage des déficits, taxes pour telle ou telle action ou prévention). Il n'existe aucun accord sur les évaluations chiffrées et ce n'est pas surprenant.

Mais revenons à notre tableau général qui nous permet de tenter une synthèse de toutes ces approches de médecins critiques. J'ai réuni sous chaque auteur – de façon cavalière – à la fois la liste des défauts les plus criants et une série de griefs secondaires. Dans chaque argumentation, des anecdotes voisinent avec des informations de première main, très détaillées, fournies par les auteurs qui en furent les acteurs ou témoins. Cela nous donne une synthèse de faits qu'un sociologue seul n'aurait jamais pu rassembler. L'ensemble couvre un terrain très large puisque j'ai retenu un urologue, un anatomo-pathologiste, un gastro-entérologue, un dermatologue, un cancérologue, un psychiatre, un gériatre, un chirurgien, un épidémiologiste, un diabétologue et le doyen d'une faculté parisienne.

Ligne 1 : Les reproches adressés aux instances publiques de la santé (l'AP ou une autre direction de la Santé au ministère) portent surtout sur des faits de gestion de carrières, des services mal administrés qui poussent à la consommation, gaspilleuse d'actes et de soins inutiles à l'hôpital. Ici, il s'agit plus d'anecdotes que de critiques systématiques portant sur le bureaucratisme, la gestion trop éloignée des contingences de l'action médicale.

Ligne 2 : Les contestations de la gestion par l'Assurance maladie relèvent davantage d'impressions que de faits observés. Leur idée est la soumission des caisses aux intérêts des médecins privés, l'absence de défense des intérêts des usagers par laxisme et docilité (paralysie due au pouvoir médical). L'inflation est analysée comme le résultat de l'immobilisme de l'Assurance maladie dépassée par sa tâche et de l'action des organismes professionnels.

Ligne 3 : La politique française fait l'objet de jugements à l'emporte-pièce. Le désengagement de l'État et le manque de transparence sont dus aux déficiences de l'action et à la méconnaissance de ce qui se passe. Laisser filer les déficits est une solution de facilité. En cas de litiges, la peur et le manque de courage font que les hommes politiques se réfugient derrière les experts et les commissions. La responsabilité des gouvernants est donc totale, mais elle est incurable par manque de vision politique générale.

Ligne 4 : La désorganisation de la profession médicale et le manque de cohérence entre les instances représentatives sont fortement ressentis. Le chaos des règles semble manifeste : confusion des pratiques (publique et privée), contradictions entre objectifs, hiérarchies parallèles qui modifient dans l'ombre les règles du jeu, opacité de l'administration de la profession. Les auteurs sont des critiques ardents de l'excès de profit comme motivation professionnelle et du libéralisme débridé.

Ligne 5 : Les problèmes spécifiques à l'enseignement médical sont l'esprit de concours faisant disparaître tout sens critique, la faiblesse de la formation continue. D'où un conservatisme pédagogique, voire une conception rétrograde qui refuse toute évaluation ou mise à niveau.

Ligne 6 : L'attaque contre l'intrusion des laboratoires pharmaceutiques est systématique. Attaquer l'industrie pharmaceutique est un classique. Il se constituerait, sous nos yeux, un monstre à plusieurs têtes : presse, experts, et autres lobbies qui étouffent les décisions des commissions étatiques.

Ligne 7 : La société est globalement prise à partie. On recense l'interventionnisme de la justice, le rôle des médias, l'irresponsabilité de certains clients et l'influence néfaste de certaines associations de malades (étroitesse de leur vision, sectarisme) sur fond des tendances contemporaines à l'individualisme et au consumérisme. Le rôle néfaste des médias et de certaines conceptions sociales et médicales encourage à la démission du sens civique. L'individualisme des consommateurs est dénoncé.

Ligne 8 : On recense ici les caractéristiques des malades et de leurs proches, idolâtrant l'autorité médicale, mais aussi leur influence excessive ainsi que celle des associations de malades poussant au dérèglement des prescriptions. La profession accepte trop facilement les demandes des familles et va au-devant de leurs attentes, d'où la surprescription et l'inflation de soins inutiles. Disposition à l'opportunisme des praticiens (ou même leur démission) devant les malades influents et leur soumission aux modes thérapeutiques sans réflexion sur leur bienfait.

Si on réunit l'ensemble des critiques (aucun livre ne les assume toutes ensemble ; une ou deux cases sur huit restent toujours vides ; il existe de nombreux points aveugles dans la dénonciation), on ne peut manquer d'être frappé par ce qui constituerait une dégradation généralisée du système. Les forces centrifuges, le désordre des actions dérivent à la fois de la perversion des intentions les meilleures, de règles trop nombreuses et trop vite changées, incohérentes, souvent inapplicables. Mais le désordre de la médecine actuelle provient aussi de caractéristiques enracinées tout au long d'un siècle qui a créé une lourde machine poursuivant sa course sans obéir à aucune logique forte, mais à plusieurs, contradictoires. Inutile de chercher le complot d'adversaires dissimulés ou le travail de sape de forces opposées qui serait à l'origine de cet état de fait. Il faut plutôt accuser un ensemble de processus lancés à une autre époque et qui ne correspondent plus à l'organisation sociale contemporaine.

Les auteurs sont présentés en colonnes dans l'ordre chronologique de parution de leurs principaux ouvrages.

	Jean-Louis FUNCK BRENTANO Professeur Urologie *Le Grand Chambardement de la médecine,* Odile Jacob, 1990	Claude GOT Professeur Anatomo-pathologie *La Santé,* Flammarion, 1992	Claude BERAUD Professeur Gastro-entérologie *La Sécu c'est bien, en abuser, ça craint !,* CNAM, 1992	Jean-Paul ESCANDE Professeur Dermatologie *Lettre ouverte à ceux qui prennent l'hôpital pour une usine,* Albin Michel, 1993 *Les Médecins,* Grasset, 1975	Philippe MEYER Professeur et biologiste *L'Irresponsabilité médicale,* Grasset, 1993 ; *L'Homme et le sel,* Les Empêcheurs de penser en rond, 2000	Véronique FOURNIER Professeur *L'Hôpital sens dessus dessous,* Michalon, 1996
1.	Bureaucratisation hospitalière.	PMSI Insuffisant ; management médiocre.	Honoraires privés à l'hôpital public ; laxisme de gestion et non-respect des conventions par des cliniques privées. Durée des hospitalisations excessive.	Direction, gestion et administration des hôpitaux contestables. Gabegie des hôpitaux usines à soins.	Lits hôpitaux excédentaires. Services cloisonnés, tâches éparpillées. Budget global non modulable. Recherche hospitalière faible.	Nominations politiques des directeurs hospitaliers et gestion politique de la santé. Promotion des PH par clientélisme. Cooptation médicale.
2.	Entente CNAM et médecins pour maintenir une inflation des dépenses (avec avantages des remboursements à l'acte). Effets pervers sur la santé de l'excès d'actes en vue du maintien des revenus médicaux.	Absence de transparence dans la gestion des cotisations Sécurité sociale. Contrôle purement mécanique des dépenses. Logique inflationniste du mode de remboursement. Mauvaise information des assurés.	Excès d'offre pour élever le niveau de vie des médecins. Trop de spécialistes, mal répartis.	Gestion Sécurité sociale opaque et repliée. Fossé entre assurés et CNAM. Cotisations populaires gaspillées.	Dysfonctionnement de la CNAM, pas de compétence dans l'administration de la santé. Trop de spécialistes ; manque de généralistes et mauvaise répartition.	Encouragement aux actes hospitaliers multiples pour accroître les budgets. Productivisme comme solution aux conflits entre médecins. Coût élevé de la gestion de la Sécurité sociale.
3.		Désengagement de l'État de la surveillance des dépenses de santé.		Immobilisme. Aveuglement.		Absence de politique hospitalière cohérente.

4. Ordre conservateur ou frileux.	Évaluation des pratiques améliorable.	Ultralibéralisme dans le choix des installations, des prescriptions. Mansuétude des décisions de l'Ordre.	Confusion secteurs publics et privés. Tendance du généraliste à devenir l'infirmier de la Société.	Pratique hyper-technique. Perte sens clinique et disparition de la tradition humaniste de la médecine.	Influence politique des médecins-patrons. Pouvoir des lobbies syndicaux.
5. Danger des médecines douces. Oubli de l'acquis scientifique. Homéopathie : bénéfices imaginaires.	Mauvaise formation des généralistes. Oppositions regrettables des universitaires aux réformes des années 80. Maintien de la routine dans l'enseignement.		Enseignement et recherche sclérosés. Mauvaise formation pour généralistes. Concours sélectionnant exclusivement les plus doués en mathématiques.	Esprit concours excessif. Formation typiquement scientiste.	
6. Montée des produits des « cliniques-entreprises ». Industriels de la Santé intéressés à l'inflation médicale. Sécurité des intérêts privés par la santé garantie par l'État.	Abus des psychotropes et dangers de leur mise en circulation. Suppression de leur remboursement (sauf ALD) souhaitable. Médicaments peu novateurs, trop prescrits, peu appropriés.	Les spécialistes font trop d'actes, d'examens. Gaspillages, abus, fraudes, escroqueries surtout des spécialistes et cliniques.	Recherche privée plus soutenue que recherche publique. Rôle néfaste des journalistes, des médias et presse médicale aux mains de lobbies. Perversion du médicament.	Démesure de la presse généraliste sur les résultats et les progrès médicaux.	Spirale inflationniste des budgets par journée des cliniques privées.
7. Médecins trop sensibles aux demandes excessives surtout des patients riches. Crédulité populaire face à la publicité des résultats médicaux	Pas de sens de l'économie nationale chez les personnels de santé. Inclination des médecins au pouvoir et à l'argent.	Encouragement à une consommation médicale abusive et dangereuse.	Trop de « médico-dépendants » : abus de la médicalisation dans la vie personnelle quotidienne.	Foi excessive en la médecine et appétit de soins et de prescriptions.	Contexte culturel qui incite à mourir à l'hôpital.
8. Multiplication des soins raffinés et chers : nouvelles exigences des malades. Médecine de consommation « à la demande ».		Malades déresponsabilisés	Grave inclination à l'automédication. Pas de sens civique des patients. Tendance à la délégation de la représentation des malades.	Augmentation du nombre des procédures juridiques.	Déshumanisation de la vie à l'hôpital.

	Jean-Marie ANDRIEU **Professeur** **Cancérologie** ***Médecin pour le meilleur et pour le pire,*** **Balland, 1996**	**Édouard ZARIFIAN** **Professeur Psychiatrie** ***Le prix du bien-être,*** **Odile Jacob, 1997 ;** ***Des paradis plein la tête,*** **Odile Jacob, 1994**	**Bernard CASSOU** **(avec M. SCHIFF)** **Professeur Gériatrie** ***Qui décide de notre santé ?,*** **Syros, 1998**	**Michel HAUTE-COUVERTURE** **Chef de Service Diabétologie** ***Médecine on brade,*** **Le Pommier, 2000**	**Philippe EVEN** **Doyen Paris-V** ***Les Scandales des hôpitaux de Paris et de l'hôpital Pompidou,*** **Le Cherche Midi, 2001**	**Denis LABAYLE** **Professeur Écrivain Chercheur** ***Tempête sur l'hôpital,*** **éd. du Seuil, 2002**
1.	Excédents d'actes, d'examens, d'opérations, pour augmenter revenus libéraux et budgets hospitaliers. Compétition des hôpitaux pour le prestige.			Dévoiement des DRH à l'hôpital. Excès technocratiques, comités de lutte contre les infections nosocomiales et autres commissions détournées de leur fonction.	Immobilisme et décomposition de l'AP. Exclusion des pauvres et des vieux ; gaspillages, examens et lits inutiles.	Infirmiers marginalisés, absence de promotion, séparation médecins hospitaliers et médecins de ville. Impréparation à leurs fonctions des directeurs et cadres à l'ENSP (de Rennes), PMSI peu fiable.
2.	Aucun contrôle de la valeur et de la pertinence des actes et dépenses. « Robinet de la Sécurité sociale ouvert sans réserve. »	Pas de contrôle sérieux de la prescription abusive des psychotropes. Laxisme de la surveillance des remboursements. Pas de limites à l'usage des médicaments dangereux.	Rareté des maladies professionnelles reconnues (cf. amiante). Médecine du travail infériorisée.	Le médecin référent réduit à un rôle administratif.	Remboursements aveugles. Immobilisme de la Sécurité sociale. Pas assez de fonctionnaires du contrôle des dépenses et trop d'administrateurs hospitaliers.	Direction des hôpitaux et gestionnaires de la Sécurité sociale n'appliquant pas la loi. Pas de statistiques valides. Bureaucratie inutile.
3.	Manque de transparence politique. Gouvernements instables qui sous-estiment déficits.	Solution pharmaceutique affectée trop facilement aux problèmes non médicaux. Absence d'enquêtes et d'études indépendantes.	Experts médicaux se substituant à l'État. Médicalisation des problèmes sociaux. Démission gouvernementale.		Les gouvernements laissent filer les déficits. Incohérence et reculs fréquents. Investissements sans contrôle de productivité.	Schizophrénie des hommes au pouvoir. Perte du sens politique et du sens des réformes.

4.	Logique du profit qui l'emporte. Trop de médecins. Paiement à l'acte producteur de gaspillages.	Le profit contre l'éthique. Pas d'outil d'évaluation des traitements. Pas d'encadrement des visiteurs médicaux.	Généralistes coupés de la recherche. Immodestie des résultats et prétentions triomphalistes.	Évaluations (normes, RMO) médiocres ou non appliquées. Pratiques déshumanisantes.		« Empires financiers » des hôpitaux. Revenus parallèles occultés. Frange conservatrice qui bloque l'évolution. Pouvoir absolu des CME.
5.	Trop d'examens universitaires à base de QCM. Travail de mémoire principalement requis. Enseignement post-universitaire faible.	Stages hospitaliers médiocres, manque de formation à l'esprit critique. Pensée unique enseignée en psychiatrie.	Scientisme du « modèle biomédical ». Présentation falsifiée des échecs transformés en réussites.		Absence de recherche biomédicale.	Cooptation clientéliste. Agrégation discutable. Deux universités en une : la fac et la voie privée de la préparation à l'internat.
6.	Politiques des multinationales de l'industrie pharmaceutique. France terre d'élection des lobbies pour la surprescription.	Lobbying et presse sous influence. Industrie pharmaceutique trop puissante.	Expertise et évaluation des médicaments trop liées aux industriels.		Politique étatique qui a affaibli l'industrie française du médicament.	
7.		Trop d'importance accordée au psychosomatique. Croyance excessive aux succès de la médecine.	Idées de la technicité de l'expertise deviennent un instrument de pouvoir sur la population.	Abstention électorale et résignation devant opacité des comptes de la santé = scandale du libéralisme en santé publique.		Passivité des citoyens ; syndicats des salariés favorables au *statu quo*.
8.		Intervention douteuse des associations de consommateurs.	Victimes de l'amiante et autres maladies professionnelles négligées.	Médecine sociale pour pauvres et immigrés avec seuls psychotropes et arrêts maladie.		Malades de l'hôpital = sujets résignés. Attitude magique envers la santé : « Je veux. »

On trouve dans ce tableau un amalgame entre différentes opinions sur les comportements excessifs ou abusifs dus aux médecins ou aux patients. Néanmoins, aucun des auteurs n'en conclut qu'à partir du moment où un problème relève d'une question de santé et où les questions sociales ont toutes des conséquences sanitaires, une quelconque demande ou une sollicitation démagogique trouveront automatiquement des médecins complaisants. Les gestionnaires critiques se préoccupent néanmoins, plus que les médecins critiques, de la présumée apparition d'un type de malades qui auraient des comportements imprévoyants, exigeants, irresponsables.

Il existerait donc – menaçant l'équilibre des comptes – un nouveau client dont on pourrait dire, pour faire court, qu'il n'est ni malade ni en bonne santé, mais perpétuellement entre les deux. Ces comportements découleraient des mœurs contemporaines : sport extrême, vitesse au volant, tabac, alcool, refus de toute hygiène alimentaire, absence de protection sexuelle. On demanderait de manière individualiste à la dépense publique de couvrir l'ensemble des nouvelles pratiques de vie sous toutes leurs formes. L'idée finale est que l'offre ainsi suscitée est mal coordonnée et incontrôlable. Le marché des « protections » serait anarchique, peu régulé. Les pouvoirs publics auraient toujours préféré augmenter les charges des assurés que définir des règles courageuses.

Les propositions d'optimisation du financement, d'amélioration de la justice des remboursements qui sont faites dans ces différents livres sont brouillées. Aucune sortie de crise n'apparaît. Les hauts fonctionnaires comme les médecins critiques sont liés à des organisations qu'ils ont dirigées et sont dépendants de leurs engagements antérieurs. Ils ont cogéré le système. Cela limite leur point de vue. Quelques-uns de ces retournements spectaculaires pourraient refléter toutefois la crainte de certaines fractions des classes supérieures quant à la place de l'État et à sa crédibilité face aux futures générations, et quant à la survie d'une société fondée sur l'État-providence[1]. Derrière l'écran des organismes paritaires,

1. Les livres et articles virulents de Jean de Kervasdoué représentent assez bien ce courant (lire « Une nation d'hypocondriaques vieillissants », *Le Monde*,

les classes moyennes et supérieures débattent de la légitimité de cette « peur » de l'avenir, négocient à travers les organisations de santé et dans les syndicats sur les choix à faire, sur les contestations médicales à soutenir ou pas.

Chaque groupe social choisit et sélectionne ce qu'il désire, selon ses représentations et en fonction de son pouvoir d'influence. Il attend de l'Assurance maladie qu'elle épouse son point de vue. Les classes moyennes, particulièrement présentes dans ce service public, tentent d'imposer leurs conceptions des dépenses. Le comportement des médecins est toutefois décisif. Ils doivent être prêts à interpréter en termes pathologiques ce qui peut être décrit comme une série de glissements : de la maladie aux troubles de la santé, puis au dépassement de soi et à la recherche de performances en tout genre. Il s'agira aussi d'accepter d'agir sur les sensations ou les sentiments à partir de la chimie ou bien d'accepter les modifications de l'apparence par l'intermédiaire de la chirurgie esthétique. Tous ces désirs sont liés aux appartenances de classes. D'autres sont plus dépendants de facteurs culturels transmis par l'éducation. Un nouvel impératif apparaît : « Crains ton corps, redoute ses défaillances, recherche les carences et les symptômes de ton organisme, confie-toi sans cesse à l'expert. » Il vient se substituer progressivement à un autre impératif, plus traditionnel : « Observe le fonctionnement de ton corps, gère-le, sois ton propre médecin. »

Étant donné la variabilité extrême des définitions de la maladie et de la santé, le seul élément unifiant les attitudes antagonistes est le maintien de la confiance dans le médecin de famille. Autonome, chaque praticien libéral régule, souvent par défaut, les relations conflictuelles entre la multitude des opinions (on verra plus loin cette dynamique de la régulation à l'œuvre dans l'application secrète de l'euthanasie). On fait aussi confiance au pouvoir médical pour résister à l'État représentant les intérêts collectifs. Cela implique pour les praticiens, en contrepartie, de s'aligner sur le maximalisme des définitions de la santé, c'est-à-dire sur les

24 juillet 2004). L'idée d'un danger dû à l'excès de réformes inopérantes de l'Assurance maladie ou de leurs effets pervers commence à apparaître dans certains journaux (voir, par exemple, Claire Guélaud, *Le Monde*, 24 février 2005).

exigences des patients, et d'oublier en passant les divergences et les affrontements internes entre spécialités. Les médecins acceptent de bon gré tout ce qui va dans le sens d'un élargissement de la demande. À cette fin, ils s'adaptent à tous les publics qui les soutiennent et ils sont même disposés à tolérer des demandes étranges, voire aberrantes ou éthiquement contestables. Le signe le plus tangible du désordre médical actuel se manifeste dans cet opportunisme des médecins face au consumérisme.

Dans cette logique, la profession médicale a connu une politisation extrême. Même l'action syndicale est ici une forme d'activisme politique. Cette politisation a permis de dissimuler les fuites en avant, de rendre impossible toute discussion sur l'éclatement des modes d'exercice, sur l'évaluation des résultats ou sur les rentes de situation géographique. Cette politisation permet de maintenir le public sceptique à l'écart ; d'autant plus qu'elle est souvent associée à une utilisation permanente de la protection donnée par le secret médical. Dans les moments de crise ou de tension, le recours au secret médical permet toutes les offensives contre l'État, la Sécurité sociale et les autres systèmes d'Assurance. Ce mélange de politisation et de secret, sur fond de manque de coordination et de définition d'objectifs communs, a eu des effets particulièrement pervers dans la gestion de certaines maladies[1].

---

1. Pour illustrer cette singulière combinaison, lire Patrice Pinell (sous la direction), *Une épidémie politique. La lutte contre le sida en France 1981-1996*, PUF, 2002.

3
LE DÉBAT SUR LES EXCÈS DE SOINS

Il nous faut faire l'histoire de l'augmentation de l'offre médicale telle qu'elle a eu lieu ces cinquante dernières années. L'absence de coordination et d'évaluation a entraîné la formation d'un empilement de strates peu cohérentes. Une minorité active a fait prévaloir son point de vue et des millions de clients réguliers se sont engouffrés dans les brèches ouvertes. On retiendra trois moments essentiels dans l'histoire de l'offre.

Commençons par l'offre des généralistes et des spécialistes de ville qui voient les patients en tant que prescripteurs primaires isolés. Il s'agit d'une offre libérale ou faite dans le cadre de petites cliniques et de centres privés. Fondée sur un acte commercial, basée sur un service d'expertise scientifique, cette médecine est perçue, de tout temps, comme un commerce noble, qui s'établit sur un contrat de confiance. D'autres métiers dont les bases sont tout aussi scientifiques ne bénéficient pas du même prestige.

La deuxième offre, celle des hôpitaux, des institutions préventives, curatives, des centres de moyen séjour, représente la moitié du volume des dépenses. Cette offre médicale, qui a l'objectif de toujours améliorer ses performances scientifiques (que ce soit avec les soins intensifs, la procréation, les greffes), a fasciné les chercheurs en sciences sociales qui ont, en revanche, négligé la première.

La troisième offre est toute nouvelle ; elle est surtout remarquable par son poids grandissant dans le budget global de la santé. Il s'agit du médicament. Il est devenu l'élément dominant, sinon exclusif, de tout traitement. La position médicale traditionnelle qui consistait à associer la prescription de médicaments à un changement du mode de vie, des habitudes d'hygiène et d'alimentation, est de plus en plus abandonnée (comme le montrent toutes les enquêtes sur les prescriptions des hypolipidémiants). Les médecins se sont heurtés aux patients refusant de changer leurs habitudes de vie et ils en ont retenu la leçon. On pense surtout aux abus alimentaires et au refus de tout exercice physique régulier qui caractérisent les comportements de la majorité des consommateurs de biens médicaux. Certains ont pu y voir une source de profits : cela justifiait un processus de médicalisation permanente. Cette attitude a trouvé un allié de poids dans l'industrie pharmaceutique. Dans tous ces cas, science et commerce font bon ménage. Les consommateurs exigent de tirer profit des progrès médicaux présumés dès leur annonce.

Un retour en arrière est indispensable pour comprendre le succès de la formule « offre de soins ». Cette belle formule suggestive, dont usent amplement les médecins, les gestionnaires de l'Assurance maladie, les élus et les journalistes, est apparue il y a une vingtaine d'années, lorsque les questions de maîtrise et de limitation des dépenses sont devenues d'actualité. Elle a pris la place de la formule « besoins des malades ». Elle devient prééminente quand on s'accorde à dire que « l'offre crée la demande » ou que « la demande est déterminée par l'offre et son organisation », etc.

Les explications du type « la demande et les besoins sont les facteurs majeurs du coût de la santé et de son augmentation » ont dominé le débat de 1950 à 1975, dans une économie de forte croissance et de moindre coût des traitements. Mais le changement de conjoncture (déficits permanents et croissance ralentie, efficacité discutable des politiques de réduction de la consommation) a attiré l'attention sur l'offre à partir de 1975. Les notions de « budget global », « déremboursement de médicaments », « menaces de sanctions », « maîtrise comptable » sont toutes liées à ce changement de paradigme. L'hyperactivité des législateurs (réformes quasi annuelles) prouve la grande incertitude des gouvernants. Les hauts fonctionnaires de la santé en sont donc venus à l'idée que la régulation de l'offre se justifie par le constat qu'en matière médicale la demande suit l'évolution de l'offre. Ainsi, on observe clairement que plus la densité en médecins spécialistes augmente dans une aire géographique, plus la consommation médicale augmente. Le phénomène est bien connu: « L'offre suscite sa propre demande. [Le phénomène] est lié au fait que le médecin est, en partie, maître de la consommation de ses patients selon qu'il les encourage ou non à revenir le voir, les adresse à un confrère, rétrécit ou allonge la liste des prescriptions. Ce phénomène est certainement amplifié par le fait que cette demande est socialisée et n'a donc aucun motif de résister à la sollicitation de l'offre[1]. » C'est ce qu'on peut lire dans le rapport sur les dépenses remis en 1994 au Premier ministre (Édouard Balladur). L'offre de soins pousse à la consommation, répète Béatrice Majnoni d'Intignano[2]. Elle écrit: « Une partie de la demande de soins serait sans rapport avec les besoins des malades et serait induite par l'offre, les médecins cherchant à atteindre leur objectif de revenus et d'activité en stimulant la demande, grâce à la délégation de décision que leur confèrent les malades. »

Ces analyses sont un premier pas pour comprendre que la médecine est à la fois la solution et le problème. On a vu précédemment que de nombreux médecins très connus ont rallié cette explication. Le rapport cité plus haut développe cette idée: « S'il est vrai que le développement de la couverture et de la prise en charge des dépenses par l'Assurance maladie est susceptible de permettre un accroissement de l'accès aux soins et donc une augmentation du niveau de la dépense de santé, il ne peut en expliquer la croissance durablement soutenue [...]. C'est donc dans le fonctionnement même du système de santé qu'il faut aussi trouver les causes de l'augmentation des dépenses[3]. » Dans l'esprit des

1. Raymond Soubie, Jean-Louis Portos, Christian Prieur, *Livre blanc sur le système de santé et d'Assurance maladie*, La Documentation française, 1994, p. 73.

2. Béatrice Majnoni d'Intignano, *Santé et économie en Europe*, PUF, Que sais-je?, p. 76 et 152.

3. *Livre blanc sur le système de santé et d'Assurance-maladie*, *op. cit.*, p. 33. Ce rapport a été écrit par des experts entourés de collaborateurs du Commissariat général au Plan, de l'IGAS, de la direction de la Santé et du ministère de l'Économie. Ce document est le premier qui témoigne officiellement de la prise en considération de la prééminence de l'offre sur la demande.

économistes et des gestionnaires, les notions d'offre par des professions médicales et de fonctionnement du système de santé semblent aller de pair, mais ce glissement sémantique n'a pas eu de conséquences sur les recherches et rapports commandés.

Dans la thèse de Renée Serange-Fonterme on trouvera une analyse plus précise des mécanismes de l'offre tels qu'ils déterminent la demande à partir de l'exemple de la ville de Lyon[1]. « La logique du système d'offre accorde aux décisions prises par les producteurs de soins (en relation avec la réglementation des pouvoirs publics) une part primordiale dans l'explication des disparités de consommation médicale entre les individus. » Dans sa préface, Joseph Brunet-Jailly constate : « L'interprétation générale serait que les consommateurs sont captifs de l'offre locale. » Il s'interroge sur la création des créneaux de dépendance : spécialisations médicales locales, sélections de la part des médecins qui, en situation d'incompréhension sociale et culturelle envers des malades d'origine « populaire », se contenteraient de « diagnostics approximatifs et de thérapeutiques à large spectre ». Il conclut en expliquant que « le problème essentiel que pose le fonctionnement du système de santé – la persistance de l'iniquité à grands frais – naît de ces décisions courantes que prend le corps médical chaque fois qu'il s'agit d'ouvrir ou de fermer un cabinet, une clinique ou un service et chaque fois qu'il s'agit de diagnostiquer et de prescrire[2] ».

Malgré ces essais de clarification, la cartographie de la consommation des dépenses de santé par maladie en fonction de la densité médicale n'a pas été faite. En conséquence, l'offre de soins demeure une catégorie pratique de faible utilité scientifique. Dans la théorie classique, la détermination de la demande par l'offre est depuis longtemps reconnue (mais la médecine est une économie complexe de biens symboliques). Nous voyons bien dans la vie courante que l'offre est à l'origine de la demande, qu'elle l'entre-

1. Renée Serange-Fonterme, *Les Disparités sociales de la consommation médicale*, Economica, 1983. Se reporter principalement aux chapitres VIII, « La demande captive de l'offre », et X : « L'offre crée l'activité », p. 163. Lire aussi Sophie Béjean, *Économie du système de santé*, Economica, 1995, notamment la section : « L'induction de la demande par l'offre », p. 120.

2. R. Serange-Fonterme, *op. cit.*, p. XIV.

tient et la stimule, qu'il n'y a pas de demande de biens inaccessibles ou non commercialisés. La théorisation remonte à loin : Ricardo, Stuart Mill, Smith, etc. Marx la reprend et étudie les irrégularités de l'offre (espace, élasticité) et les conséquences de la concurrence (les crises cycliques de surproduction). L'idée est également banale et quotidienne pour les producteurs de l'industrie, les commerçants et autres agents économiques. Ils savent que, s'il existe une demande spontanée et indépendante de l'offre, celle-ci est réduite et marginale et que l'essentiel de leurs bénéfices vient de leur activisme, des caractéristiques des biens offerts, du prix et de l'attrait de leurs prestations par rapport à ceux de leurs concurrents.

Cette idée a été appliquée à l'univers de la scolarisation par Jean-Pierre Briand et Jean-Michel Chapoulie[1]. Leur travail montre la nécessité de relativiser l'idée de « besoin de scolarisation ». Certes, il y a des différences avec la question médicale. L'école s'adresse à un âge de la vie, la médecine à tous. L'une va à la rencontre d'un mouvement social diffus amorcé par le développement de l'alphabétisation et l'évolution des cultures et sert donc une vague attente. L'autre s'adapte à une attente, plus précise et ponctuelle, qui veut des résultats immédiats : la restauration de l'état antérieur, la disparition de l'inquiétude, de la gêne ou de la douleur. Elle ne compte pas sur des bienfaits futurs, vagues et aléatoires (le savoir ou la maîtrise des techniques intellectuelles) ni sur un bien à venir immatériel (comme l'offre de religion avec des consolations et des explications), mais elle s'appuie sur une attente subjective qui préexiste à l'offre. Une partie de la demande n'est donc qu'une réponse à ce que fut l'offre antérieure, une réaction à l'offre passée, car c'est dans la famille et dans l'enfance que l'on apprend à user de la médecine. L'offre est là, différée par l'intervalle d'une génération qui, tout à la fois, tient compte et s'émancipe de la demande.

L'offre de soins est un concept assez fédérateur et souple pour

1. Jean-Pierre Briand et Jean-Michel Chapoulie : « L'institution scolaire et la scolarisation : une perspective d'ensemble », *Revue française de sociologie*, XXXIV, 1, 1993.

couvrir le maximum de faits dans l'espace médical, mais il fournit des explications simplistes. Si l'on s'accorde sur l'influence de l'offre, comment passer de ses caractéristiques dans un temps donné à ses conséquences qui sont forcément différées ? Plus on ouvre de cabinets médicaux, plus on multiplie les actes, plus on susciterait de « malades » ? Les malades s'ignoraient-ils ? A-t-on initié ou accru le travail de prévention et de surveillance ? A-t-on « créé » ou « reconnu » des maladies ? Quels sont les processus d'influence médicale sur les patients qui fonctionnent ou qui échouent ? Quels sont les types de consommations engagées ? S'agit-il de la découverte de maladies ou d'une augmentation des traitements pour une même maladie, ou de la multiplication des pathologies pour les mêmes personnes ?

Ces mécanismes de création ou d'aspiration de malades ne peuvent pas être suivis d'effets immédiats, vu la lenteur des modifications dans les attitudes ou les comportements psychologiques. Quel est le décalage temporel entre l'ouverture de lieux de soins et l'apparition des demandeurs et des maladies ? Qui recrute, qui occupe la position de médiateur et de juge ? Par ailleurs, pour qu'ils se rencontrent et s'influencent mutuellement, malades et thérapeutes doivent être dans des espaces géographiques restreints et dans des relations régulières (d'où l'importance de la carte médicale). Par quels moyens et jugements est-on plus ou moins malade selon les régions (pour une pathologie identique) ? Plus ou moins opéré (en prenant une intervention type, banale) ? Pourquoi ces taux d'inégalités restent-ils stables sur des années ? Qui justifie, et comment, les grands écarts de morbidité à quelques kilomètres de distance de part et d'autre des aires de CHU ou de circonscriptions sanitaires ? Y a-t-il création locale d'une « offre de maladies » (par des diagnostics plus ou moins nombreux) qui serait ciblée, sélective, en fonction des professionnels sur place et de la propension des patients à la consommation ? Il est reconnu que là où le niveau général de la consommation est le plus élevé, il y a aussi le plus de « malades ». L'Île-de-France et PACA sont les deux régions où les consommations sont les plus fortes. À elles deux, elles absorbent la moitié de la consommation française de santé alors qu'elles ne représentent que le quart de la population.

Question « dépenses de maladie », la France est coupée en deux : Paris, Île-de-France et PACA d'un côté (y compris la Corse), et le reste de l'autre, avec entre les deux le Languedoc-Roussillon[1].

L'offre médicale a une histoire

Il faut prendre en compte la dimension historique pour saisir comment l'offre crée une demande. Cela se fait dans la durée, sur la base d'années de pratiques et du traitement réussi de maladies avérées. L'offre actuelle prolonge celle d'hier. C'est l'activité passée qui suscite des besoins et des habitudes.

Une réflexion profane sur la maladie a toujours existé, dépendante de nombreux facteurs comme la scolarisation, les conditions de travail, l'urbanisation. Elle ne correspond pas nécessairement aux idées médicales. Mais la médecine doit en tenir compte, s'y adapter tout en gardant ses références à la science et à la recherche. La médecine ne peut être débordée et supplantée ni d'un côté ni de l'autre. Elle doit aussi garder un œil sur les rivaux d'hier toujours menaçants : magnétiseurs, guérisseurs, sectes, etc. L'offre est

1. Renée Serange-Fonterme, comme d'autres spécialistes de l'économie de la consommation, constate que les disparités sociales de consommations médicales « reproduisent en quelque sorte les inégalités de base [...]. Ce sont les employés qui ont le niveau de dépenses médicales le plus élevé, ce qui s'explique à la fois par une forte demande de consultations et visites et par une importante prescription par acte. Viennent ensuite les cadres, puis les ouvriers [...]. Chacune des catégories d'ouvriers retenues se différencie assez nettement du groupe des cadres et employés par une faible consommation de soins médicaux de ville (à côté des ouvriers, et nettement plus bas, on trouve les personnels de service, *op. cit.*, p. 24 et 26). La structure de classe est donc à peu près respectée. La consommation suit le niveau des revenus, à cette nuance près que les employés domineraient tous les groupes. Mais la catégorie « employé » est mal définie et peut être considérée comme un conglomérat factice toujours surreprésenté ou hors norme (taux toujours supérieur quel que soit le sujet de l'enquête comme Jean-Pierre Briand l'a montré). Ajoutons l'inégalité de durée de vie qui fait des classes populaires de forts (relativement) contributeurs mais des usagers modestes des fonds de la Sécurité sociale distribués principalement après 65-70 ans.

donc en principe désordonnée car elle cherche à satisfaire plusieurs logiques et elle connaît inévitablement des échecs dans des pathologies comme le cancer ou dans d'autres affections difficiles à soigner. En parallèle, elle doit convaincre la majorité de la population de son utilité alors qu'elle constate tous les jours l'existence d'individus indifférents à ses proclamations ou résistant à l'idéologie de la prévention et de la précaution systématique, souvent ressentie comme tyrannique. La médecine doit gagner de nouveaux patients et conserver les anciens toujours tentés par des médecines parallèles ou alternatives. On voit que rien n'est simple pour les « offreurs » de soins médicaux.

Une preuve de ce trouble est donnée par l'attitude des médecins quand ils deviennent eux-mêmes patients. Sont-ils sceptiques sur leur art ? Quels sont les conseils qu'ils donnent à leurs proches quant aux prescriptions ? Mon projet d'enquête sur les exigences des médecins et de leurs familles a été reçu avec beaucoup d'ironie et s'est en fin de compte soldé par des fins de non-recevoir. Quelques témoignages laissent penser que les médecins sont très modérés dans leurs autodiagnostics, prudents dans l'usage des médicaments (surtout des psychotropes qu'ils prescrivent tant par ailleurs). Le fait « qu'ils seraient moins malades » ou moins consommateurs n'intrigue pas. Il n'est pourtant pas anodin de constater la rareté de leurs arrêts maladie, le nombre réduit de jours de fermeture des cabinets médicaux pour raisons de santé si on compare avec le reste de la population.

La résistance à l'idée de l'offre dans l'opinion publique

Regarder autour de soi et se demander pourquoi nous sommes devenus dix, vingt, trente fois plus « malades » que nos ascendants est troublant. L'idée que l'offre détermine la sensation de notre état contredit la perception spontanée que nous avons de ce qu'est un demandeur libre et souffrant. Que nous soyons plus ou moins malades en fonction de l'organisation de la médecine (intensité des structures régionales, démographies médicales urbaines) heurte notre bon sens de consommateurs autonomes, chacun refusant d'appliquer à son propre cas un tel déterminisme qui contredit son expérience. C'est pourquoi cette idée reste confinée au monde des économistes, des démographes, des géographes, c'est-à-dire aux sciences sociales qui – contrairement à la sociologie – ne s'occupent pas, au premier chef, des discours, des représentations et de la subjectivité, mais plutôt des structures et des masses de répartition. Le fait que les sentiments sur la maladie forgés dans la cellule forte, stable et durable qu'est la famille (lieu de la constitution, sur une, deux ou trois générations, des conceptions sur le corps, la santé, les médecins) seraient en fait fortement déterminés et contaminés par d'autres formes de consommation est un point de vue qui ne peut qu'inquiéter.

La détermination par l'offre est difficile à faire admettre : la visibilité de la demande est si forte qu'elle crée une fausse apparence. À un moment donné, il y a bien une fréquentation libre des cabinets, des appels à l'aide, une venue spontanée dans les hôpitaux, des listes d'attente pour consultation. Il est difficile d'imaginer, cas par cas, c'est-à-dire maladie par maladie, les médiations passées ou cachées qui, à partir de l'organisation médicale antérieure, aboutissent à une sensibilisation qui n'existait pas auparavant. Dans la pratique médicale, un temps plus ou moins long est nécessaire pour que le sentiment d'un trouble soit repéré par les médecins généralistes, pour que ces signes définissent un déséquilibre qu'officialise l'expérience médicale par une rencontre au début tâtonnante. Alors, la médecine académique intervient à son tour, donne une nouvelle définition à ces patients. Ce compromis ne se fait pas sans à coups et ajustements. C'est d'ailleurs la fonction des services d'urgence d'alerter, de traiter à la fois l'inconnu et de réguler la demande par rapport à l'offre, en se positionnant dans les emplacements laissés vides par cette dernière. Avec plus ou moins de succès en raison de milliers d'interactions ! Les mauvaises relations entre urgentistes et généralistes des grandes agglomérations ne sont qu'un cas des nombreux problèmes de désorganisation et du manque de liaisons dans le cadre de la concurrence et de la rivalité entre institutions.

La répartition des dépenses de santé entre catégories sociales, régions, secteurs d'activité nous est cachée, d'autre part, par la forte visibilité de certaines maladies impressionnantes. Nous constatons leurs manifestations extérieures : attentes longues, listes de rendez-vous surchargées, encombrement des lieux de soins. Mais il ne faut pas oublier alors que l'offre ne crée pas immédiatement une demande correspondante ; il n'y a pas une coïncidence spontanée dans le temps comme dans le milieu marchand. L'ouverture d'un cabinet, la création d'un hôpital ne multiplient pas immédiatement le nombre de malades, de patients à opérer ou de consultants. Il faut de surcroît une action collective, œuvre des collecteurs, des recruteurs, des transporteurs, des diffuseurs d'information médicale. Il faut construire une clientèle sur des bases nouvelles sans rien retrancher au stock des demandes anciennes, elles-mêmes superposées, pour préserver les relations harmonieuses au sein de la profession. Il suffit d'écouter les professionnels quand ils sont entre eux. L'observation montre l'importance du temps passé par les médecins à essayer de se convaincre mutuellement du bien-fondé de leur action, de se justifier auprès des patients mais aussi de leurs alliés : le grand public, les usagers, les institutions. Il leur faut sans cesse inventer une nouvelle rhétorique pour imposer aux patients, à l'État, aux Assurances, la priorité de nouveaux besoins et les avantages de leur prise en charge. Parler, parler, toujours parler ! Négocier avec les pairs et les associés. Négocier avec les malades ou leurs représentants. Négocier avec les gouvernants ! Que de réunions et de discours pour résoudre ces dilemmes, que de commissions pour trouver et gérer un précaire consensus !

Être à la fois en dehors et dans l'État implique, pour maintenir un équilibre menacé, de rechercher de nouveaux soutiens dans les classes moyennes, auprès des employés, la grande catégorie émergente de ces trente dernières années. De là, la responsabilité des « médecins politiques » qui en sont venus à se spécialiser dans l'action sur l'opinion et à quasiment professionnaliser et diviser leur travail d'influence sur les gouvernants. Il faut donc « désarticuler » cette notion d'offre et l'étudier dans le temps en fonction des trois types de médecine : consultation primaire, hospitalisation, médicaments.

L'impossibilité de réguler simultanément ces trois offres est le produit de nombreuses variables, notamment la médiocre territorialisation et la répartition de la distribution des forces professionnelles et des établissements. Elle est aussi le produit de l'isolement et du secret de la consultation (actes confidentiels y compris pour les confrères). Chaque rencontre entre un médecin et un patient est un cas individuel unique où se manifestent le goût pour les techniques et le savoir académique, un mélange de médecine empirique originale, ajoutés à la propension ou non à la multiplication des « explorations », examens, prescriptions, suivis de négociations commerciales autour des préférences du client : refus ou demande de tel médicament, de tel certificat. Les règles prévues par le Code de déontologie quant au contrôle des diverses pratiques ne se préoccupent que des cas extrêmes : la mise en danger du malade par un praticien. La justice n'intervient qu'à l'occasion d'actes délictueux (faute très grave et patente) et, de façon étonnante, n'est quasiment jamais saisie par les gouvernants et élus qui se désengagent ainsi, dans le but de préserver l'implicite transaction du « on vous laisse faire les choix thérapeutiques et dépasser le volume prévu des dépenses mais, dès lors, vous assumez tous les problèmes d'impopularité qui surgissent et qui sont menaçants pour notre crédit face aux électeurs ». Les élus se défaussent ainsi de toute responsabilité, comme on le verra plus loin.

Deuxième partie

Libéraux et hospitaliers

4
L'offre de consultations libérales

Dans le cadre des consultations libérales, la maîtrise de l'offre est et sera impossible. La demande est illimitée dans la mesure où il suffit qu'un praticien l'avalise. Un équilibre des intérêts se construit dans la rencontre. L'offre ne satisfait évidemment pas toujours la demande, elle-même issue des interactions précédentes. De là, la prudence et la circonspection des médecins offreurs de solutions dans les situations de doute avant que des normes de savoir rassurantes soient ajustées à la situation. Nous n'avons pas beaucoup de données (par exemple issues d'observations directes) pour comprendre le phénomène interactif constitué par les millions de rencontres annuelles entre patients et médecins. Heureusement, la littérature vient à notre secours et illustre la continuité des problèmes posés par ce mode de consultation dans le temps, sous une forme évidemment caricaturalement commerciale. Jules Romains et d'autres avant lui (Molière, Diderot, etc.) l'avaient dépeinte sur le mode ironique, mettant en évidence la crédulité des patients abusés par des médecins dispensateurs de merveilles et organisateurs de « miracles ».

La première apparition de l'offre dans la littérature a été au théâtre et ce fut un grand succès. L'offreur de diagnostics, de traitements et de consolations qui n'attend pas le malade mais va le chercher, littéralement le « pêcher » dans le vivier des hésitants, est le désormais célèbre docteur Knock. Il démoralise son prédécesseur, le docteur Parpalaid, offreur passif, sans initiative, décourageant par ses médications traditionnelles. L'intuition de Jules Romains est que pour paraître sérieuse l'offre a besoin de lieux adéquats de rencontre permanente, qui favorisent l'inculcation du nouvel état d'esprit. La solution est de transformer l'hôtellerie la plus proche en hôpital, un « Médical hôtel », car mieux vaut, dit l'auteur, un patient couché que debout. Pour mieux apprécier l'anticipation de Jules Romains, rappelons que le nombre d'hospitalisés a été multiplié par quarante entre son époque et la nôtre !

L'autre prémonition de Jules Romains est le rôle des alliés à « intéresser » : l'aide, l'infirmière ou le propagandiste ; le plus rustique est le garde champêtre qui préfigure le porte-voix des médias dans la présentation des maladies angoissantes (il y a trente ans, on avait droit dans le journal télévisé à deux ou trois sujets sur la santé par mois ; c'est désormais le même nombre mais chaque jour). Knock ne part pas de rien. Il a eu des prédécesseurs. Il ne prêche pas dans le désert mais dans le contexte d'une évolution des mœurs, d'un enrichissement économique, condition pour que les retraits des patients du marché du travail ne viennent pas mettre en cause les équilibres familiaux ou les besoins en main-d'œuvre (Knock y veille). Son astuce d'offreur talentueux – outre sa rhétorique – est de ne pas gaspiller l'offre par une diffusion tous azimuts mais, au contraire, de la cibler, de sélectionner ses « malades » et, accessoirement, d'établir la gravité de ses diagnostics en fonction des revenus et des genres de vie à partir d'informations fournies par des alliés (hôteliers, pharmaciens). Les femmes âgées sont particulièrement visées (Diderot les avait déjà épinglées[1]). Elles sont crédules et vulnérables aux arguments de la modernité (supériorité de la ville sur la campagne) et identifient le progrès médical au prestige de ses moyens (l'automobile du médecin et les instruments médicaux). Knock préfigure donc l'offreur astucieux qui s'adjoint des intermédiaires intéressés, des « paramédicaux » avant la lettre comme l'hôtelière transmuée en infirmière, l'apothicaire transformé en pharmacien ; il utilise de manière subtile le

1. Diderot nous présente une variante de cette catégorie, la vision antirationaliste qui mène à l'addiction médicale : « Il y a un si grand fond à faire sur l'imagination d'une femme alarmée, et en général les femmes sont si crédules et si pusillanimes en santé, si superstitieuses dans la maladie ! » Diderot, *Mystification. Dialogues philosophiques*, Gallimard, Folio, 1972, p. 135.

crieur public ou la vieille aristocrate venant se mettre au service de la médecine triomphante moyennant quelques avantages personnels (la gratuité). Ce dernier personnage pourrait anticiper les femmes des classes supérieures qui aujourd'hui surconsomment et défendent fermement la Sécurité sociale de même que les avantages de l'Assurance maladie généralisée.

C'est évidemment plus sophistiqué de nos jours : la science dispense des savoirs incomparables et la profession médicale dispose d'une expérience de relances et de répliques sociales avec des médiateurs plus nombreux et un réseau d'établissements. À chaque étape, cependant, la même tâche s'impose : convaincre la « nouvelle société », cibler une clientèle et ensuite la fixer. Pour cela, il faut tenir compte de ses plaintes et des modifications de l'environnement, ce qui signifie, dans le même mouvement, s'adapter aux mœurs et suivre la science en marche.

La rencontre avec les successeurs de Knock

Nous pouvons prendre comme matériel d'étude les récits de médecins (publications techniques ou romancées), notre propre expérience et des informations glanées auprès de proches. Une partie de la population est intarissable au sujet de la visite chez le « toubib ». Au préalable, notons que le consultant est devenu un homme (ou une femme) qui mène une vie ordinaire, qui travaille, négocie, s'inquiète, manifeste. En cinquante ans, le nombre de consultations est passé d'une quarantaine de millions de séances (estimation à partir du travail médical possible étant donné le nombre de praticiens) à huit cents millions par an. Comment le nombre de consultations pour une population à peine augmentée a-t-il pu être multiplié par vingt ? Comment est-on passé du malade au simple patient puis du patient au consommateur, c'est-à-dire à l'usager pressé ou nomade ?

En premier lieu, le système a toléré les multiconsultations. Des individus ont toujours mis en concurrence leurs soignants mais jamais jusqu'au point actuel, où certains font leur marché et

« patrouillent » selon les affichages ! 28 % des enquêtés disent consulter plusieurs médecins pour la même cause. Ce n'est pas tant le chiffre (peu fiable, comme tous les sondages sur la maladie) qui est étonnant mais que ce fait, rebattu, puisse être légitimé, en quelque sorte, par un sondage commandé et publié par *Le Figaro-Magazine*[1]. La question suivante montrait qu'une moitié des consommateurs (51 % des répondants, probablement en partie les mêmes) désirait continuer à bénéficier de l'octroi de certificats de complaisance. C'est devenu, en quelques années, un des droits médicaux impérieux de l'usager contemporain. Le débat sur le médecin référent tournait implicitement autour de ces conduites. On sait qu'il a durement secoué les syndicats et aggravé la fracture entre les deux principaux syndicats de généralistes : UNOF et MG France. Cependant ici, les syndicats de droite soutiennent la liberté de surconsommer et favorisent les patients enclins à le faire.

Les médecins qui ont décrit la consultation l'ont fait selon un mode pittoresque et anecdotique qui les a fait choisir des « cas » intéressants. Si, en revanche, on regarde un médecin ordinaire, on observe des situations banales et répétitives, plutôt routinières[2]. La réception par le généraliste commence par la distinction entre le client familier (le médecin fera tout pour essayer de se rappeler son nom sans avoir à lui demander) et l'inconnu. Dans ce dernier cas, la consultation démarre avec quelques questions sur le passé

1. *Le Figaro-Magazine*, 20 janvier 1996. Dans la logique du soutien à la médecine libérale qui aurait été menacée par le plan Juppé, le périodique a commandé ce sondage visant à montrer l'attachement au médecin de famille. Dans le zèle de sa démonstration, le journal ne perçut pas le côté négatif de la proclamation d'une conception de la médecine dispensatrice de services personnalisés (dispenses diverses, arrêts de travail, attestations fictives) sur la base d'une tricherie afin d'abuser la collectivité.

2. Martin Winckler avait commencé en décrivant des scènes pittoresques dans *La Maladie de Sachs* (POL, 1997). Paradoxe de l'édition : les généralistes qui racontent des consultations sont atypiques. Ils sont soit fils d'ouvrier, soit ex-humanitaires, etc. On notera parmi les dernières parutions : Claude Rougeron, *Les Vrais Secrets d'un médecin*, Buchet-Chastel, 2004 ; Luc Perino, *Le Bobologue, le quotidien d'un médecin de campagne*, Petrelle, 2000 ; Gérard Pacaud, *Éloge de la médecine générale*, Lieu commun, 1992.

puisque le médecin ne possède aucun antécédent archivé, aucun dossier lui permettant d'avoir une idée d'« avant ». Fait surprenant, il n'y a aucune vérification d'identité, aucun contrôle d'un patient qui partira avec une feuille de soins à adresser à une caisse. Le médecin ne veut pas se faire policier et il estime qu'il connaît assez son aire d'intervention pour que sa confiance ne soit pas abusée. Il y a de la candeur intéressée (ou le refus de signaler un malaise) dans cette opinion, confusion qui se poursuivra tout au long de l'interaction verbale. Ainsi, l'assurance officielle de la confiance dans le contrat qui les lie implicitement pousse le médecin à respecter les secrets du patient s'il est réticent, et conduit à l'abandon du questionnement en cas de trouble manifeste dans les réponses. Les doutes du thérapeute se réduisent à une évaluation silencieuse de la moralité de la personne. Cette évaluation inclut une interrogation que le médecin garde pour lui : « Ce patient est-il sérieux, douteux, susceptible de demandes indues ? » « A-t-il quitté un concurrent voisin ? » Il arrive que le patient inconnu du médecin ne se recommande pas, ne se présente pas de manière claire (« Je viens d'arriver », « je suis de passage »). Cette prudence devant le client inconnu, parfois renvoyé à son médecin traitant, est produite par la connaissance des cas de clients « à histoires » occasionnant des difficultés avec des confrères. Mais le parti pris de la maigre curiosité dans le cas d'une ignorance de l'identité et de l'histoire du patient se maintiendra tout au long de l'interaction, notamment dans le registre privé qui est peu abordé en raison du respect affirmé du droit à l'intimité.

Le client connu est généralement l'objet d'une fiche sur un mode et un registre d'information propres à chaque médecin. Rédigées de façon sibylline, grâce à des signes parfois déchiffrables par le médecin seul, ces fiches, outre les résultats des consultations précédentes, contiennent souvent une appréciation morale ou sociale. Ces catégories, pour autant que j'en ai eu connaissance, n'étaient pas éloignées des jugements des enseignants sur leurs élèves ou leurs familles.

Le généraliste éprouve dans sa vision quotidienne sa conception de la hiérarchie sociale et acquiert peu à peu, s'il ne l'a déjà de par son histoire personnelle, une perception proche de celle de la fraction dominante de sa clientèle. Le recrutement des généralistes présente un profil proche des classes moyennes urbaines. Les indices cognitifs du médecin, formés sur la base de son expérience des clientèles précédentes, utilisent – outre l'aspect physique vérifiable comme la propreté, la tenue vestimentaire – des critères qui lui sont personnels pour juger de l'origine sociale : le langage, la présentation, la politesse et d'autres éléments du comportement. Ce préalable ne dure généralement pas plus de cinq minutes et demeure, en grande partie, dans le flou de la civilité. Cette attitude étonnante de pudeur sociale est particulièrement le fait des jeunes médecins. Le praticien pressent que le malade embarrassé est parfois peu sincère, mais il concède qu'il a ses raisons et qu'il ne faut pas le bousculer. Il se montre prudent devant les cas à l'évidence bizarres mais il les considérera, selon ses normes d'évaluation, comme des comportements excentriques, voire déviants, qui sont des sujets à éviter. Cette discussion avec un inconnu qui va du sondage prudent à la conversation banale fournit toutefois des éléments sur les différentes médecines généralistes appliquées et les différentes aptitudes des acteurs de la profession. Elle met parfois en évidence les qualités d'enquêteur perspicace de quelques praticiens expérimentés.

L'aspect technique de la consultation dure généralement environ dix minutes. Ce sont toujours les mêmes gestes (respiration, poumons, tension, pouls, éventuellement ORL), le contrôle du poids, des réflexes, la palpation des endroits douloureux. Auparavant, l'observation de la physionomie (visage, peau, yeux), du corps et des attitudes (s'asseoir, marcher, souplesse, gêne, etc.) a permis un diagnostic intuitif. Ces repères standard servent à longueur de journée, induisant la monotonie et une lassitude certaine : le médecin ne voit guère que cinquante maladies sur les milliers qu'il a apprises. Il se plaint d'usure (le « burn-out » selon la terminologie des ergonomes), mais il tait en public son mépris provoqué parfois par des attitudes jugées irrespectueuses ou insolentes. Quelques récits cachent à peine des réactions de dépit devant les éternels problèmes de la digestion, de la constipation, de la surcharge pondérale.

Le troisième moment est la rédaction de l'ordonnance et le

paiement après l'énoncé des médicaments souhaitables, mais aussi souhaités puisque les patients ont des habitudes et des préférences. Les demandes sont discutées (en fonction surtout des « allergies » autoproclamées qui amènent à négocier des compromis). Un échange s'ensuit sur la longueur du traitement, ses effets attendus et ses suites (« Revenez me voir », « Rappelez-moi » ou « Je vous marque ça, c'est bien remboursé »). Il faut enfin rompre l'interaction au bout d'environ quinze à vingt minutes (temps très variable) grâce à un art de l'esquive, en douceur. Il faut éconduire dans le style diplomatique. Chacun a sa manière de raccompagner, parler d'autre chose, ranger les papiers, programmer un rendez-vous. Beaucoup des patients âgés aimeraient continuer l'échange ; certains ne viennent que pour cela : une confidence, une confession, une rupture d'ennui, dont les discussions dans la salle d'attente sont un élément. La courtoisie traditionnelle ne suffit souvent pas pour les refouler. Elle avait d'ailleurs souvent été mise à mal par les appels téléphoniques pendant la consultation.

Les problématiques induites par le secret

La consultation est parfois rendue confuse non pas tant par les différences d'appréciation des conditions de vie et de travail des couches populaires de la part des médecins que par le secret familial qui est aussi puissant que le secret médical. Le médecin ne saura jamais si l'observance (la prise des médicaments), le régime, les précautions préconisées sont suivies et de quelle manière. La compliance (l'obéissance dans le suivi des prescriptions, le respect des conseils du praticien) est toujours présumée sur la base d'indices faibles.

La rapidité et l'efficacité pratique de l'acte technique qu'est une consultation médicale sont dues à la répétition des cas, à l'expérience acquise et à l'intuition du thérapeute. Néanmoins de nombreuses incertitudes subsistent sur les conséquences des prescriptions. C'est le résultat du manque de familiarité de la plupart des médecins avec l'univers économique et social, les conditions de vie et de travail de leurs patients. Ainsi, l'ignorance du travail industriel entraîne la sous-estimation systématique de certaines pathologies. Empiriquement, le médecin pourra avoir une bonne évaluation des pratiques compatibles avec son propre genre de vie ou celui de la majorité de sa clientèle, si elle est clairement perceptible. Il est néanmoins persuadé de bien apprécier les comportements de l'ensemble de ses contemporains. En réalité, il ne connaît que ceux des clientèles relativement homogènes de son entourage, ceux des professions qui appartiennent au même monde que le sien. Hors de sa sphère particulière d'expression (à domicile ou sur le lieu de travail) où il serait contextualisable et interprétable, le discours du patient est fréquemment peu « audible » pour lui[1]. Le contact continu avec une minorité de malades, relativement homogène, lui impose la logique de leurs représentations et de leurs normes culturelles qui dépendent principalement de leur situation économique.

En confrontant la démographie résidentielle et la fréquentation des cabinets médicaux dans un quartier urbain puis en zone rurale, j'ai estimé qu'un médecin rencontrait fréquemment (plusieurs fois par mois ou même par semaine) 15 % des résidents. Il rencontrait modérément (1 fois tous les mois ou deux) une fraction de 20 à 25 %. Pour les autres : ce sont soit des rencontres exceptionnelles (une fois par an environ), soit aucune fréquentation annuelle dans plus de 30 % des cas (sur la longue durée cette distribution est variable). Une fraction importante des résidents (la moitié de la population qui consulte rarement ou jamais) lui échappe totalement. Leur conduite de santé reste inconnue. Dans les cas que j'ai pu suivre, il n'y avait pas de médecins à consulter dans la proximité géographique immédiate. Cela signifie que la moyenne de 11 ou 12 consultations par an et par habitant – toujours mise en avant – est une moyenne spécieuse.

Le médecin actuel a perdu le contact avec une grande partie de

1. Sur cette question, voir Mario Bensasson, *De la bouche du malade à l'oreille du médecin*, éd. Jacques Bertoin, 1994 ; l'effort de traduction du langage populaire ou simplement profane en langue savante s'appuie sur un classement social et moral des patients de la part du thérapeute.

la population au nom de laquelle il parle. Comme tout autre acteur social, le médecin connaît relativement bien une minorité, celle qu'il voit régulièrement, sa clientèle préférentielle, et il en extrapole les conduites des autres. Il faudrait, à l'aide de quelques sondages dans des fichiers des cabinets, voir quelles sont les minorités qui, par leur fréquentation, influencent les conceptions sociales du médecin et quelles sont les attitudes les plus fortement repérées au cours de sa rencontre avec des patients vus et revus. On aurait là un moyen de comprendre certaines représentations ou les stéréotypes qui reviennent de manière obsessionnelle dans les discours médicaux. Il n'existe malheureusement pas d'enquêtes objectives de ce type. Les enquêtes existantes sont en fait des sondages partiels et choisis ou des comptages établis par les médecins eux-mêmes (où ils « enregistrent » la déclaration des professions). Nous sommes noyés sous des informations statistiques dont on peut hélas présumer qu'elles sont très peu fiables, alors qu'existent les documents objectifs incontestables de la dépense de chaque foyer dans les archives des caisses (le terme d'archives est inapproprié car ces documents sont détruits tous les deux ans environ !).

Un obstacle supplémentaire à la connaissance de la population surgit dans l'interaction verbale : il s'agit des nouvelles normes adoptées par les classes moyennes quant à l'intimité, à la morale, aux pratiques domestiques ; la privauté est le secret des familles. Les entretiens que les médecins mènent avec les malades se font selon un schéma conformiste sous couvert du respect de la vie privée (vie sexuelle, pratiques intimes, dissimulations caractéristiques de la vie adolescente) et s'arrêtent vite par crainte de tomber sur des problèmes insolubles comme l'usage de drogues illégales, d'alcool, les violences familiales (d'où le faible nombre de signalements de maltraitance). Cette grande timidité est compréhensible. Elle est le moyen de prendre ses distances par rapport à la tendance à l'épanchement et à la confidence. D'autant que les visites à domicile où on prenait son temps, où on repérait l'état de la pharmacie familiale, la qualité de l'habitat et de l'alimentation, l'ordre et la propreté de l'entourage du malade ont presque disparu. La perte d'informations par renoncement à la visite ou à la participation à la vie sociale dans le quartier, hors métier, par la réserve de l'interrogatoire thérapeutique, n'est pas compensée par des informateurs locaux qui existaient autrefois mais ont souvent disparu. Par manque de temps, le généraliste abrège les rencontres avec les infirmières libérales, les aides à domicile, les assistantes sociales, les pharmaciens qui constituaient autant d'informateurs intermédiaires. Dans ce qu'on prétend être la dévalorisation du rôle du médecin généraliste, ce renoncement est un élément parmi d'autres. Et avec lui, se perd la masse d'observations sociales indispensables à la compréhension épidémiologique.

L'autre aspect problématique de la consultation est la prescription en aveugle qui se négocie dans un mélange de respect des normes médicales légitimes et du désir de satisfaire les patients ; le médecin veut garder son autonomie de décision basée sur les certitudes scientifiques qu'il a acquises. On ne lui force pas la main ; il transigera tout au plus sur quelques points qui sont, selon lui, mineurs. Il a horreur d'être influencé mais il est disposé au compromis. Sur ce qu'on nomme certificat de complaisance, il ne se sent pas complaisant. Le processus est plus subtil. Il est sensible aux arguments de la société ambiante ; il tient compte des évolutions et des idées répercutées par les médias. Il ne cède pas au patient mais aux idées dominantes ! Ainsi, face aux demandes présentées par les classes habituées en tant que clients habiles à ne pas faire de pressions maladroites, il est sensible au registre de raisons avancées si elles sont cohérentes avec le discours ambiant. Ainsi, le stress est devenu une composante du diagnostic, un élément justifiant l'arrêt maladie. Puis le registre s'est élargi. On passe du stress à la dépression ou à sa menace. On a recours à des notions peu évaluables mais qui sont soutenues par l'opinion : l'angoisse de l'éventuel harcèlement sexuel ou moral. La liberté médicale est sauve si les formes du compromis sont respectées : « C'est moi qui décide : je vous donne huit jours. » (D'où ces récits cocasses d'usagers : « Il m'a arrêté » ou « Il n'a pas voulu m'arrêter ».) Certains patients en ont tiré des conclusions et appris à observer le médecin, à jauger sa sensibilité à tels ou tels arguments, à faire pression par les sentiments, à savoir demander moins pour obtenir plus. Il faut dire que les enjeux économiques ne sont pas négligeables. Les droits ouverts aux malades sont si attractifs pour des gens à la frontière de la pauvreté que de véritables « professionnels » de la fraude ou de l'obtention de droits indus apparaissent, au moyen des incapacités au travail, des aides permises par des certificats opportuns (comme plusieurs de nos enquêtes l'ont révélé).

La « demande » et l'« offre » s'observent, s'ajustent, mais c'est l'offre qui a lancé le processus et qui en détient les clés. Demandeurs et offreurs se testent, lancent des avertissements ou des plaintes et réagissent dans un dialogue plein de non-dits où l'essentiel est suggéré. Ils avancent et reculent tout en gardant, les uns et les autres, une marge d'initiative. Quand la demande est nombreuse, incisive et pressante, alors l'expert, débordé, sans autre aide que sa conscience, baisse les bras. Il est seul pour faire face, isolé dans son bureau. Et quand la concurrence est vive, c'est toute la machine de la médecine généraliste qui s'emballe puisqu'il n'y a personne pour la ralentir ou la réorienter.

Les trois étapes de la montée inexorable des consultations

Trois générations de généralistes ont proposé trois formes nouvelles de rencontres médecins/patients qui ont été à l'origine d'une croissance cumulative. Mais l'« offre » a dû batailler pour que se constituent des clientèles solides, processus explicable par la résistance ancienne de nombreuses populations et aussi par leur manque de solvabilité. Juste après la Seconde Guerre mondiale, la multiplication des visites a été facilitée par l'urbanisation, la facilité de circuler, une prise de conscience des « besoins » médicaux réguliers (soutenus par la diffusion à l'école de connaissances anatomiques et corporelles). Dans les années 70, l'invention chimique a entraîné l'arrivée des prescriptions médicamenteuses à grande échelle et coïncidé, vers 1980, avec la bureaucratisation des services médicaux provoquant un grand nombre de prestations individualisées. Ces services opposables légalement exigèrent des prescripteurs primaires – les généralistes – un effort de cogestion de la santé et une intervention accrue dans l'application du droit du travail ou du droit civil. Paradoxalement, ce rapprochement singulier a fait de la plus libérale des professions l'assistante du dirigisme étatique et une fonction assujettie.

L'École, les chemins et le téléphone

Tout au long du siècle écoulé, par presse médicale et syndicats interposés, les médecins se sont plaints de la perte de patients, leur dévoiement par des collègues douteux ou des charlatans. C'est une lamentation lancinante surtout dans les grandes villes où la concurrence est plus vive. Cette offre, dans le contexte de la rivalité exacerbée par la multiplication des médecins dans les quartiers centraux des grandes villes, se relâchera pourtant, profitant en cela des circonstances nouvelles. Ces dernières consistèrent surtout en améliorations sociales et économiques : irruption de la paysannerie en tant que clientèle régulière au moment où tous les habitats ruraux deviennent accessibles (sans compter le bénéfice de la meilleure solvabilité du fait du conventionnement). Les médecins se saisissent de cette conjoncture pour modifier les conditions de l'offre : ils peuvent relâcher la pression et font venir alors le patient à leur cabinet, situation de commodité qui bureaucratise le métier. Cabinet et instruments de bureau, fiches, dossiers, ordinateur, livres et revues, secrétariat font leur apparition. Il y a cinquante ans, les quatre cinquièmes des rencontres (et encore davantage en milieu rural) se faisaient chez le patient ; c'est désormais l'inverse : 18 % des consultations ont lieu au domicile contre 80 % dans le cabinet du médecin.

Mais ce qui a été gagné d'un côté a été perdu de l'autre, quand l'offre s'est faite plus intense. Moins de déplacement, des communications plus rapides grâce à l'amélioration des routes et du réseau téléphonique se sont combinés à l'accroissement de la responsabilité morale des médecins. La nécessité de répondre à des appels fréquents a entraîné l'obligation d'embaucher une secrétaire, de décrocher soi-même à toute heure du jour ou de la nuit. De nouveaux problèmes sont apparus quand les médecins ont dû trouver les immeubles en ville, se faire ouvrir, identifier les habitants, résoudre les problèmes de sécurité dans les quartiers dits sensibles. Aujourd'hui, après le grand tournant des années 70, le zèle des offreurs des années antérieures n'est plus nécessaire; les praticiens peuvent renoncer à cette forme d'offre, coûteuse en temps et exigeante, que fut la visite. Dès lors, en la supprimant, le médecin a multiplié le nombre de séances possibles, raccourci son temps de travail et augmenté ses revenus. Mais une autre contrainte l'a remplacée: ils doivent se plier aux exigences et aux demandes d'une population qui banalise l'appel téléphonique et réduit la distance sociale avec le thérapeute.

La meilleure accessibilité (réseau routier, téléphonique ou urbanisation) et la solvabilité de nouvelles populations ont permis la première étape dans la création de la clientèle. On a assisté, simultanément, à une modification du contenu des consultations. Les « problèmes de santé » sont venus remplacer les maladies immobilisantes; le bien portant souffrant d'un « ennui préoccupant » mais sans affection majeure a pris l'habitude de se rendre lui-même au cabinet du médecin. Les transformations sociales, induites par la scolarisation, ont peu à peu limité le rôle des intermédiaires, remplacés par des collaborateurs attitrés comme l'infirmière. Les conseils éclairés d'une médecine traditionnelle ou semi-savante, sous forme d'échanges et de discussions entre femmes, avaient une valeur pratique indiscutable. Avant 1950, des questions d'information générale étaient encore posées à des personnes ayant une formation scolaire moyenne: l'institutrice, la religieuse, la sage-femme, l'herboriste, au lieu et place de l'appel au médecin alors trop éloigné. Des conseils étaient donnés sur toute une série de produits: cataplasmes, sirops, régimes, tisanes, ventouses, etc.[1]. L'aspirine est restée le symbole de cette automédecine syncrétique. Le rôle du médecin moderne arrivant dans le village fut, comme pour tout Dr Knock, d'éliminer à la fois le charlatanisme mais

1. Ces intermédiaires possédaient un savoir pratique ni négligeable ni ridicule; ils étaient prêts à se déplacer souvent dans des conditions difficiles. Avec les sages-femmes, les religieuses infirmières, toute une pratique populaire féminine est devenue illégitime et a été qualifiée de « médecine de bonne femme » au nom de la science triomphante par une génération d'hommes, citadins, qui ont éradiqué des savoirs pratiques faits d'observations souvent pertinentes.

aussi cette connaissance pragmatique sur le corps, pour lui substituer son pouvoir absolu d'expert déclaré. Tout cela se produisit en moins d'un siècle. Le monopole d'exercice de la médecine ne date que de 1892, soit dix ans après les lois de Jules Ferry sur l'école, ce qui n'est pas un hasard. L'interdiction d'exercice aux non-diplômés a été le résultat d'une lutte longue et laborieuse, qui a abouti à la spécialisation et également à la marginalisation des médiateurs.

La France est ainsi devenue le pays ayant la plus forte densité de médecins. Mais entre eux et les patients, il n'y a plus de médiateurs ou de véritables informateurs. Ce sont alors les nécessités internes à la profession médicale, ses intérêts propres, qui guident les comportements. Assurer un flux continu de patients – un vivier en quelque sorte – devient une pratique constante de concurrence, là où elle était marginale. Hier, quand plus de la moitié des Français ne voyaient pas le médecin avant la vieillesse, il existait cependant déjà une fraction urbaine très consommatrice. Aujourd'hui, alors que l'accès à la médecine s'est démocratisé – pour passer à l'étape de la régularité hebdomadaire ou mensuelle –, il a fallu fidéliser en tolérant une phase pendant laquelle aucune requête n'est refusée. Lors des premières démarches (la visite, l'examen), aucune demande n'est refoulée par les prescripteurs primaires. Il n'y a pas de refus de consultation sous prétexte de maladie imaginaire ou anodine, d'état non évolutif, dans le cas d'un patient qui a déjà été examiné, bref aucune demande n'est considérée comme abusive. Il est vrai que la justice, sourcilleuse, pourrait condamner un médecin en cas de mauvaise appréciation.

Il y a cependant des nuances et même des contrastes dans les tendances actuelles. Après la forte progression des années 70 et 80, le nombre des consultations chez les généralistes reste stable ; ces vingt dernières années, il semble qu'une partie de la population adulte (jeunesse populaire) ait peu modifié ses habitudes.

Au sein des classes défavorisées, il y a probablement eu une modification par rapport au passé. On s'est mis à considérer précocement les prémisses d'éventuelles maladies mais sans atteindre pour autant le niveau qui est celui des classes moyennes et supérieures qui ont, quant à elles, appris à anticiper la maladie bien davantage que la guérison. Cette nouvelle attitude a néanmoins gagné des familles populaires fortement encouragées par un entourage en pleine ascension sociale ou par des personnels sociaux pour qui « surconsulter » participe de l'adoption des normes définies par les classes moyennes et est une marque d'entrée dans la modernité. Hier, l'appel au médecin était toujours un cas exceptionnel (même si c'était moins vrai pour les enfants) étant donné son éloignement ou son coût, ce dont témoignent les écrits des médecins du siècle dernier. La rareté de ses visites ne choquait pas. L'habitude persistait d'attendre quelques jours ; on comptait sur une médication simple, le repos, une immunisation lente, la résistance acquise et les processus positifs du corps auto-soignant. Ce que l'on anticipait, c'était la guérison naturelle. Le médecin n'était appelé que si les symptômes, la fièvre, les douleurs persistaient et il lui appartenait de vaincre ce rapport fataliste à la maladie. Anticiper la solution en comptant sur ses propres forces faisait évidemment courir au malade des risques importants mais, dans le cas des maladies infectieuses non aiguës, cela avait l'avantage de renforcer la protection ultérieure par le renforcement des mécanismes de défenses naturelles, contrairement aux attitudes excessivement ou prématurément précautionneuses. C'est tout cela qui a changé. On n'attend plus les signes de la maladie et il faut désormais consulter « au cas où », « de peur de », « parce qu'on ne se sent pas bien[1] ». Le but n'est désormais plus de guérir mais de ne pas aller plus mal.

C'est par le recours de plus en plus courant aux spécialistes que certaines habitudes spécifiques de populations ont changé. Au lieu d'un généraliste de famille, les classes supérieures ont commencé à consulter différents spécialistes comme prescripteurs de première intention. Les spécialistes ont donc contribué à créer des clientèles spécifiques, séparées du reste de la population, intériorisant l'idée de la prévention selon les normes les plus savantes de la partie la plus qualifiée de la profession médicale. Les spécialistes ont pro-

1. Toute une littérature actuelle fait état de ces arguments qui relèvent de l'histoire et de la culture de chaque groupe plutôt que de fondements rationnels universels.

gressivement supplanté les généralistes en nombre et en volume d'actes. C'est ce qui a constitué la deuxième étape de l'expansion médicale. L'offre médicale s'est ainsi d'abord éparpillée avant de se concentrer sur des populations particulières. Une abondance de services et de conseils a vu le jour alors que les maladies aiguës tendaient à disparaître. Les généralistes ont perdu une part de leur clientèle aisée au profit des spécialistes, perte compensée par la consultation pour « avis ».

Quand l'offre eut épuisé la demande suite à l'amélioration de l'état sanitaire général de la population, d'autres formes de prestation ont fait leur apparition. Au même moment, les États ont institué une nouvelle politique sanitaire sous la forme d'une sorte de service social assuré par le médecin de base. En Europe, cette fonction a généralement été exercée sous un mode non libéral ou libéral atténué (dispensaires, abonnements, socialisation du généraliste). Mais pas en France. Une partie de la population française a alors pu maximiser une consommation de soins médicaux dans un cadre libéral garanti par l'État et devenir responsable de l'essentiel des dépenses. Cette population a été fractionnée en clientèles dépendantes, captives (les « chroniques », les affections longue durée, les maladies invalidantes) ou inertes (maison de retraite ou services de gériatrie, vie végétative). Cela aboutit à un système qui combine des secteurs extrêmement dépensiers alors que d'autres parties de la population ne consomment quasiment aucun bien de santé. Cela renvoie, entre autres, à la pyramide des revenus. Et c'est le produit de la concurrence et d'un travail de fractionnement de la clientèle. Ce phénomène s'inscrit dans la longue durée ; il n'est pas accidentel mais fonctionnel. On peut maintenant comprendre facilement pourquoi les classes supérieures sont devenues les meilleurs et les plus ardents défenseurs de la Sécurité sociale classique de type français.

Ce schéma de l'évolution de la transaction médicale, engrenage par engrenage, protégeant la liberté de l'interaction entre l'offre et la demande, montre les limites actuelles d'une théorie de l'émergence d'une « ère de médicalisation ». Des facteurs matériels et secondairement culturels (la rapidité d'intervention, la circulation des malades, la banalisation de l'appel au médecin en zone de concentration médicale) ont facilité l'accès, parfois dans la précipitation, à la médecine savante et encouragé les consommateurs les plus pressés à passer des symptômes initiaux peu clairs au traitement intense (l'usage des antibiotiques en est une illustration). Le glissement de certaines catégories sociales vers une médecine qui prône toujours plus d'urgence, dans le cadre d'un marché libre et peu coûteux individuellement, va se révéler dangereux. Les diagnostics sont posés de manière hâtive, sous la pression.

Le médicament pour tous

Après ces deux « révolutions », une troisième survint : la médication. On ne devrait toutefois pas abuser du terme général de médicament. Il a trop de définitions possibles : produit vital ou de confort, substitut aux drogues, traitement de médecine douce, etc. Les frontières sont brouillées. Dans leur usage, on ne constate néanmoins ni freinage, ni éducation mais une anarchie de production et de consommation. Une organisation comme l'Association de défense contre les accidents dus aux médicaments s'en est inquiétée, mais rien n'a réussi à contrebalancer l'énorme pression en faveur de la prescription.

Les caisses primaires n'ont aucune idée de ce qu'elles remboursent. On estime que deux milliards de boîtes ou de produits entrent annuellement dans les pharmacies familiales. Le nombre d'officines a fortement augmenté. Le syndicat national de l'industric pharmaceutique (aujourd'hui rebaptisé LEEM, Les Entreprises européennes du médicament) reconnaît que le chiffre d'affaires de l'industrie pharmaceutique a été multiplié par quatre entre 1970 et 1990. De 1970 à 1985, la consommation de psychotropes a doublé : 45 % des prescriptions sur les 700 millions d'ordonnances annuelles proposent un tranquillisant et 7 % un hypnotique. La dépendance médicamenteuse contemporaine est le résultat des habitudes prises dans les années 70 et 80. Chaque catégorie de population a trouvé son produit : enfants agités, élèves et sportifs en compétition, adolescents des « sous-cultures », hommes et femmes angoissés au travail et vieillards qui goûtent à peu près à tout.

Il a fallu l'influence médicale et la pression insistante de l'industrie pharmaceutique pour que la demande s'autonomise et s'emballe. Le réseau des pharmacies a suscité la demande d'une consommation régulière. Il y a environ aujourd'hui plus de 6 000 produits vendus dans les pharmacies, contre 300 ou 400 il y a seulement cinquante ans. La promotion du médicament s'est appuyée sur l'action des visiteurs et des pharmaciens et l'élévation du niveau scolaire de la population permettant la lecture des imprimés et notices, des journaux et de la publicité. Le nombre total de 23 000 pharmacies environ évolue peu ces dernières années, mais l'accroissement de leurs bénéfices a été spectaculaire bien que dispersé selon la taille du magasin et son lieu d'implantation. Les trois quarts des pharmacies sont de petites entreprises et emploient de 3 à 10 salariés. La croissance des effectifs, rapide au début des années 80, n'a pas empêché une intensification du travail des employés et vendeurs car la croissance en volume des prescriptions, qui s'est accélérée vers 1985, n'a pas été compensée par une augmentation des embauches (19 % de 1977 à 1984). L'enrichissement des pharmaciens et la pression sur le personnel sont allés de pair mais aucun mouvement social dans ce monde libéral n'a eu lieu.

Chaque quartier urbain s'enorgueillit aujourd'hui de plusieurs boutiques lumineuses. Ce sont des petits palais de verre qui s'offrent à la vue et qui relèguent l'officine obscure des années 60 dans la préhistoire. Même dans les villages reculés, le premier commerce qui attire l'œil est la pharmacie grâce au luxe de sa vitrine, la qualité de sa décoration, l'éclairage, le modernisme de son équipement (tiroirs muraux, armoires mobiles). L'esthétique, le confort en font des boutiques de luxe et s'imposent dans les régions reculées ou les quartiers modestes : ce sont des commerces dont les propriétaires sont attentifs à la vitrine, à l'élégance mobilière qui contrastent avec la médiocrité des bâtiments publics (poste, écoles, anciennes caisses d'épargne, mairie).

Le marché parallèle ou clandestin

La spirale de l'offre et de la demande crée des débordements comme l'apparition d'un marché parallèle. Les pharmaciens en ont subi les effets quand ils ont vu apparaître un trafic d'ordonnances et ont été l'objet d'effractions, notamment la nuit. Mais d'autres irrégularités ont été constatées. Il s'agit, par exemple, de la vente illicite de médicaments signalée dans un rapport de l'IGAS[1]. Celle-ci s'étonne que les pouvoirs publics soient désarmés face à un marché en pleine croissance rendant possibles des dérives inquiétantes comme les ventes illégales qui auraient permis à des cadres de la Pharmacie centrale de Paris de réaliser des bénéfices substantiels. Enfin, un marché clandestin s'est installé sur Internet où des spécialités et des molécules interdites en France sont en vente.

Un mur de secret entoure la production et la distribution des médicaments. Le professeur Claude Got s'est étonné qu'on lui interdise l'accès aux données des ventes par région, la plupart de ces informations appartenant à des firmes étrangères qui refusent de les divulguer sous prétexte de concurrence. Ses tentatives d'enquête auraient été, selon lui, neutralisées ou détournées[2]. Même le ministère de la Santé ne dispose que de chiffres partiels communiqués par le LEEM ou par l'ordre des pharmaciens.

L'apparition du médicament à grande échelle à un prix abordable a donc été un événement de grande importance affectant la profession médicale et renforçant la tendance que l'on peut résumer avec la formule : « Moins de visites et plus de consultations. » La production des médicaments en grande série a bouleversé la médecine clinique : elle a de moins en moins de temps et de moyens pour observer

1. Rapport de l'IGAS (Inspection générale des affaires sociales) du 16 juillet 1996.

2. Claude Got, *La Santé*, Flammarion, 1992, p. 330-331. Si Claude Got, en tant que membre de Haut Comité de santé publique, auteur de plusieurs rapports ministériels importants, se plaint de l'inaccessibilité des données de l'industrie du médicament remboursable (Édouard Zarifian dit la même chose, *Des paradis plein la tête*, Odile Jacob, 1993), que dire du chercheur anonyme !

l'évolution des maladies. L'irruption de la chimie industrielle a culminé avec quelques produits types. Cette révolution à peine amortie, une autre se préparait : la généralisation de l'usage des psychotropes, en particulier des anxiolytiques puis des antidépresseurs.

Dans le cours de cette révolution scientifique, la prescription des médicaments a d'abord renforcé le prestige du nouveau médecin généraliste, mais elle a également transformé la relation avec le patient. Le praticien a découvert qu'il pouvait devenir un simple distributeur. La chimie qu'il a d'abord considérée comme une alliée puissante est devenue une menace pour son autonomie. Les molécules dont les modes d'invention lui échappent désormais totalement sont venues se substituer à la production artisanale de produits dont il maîtrisait la composition. Le médicament abondant et peu coûteux a stimulé la fréquentation des cabinets et multiplié les consultations pour des pathologies bénignes. La psychiatrie, révolutionnée par les psychotropes, est un bon exemple de cette situation. Il y a eu toujours consommation d'opiacés, de « somnifères », d'euphorisants, de stimulants mais cette consommation est aujourd'hui multipliée et a désormais sa dynamique propre, débordante et difficile à contrôler. Les médecins ont prescrit en grande quantité pour ne pas apparaître distancé par le progrès des sciences, créant une situation qui tend de plus en plus à échapper à leur contrôle. La prescription rencontre une demande indépendante, autonome des savoirs médicaux, sur des questions toujours renouvelées : diététique, hygiène, soins corporels, sexualité, alimentation... D'urbaine, cette consommation est devenue rurale par l'intermédiaire des petites villes. Les populations de l'exode rural soignées en ville, la mobilité professionnelle ont créé des besoins au nom de la « modernité » qui se diffusent ensuite très largement dans la population.

On est donc passé d'un univers à un autre en un laps de temps très court. Les potions avaient toujours accompagné la pratique (mais sous le sceau du secret de fabrication par le médicastre qui détenait le savoir). Le monde des pharmaciens, auparavant en faible nombre (marginaux, les apothicaires n'avaient pas les moyens de s'autonomiser), a été profondément transformé. Au début des années 60, une consultation sur deux se terminait sans prescription médicamenteuse. Aujourd'hui, les ordonnances incluent au minimum quatre ou cinq produits. Le nouveau pharmacien gère, décrypte la feuille d'ordonnance (travail des employées), donne son avis, conseille les personnes âgées, anxieuses, effrayées par le risque de se perdre dans l'avalanche des prises aux différentes heures de la journée. Pour les jeunes générations, la médication s'est « fétichisée ». Les médicaments sont devenus des produits symboles de la modernité, des incarnations d'une science toute-puissante. Leur usage s'est simplifié (une prise par jour) et s'est agrémenté de quelques commodités (goût, formes). Devenu peu douloureux ou peu désagréable (que l'on se rappelle l'huile de foie de morue et les cataplasmes de nos enfances !), il est une conséquence naturelle de la rencontre avec le médecin, un réflexe qui nous fait douter de ses compétences en cas d'omission ou de réticence à prescrire.

À partir des années 80, la plupart des grandes familles de molécules utiles sont connues. Le marketing s'en empare et insiste sur la présentation (emballage, publicité, forme). À la désormais indispensable neutralité gustative, s'ajoute une véritable esthétisation avec des critères modernistes : les médicaments évoquent le « féminin » ou la « jeunesse ». Leur vente se fait dans un cadre agréable. Les populations urbaines ont particulièrement apprécié cet effort d'esthétique, le décor clair, gai, valorisant les symboles où le personnel se doit d'être avenant et pédagogue.

Les femmes sont devenues les principales consommatrices. Dans une pharmacie, le moindre comptage fait apparaître 4 femmes sur 5 clients ; elles ne commandent pas uniquement pour elles mais sont les gardiennes de l'armoire familiale. Toutefois il est bon, ici, de noter que l'excès de l'offre a suscité quelques résistances de malades sceptiques, une réticence préconisant l'abstention médicamenteuse ou le recours à l'homéopathie. Science et magie de la pilule, rites de la prise, compagnon de tous les jours, le médicament synthétise beaucoup d'aspects de la vie contemporaine.

De la médecine dispensatrice des droits à l'État-providence

Une autre étape de la transformation, parallèle aux précédentes, quoique plus tardive, a perturbé de manière identique le travail des médecins généralistes. Il s'agit du travail social et de tous les aspects médico-légaux qui ont changé les caractéristiques de la consultation populaire.

Une forme d'aide sociale voulue par les acteurs politiques s'est enracinée par l'attribution de certificats servant à la délivrance d'avantages économiques. Le volume des séances s'est agrégé aux fonctions de conseil et d'orientation dans la vie sociale. Les congés maladie en sont le symbole ; les décisions médicales de désengagement de l'activité de longue durée sont essentiellement concentrées sur une fraction immuable de population (10 %), qui est ainsi attachée aux intérêts de l'activité libérale. Un service social est désormais proposé par les médecins, y compris aux membres de couches populaires qui ne fréquentaient pas régulièrement les cabinets médicaux[1]. Les classes populaires ont, par conséquent, profité du système même si cela reste à un degré moindre. Les principaux bénéficiaires restent les employés, les fonctionnaires et, à un degré moindre, les ouvriers qualifiés qui passent après les ouvriers à statut et les agents d'encadrement. L'offre d'indemnités journalières est inversement proportionnelle à la dureté ou à la monotonie des travaux. Aucune association professionnelle ne souhaite désormais renoncer à ce pouvoir médical d'intervention

1. À lire les témoignages des généralistes déjà cités, de nombreuses décisions thérapeutiques, notamment l'octroi de congés maladie, relèvent d'impératifs moraux. Ils sont à la fois confesseurs, réorganisateurs du monde du travail, juges des conflits familiaux. Ils deviennent dispensateurs de biens rares (les indemnités journalières). Dans leurs livres, ils donnent les cas de suspension du travail (exemple pour reprendre des études, attendre l'âge de la retraite), de repos administré pour régler des différends avec l'employeur ou dans la famille (voir Luc Perino, *op. cit.*). Il faut une bonne dose de naïveté sociale pour être assuré de ne pas être dupé. Certes, leurs décisions sont faites au nom de la bonne cause, mais hors du cadre des critères techniques et hors de toute évaluation des conséquences collectives pour les usagers non bénéficiaires.

sociale dans la vie économique, pouvoir redoutable car il répartit la charge du travail de manière inégale entre qualifiés et non qualifiés, entre immigrés et Français, entre générations, entre les sexes, et entre tertiaire administratif et activité industrielle.

Cette stratégie de calcul d'avantages fournis par la Sécurité sociale intéresse particulièrement les travailleurs peu mobilisés dans leur emploi dont la suspension provisoire du travail a été perçue comme la manifestation d'une démoralisation et d'une perte de solidarité. La fonction économique et politique de la médecine, octroyée par le corps politique représentatif, a donc des répercussions dans les entreprises, en fixant, avec des critères relevant des appréciations morales et politiques des médecins, des droits pour les travailleurs. La médecine pèse sur une nouvelle répartition du travail en faveur du secteur public, au profit des plus anciens et au détriment des jeunes, des intérimaires non protégés, des salariés en contrat à durée déterminée, des apprentis, etc. Les arrêts de longue durée sont ainsi devenus un substitut à la préretraite quand celle-ci est distribuée avec parcimonie (on en a beaucoup parlé en septembre 2002). Cette coïncidence entre les intérêts corporatistes médicaux et ceux de la fraction la plus syndiquée des travailleurs a un poids désormais déterminant dans les relations entre classes ou à l'intérieur du monde salarié. De même, l'aide offerte par le médecin au patient favorisé, s'il fréquente assidûment son cabinet, pour l'aider dans un face-à-face avec son employeur ou avec l'État (justice, école, travail social) pèse d'un poids social considérable. Les résultats scolaires dans certaines zones défavorisées sont affectés par les arrêts de travail obtenus par les maîtres dans l'enseignement public (beaucoup moins dans le privé où les médecins envoient majoritairement leurs enfants). Cela met le médecin dans la position singulière de « juger » en permanence la politique sociale de l'État ou de ses représentants.

Il existe bien d'autres effets découlant de ce droit de décision : les certificats de maladie aux jurés d'assises ne voulant pas participer biaisent les verdicts en modifiant la composition des jurys, probablement au profit des inactifs, de même que les certificats de complaisance attribués à des témoins cités ne voulant pas comparaître. Notons cependant que ces missions sont médiocrement rémunérées, particulièrement le médico-légal. En effet, un grand nombre de tâches administratives (médecin secouriste, de pompier, de sport, d'association, d'écoles, régulateur d'urgences ou de garde) est dévolu à des médecins assurant un service public selon les tarifs qui sont ceux de la fonction publique.

La vie administrative moderne requiert l'acte médical presque partout, de la vie domestique à celle du travail. Il n'y a guère de domaine de la vie privée ou publique qui ne requière désormais une attestation, un constat de la part de l'expert. L'administration a favorisé ce recours légal à la médecine en exigeant dans la vie civile des certificats, des attestations, des contrôles pour l'école, le sport, le travail, le mariage, les contagions. Il est intéressant de se demander quelle fraction des usagers en use fortement pour les actes publics, notamment dans les conflits de travail, les exemptions de scolarité et de sport (par exemple, la dispense de sport ou de piscine pour les jeunes immigrées, le vrai ou faux certificat de virginité exigé par leur père), le certificat prénuptial, les conflits de couples (divorces, gardes d'enfants) ou la responsabilité juridique dans les affaires pénales ou civiles, etc. Les services socio-économiques qui sont aujourd'hui attendus de la médecine entraînent à leur tour d'autres services, élargissant la notion de prestation médicale à celle d'aide sociale, d'assistance pour des prestations de solidarité, ce qui rend, en l'absence d'alternative, la médecine généraliste relativement populaire.

Les avatars du médecin « libéral fonctionnaire »

À ce niveau d'intervention dans la vie nationale (pouvoirs acquis récemment qui influencent les budgets et donc la croissance du Produit intérieur brut), la profession médicale a besoin d'alliés et ceux-ci ne manquent pas. Elle attire des convoitises, crée des affiliés mais doit fournir sans cesse de nouvelles justifications. Une profession n'est puissante que si elle s'appuie sur des réseaux qui, eux-mêmes, mobilisent des auxiliaires et des sujets. Mais, ce faisant, elle se fragmente, éclate, se divise sur la répartition interne du pouvoir entre médecines, toutes également savantes, mais ayant une approche différente des maladies. L'état de semi-fonctionnaire dans lequel a été mis le médecin a stimulé, paradoxalement, le corporatisme libéral en lui trouvant un bouc émissaire : l'État et la politique des Caisses de l'Assurance maladie. Cette stratégie ne fait toutefois pas l'unanimité parmi les généralistes, surtout quand ils sont face aux spécialistes ; le corps médical doit donc cacher les divergences, jouer l'unité, afin que l'on ne doute pas de l'utilité de l'investissement fait par la société. On a déjà évoqué ce compromis caché, cette négociation invisible permanente de la profession avec les représentants de l'État : « Nous nous chargeons de plus en plus du social (médicaliser le social) mais vous, hommes politiques, n'intervenez pas dans les contrôles, les installations, les justifications des dépenses. » La liberté du nombre de consultations quotidiennes et celle du lieu d'installation sont les conséquences de cette autonomie. En choisissant de faire le nombre d'actes qu'ils veulent sans risquer un contrôle de leur efficacité ou de leur réalité (le contrôle des caisses est généralement anodin), les médecins peuvent adapter le volume de leur travail au niveau de revenus qu'ils souhaitent. Cette tolérance est une survivance d'un passé où le médecin était maître de son temps et de son activité. Plus les consultations se sont multipliées et plus le rôle thérapeutique du généraliste s'est réduit. Il oriente, distribue des médicaments et est de moins en moins « découvreur » de maladies ou auteur de diagnostics intéressants. Cette fonction est désormais dévolue aux spécialistes et à l'hôpital. Ce changement de missions est aussi un changement de statut : infériorisant, de type « triage infirmier ». Il devient un dispensateur socio-économique d'attestations et de certificats évaluant la capacité au travail, procurant à la fois une forme d'assistance et de surveillance. Le métier s'est quasi fonctionnarisé car ces examens attendus, commandés par les administrations répondent à des formules standard imposées par une bureaucratie indépendante des médecins. Quand on mesure le temps de la consultation, on s'aperçoit qu'un tiers sert à discuter du motif de la séance, des symptômes, de l'état général du patient, un autre (petit) tiers à l'examen clinique et le troisième (gros) tiers est consacré à l'écriture de papiers divers (ordonnance, lettre au spécialiste, feuille de remboursement et autres documents administratifs). Pour certaines pathologies et couvertures sociales (CMU), un membre du syndicat CSMF se plaignait à la CNAM de devoir remplir 19 feuillets différents. Cette fonction bureaucratique est vécue comme un abaissement et une instrumentalisation administrative du rôle du médecin généraliste. Ces doléances occultent un de leurs effets : l'obligation de diagnostics médicaux dans des formes légales pour beaucoup de démarches a accru la part de l'activité libérale de ces « salariés de la CNAM ». Il existe, de fait, implicitement, un donnant-donnant entre les médecins et l'État.

Au moment où l'on pensait que, dans notre histoire, les médecins ne seraient plus hantés, bousculés par les tragédies épidémiques, ébranlés face à des vagues de mortalité, au moment où ils ne devraient plus connaître ce sentiment d'impuissance, où ils pourraient avoir le temps de la réflexion et de la connaissance pratique, c'est l'inverse qui s'est produit. Ils se retrouvent entraînés dans une course pour garder le contrôle de l'évolution de la profession et dans une entreprise de politisation propre à leur garantir leur autonomie et leur liberté malmenées.

Aucune profession libérale n'a bénéficié d'autant de circonstances favorables : un mouvement des mœurs que rien ne faisait présager, il y a cinquante ans encore. Cette conjonction est unique dans l'histoire. L'escalade rapide des dépenses n'avait été prévue par personne (sinon les législations telles que les ordonnances d'octobre 1945 auraient certainement prévu des garde-fous). Elle a permis le doublement tous les dix ans des dépenses de santé, ce qu'aucun autre budget ne pouvait rêver : les mieux pourvus (Éducation, contrôle social et sécurité) ne progressant que de 4 à 5 % dans le meilleur des cas.

La profession en expansion s'est structurée quand le conventionnement a réglé, en grande partie, l'insolvabilité de certaines catégories sociales ; les organisations professionnelles ont considéré cet âge d'or comme allant de soi, même si la diffusion des attitudes nouvelles leur a pris beaucoup de temps. L'offre n'était plus limitée par la considération des ressources grâce à la rentrée des honoraires et des impayés, hantise du médecin d'hier. Cette situation contenait une contradiction perçue par les médecins qui se sont opposés aux lois sur les assurances sociales; leurs syndicats résistèrent longtemps au conventionnement en raison du risque d'intervention d'un tiers (mutuelles, caisses) dans le contrôle de l'exercice médical. L'acceptation finale dans les années 60 de la situation que nous connaissons (en dépit de menaces toujours sous-jacentes de se déconventionner ou, plus bizarrement, de «partir à l'étranger») a eu un prix pour les médecins organisés. C'est l'obligation de la politisation d'une partie d'entre eux (les «avocats» de la profession libérale) et une tutelle de la part de praticiens chargés de leur surveillance: les médecins-conseils des caisses. La socialisation des revenus par le système des remboursements collectivisés implique pour une profession libérale l'investissement politique et la pression permanente sur les organes de l'État (qui nomment le directeur de la CNAM et qui votent la couverture des déficits) afin de masquer la contradiction qui est au cœur du système. D'où la nécessité de se trouver des alliés parmi les malades à qui on ne peut rien refuser à partir du moment où ils soutiendront les revendications du corps médical, servant silencieusement de masse de manœuvre en laissant parler les thérapeutes en leur nom, sans se donner les moyens de les démentir. Les élus politiques ne sont pas dupes mais semblent paralysés par les liens entre les deux formes de clientélisme, la leur et celle des médecins, ainsi que le recouvrement des deux suivismes. C'est dans la masse des électeurs fidèles qu'on trouve la fraction la plus consommatrice de soins médicaux. Ceux qui votent intensément ou s'abstiennent le moins sont ceux qui surconsomment de la médecine. On le voit par la coïncidence des deux tranches d'âge, consommatrices d'élections et de prescriptions, et celle des régions médicalement et politiquement militantes, particulièrement dans les villes riches, dépensières et conservatrices. La santé est donc laissée à l'appréciation et au calcul des différents groupes et classes; elle est devenue un rapport de forces politique, basé sur une négociation informelle entre acteurs, où alternent pressions et actions multiples, contradictoires, diffuses, peu visibles.

Il doit être clair que tant que la légitimité des dépenses de santé continuera à être définie par un groupe organisé comme un fait incontournable de société, en dépit des définitions relatives, elle échappera à toute logique de maîtrise rationnelle. L'accélération des dépenses est d'abord due à l'organisation des clientèles et au mode de rémunération des médecins. Le remboursement des honoraires tel qu'il est conçu dans le cadre des surenchères de l'offre, dans les lieux de forte concurrence, constitue un mécanisme inflationniste non transparent tout à l'avantage des médecins. Ces derniers ont intérêt à soutenir les définitions de la santé les plus ostentatoires, hédonistes, qui sont aussi les plus onéreuses. Ils gagnent à se montrer incitateurs et dépensiers. Enrichissement et réputation, hauts revenus et légitimité médicale vont de pair. Les praticiens cumulent les avantages du traitement de clientèles aisées qui jugent de l'efficacité à l'aune de la notoriété et à l'accumulation des biens médicaux octroyés au nom de la solidarité sociale. Ils prescrivent sans modération, examinant plusieurs fois, faisant consulter des confrères, orientant sans restriction vers des spécialistes et des cliniques ou hôpitaux. Dans ce cadre, la « santé » est conçue comme un bien personnel, un patrimoine individuel à défendre contre les éventuelles prétentions et les intérêts de la collectivité.

Le consensus – réel ou supposé – qui existe sur la question des dépenses de santé pourrait renvoyer à une situation de « lutte des classes » affaiblie ou rendue illisible. Il légitime une idéologie de rapports harmonieux entre classes, identique aux relations qui règnent dans les diverses institutions d'assistance ou de paritarisme. On aurait là une clé à l'énigme : « Pourquoi un déficit sans fin depuis les années 70 et jamais de réforme aboutie ? » Une série d'impasses qui ne conduisent d'ailleurs ni à la faillite ni à l'explosion sociale ou économique !

La protection sociale prise dans sa globalité – liant santé, maternité, accidents du travail, indemnisation chômage et autres risques – est assez vague, générale, pour qu'aucune catégorie sociale ne puisse mettre en cause un aspect sans risquer d'être touchée sur un autre registre où elle a des avantages. La confusion des aides (la « providence » bien nommée), les assistances, indemnisations, remboursements qui sont entre les mains de l'autorité médicale, autorise l'assuré à consentir à la suppression éventuelle d'un avantage dans un secteur en le faisant transférer dans un autre s'il s'estime dépouillé d'un droit comme les acteurs l'encouragent à le penser. Le déficit répétitif de la Sécurité sociale apparaît au public peu politisé comme une sorte de ciment démocratique (autrement dit, d'alliance de classes ou de fractions de classes) dans une société où les antagonismes sont modérés. La tolérance pour les déficits pourrait être alors interprétée non pas comme le résultat d'un processus injuste de répartition, mais comme un modérateur des conflits, un amortisseur de crise, grâce à une nouvelle alliance, un resserrement des liens sur un sujet fort entre des catégories sociales autrefois antagonistes[1]. C'est probablement le point de vue des élites les plus lucides. En tout cas, notre hypothèse nous semble combler un vide explicatif et restreindre la portée des plaidoyers virulents des défenseurs des institutions des années 50 : on ne touche pas à quelque chose que syndicats et patronat gèrent dans un équilibre apparemment satisfaisant.

Cependant des changements adaptatifs ont fait entrer des semibureaucraties dans l'univers médical. Ce n'est pas la conséquence la moins stupéfiante de la rencontre entre la logique de l'offre libérale de soins et les facteurs organisationnels devenus centrifuges, nécessitant de plus en plus l'intervention (sans le dire) de l'État. De là, la conclusion qui s'est de plus en plus imposée aux syndicats médicaux : il fallait investir l'État. Ce dernier a créé des demandeurs sans demande et accepté l'existence d'une offre médicale qui fonctionne en dehors de tout contrôle, s'appuyant sur une politique de la santé qui stimule le recours à des examens nombreux et réguliers. Influencer l'administration de l'intérieur est donc devenu un enjeu essentiel dont on verra les mécanismes plus loin. En tout cas, les interactions que nous avons décrites relèvent davantage d'une perspective internaliste, intraprofessionnelle, sur des faits institutionnels que de la notion de « demande », trop imprécise, ou de la référence à de vagues problèmes de société.

1. Michel Arliaud de même que Patrice Pinell ont été parmi les rares à analyser les alliances syndicales instables, les relations agitées entre organisations médicales, pour comprendre les problèmes de santé. Lire un des derniers articles : Michel Arliaud et M. Robelet, « Réformes du système de santé et devenir du corps médical », *Sociologie du travail*, n° 1, 2000.

5
L'OFFRE D'HOSPITALISATIONS

À l'hôpital le processus de fabrication de l'offre diffère de sa forme libérale. Le recrutement des patients se fait dans un cadre moins concurrentiel, même si la compétition existe pour les crédits, les postes, la recherche. À l'hôpital, des individualistes se trouvent obligés de travailler en groupe, ce qui pose d'immenses problèmes de rivalité entre chefs et services. Le système d'organisation et de gestion de ces conflits interindividuels est très variable, mais l'hôpital manque de coordinateurs entre services, de médiateurs entre médecins. Une réforme de ce système est indispensable si on veut harmoniser un système de soins très segmenté. Si trois générations de généralistes ont pu faire « exploser » la demande de soins, cet effort n'a pu aboutir qu'en s'appuyant sur un réseau, l'hôpital, véritable réussite du XXe siècle, lieu de la science médicale en actes. Partie de presque rien, l'hospitalisation s'est intensifiée et représente aujourd'hui la moitié des dépenses de santé. Avant 1940, les hôpitaux hébergeaient principalement les indigents, les infirmes et les vieillards. Les cliniques recevaient peu de monde : 200 000 personnes annuellement (estimation faite à partir du nombre de places et de la durée des hospitalisations). L'inquiétude des malades face à l'hôpital a été vaincue grâce à la construction d'hôpitaux qui les ont rapprochés des populations et l'organisation de meilleures conditions de transport (les droits de visite étaient réduits : une demi-journée hebdomadaire). La lutte tenace pour convaincre des populations rétives (surtout celles qui étaient éloignées) qui redoutaient l'enfermement et le coût des déplacements a été importante même si elle est aujourd'hui oubliée.

L'offre faite par les institutions ne ressemble donc pas à celle faite par les médecins agissant dans le cadre libéral ou en petits groupes indépendants. Elle a rencontré d'autres obstacles. Dans les institutions de santé, les malades affrontent une division du travail complexe, entre unités de traitement et unités de recrutement, sans véritables coordonnateurs des informations. Les deux lignes d'autorité (médicale et administrative) sont fractionnées et difficiles à identifier pour les familles démunies d'information et de relations. On peut comprendre que passer, en cinquante ans, de quelques dizaines de milliers d'hospitalisations annuelles au nombre de 13 millions – un taux pour 1 000 habitants presque trois fois supérieur à celui des États-Unis qui reçoivent environ 30 millions de patients pour cinq fois plus de population – n'a pas été une chose aisée. L'hospitalisation est désormais banalisée alors qu'elle était, hier, exceptionnelle. Elle a remplacé peu à peu la petite chirurgie des campagnes : Charles Bovary, qui opérait à l'auberge, est emblématique de ces précurseurs dévalués. Cette petite chirurgie générale pratiquée à domicile ou chez le médecin rural s'est maintenue jusque dans les années 60. En développant la consultation urbaine, en délocalisant les hôpitaux, on a facilité sa disparition. De surcroît, la cancérologie et la cardiologie ont eu un effet accélérateur sur les recrutements par la création des traitements en continu. Ces deux pathologies en forte expansion ont conduit la population (familles, voisinage, municipalités) à apprécier l'hôpital local. Aujourd'hui, ses bienfaits pour l'emploi et, plus généralement, l'économie locale sont incontournables. L'hôpital, la maternité sont devenus les signes de l'urbain dans la vie rurale. On sait que la suppression de la maternité est le symbole du déclin d'une petite ville.

Les techniques de recrutement hospitalier

L'offre de consultation externe et les urgences sont les voies les plus efficaces pour assurer le recrutement, sauf en situation de saturation dans les CHU prestigieux. Chaque établissement a un réseau de recruteurs qu'il entretient. Les CHU et les grands hôpitaux s'appuient sur des petites cliniques et des hôpitaux locaux qui sont eux-mêmes en relation étroite avec les généralistes. Les convoyeurs (ambulanciers, police secours, pompiers, médecins de SOS) ne sont pas tous des recruteurs, mais ils ont souvent un rôle d'orientation.

Les hospitaliers titulaires de CHU, qui ont été les professeurs des jeunes médecins libéraux ou des petits hôpitaux, les invitent à envoyer des patients. La recherche de nouvelles pathologies ou d'états morbides intéressants et leur traitement sont dans les mains des praticiens de CHU et des hôpitaux généraux. La position de force des hospitaliers en tant que dépositaires du progrès technique (ils prétendent avoir le monopole des dernières innovations) pousse donc les médecins de première ligne à abandonner une partie de leurs prérogatives. Leur capacité en savoir clinique, leur intuition pratique ne s'épanouissent plus et s'effacent devant le savoir des universitaires et des chercheurs. Par ailleurs, les médecins de ville n'ont plus le temps de vérifier la valeur des traitements. La pratique médicale traditionnelle – mélange original de savoir empirique et de connaissance scientifique – est devenue marginale. Les généralistes qui passaient du temps à observer les familles ne savent que faire du savoir pratique accumulé par leurs devanciers qui constituait le vieux fond humaniste de la pratique. Ils n'ont plus les moyens de le faire remonter et ont l'impression d'être instrumentalisés ou dévalorisés. Ils préfèrent d'ailleurs souvent envoyer leurs patients dans des cliniques privées où ils ont l'impression d'être mieux accueillis et où la valeur de leur diagnostic leur semble devoir moins être sujet à discussion.

L'hôpital doit d'abord compter sur lui-même, en appeler à des techniques de marketing en soignant l'intendance grâce à des brochures de présentation ou en vantant « la palette » de ses spécialités et son plateau technique. Le recrutement de nouveaux malades est assuré par l'entretien de relations privilégiées avec la population[1].

1. Se reporter à Elias Coca, *Les Inégalités entre hôpitaux, obstacle à l'efficacité et à l'équité de la maîtrise des dépenses hospitalières*, Berger-Levrault, 1995. L'auteur définit l'offre hospitalière et aboutit évidemment à la conclusion que, plus

Il faut élaborer une vitrine attractive dans la presse locale, susciter de bons articles, organiser une fête (cirque, théâtre, expositions d'art). L'hospitalisation des enfants, l'hébergement des vieux se veulent non rebutants. Un directeur décrivait ainsi sa stratégie d'occupation de l'espace: « Notre vitrine, c'est la cardio avec un grand chirurgien parti à l'Institut du cœur. Il a tellement de clients qu'il ne fait pas de captifs. Il ne les garde pas mais les renvoie aux spécialistes et il a un grand succès auprès des médecins de ville. » Avoir un grand patron dans son équipe médicale (surtout s'il soigne les hommes politiques et les célébrités) est un atout pour le directeur qui poursuit: « Les urgences ne sont pas universitaires. On n'a pas de chefs de clinique; le service dépend de pneumo ou réa... On demande un scanner? l'Assistance publique raisonne sur la carte. Quand on veut quelque chose, on regarde où est l'équipement le plus proche pour savoir si on a des chances. Je vois où en sont mes concurrents, combien de lits aigus à côté. Est-ce que cette ouverture va nous faire du mal? Avec qui est-on en concurrence pour cette pathologie ou sur ce service (il montre la carte qui est derrière son fauteuil)? Pour les urgences, on regarde les voisins. On est rival avec Bichat, le plus apprécié des intra-muros, et aussi avec Henri-Dunan. Pas avec Saint-Cloud qui est moins technique. Foch est pas mal, mais la rumeur dit qu'on sélectionne aux urgences. Poincaré ne nous fait pas de mal, ce sont des urgences de spécialité (il montre la carte avec des points

important est le nombre de lits, plus le taux d'hospitalisation est élevé par département, par région, à état de santé comparable et cela indépendamment des pathologies. Son enquête montre que le nombre de places fait le nombre de malades hospitalisés; c'est sur cette base que sont calculés les budgets distribués par l'Assurance maladie. Le taux d'hospitalisation pour 1 000 habitants varie du simple au double entre les régions riches en lits (Île-de-France, PACA, Corse, Alsace, Lorraine, Languedoc-Roussillon) et les régions pauvres en places (Centre et Ouest, Nord et Pas-de-Calais). Ces inégalités recoupent ensuite celles du financement local et donc de la richesse de la région. Cela confirme une étude américaine où, selon les circonscriptions limitrophes et similaires, démographiquement et socialement, les taux d'admission varient de 1 à 10 pour les cancers des voies digestives, les diabètes, les bronchiolites, les pneumopathies, les opérations du genou, etc., et de 1 à 4 pour les cancers des voies respiratoires, les troubles mentaux graves, les dépressions, les interventions cardiovasculaires, etc.

rouges, noirs, des tracés, des flèches). On a ouvert il y a vingt-cinq ans ; l'Ouest était à la traîne alors que l'Est était plein. L'AP ne veut pas de désert, ni de doublon. Jusqu'ici on avait une mauvaise image aux urgences : les travelos du Bois, les clochards… Maintenant ça va mieux, on remonte la pente, les effectifs s'en ressentent : ils augmentent. Il y a des trous dans certaines spécialités dans l'Ouest parisien. À nous de nous y engouffrer ! »

Comme un banal chef d'entreprise, ce directeur signale à ses cadres – ici, les médecins – que le nombre de journées d'hospitalisation a diminué et qu'une baisse d'activité est menaçante si on veut conserver le budget global ou justifier l'achat de nouveaux équipements. D'ailleurs, la reconduction du budget par la tutelle n'est pas assurée si les lits ne sont pas suffisamment occupés. Mais tout un jeu dans la présentation des taux d'occupation dans les bilans d'activité est possible en mélangeant lits réels et théoriques… La concentration spatiale aiguise la concurrence car, en un temps court, le nombre de personnes hospitalisables, s'il est élastique, ne l'est pas à l'infini, même si on peut recruter très loin de l'établissement, parfois à l'étranger.

L'offre de places et de lits

On peut définir l'offre de soins en fonction de l'offre de places que propose chaque hôpital pour chaque type de maladies qu'il est apte à prendre en charge (spécialités). Le véritable critère de l'offre de soins est donc le nombre de lits. Sans lits, pas de places et donc pas de malades. C'est comme dans une école où l'offre renvoie au nombre de places assises, c'est-à-dire au nombre de places disponibles en fonction des locaux, du nombre de classes et de la moyenne d'élèves par classe. Pour accroître la renommée de leur hôpital, la stratégie des dirigeants hospitaliers est d'insister sur sa taille qui implique l'existence de nombreuses spécialités. La valeur d'un service dépend, quant à elle, du prestige de son chef et du nombre de lits qu'il dirige. D'où les batailles des directeurs, face à leurs concurrents, pour accroître le nombre de lits. On assiste à des luttes homériques pour « acheter » des lits : en annexant, par exemple, une clinique voisine et en récupérant ses lits, en transformant des lits peu rentables (d'une maison de retraite ou de long séjour) en véritables lits de malades. Un service perd ses lits s'ils sont sous-occupés. Les chefs de service défendent âprement leurs lits au travers de négociations interminables entre rivaux et ne les lâchent pas sans contreparties substantielles. On comprend alors l'effet pervers des règlements quand on étudie les décisions de la Direction générale des hôpitaux en vue de réduire la durée de séjour des malades (actuellement sept jours en moyenne). Face à cela, les médecins et les gestionnaires ont répondu par la multiplication du nombre de malades, ce qui a conduit à l'accroissement des frais d'actes et d'examens préalables et d'intendance. Ce n'est qu'un nouvel exemple des politiques d'économie qui se font en l'absence de toute maîtrise de l'appareil de gestion et qui conduisent, paradoxalement, à accroître les dépenses alors qu'on avait l'intention de les réduire.

Dans son livre, Renée Serange-Fonterme consacre un chapitre au fait que, peu à peu, la « demande » est devenue captive de l'offre : « Les consommateurs sont captifs de l'offre locale, ce qui vaut clairement et massivement pour l'hospitalisation [1]. » Plus on habite près d'un hôpital, plus on a des chances d'être hospitalisé ! Ainsi, les hôpitaux de Lyon recrutent massivement dans une aire géographique restreinte (quelques kilomètres carrés) mais aussi beaucoup plus loin (11 % hors de région et une proportion notable à l'étranger). L'inégalité des taux d'hospitalisation dans la population française s'explique en premier lieu par la densité des établissements hospitaliers, puis par les facilités d'accès et de rendez-vous. L'hôpital est devenu un objet de consommation comme un autre.

Les statistiques sont trompeuses car elles laissent croire que l'hospitalisation n'est pas sélective mais uniforme sur l'ensemble du territoire. Le taux d'hospitalisation par individu est mal connu, non pas parce qu'il est difficile de définir le parc hospitalier, mais

1. Renée Serange-Fonterme, *Les Disparités sociales de la consommation médicale*, *op. cit.*, p. 126. « L'étude des facteurs d'offre de soins médicaux est encore en France à un stade d'exploration, surtout en matière d'hospitalisation et au plan local », p. 27.

parce que l'on risque de compter, sur un an, plusieurs fois les entrées successives de la même personne. On ne dispose pas de données fiables sur les taux de réussite et d'échec des soins entre les différents hôpitaux. Comme toute statistique générale non nominative, les statistiques ne disent rien des réadmissions. Or, le nombre de « retours », des « rappelés », des « suivis », qui sont la preuve d'une multifréquentation, apparaît, curieusement, comme dépendant du taux de remplissage. La plupart des études les ignorent et n'en cherchent pas les raisons. De ce point de vue, les différences existant d'un établissement à l'autre restent ignorées. L'affection chronique par sa continuité est devenue le modèle. La notion de guérison a disparu au profit des notions de stabilisation, de rééducation, de restauration.

On pourrait s'étonner que la centralisation et la standardisation des remboursements hospitaliers n'aient jamais permis une enquête exhaustive. Les études soutenues ou financées par les directions sont focalisées sur le style de la gestion. *Changer l'hôpital*, *Innover à l'hôpital*, *L'Hôpital stratège*, *Du mandarin au manager* sont les titres de plusieurs livres de management… L'inflation des dépenses hospitalières (que le budget global a néanmoins ralenti) est le résultat du travail pour le remplissage des lits et traduit l'intérêt des chefs de service pour le maintien ou l'accroissement de leur spécialité, et par là de l'élargissement de leurs recherches. Ces dernières sont isolées les unes des autres et cet isolement est entretenu par un découpage sans principe fédérateur des spécialités (qui s'impose aussi aux sciences sociales hospitalières). C'est aussi pour des raisons de carrières que les directeurs et gestionnaires sont en compétition et sont prêts à tout pour conserver la place et le rang de leur hôpital dans la hiérarchie des établissements.

L'intérêt des chefs de service

L'intérêt des chefs de service hospitaliers est de promouvoir leur domaine, en ayant un taux élevé d'opérations réussies et un taux de mortalité très faible. Cela implique de tout faire pour envoyer un malade en fin de vie dans un autre service, en réanimation par exemple[1]. On juge un service à ses chiffres de mortalité publiés dans le rapport d'activité qui sera ausculté par la CME[2], lu par le conseil d'administration et pris comme référence par la DDASS (Direction départementale de l'action sanitaire et sociale).

La situation matérielle et scientifique des praticiens (carrière, salaire, avantages symboliques) dépend d'un grand nombre de facteurs qui peuvent se résumer à l'occupation de l'espace. Les lieux les mieux disposés et les plus vastes sont généralement attribués aux services les plus prestigieux. C'est un territoire sacré : le chef est responsable de ce qui se passe dans ses lieux et uniquement là : « mes chambres », « mon service », « mes murs ». Les services séparés sont également segmentés et hiérarchisés. La territorialisation est marquée par la décoration, la couleur des couloirs, l'aménagement. On parlera d'« aile », d'« étage », du « bloc ». Quand le malade sort de cet espace pour se rendre dans les espaces ou dans les services communs (imagerie médicale, scanner), on ne sait plus guère qui en est responsable. Ces questions ne sont pas futiles. Le responsable de l'état du malade est le chef du service où il est alité, et en cas d'accident dans les espaces communs par manque de surveillance, il y aura de vives altercations sur les torts respectifs des uns et des autres. Quand le service d'urgence est appelé dans un autre service, il est responsable pendant l'intervention faite hors de ses murs. Ce système de charge et de décharge n'est pas anodin. Un décès survenant dans un couloir (comme sur la table de chirurgie) entraîne une enquête interne. À qui est-il imputable ? À l'anesthésiste ? Au chirurgien ou à l'assistant ? Au personnel ?

Cela explique pourquoi les frontières entre les services sont précisément matérialisées sur un plan. Cette « propriété du malade dans l'espace » est aussi une manière de se protéger dans la rivalité entre spécialités. Un médecin extérieur au service ne peut pas

1. La mort n'apparaît plus, de fait, comme associée à l'hôpital. Aujourd'hui seulement de 2 à 3 % des hospitalisés y décèdent.

2. Commission médicale d'établissement. Il s'agit d'une sorte de petit parlement de médecins élus par leurs pairs qui administrent les affaires médicales (nominations, promotions, litiges, affectations des crédits, etc.).

intervenir chez son voisin sauf s'il y est expressément invité. « On est ici chez Untel » me signalait régulièrement à voix basse mon camarade brancardier quand on traversait une aile ou un couloir. Tout le personnel connaît ces frontières entre services, pourtant le plus souvent invisibles. Une seule porte franchie et tout change : le bruit, le désordre du matériel entreposé, les attitudes du personnel.

La médecine a avancé en divisant son savoir. La structure académique a imposé un certain découpage qui est maintenant ancien : travail sur tel organe exclusivement, appropriation de la connaissance approfondie d'une seule fonction. Alors que faire avec les pathologies multiples ? C'est pourtant relativement banal dans le cas des vieillards ! Le vrai problème des spécialités est la confusion des actes face aux polypathologies indéterminées. Qui est le soignant principal puisque les savoirs sont à égalité et qu'aucun chef de service n'a le pas sur un autre en valeur académique ? Les tractations se font en coulisse malgré la création lente de ces fédérations de services que sont les départements.

Le savoir est segmenté. Notre corps doit s'adapter de force au découpage du vivant proposé par un ordre déjà ancien et qui n'est maintenu que pour des raisons académiques. On l'a vu quand il a fallu traiter une affection encore inconnue comme le sida. Relevait-elle de l'immunologie ? des troubles respiratoires ? de l'hématologie ? Seule la réanimation ou les soins intensifs assurent une polyvalence momentanée et suspendent les traitements courants par spécialité. La segmentation des savoirs établie par l'enseignement et en fonction duquel les institutions sont séparées fait ressentir cruellement le manque d'intermédiaires, rôle qui pourrait être celui de médecins pluridisciplinaires ou hors spécialités. Cette segmentation a d'abord permis d'enseigner des compétences spécifiques et d'améliorer les pratiques. Mais le refus de débattre de leur révision ou même de leur réunification relève de la peur d'ouvrir ce qui est devenu une véritable « boîte de Pandore ». Cela a conduit à geler les spécialités existantes alors qu'elles sont fondées sur un savoir daté désormais inadapté. Cette division a, autrefois, permis de rationaliser l'enseignement mais elle suscite aujourd'hui une rivalité factice puisque chaque spécialité doit justifier sa place à l'hôpital et doit donc recruter toujours plus de malades. C'est pourquoi le raccourcissement des durées de séjour a été paradoxalement accompagné d'une multiplication des dépenses par multiplication du nombre de patients vus par chacun. La division du travail à l'hôpital peut mener à l'isolement et à la multiplication d'actes inutiles ou même dangereux.

Observation d'un examen hospitalier

La consultation chez le généraliste nous évoque immédiatement le cabinet médical avec son décor un peu désuet, le face-à-face, l'échange verbal, une interaction favorisée par une proximité sociale (de type membre de la classe moyenne face à un autre membre de la classe moyenne) où les intérêts communs peuvent se manifester à l'occasion d'une brève conversation (questions de société, questions personnelles). Dans un examen à l'hôpital, tout est différent. La population est socialement beaucoup plus diversifiée car le recrutement dépasse celui d'un quartier de composition sociale souvent assez homogène. Le niveau social plus élevé des praticiens ne favorise pas le dialogue spontané mais, éventuellement, une attitude plutôt paternaliste. On ignore généralement tout du milieu et de l'environnement du malade.

« Où est la lettre ? » L'examen hospitalier dans un service d'urgence ou de consultation externe commence généralement par cette phrase. Pas de malade sans lettre et sans origine précise : d'un responsable antérieur qui l'adresse à un autre responsable. C'est en quelque sorte la « traçabilité » du malade. Il est l'objet d'un relais et passe de main en main. Pour l'urgence occasionnelle, la lettre est sibylline. Sauf en consultation externe où, à son initiative, le patient peut produire son « dossier ». La lettre présente le patient en fournissant des renseignements superficiels, en termes prudents, voire diplomatiques : « Ce monsieur boit beaucoup » (mais que veut dire « beaucoup » ?). Lettres, radios et tests qui sont dans le dossier sont vite écartés au profit de l'élaboration d'un nouveau dossier et la machine à mesures et examens est relancée. Un autre tour de piste ! On ressort le plus souvent debout d'une consultation de ville. Ici, au contraire, la prise en charge exige un abandon de soi.

On peut légitimement prétendre que la lettre du généraliste n'est pas décisive ; les données orales immédiates recueillies par les infirmières, les internes, les assistants ont beaucoup plus d'importance. On peut aussi penser que l'information orale que reçoit le patron du service est secondaire par rapport au dossier : chemises classées, grandes enveloppes, mesures biologiques, feuilles et clichés difficiles à tenir dans les mains et qu'il faut lire dans la chambre ou... le couloir. On les place parfois sur le lit, montrant par là que ces données chiffrées ou photographiées se superposent au corps du malade. À la différence d'une consultation chez un généraliste, le patient intervient peu ; il ne parle que lorsqu'on l'interroge ; il est écouté d'une oreille distraite. Quelquefois il est sous tranquillisant et ses réponses ne sont pas très claires. Son passé médical global est minimisé, la recherche de ses antécédents réduite à quelques formulations. Ce qui compte, c'est le travail de diagnostic qui va commencer ou recommencer sur place après le « nettoyage » du cas par l'interne. On veut de nouvelles données, des mesures, des tests, des analyses, des radios, des courbes, des taux. On écarte ce qui pourrait apparaître au profane comme concret et extérieur – les indicateurs sociaux, familiaux, professionnels – pour se consacrer aux données abstraites. Un sociologue, Jacques Coenen-Huther, a fait involontairement l'expérience de sa propre transformation en objet médical manipulé de façon répétitive tel un habitué à qui on fait refaire le même parcours[1]. Immédiatement mis sous sédatif, le malade est examiné et réexaminé par les différents acteurs de l'institution comme s'ils n'avaient pas confiance les uns dans les autres et ne se fiaient qu'à leur propre jugement. J. Coenen-Huther a été frappé par le recommencement de l'interrogatoire et la commande d'analyses déjà réalisées, effet de la division extraordinaire du travail. Il a été frappé aussi par l'infantilisation dans laquelle un personnel féminin et maternel le maintenait. En effet, en cabinet de ville, l'usager

1. Jacques Coenen-Huther, « Observations en milieu hospitalier », *Sociétés contemporaines*, n° 8, 1991.

peut avoir une stratégie ; sa liberté de mouvement n'est pas affectée alors que son autonomie est partiellement menacée à l'hôpital. Il y est littéralement perdu. Déboussolés par la perte de repères spatiaux, certains patients parmi les plus valides errent : buvette, kiosque à journaux, ami à visiter dans une autre salle. Mais les circuits sont étriqués[1]. Le travail des institutions consiste à maintenir dans des réseaux des populations d'usagers clients (si possible fidèles et connus, socialisés aux pratiques du bon patient) qui ont déjà fait un apprentissage de la vie commune hospitalière.

L'institution conservatrice

Les institutions de la santé ont développé une extraordinaire capacité à maintenir leur existence face à toutes les évolutions. On peut observer la création continue de différentes strates, étagées par ancienneté, formées par des institutions qui se chevauchent en partie. C'est par inertie que des organisations vieillissantes se perpétuent, alors qu'elles sont redoublées par des institutions jeunes et dynamiques qui doivent gagner leur place au soleil en gagnant des territoires. Les intérêts en jeu expliquent la résistance des organisations face à toutes les réformes. Ainsi, à part le cas de quelques maternités, on ne ferme pas un service hospitalier qui manque de malades : par tous les moyens on en cherche de nouveaux ou on tente de gagner des malades atteints de pathologies parentes pour survivre ou même s'agrandir. La lutte contre les fermetures en cas de manque de malades est semblable à celle qui a lieu quand des menaces pèsent sur une filière qui manque d'élèves. Les croisades pour la survie s'abritent derrière les normes

1. Une autre cause d'étonnement réside dans le fait que bien des médecins sont, eux aussi, perdus. Nouveaux ou visiteurs, ils circulent à la recherche d'un malade ou d'un confrère. En tant qu'« envoyeurs », ils ressentent la séparation entre médecines. Ils se plaignent de ne pas « revoir » ou suivre leur malade hospitalisé, de ne pas être assez considérés ou de ne pas posséder un statut officiel à l'hôpital ou, pire, de ne pas être informés régulièrement de l'évolution de l'état de leurs patients.

de santé et la mise en avant de nouveaux dangers sanitaires. L'offre de soins en institution implique cependant des contrôles contraignants qui n'existent pas pour les régimes libéraux : publication régulière d'activité, comptage des malades, nombre d'entrées, nombre de passages par sites, pourcentage de lits occupés, frais de gestion, prévisions. Mais tous les contournements, tous les biais organisationnels imaginables et destinés à assurer la survie sont utilisés.

Dans le langage courant, le terme « institution » est synonyme de lourdeur, d'inertie, de non-réformable. Par sa longévité et sa continuité, l'institution s'impose comme une structure uniforme. Les institutions croissent, le plus souvent, selon une évolution qui prend en compte la complexité des propriétés de l'offre, la segmentation des hiérarchies et en recherchant une nouvelle légitimité auprès des usagers et de divers alliés. L'institution génère une politique dont le premier principe est « d'abord survivre ». De sujet créé par la politique, elle se transforme en acteur autonome de cette politique. C'est ce qu'on peut appeler aussi « bureaucratisation pour l'existence[1] ». Cette définition convient bien aux institutions de santé et cette analyse – à l'opposé des théories fonctionnalistes de la médecine – attire l'attention sur les « malades » en tant qu'ils sont les produits des institutions, tout comme les élèves sont un produit de l'action des institutions scolaires. La démonstration est plus difficile à faire en médecine à cause de notre incapacité à évaluer avec justesse les comptes et la répartition dans le temps d'un ensemble de plusieurs millions d'hospitalisations annuelles. Des dizaines de milliers d'associations, des milliers d'établissements mixtes sont constamment en concurrence autour de l'hôpital en expansion continue et qui reste la pièce maîtresse du système. Cette absence d'endiguement exacerbe la rivalité entre organisations parallèles pour le suivi des malades. Dès qu'une période électorale s'ouvre, on voit apparaître les revendications des professions para-

1. Ce qui explique une forme institutionnelle particulière aux activités de services : la spirale des moyens. La demande de moyens devient un but de l'activité, et la création de pénuries, un objectif du travail. On ne compte pas aujourd'hui les risques mal connus de l'excès de moyens concurrentiels.

médicales et des institutions secondaires, d'autant plus fortes si le gouvernement apparaît vulnérable. Ainsi, à l'automne 2001, avant les présidentielles, les cliniques privées, pour le bien de leurs actionnaires et de leurs agents, se sont ruées dans la brèche, succédant à presque toutes les professions de santé. Les sages-femmes avaient ouvert le bal. Maintenir la croissance du nombre de malades et donc des financements, alors que la santé est censée s'améliorer sous son action, tel est le paradoxe auquel se trouve confrontée l'institution. Le principe de résistance des grandes professions, impossibles à réformer sans leur accord, trouve là sa source.

Les hôpitaux sont des organisations complexes. Leur gestion est relativement obscure, avec une grande autonomie de négociation, peu différente des autres entreprises de services. Stratifiés selon leur force de négociation, les petits hôpitaux se débattent dans les difficultés, tandis que les hôpitaux tout-puissants (en particulier les Centres hospitaliers universitaires – CHU) gèrent des budgets de plusieurs centaines de millions d'euros, traitent directement avec Paris et sont peu surveillés dans l'utilisation de leurs moyens. Dans les grands CHU, le pouvoir des médecins (agrégés, doyens, grands patrons) est autrement plus décisif que dans les établissements qui font partie des strates inférieures. Un deuxième élément déterminant de l'augmentation de l'offre hospitalière est la professionnalisation du personnel de gestion. La promotion de ces hauts fonctionnaires dépend de l'augmentation des clientèles de malades et donc, implicitement, du dépassement des budgets de leur établissement, assimilant ainsi la fonction de directeur hospitalier à celle de dirigeant d'entreprise. Mais sans risque de faillite ! L'enseignement de l'École nationale de la santé publique de Rennes pour les cadres hospitaliers équivaut à celui d'une grande école de gestion et de commerce où la productivité est synonyme d'augmentation du nombre de clients.

Pour un chef dynamique dans sa recherche de malades, la carrière commence dans un petit hôpital local et doit se terminer dans un CHU. C'est pourquoi un directeur d'hôpital raisonne comme un chef d'entreprise : il exhibe les courbes de fréquentation et des admis. Il montre sa « vitrine » de performances, une large palette de spécialités, des médecins qui ont une aura auprès des journalistes. Il se bat pour l'élection d'un chef de service charismatique : celui qui passera à la télévision. Les journalistes n'ont plus à s'inquiéter pour garnir leur carnet d'adresses : le directeur répondra présent aux nombreuses sollicitations, pour les reportages alarmistes qu'ils recherchent, par exemple sur les urgences.

La politisation de la gestion de l'hôpital

La politique est omniprésente. Dès qu'on parle santé ou médecine, on doit immédiatement présumer les implications politiques et leurs conséquences financières. Le paysage institutionnel de la santé est immense et difficile à dénombrer. Pour les milliers d'institutions et d'organisations de tout statut qui traitent de la santé, examiner les procédures qui organisent leurs relations nécessiterait en soi un gros annuaire pour présenter ne serait-ce qu'un inventaire des principales structures. Leur complexité, l'enchevêtrement des missions sont considérables et défient le recensement. Le facteur politique se tient en arrière-plan de toute action de traitement des affections. Des intérêts divergents s'imbriquent les uns dans les autres. L'intérêt du maire, qui préside le conseil d'administration, est d'augmenter le nombre de lits. Cela ne coûte rien à sa commune et présente l'avantage de satisfaire les électeurs, en particulier grâce aux embauches locales. Ainsi la conjoncture politique des années 80-95 où il y a eu plusieurs élections, des changements de majorité, des renouvellements de personnel politique a été particulièrement favorable à l'augmentation des dépenses : création de lits, achat d'équipements, recrutement de jeunes médecins. Chaque maire ou chaque député nouvellement élu surenchérit sur l'offre de soins faite par son prédécesseur. Les dépassements budgétaires ont été particulièrement élevés pendant cette période, ce qui était un moyen d'influer sur le budget global forfaitaire.

L'inflation des dépenses de santé est le résultat de la politique d'offre des institutions. Tout le monde y est favorable, que l'on soit de gauche ou de droite, surtout quand il s'agit de l'hôpital. Pendant les « trente glorieuses » de la Sécurité sociale (1970-1998), sous la direction des petits fonctionnaires de FO, les établissements se sont fortement équipés et ont recruté. Les syndicats de cadres soutiennent la politique d'agrandissement et d'équipement de l'hôpital; les nouveaux managers sont jugés favorablement sur leurs capacités à endetter l'hôpital (il est bon d'épuiser les capacités d'emprunt). Les critères d'une carrière réussie s'estiment à partir des aptitudes à contourner les règles budgétaires, à neutraliser l'opposition de la DDASS et à trouver toujours plus de recettes (dons de bienfaiteurs, ventes du patrimoine immobilier, emprunts). Pour ces administrateurs, la stagnation ou la diminution des dépenses est considérée comme un échec. L'intérêt des gestionnaires est d'augmenter le nombre de malades et donc d'embaucher des médecins sachant démarcher auprès des fournisseurs de malades. Il faut savoir les attirer et battre les concurrents (privés mais aussi publics) en offrant des services équivalents sur la carte sanitaire. Ce faisant, les directeurs tendent à s'émanciper de la tutelle locale et de l'État. Le non-respect du taux directeur (niveau autorisé des dépenses) n'est pas sanctionné. Les directeurs estiment que, plus ils ont de malades, plus ils sont en position de force pour négocier avec le ministère.

C'est ainsi que nous avons identifié plusieurs combinaisons de facteurs qui concourent toutes dans ce sens, contre une seule qui le ralentit : le vieillissement du corps médical. Cependant les variations annuelles des taux de croissance des dépenses hospitalières régionales ou départementales diffèrent principalement en fonction de la couleur politique des bureaucraties locales et de leur proximité auprès des gouvernements changeants qui alternativement aident leurs « bons départements ». Ainsi une étude d'Annick Valette sur la gestion de trois hôpitaux du Nord commence par une révélation qui la surprend : la complète ignorance des responsables (masquée par un discours convenu) du fonctionnement des établissements dont ils ont la charge où qui sont sous leur surveillance. « Ma rencontre avec le maire (pharmacien, président du conseil d'administration de l'hôpital), fort chaleureux, rompu au discours public de légitimation de son action, m'a laissée pendant longtemps un sentiment de grande avancée de mon travail. Ma confiance lui était acquise. Il m'avait fourni une interprétation de nombre de mes observations. Ce n'est que bien plus tard, lorsqu'un ensemble de micro-informations ont été accumulées que je me suis rendu compte de l'incohérence de son discours[1]. » Deuxième surprise : l'auteur a vu des médecins intéressés, ambitieux, carriéristes, ainsi que des médecins compétents, consciencieux, comme dans n'importe quelle autre profession, mais aussi d'autres qui étaient alcooliques ou dangereux. En restant plusieurs années dans deux établissements du Nord, Annick Valette s'est aperçue que la gestion et la prise de décision étaient le résultat de rapports de forces, de coalitions, de coups, de ruses dans le contournement des règles. Cette analyse, sur une période de dix ans, doit être replacée dans une conjoncture particulière : le moment est fortement politisé, les élections fréquentes, dans une région où l'électorat est vieillissant. Cette partie de l'électorat, directement intéressée par les services hospitaliers, s'abstient moins que les jeunes citoyens lors des votes et pèse donc fortement sur les hommes politiques.

Cette analyse des responsables hospitaliers n'est pas différente de celle que l'on a pu faire sur l'offre de places dans l'institution scolaire, dans une conjoncture type (essor et concurrence). On pourrait reprendre terme à terme le rôle des gestionnaires sous la IIIe République (directeurs d'écoles), l'essai d'amélioration des produits et de leur présentation (type de soins disponibles ou filières scolaires ouvertes), les promesses de débouchés (suivi médical et places dans des centres ou placement professionnel des élèves). Les tentatives pour répondre à la concurrence incitent à ouvrir de nouveaux services, à prendre des malades aux cliniques ou à ne pas laisser partir les malades vers le secteur privé ou le CHU, tout comme le directeur d'un établissement scolaire tenait à garder ses élèves le plus longtemps possible en allongeant la scolarité. À côté des avantages matériels (distance, localisation, coût), la valeur médicale des traitements offerts paraît cependant plus

1. Annick Valette, « Formation des trajectoires d'offre de soins : les interactions hôpital-environnement », thèse en sciences de gestion, Paris Dauphine, 1994. Voir aussi Annick Valette, « La formation de l'offre de soins à l'hôpital public : le rôle des ressources critiques dans la construction des relations entre l'hôpital et son environnement », *Sciences sociales et santé*, n° XII, 2 juin 1994, p. 57.

déterminante en santé, même si le jugement de la valeur de l'enseignement comptait aussi, mais à un moindre degré. Cette ressource est surtout mise en œuvre par les pourvoyeurs de l'hôpital, c'est-à-dire tout le réseau qui envoie les malades. En effet, la demande spontanée de soins en hôpital venant de particuliers hors réseau est négligeable. Bien qu'il y ait de plus en plus d'hospitalisés informés, ils ne sont jamais que le produit d'un réseau (consultations, recommandations, relation des hospitaliers avec les libéraux, etc.). L'offre de soins dans un hôpital dépend donc de l'offre antérieure de soins par les médecins de ville.

Cette promotion par l'augmentation du nombre de malades procure d'intéressants postes à de jeunes médecins dynamiques, plus spécialisés, bons recruteurs de malades, initiateurs de traitements coûteux et sophistiqués, susceptibles de faire des remplacements ou des stages à l'étranger et donc d'assurer la promotion de l'établissement, avant que des postes soient libérés et qu'ils soient nommés à leur tour, et se montrent alors critiques des vieux médecins hospitaliers routiniers. Annick Valette décrit la collaboration entre directeurs et maires pour recruter ces jeunes médecins dans les années 80. Un médecin plus diplômé arrivant dans un service, modernisant le système de soins, augmente le recrutement des malades, entraîne des changements en chaîne dans les autres services, réveille des secteurs en sommeil dans les services routiniers et accroît les capacités des soignants, toutes choses attractives pour un maire et un directeur puisque, en servant le prestige de l'hôpital, elles améliorent aussi leurs chances respectives de réélection et de promotion. L'étude suggère que tous les médecins ne sont pas d'accord pour demander toujours plus de crédits, de lits et de ressources, pour intensifier les traitements, notamment expérimentaux. Une partie des médecins freine la consommation alors que les jeunes médecins dépensiers ont été recrutés et encouragés par leur directeur et le maire. Les médecins anciennement installés dans l'hôpital voient d'un mauvais œil l'arrivée de jeunes rivaux, enclins à utiliser toutes les nouvelles techniques comme effets de vitrine. Les vieux médecins refusent ce travail de publicité technique. Ils y voient une perte d'autonomie et de temps, et ils s'opposent aux premiers dans les commissions médicales en gelant les questions cruciales (créations de services, nominations, transferts de lits, etc.). On ne peut donc pas affirmer que les intérêts de la profession sont homogènes : il existe des conflits de générations qui prennent souvent la forme de querelles d'écoles médicales ou de luttes entre nouvelles et anciennes spécialités, même si on ne peut réduire la description des luttes internes du monde médical au conflit entre modernistes et passéistes, dépensiers et économes, nouveaux diplômés et vieux professionnels, techniciens et cliniciens.

Les diverses alliances électorales successives ont abouti dans la plupart des cas à l'ouverture de services et à la création de nouvelles chefferies, à l'agrandissement des hôpitaux, à l'achat d'équipements, sans évaluation et sans possibilité de vérifier leur utilité. Le renforcement du pouvoir des gestionnaires, le recrutement des spécialistes les plus en vue qui cherchent à promouvoir de nouvelles technologies poussent l'hôpital à se tourner prioritairement vers les soins aigus et les pathologies rares. Dans les hôpitaux généraux, les jeunes spécialistes ont la hantise de la perte d'influence, de prestige, s'ils se cantonnent dans des missions non gratifiantes. Ils ne souhaitent pas que leur établissement devienne un « hôpital de vieux ». Ce serait, pour eux, un handicap dans leur perspective de recrutement par le CHU ou l'hôpital de préfecture.

Il n'y a pas de véritable autorité au-dessus de l'établissement. Il est facile de tourner la tutelle locale de la DDASS. S'il est un fonctionnaire sourcilleux, le médecin-inspecteur de la DDASS est presque toujours perdant en cas de contestation d'une décision car le maire s'adresse directement au ministère (ou attend que la majorité parlementaire change) ou à sa Direction générale[1]. Les statistiques d'activité transmises par le directeur peuvent être contestées par la DDASS mais celle-ci n'a pas vraiment les moyens de les vérifier. La caisse primaire d'Assurance maladie n'a aucune autorité sur l'établissement mais peut devenir un allié ou un adversaire selon que le directeur sollicite ou refuse ses recomman-

1. Le poste de directeur des hôpitaux est un des plus exposés du ministère de la Santé. L'Assistance publique et les différentes influences politiques (mairie de Paris, Conseil régional d'Île-de-France) jouent souvent contre lui.

dations (cela dépend aussi de la couleur politique du directeur de la caisse et de son entente avec le directeur de l'hôpital). Les règles de fonctionnement sont soit incomplètes, soit ambiguës (ou bien impossibles à appliquer concrètement), ce qui rend les cadres supérieurs de la fonction publique enclins à passer des alliances ou à établir des rapports de forces et à diriger leur unité à partir de rapports interindividuels.

6
L'HÔPITAL LOCAL, SOURCE D'AVANTAGES ET OCCASION DE CONFLITS SOCIAUX

Les villes et les départements sont directement concernés par les dépenses de santé. D'une part, ils gèrent des établissements (centres de soins, dispensaires) et ont une politique de santé indépendante de l'État (prévention, médecine scolaire, PMI, etc.), d'autre part, les maires et les présidents de conseils généraux sont à la tête des conseils d'administration des hôpitaux généraux. Le plus souvent, l'hôpital est le premier employeur de la ville, qu'elle soit petite, moyenne ou grande (comme Paris dont le maire préside l'Assistance publique qui emploie 80 000 personnes). Le maire est davantage concerné par son rôle de dispensateur d'emplois dans le secteur hospitalier que par celui de recruteur d'agents des autres collectivités publiques (qui, à Paris, sont en moindre nombre). À la moindre menace de fermeture ou de licenciement, le personnel hospitalier se tourne vers le maire pour lui demander de préserver les emplois ou satisfaire ses revendications. Les agents hospitaliers sont aussi des électeurs, et les maires et conseillers généraux y sont attentifs, d'autant que le poids de ce vote dépasse le nombre réel d'agents titulaires, l'hôpital étant un grand utilisateur de travail intérimaire ou partiel. L'hôpital est aussi un employeur indirect du fait des services mis en régie ou sous contrats privés : restauration, blanchisserie, ambulances, etc. Les maires ont donc toutes les raisons électorales de se protéger du mécontentement des populations. Roger Quilliot, maire de Clermont-Ferrand, a dépeint des rivalités de Clochemerle pour la possession du scanner. Il a confié sa honte de ne pas en avoir obtenu un avant 1981 ; son ami Jack Ralite le lui a octroyé après cette date. Le scanner est le symbole de l'influence parisienne de l'élu, et ses électeurs le jugent là-dessus[1]. Mais le scanner n'est pas simplement une dépense technologique parmi d'autres. Il engendre des changements d'habitudes dans les dépenses médicales de l'hôpital en relançant des services en sommeil, en intensifiant les examens et l'achat de nouveaux équipements nécessaires pour le rentabiliser. Les hôpitaux, cliniques, cabinets de spécialistes, laboratoires d'examens subissent une pression pour amortir le matériel coûteux qu'il faut rentabiliser en l'utilisant au maximum. Un scanner doit « faire un certain nombre de clients » par jour et les chiffres sont transmis à la direction. Roger Quilliot raconte également avoir obtenu une décision favorable de la direction nationale des hôpitaux, sans que le ministre en soit informé, contre l'opposition de la DDASS qui ne voulait pas financer cet équipement. Parfois c'est l'inverse : la DDASS autorise l'achat d'un équipement contre l'avis du ministère. Ce même maire prévoyait une maison de gériatrie de taille moyenne ; or, on lui a imposé 480 lits alors que 360 lui suffisaient ! Le résultat de cette anarchie bureaucratique est l'inflation des budgets. La multiplicité des centres de décision, l'absence de règles claires, l'émulation due aux élections politiques successives rendent peu cohérentes les politiques municipales et départementales qui impliquent une dizaine d'acteurs de même rang : le maire, le député, le directeur de l'hôpital, le préfet, les directeurs de la DDASS et les administrateurs de la caisse primaire, le président de l'Ordre départemental. Chacun tire dans son sens.

Les relations directes entre malades et médecins sont l'effet de nombreuses interventions invisibles au profane et la conséquence de la politique d'offre qui est faite par d'innombrables professionnels. Des millions d'intermédiaires, bénéficiaires de la pratique médicale, sont impliqués : administrateurs, pharmaciens, paramédicaux, transporteurs, employés de la Sécurité sociale, tous ceux dont l'activité est créée par les décisions des médecins ou qui dépendent indirectement de leur travail. Pour que l'« œuvre médicale » soit effectuée, il faut de nombreux intervenants : le personnel en charge de l'entretien corporel, de la surveillance, de l'éducation (kinésithérapeutes,

1. Roger Quilliot, *Une écharpe de maire*, Horvath, 1981, p. 84-89, et id., *Misères et grandeur des maires de France*, Albin Michel, 1997, p. 73.

puéricultrices, sages-femmes, orthophonistes, opticiens), celui des transports puisqu'il n'y a plus guère de malades immobiles. L'organisation de la circulation permanente des malades entre institutions irrigue le monde de la pratique médicale qui, sans elle, devrait créer un autre système de distribution des malades. Il existe 6000 compagnies d'ambulanciers! On estime à un million les associations (privées ou mixtes), sans compter le bénévolat, qui s'occupent de santé. En effet, il est désormais rare qu'un malade rencontre seulement un médecin, mais il croise des chaînes de médecins. Par exemple, pour une appendicite, il en voit au moins cinq: le généraliste, puis celui des urgences de l'hôpital, l'interne, enfin les spécialistes de la chirurgie viscérale et de l'anesthésie. Tout cela pour une opération banale. Mais une opération du cœur requiert une quinzaine de praticiens: médecin de famille, radiologue, cardiologue, biologiste, anesthésiste, chirurgien, réanimateur, rééducateur, etc. Un simple accouchement en mobilise au moins quatre. Ce sont de véritables états-majors en campagne ou des chaînes établies que rencontre le malade. Le savoir s'est brutalement multiplié, les connaissances se sont fractionnées. On n'est plus aujourd'hui un spécialiste de l'œil mais de la cornée, un spécialiste du cœur mais du ventricule gauche, un spécialiste des maladies du sang mais d'une seule. Cette coopération obligée au sein de chaque type d'institutions et de médecine (générale, chirurgie, hospitalisation, psychiatrie, gériatrique) concerne des médecins dont le travail était autrefois moins collectif.

Face à cet enchevêtrement le droit se dilue, la Cour des comptes a renoncé à se saisir du problème et à clarifier la situation. Elle est souvent perdue devant la prolifération des associations 1901 qui sont des lobbies masqués ou des sociétés ambiguës. La dispersion des responsabilités empêche toute sanction individuelle autre que celle du marché.

Les dépenses et la médecine entre profit et progrès

Les dépenses de santé ne sont pas le signe de l'état de santé de la population mais le résultat de la manière dont les médecins, en collectifs ou isolés, traitent de la santé, contribuent à sa redéfinition. Les institutions de santé luttent, avec d'autres, pour le maintien de l'emploi et des ressources. De même que l'environnement économique est en partie opaque aux entreprises, de même les institutions doivent concourir dans un contexte peu lisible où les prévisions sont difficiles. L'application d'avancées biologiques est mal maîtrisable et les innovations sont incertaines. Tout cela laisse peu de place à la prévision rationnelle. Pas une semaine ne se passe sans qu'on rappelle que nos institutions nationales sont les rivales de grands groupes et sont confrontées aux progrès internationaux. Quand les praticiens reçoivent visiteurs et représentants, quand ils lisent leurs journaux professionnels, les revues savantes, ils sont pressés, sollicités, au nom de la nouveauté des traitements, de la révélation de nouvelles maladies. Comment y échapper ? Ils ne veulent pas devenir les victimes ou les captifs des fournisseurs de savoirs et de produits (qui les invitent avec empressement aux congrès, paient leurs frais de colloques) ; ils désirent garder de bons rapports avec les entreprises qui équipent leurs cabinets ou leur fournissent des échantillons de médicaments, ou celles encore qui y ajoutent l'offre de formations et d'enquêtes rémunérées. Ils sont constamment tiraillés entre des offres contradictoires et ne reçoivent aucune aide, aucune directive claire pour gérer cette tension. D'autre part, les patients transformés en gros consommateurs dans les décennies précédentes poussent à toujours plus de soins et stimulent la proposition d'accroître la dépense en recherchant le meilleur hôpital, le chef prestigieux, le chirurgien célèbre, le cabinet renommé et le plus gros prescripteur.

L'offre par les institutions, ou par le secteur libéral, entraîne pour des raisons différentes une série d'offres supplémentaires. Des offreurs en second profitent du label « santé » et demeurent autonomes, sans contrôle. C'est ainsi que la régulation de l'offre de soins infirmiers à domicile est difficile à réaliser, protégée par la nébuleuse d'indétermination des actes et la règle du secret. La distribution géographique peu rationnelle des auxiliaires médicaux est calquée sur celle des médecins. La densité en infirmiers libéraux (même corrigée en fonction de l'âge des habitants) dévoile des disparités importantes entre départements. Là où se concentrent les médecins, on trouve les infirmiers libéraux. L'augmentation du nombre d'actes des médecins entraîne une croissance immédiate des actes infirmiers. Les conditions d'installation des infirmiers libéraux sont associées aux intérêts des médecins et aux évaluations des revenus des usagers. Les différences d'encadrement infirmier de la population indiquent les mêmes particularités que pour les médecins (priorité au sud de la France, aux centres-villes, aux périphéries riches). La demande de soins infirmiers dépend donc de l'offre qui fait émerger le besoin d'hygiène, un maintien à domicile, une assistance aux personnes âgées et la fourniture des prestations dépendance là où les médecins les ont déclarées prioritaires. Ces conclusions sont valables pour les autres libéraux comme, par exemple, les chirurgiens-dentistes.

C'est pourquoi de nombreuses professions, enviant le modèle médical et se situant dans son orbite, sont candidates à l'exercice libéral pour être maîtres de la définition de leurs actes. La profession médicale surveille d'éventuels rivaux. Les concurrents sont actifs aux frontières : orthophonistes, kinésithérapeutes, psychologues, conseillers scolaires, conjugaux et autres sexologues. Les diététiciens et d'autres paramédicaux veulent devenir libéraux et comptent sur les journalistes pour les aider à faire la promotion de leur rôle. Tous ces métiers empruntent style et arguments, vocabulaire et moyens de pression à la médecine. Un exemple récent le montre. Les psychologues souhaitent prendre en charge les conséquences des traumatismes entraînés par la vision de catastrophes ou pour les simples témoins d'accidents ou attentats. Mais les psychiatres veillent et demandent à déterminer seuls les sujets fragilisés et à contrôler les psychothérapies. Chaque groupe de consolateurs met en place son filet de collectage après tout événement grave. Aucun terrain, même éloigné, ne doit être laissé vide pour un exercice autre que celui octroyé à la profession médicale.

D'autres raisons s'interposent pour cacher ces phénomènes de surenchère. L'explosion des dépenses est due à des cas limites : l'hospitalisation dans quelques services (mais pas tous), les dépenses générées par la grande vieillesse (mais pas pour tous les vieillards). Pourquoi cette vision erronée d'une uniformité des dépenses de santé s'est-elle répandue ? C'est le résultat du manque d'objectivité des observateurs, de la pusillanimité des analystes. On détourne l'attention vers l'importance de la recherche, le coût de la médecine de pointe, la lourdeur de la gestion hospitalière, les gaspillages dus aux malades sans jamais oser aborder les questions simples de l'organisation et du fonctionnement de la société médicale. On essaiera d'en analyser les raisons plus loin.

Le dernier mot appartient toujours à la profession médicale

Dans la course pour augmenter l'importance de la santé, la médecine, forte de sa tradition d'indépendance, n'entend pas se laisser dicter de définitions limitatives et elle entend rester maîtresse des normes comme de la définition des états pathologiques. C'est un combat quotidien que d'arbitrer entre des conceptions diverses, parfois contradictoires. Les médecins ont, en principe, l'autorité pour cela mais ils doivent toutefois lâcher du lest face à la pression d'associations de patients ou de groupes influents associés, par exemple, à la presse ou à l'industrie pharmaceutique.

Les préoccupations de santé qui sont les mieux comprises par les médecins sont celles qui proviennent de milieux socialement proches d'eux, spécialement des classes moyennes dont les exigences dans le domaine de la santé ont explosé au moment même où on assistait à une démocratisation du recrutement médical, en particulier celui des médecins généralistes. Le quadruplement en cinquante ans du nombre de médecins correspond à l'entrée massive des enfants des classes montantes dans les métiers de l'administration sanitaire, de l'industrie pharmaceutique et de la presse.

Une théorie des offres superposées, liées entre elles, produites par l'activisme dû à la jeunesse et au dynamisme des professions médicales et paramédicales, dans un environnement concurrentiel instable, nous semble mieux rendre compte de l'augmentation rapide des dépenses que toutes les approches globales. Cela explique aussi les échecs de toutes les actions politiques trop naïves et ignorantes. Le nombre de patients dans le système n'a pour seule limite que la population totale ! Il dépend de la progression du pouvoir professionnel et de l'augmentation des moyens et des personnels. Pour le moment, du fait d'un certain malthusianisme de recrutement, on n'a puisé que dans une fraction étroite de la population qui se trouve être intensément soignée, très sensible aux offres de soins, habitant des régions ou des villes où les jeunes praticiens sont sûrs de s'installer avec peu de risques, mais ce n'est qu'une étape.

Il faut évacuer une idée toute faite. Ce ne sont pas les besoins, les demandes de soins, les aléas de la vie, les évolutions démographiques, les hasards épidémiques, les variations locales de la morbidité qui constituent les raisons déterminant le volume des soins. La même opération chirurgicale peut être pratiquée dans des quantités incroyablement différentes selon les régions, les villes (les techniques de cardiologie interventionnelle varient de 1 à 31 selon les départements !). Il en est de même des taux de morbidité ou d'hospitalisation. On ne peut en trouver les raisons que dans des mécanismes organisationnels.

La force de l'offre dans un système concurrentiel est de s'individualiser de manière insaisissable et invisible. Qu'elle soit différée ou immédiate, locale, nationale ou même internationale, elle est soutenue involontairement par la politique des États désormais dépassés par le gigantisme de l'« institution santé ». L'offre est comme une armée dont la taille aurait brutalement explosé, ce qui la rendrait incontrôlable. On ne peut qu'avoir le sentiment d'un engrenage irréversible. L'échec de toutes les tentatives de maîtrise des dépenses le prouve : un coup d'arrêt à un endroit est automatiquement compensé par une augmentation ailleurs. Salaires, actes, honoraires, embauches : tout est immédiatement occasion à une inflation qui est le résultat de l'enchaînement inexorable des dépenses générées par le système de l'offre.

La médecine pourrait être un modèle pour toutes les autres professions. Mais sur une idée ancestrale de salut ou de secours, sur un pouvoir original sur le corporel, des enjeux très divers sont venus se greffer. Actuellement, les médecins sont des cadres importants de la nation avant d'être des soignants. Le pouvoir de traiter de budgets aussi volumineux, celui de redistribuer des revenus, y compris ceux de l'assistance, leur donnent une place telle qu'il est devenu extrêmement difficile de les désavouer. La montée en puissance des professions à autorité nationale constitue une des caractéristiques du XXe siècle en médecine, mais aussi dans l'enseignement ou dans la sécurité (police). Le sociologue américain Eliot Freidson a attiré notre attention sur le pouvoir contemporain de quelques-unes de ces professions. Si elles s'appuient sur une activité reconnue comme prestigieuse, si elles se dotent d'une idéologie supposant une vocation irrécusable, c'est pour s'insérer entre, d'un côté, l'État bureaucratique et, de l'autre, le marché. En quelques années, une troisième logique entre celle du capitalisme et celle de l'État est donc parvenue à s'imposer dans les sociétés avancées. Rien ne peut se faire sans l'accord de ces professions. Littéralement, elles font la loi. La « professionnalité » est la force des professions à autorité et à légitimité supérieures : ce signe distinctif ne doit pas être confondu avec leur éventuelle virulence corporative qui n'en est que la variante basse.

Ces professions reprennent le rôle abandonné par les partis politiques tombés simultanément en désuétude, en partie discrédités. Elles font plus qu'influencer les gouvernants : elles se substituent à leur pouvoir de décision. On le voit tous les jours. L'État sollicite leur accord pour le moindre changement législatif. Et comme leur consensus syndical est impossible à obtenir – du fait de leurs divisions internes et de la divergence des intérêts entre leurs agents dont les situations sont trop disparates –, le conservatisme et l'immobilité sont le seul point commun, la seule issue, hors le jeu de la réforme formelle. Ces professions ne sont menacées ni par les sanctions, ni par les élections, ni par un quelconque contrôle des citoyens au regard de leurs privilèges professionnels. Leur but n'est pas de changer les équilibres mais seulement de les maintenir. D'un côté, la politique est sans pouvoir et, de l'autre, le pouvoir professionnel est sans politique autre que corporatiste !

La médecine, l'éducation nationale, les métiers de la sécurité constituent trois professions très attentives à leurs acquis et privilèges. En cas de menaces sur leur situation, elles se transforment en véritables « cerbères » du statu quo. Elles sont l'exemple même de la réforme impossible et détiennent la capacité de faire avorter les velléités les moins timides. Leurs activités sont perçues comme opaques et mystérieuses par le public, et donc leurs résultats proclamés sont invérifiables. La force de ces professions et leur point commun sont le secret qui entoure leurs activités, le cloisonnement des services, la confidentialité de leurs relations avec leurs « clients ». Elles ne sont pas soumises à l'obligation de prouver leur compétence et leur efficacité : ainsi l'illettrisme n'est pas un échec, la prolifération des malades n'est pas une erreur de travail, la lenteur ou le non-aboutissement des enquêtes ne sont pas des fautes mais des aléas, des déboires imputables à des forces extérieures, à l'adversité ou à des catégories transformées en « boucs émissaires ». Offrir à la fois des symptômes et des solutions puis organiser des structures qui confirment les actions initiales constituent les missions de la « nouvelle profession ».

Ce qu'on appelle une situation bloquée, un État impuissant ne sont que les contrecoups du professionnalisme. Par le pouvoir de contrôler les forums et les débats, la médecine, pionnière, a mieux tiré son épingle du jeu que toutes les autres professions. Elle a eu l'astuce de comprendre qu'il lui fallait mieux participer aux essais de réformes que s'y opposer frontalement. Pour obtenir cette participation formelle, les ministres, infatigables dans la reproduction des mêmes errements, ne cessent de leur faire des concessions, en particulier en termes de revenus. Pour la vingtième réforme en vingt-cinq ans destinée à faire des économies, le même mécanisme est déjà en place : échec probable au bout d'un an ou deux, mais les concessions faites (le prix de consultation par exemple) demeureront, ce qui permet d'accumuler les profits sans paraître responsable de l'échec jusqu'à la prochaine tentative.

Possédant, en comparaison, moins d'assurance et des moyens plus contestés, la police et les enseignants ne peuvent qu'être admiratifs devant une telle virtuosité stratégique. Il ne leur reste que le freinage institutionnel ou la manifestation de rue, voire la grève dont le pouvoir d'attraction s'estompe ; cependant, ces métiers usent aussi de plus en plus des médias, en particulier dans l'orchestration des grandes manifestations publiques. Ces professions, qui n'ont pas un grand pouvoir économique, ont compris que le pouvoir médiatique était souvent inversement proportionnel à ce dernier. En mettant en évidence l'action des professionnels, nous ne négligeons pas l'adhésion tactique de fractions de la population : celles qui tirent un profit de l'offre existante. Une partie étroite de la population réagit et pèse fortement sur le volume des dépenses : territoires surencadrés, clientèles de privilégiés, fractions étiquetées de chroniques ou populations amorphes, sur lesquelles les offreurs ont tous les avantages sans le contrôle social qu'exercent ailleurs d'autres usagers, puisqu'ici les associations de « non-consommateurs » sont écartées. À quand donc l'organisation des « non-patients » ou des « citoyens non malades » ? À quand la création d'usagers « non concernés » par des pathologies lourdes et non vulnérables à l'influence de l'offre ? À quand un véritable pouvoir des assurés ? Bref, un pouvoir pour tous ceux qui sont exclus du débat. On ne veut pas savoir si être un « non-patient » est non pas un privilège de naissance, mais plutôt une prérogative qui se gagne, un droit qui se mérite et demande des efforts et des sacrifices. Ou alors laissons les grandes professions débattre seules en se préoccupant seulement des conflits d'intérêts[1].

L'exemple prospectif vient encore des États-Unis. Deux des plus grandes professions libérales s'affrontent désormais dans un combat de titans. L'association des médecins américains (AMA, équivalent de l'Ordre) attaque l'association des avocats pour l'usage abusif de procès intentés aux praticiens par des malades mécontents, assistés et sollicités. L'AMA souhaite une sévère limitation du droit de saisir la justice et demande également aux autorités fédérales d'intervenir par la loi pour réprimer la tendance des avocats à traîner en justice tous les médecins dont on peut, à de nombreuses occasions, contester le diagnostic, le traitement, et donc pour mettre fin au « harcèlement procédurier » qui empêcherait, selon eux, tout soin et toute pratique médicale. En revanche, l'association des avocats préconise des décisions drastiques comme l'interdiction d'exercer en cas de faute avérée du médecin. Le

1. Eliot Freidson, *Professionalism, the Third Logic*, Polity Press, Cambridge, 2001. Professionnalisme est entendu ici dans un double sens : organisation forte d'intérêts corporatistes et, en même temps, hyperspécialisation isolée, c'est-à-dire excellence dans un domaine étroit mais ignorance des procédés voisins.

conflit a fait considérablement augmenter le coût de la santé (par le biais des assurances), d'où l'appel tardif des médecins à l'État, ce qui était autrefois inconcevable. Ce dernier, médusé, aimerait ne pas intervenir dans un conflit entre les deux professions libérales les plus craintes. Les grandes professions établissent entre elles de nouveaux rapports de forces. Voilà ce que l'on redoute en France quoique les médecins soient peu préparés à cette évolution[1].

1. Surtout si elle va jusqu'au bout de la libéralisation de la médecine, ce qu'ils n'anticipent pas ou qui les fait sourire, mais que le chantre du libéralisme Milton Friedman n'hésite pas à prôner : pas de réglementation à l'exercice médical, pas de monopole, pas de limitation du droit d'exercer, pas de diplôme imposé ! Voir Milton Friedman, *Capitalism and Freedom*, University of Chicago Press, 1962, p. 158. Une partie de la prophétie de Friedman se réalise toutefois sous leurs yeux : ostéopathes, allergopathes, chiropracteurs, sophrologues et autres homéopathes travaillent sans diplômes (hauts). On saisit dès lors l'importance de l'argument récurrent de la valeur sociale du diplôme mesurée en années d'études : bac + 12 ou bac + 15 !

Troisième partie

Les caractéristiques de la nouvelle profession médicale

Si la théorie de l'offre est le fondement de la sociologie qui veut analyser les demandes et les attentes des populations, il faut aussi examiner le contexte social et économique dans lequel elle s'applique et prend forme. Ces conditions, à la fois circonstances historiques longues et conjonctures courtes, peuvent retourner, du tout au tout, le sens de l'offre initiale: effets pervers, décisions à l'envers rendant les politiques contre-productives, voire absurdes. L'exemple des excès de soins ou des contre-indications dangereuses pour la santé viennent immédiatement à l'esprit. S'il existe un dysfonctionnement ou un désordre de l'offre, alors une organisation chaotique engendre une dégradation des résultats, et des désaccords se manifestent dans une corporation pourtant très hiérarchisée. Une véritable perte de sens peut s'ensuivre que masque le simplisme de la présentation des problèmes médicaux en dilemmes catégoriques, du genre « tout ou rien ». L'immobilisme devient le principe de survie face aux risques que feraient courir des changements bouleversant les équilibres internes.

Ces deux hypothèses complémentaires (offre traditionnelle et conditions nouvelles) ne sont pas exclusives et expliquent les oppositions implicites que l'on constate dans le cas de l'euthanasie, dans celui de l'extension brutale et sans fin d'une norme comme le secret médical ou de la politisation de plus en plus importante des médecins les plus favorisés en termes de revenus.

7
Le secret médical

« Sganarelle – Hippocrate dit… que nous nous couvrions tous deux.
Géronte – Hippocrate dit cela ?
S. – Oui.
G. – Dans quel chapitre, s'il vous plaît ?
S. – Dans son chapitre… des chapeaux.
G. – Puisqu'Hippocrate le dit, il faut le faire. »

Molière, *Le Médecin malgré lui.*

La généralisation du secret comme moyen de défense d'une profession haute se trouve combinée ici à une offensive nouvelle face aux associations de consommateurs et à une législation pléthorique (trois textes dans les huit dernières années contre un seul pendant les quarante ans précédents). Une tradition incontournable – celle de la confidentialité médicale – s'est donc transformée implicitement en solution palliative face à de nouveaux problèmes.

Le secret médical selon les époques

Le secret a pris une importance considérable au cours de ces dernières années. Il est devenu la référence opposable à nombre d'instances dès qu'une divergence morale, un conflit entre savoirs, une menace d'inquisition extérieure surgissent. Une opinion ou un comportement qui mettrait en cause le secret disqualifie son auteur. Des intérêts contradictoires se résolvent par son intermédiaire ; un inconscient propre à chaque classe sociale s'en saisit pour en tirer avantage. Le secret est devenu un outil utilisé de manière systématique pour empêcher tout débat sur le contenu des dépenses de santé.

Tentons l'expérience. Les chercheurs en sciences sociales évitent d'observer directement le travail des médecins pour ne pas avoir à polémiquer avec eux sur le secret qu'on leur oppose systématiquement ; c'est une situation fréquente dans l'histoire des sciences sociales, intimidées par les professions prestigieuses. Toutes les enquêtes sociales devraient être néanmoins jugées à l'aune des solutions qui ont été imaginées par les chercheurs pour contourner les obstacles : l'opacité de l'observation du travail médical, l'interdiction de connaître les dépenses médicales par catégories de revenus et en fonction de la position sociale des consommateurs.

On n'a jamais autant parlé de la décision médicale sous ses aspects « problèmes de conscience », « déontologie », mais on n'a jamais commencé par évaluer le flou des conditions d'exercice ou les hésitations de la justice professionnelle. Le secret est, de fait, source de conflit dans la mesure où son terrain et ses applications sont mal définis. Il est le résultat d'un amalgame récent de techniques de défense appartenant à toutes les professions, d'une théorie juridique spécifique et d'une loi pénale souple, le tout lié à une éthique ancestrale. Cet hybride se transforme en une philosophie particulière à la médecine, dans l'espace sacré de la formation universitaire (ainsi le rite du serment à la fin des études) qui a pour principal effet de tenir à distance respectueuse les profanes. Le secret est parfois un argument intérieur en l'absence de réglementation des relations entre médecins, autant qu'une mesure d'éloignement des parties étrangères. Il est un moyen pour neutraliser des conflits potentiels entre décideurs. Il peut, par conséquent, permettre la dissimulation de défaillances et de fautes, en raison de l'absence réelle d'évaluation par les pairs. C'est pourquoi nous avons choisi de parler « des secrets médicaux » au pluriel.

J'ai reconstitué – à partir d'un ensemble de livres contemporains – le panorama des opinions savantes. Je les ai systématiquement confrontées à des observations faites en situation réelle[1]. En dépit de l'inflation de traités et de chroniques dont ils sont abreuvés, je n'ai jamais rencontré un seul médecin qui ait pu décrire avec précision les situations qui délimitent la sphère du secret. Dans les années récentes (1960-1970), le secret médical était peu évoqué dans la presse (encore moins dans l'opinion) et il ne possédait pas cette richesse rhétorique, acquise dans la seconde moitié du siècle écoulé dans nos pays avancés (ces considérations sont un luxe de pays riches). Symbole fort de la pratique médicale, il est néanmoins devenu, depuis peu, un sujet de polémique.

La médecine de l'Antiquité est souvent appelée au chevet de la médecine moderne quand cette dernière est mise en question ou doute de ses principes. C'est pourquoi le renvoi au « serment d'Hippocrate » est de manière obsessionnelle devenu presque banal même s'il est historiquement peu fondé. Ce serment a une origine incertaine, un auteur peut-être inconnu (un disciple de l'École de Cos ?). On impute à Hippocrate la plupart des textes anciens dont la source reste énigmatique. L'origine en serait un document retrouvé tardivement, transmis après de nombreuses péripéties historiques et attribué aux Hippocratiens. Les traductions actuelles sont diverses, variables selon les citations, que ce soit lors de la mise en scène théâtrale de la thèse ou au moment

---

1. Bernard Hoerni, « Principes et pratiques d'un secret : le secret médical », *Autrement*, Secrets professionnels, 1999 ; et « Pouvoirs en médecine et pouvoirs des médecins », *Le Pouvoir médical*, Ellipse, 1998.

Patrick Loiret, *La Théorie du secret médical*, Masson, 1988.

Jean-Noël Mazen, *Le Secret professionnel des praticiens de la santé*, Vigot, 1988. Et son article, « Le droit à la confidentialité médicale », *Le Monde*, 15 février 1996.

Raymond Villey, *Histoire du secret médical*, Seghers, 1986.

Bernard Hoerni et Maurice Bénézech, *Le Secret médical. Confidentialité et discrétion en médecine*, Masson 1996.

Code de déontologie, 1979 (modifié en 1995), et les différents codes pénaux (du code Napoléon au code 1947).

La loi sur le dossier médical de 1991 et la loi sur les droits du malade de mars 2002 (dite loi Kouchner).

Paul Lombard *et al.*, *Le Médecin devant ses juges*, Robert Laffont, 1973 (voir le chapitre : « Secret médical, secret de Polichinelle »).

solennel de l'inscription à l'Ordre. Mais il s'agit toujours d'enraciner l'idée d'un engagement moral qui est hors du commun. Le rite du serment – la toge ou la robe, la répétition des phrases par l'étudiant après le maître – est là pour signifier aux futurs professionnels qu'ils font leur entrée dans un monde singulier, soumis à des hiérarchies secrètes et dont les traditions, précieuses, doivent être conservées. Le texte de ce serment a échappé à la critique philologique comme s'il avait été pieusement transmis par des générations scrupuleuses.

L'histoire du secret médical n'a pas fait l'objet d'une recherche spécifique (sauf dans un ouvrage de droit ainsi que dans quelques manuels de conduites médicales). Or, dans *Épidémies*, Hippocrate livre sans retenue le nom de ses malades et tous les autres moyens de les identifier (filiation, domicile, etc.). En revanche, ce sur quoi Hippocrate insiste, notamment dans le passage dit de la bienséance, c'est que la médecine doit en premier lieu se bâtir sur les bonnes manières des médecins, sur leur moralité (ce qui veut dire aussi urbanité, politesse, diligence) : « En entrant, rappelez-vous la manière de s'asseoir, la réserve, l'habillement, la gravité, la brièveté du langage, le sang-froid qui ne se trouble pas… » Elle se fondera aussi sur la publicité des soins donnés aux puissants : « Cherchez la notoriété auprès des puissants », « Faites-vous recevoir, admettre et séduisez-les[1] ». Galien a également rendu publics les états et les réactions de ses malades en les rendant identifiables. Leurs contemporains et successeurs ont fait de même.

Texte du serment d'Hippocrate

Je jure par Apollon, médecin, par Esculape, par Hygie et Panacée, par tous les dieux et toutes les déesses, les prenant à témoin que je remplirai, suivant mes forces et ma capacité, le serment et l'engagement suivants. Je mettrai mon maître de médecine au même rang que les

1. Hippocrate, *La Consultation* (préface de Jacques Jouanna), Hermann, 1986, p. 194 (traduit du grec vers 1880 par Littré, philologue et médecin).

auteurs de mes jours, je partagerai avec lui mon avoir et, le cas échéant, je pourvoirai à ses besoins; je tiendrai ses enfants pour des frères et, s'ils désirent apprendre la médecine, je la leur enseignerai sans salaire ni engagement. Je ferai part des préceptes, des leçons orales et du reste de l'enseignement à mes fils, à ceux de mon maître, et aux disciples liés par un engagement et un serment suivant la loi médicale, mais à nul autre. Je dirigerai le régime des malades à leur avantage, suivant mes forces et mon jugement, et je m'abstiendrai de tout mal et de toute injustice. Je ne remettrai à personne du poison, si on m'en demande, ni ne prendrai l'initiative d'une pareille suggestion, semblablement, je ne remettrai à aucune femme un pessaire abortif. Je passerai ma vie et j'exercerai mon art dans l'innocence et la pureté. Je ne pratiquerai pas l'opération de la taille, je la laisserai aux gens qui s'en occupent. Dans quelque maison que j'entre, j'y entrerai pour l'utilité des malades, me préservant de tout méfait volontaire et corrupteur, et surtout de la séduction des femmes et des garçons, libres ou esclaves. Quoi que je voie ou entende dans la société pendant l'exercice ou même hors de l'exercice de ma profession, je tairai ce qui n'a jamais besoin d'être divulgué, regardant la discrétion comme un devoir en pareil cas. Si je remplis ce serment sans l'enfreindre, qu'il me soit donné de jouir heureusement de la vie et de ma profession, honoré à jamais parmi les hommes; si je le viole et que je me parjure, puissé-je avoir un sort contraire!

De toutes les nombreuses formulations, ce texte est celui qui a été le plus utilisé. Version raccourcie et expurgée (notamment de son aspect « sectaire »), il était fourni aux autorités universitaires. Elles ont supprimé l'interdiction de pratiquer les avortements et ont modifié les phrases gênantes (« par la chasteté et la sainteté, je sauvegarderai mon travail et ma profession »). Remarquons toutefois que les hippocratiens n'étaient pas opposés aux avortements, ni aux suicides qu'ils aidaient par la fourniture de poisons, mais seulement hostiles au travail de bourreau (empoisonner les condamnés à mort, tâche longtemps acceptée pour imposer une légitimité de tous les actes sur le corps avant d'être jugée indigne) ainsi qu'à certains actes chirurgicaux sanglants (ouvrir le corps comme l'incision de la vessie pour extraire les calculs). Les ambiguïtés de son contenu autorisent toutes les interprétations hors de tout contexte historique. Ce texte semblant insuffisant, une nouvelle formulation – pratiquement sans rapport avec le texte initial – a été écrite en 1995 par le conseil de l'Ordre. Il s'agissait de l'adapter au contexte et à la nouvelle conception du secret. Un texte éminemment variable est donc devenu un dogme.

Histoire d'un retournement

Les avocats modernes d'Hippocrate (Hippocrate est pris ici comme symbole de la médecine grecque du temps de Périclès) se sont trompés deux fois sur le sens du texte. La médecine d'Athènes ou de Thèbes avait ses guérisseurs, ses mages, ses mystères, et donc des rites et des secrets. Hippocrate, Galien et les autres ont dû s'affirmer face au prêtre, au sorcier et se préserver à leur tour, dans le but de les dépouiller partiellement de leur pouvoir. Ils fouillent la vie du malade, étudient sa famille, son habitat et son environnement. Ils sont non seulement cliniciens et chirurgiens, mais aussi naturalistes, botanistes et même un peu sociologues puisqu'ils cherchent de façon concrète le rapport entre maladie et genre de vie. Ils ne cachent ni le nom ni l'état du malade au public. Le secret ne concerne pas d'ailleurs la maladie mais les « thérapies innovantes » afin de se protéger des rivaux, avides d'emprunts ou d'imitations. On a gommé aujourd'hui cet élément de concurrence avec des rivaux moins scrupuleux, élément qui poussait à ne pas révéler la fortune du malade, ses affaires domestiques que le médecin découvre par ses questions et sa présence. « Ne révélez pas la situation personnelle et la fortune du patient, faites-en un secret », tel était le précepte pour justifier une intrusion inquiétante. Dans son *Autobiographie*, Charles Darwin remarquait que son père, médecin, discutait avec lui des risques issus du privilège d'estimation des chances de survie de tel banquier ou propriétaire des environs par des médecins indélicats réalisant de beaux « délits d'initiés », du fait de la connaissance des affaires à venir sur le marché au profit de celui qui était capable d'estimer le temps de survie du malade fortuné. Voilà l'origine du secret bien éloigné de son usage actuel. Mirko Grmek a déjà signalé la propension à l'invention glorieuse, à la révision de l'Histoire par des médecins éminents mais sans formation historique à la critique des sources[1].

Si on revient à des conceptions moins équivoques, on s'aperçoit que la diffusion de l'identité du malade était alors une évidence et une nécessité pour affirmer le succès du médecin grâce à la vulgarisation de la guérison de ses malades riches et haut placés. Plus tard, la lutte contre les maladies contagieuses, les épidémies, les formes sévères de mortalité a eu pour appui la diffusion des informations concernant chaque malade (pensons à la peste, la lèpre, le typhus en partie vaincus grâce à la publication et à l'isolement des cas et aux règlements d'obligation de quarantaine). Quinze siècles de médecine se sont bâtis sur le refus de tenir confidentiels et cachés les maladies et les malades. L'idée du secret était étrangère à une époque où les grands, les princes, les prélats vivaient leurs maladies devant leurs sujets, s'exhibant à la Cour, au château. Quant au peuple, quels étaient les secrets possibles dans la promiscuité, l'entassement, les chambres communes ?

Rien ne permet de donner une origine historique à notre actuelle conception du secret médical. Au contraire, la pratique ancienne érige en règle la démonstration publique des résultats des traitements en montrant malades et guéris. L'historienne Danièle Jacquart a pu écrire un livre de 500 pages sur la médecine de la Renaissance sans évoquer une seule fois le secret, à l'exception du secret de la confession religieuse qui fut d'ailleurs une inspiration cruciale dont la profession médicale naissante a dû se détacher[2]. La médecine parisienne alors sous l'obédience de l'Église était enseignée par des clercs de la Sorbonne, pratiquée

1. Mirko Grmek dénonce le fait « qu'on ne cesse de se réclamer du vieillard de Cos et de vénérer le père de la médecine. Toutefois, si la valeur de la *Collection Hippocratique* reste formellement incontestée, le sens de son enseignement est subtilement faussé », Mirko Grmek, *La Première Révolution biologique*, Payot, 1990, p. 285. Voir aussi le chapitre 11.

2. Danièle Jacquart, *La Médecine médiévale dans le cadre parisien, XIVe-XVe siècle*, Fayard, 1998.

entre autres par des prêtres ou des moines séculiers. La médecine arabe qui reprend le savoir d'Aristote, *via* l'école d'Alexandrie ou de Salerne, ne fait aucune allusion au secret. Les praticiens d'alors sont des assistants du clergé (ils doivent assister à la messe, porter le costume noir, inciter le malade à appeler le curé dès la deuxième consultation) qui héritent de la conception ecclésiastique de la confession avant d'en tirer une règle propre, tardive d'ailleurs. La Révolution ne le nomme pas dans le Serment. Le Code napoléonien promulgue un article sur l'obligation de confidentialité des choses apprises par le médecin. Ce n'est qu'en 1947 que cela deviendra une obligation déontologique, comme pour les notaires, les juges, les avocats. Selon l'historien Patrick Loiret, c'est le maintien du secret des maladies au Moyen Âge et de leurs porteurs qui était puni.

Une confusion est née, plus tard, du fait que l'Église a imposé le secret de la confession et celui des confidences à l'article de la mort sous le prétexte des risques d'influence testamentaire, pouvoir redoutable du médecin et du prêtre sur le patient affaibli (encore aujourd'hui surveillé étroitement par les juges).

En revanche, l'autre idée force du serment d'Hippocrate – la menace des rivaux – s'est maintenue au fil du temps. La médecine, contestée à sa naissance, tait ses formules et ses recettes, et les réserve à de petits groupes de maîtres et élèves. Les médecins ont le devoir de protéger ce que leurs maîtres leur ont enseigné : ne rien révéler de leurs techniques et de leurs connaissances aux mages et guérisseurs ou aux plus médiocres des leurs, se disputant les mêmes clients. Chaque médecin forme ses aides en leur faisant jurer le secret des thérapies et des recettes de sa pharmacopée[1].

Pendant plus de vingt siècles, rien n'existe qui soit commun au

1. Dans le récit de l'apprentissage du jeune Gil Blas de Santillane auprès de son maître thérapeute, Jean-François Lesage décrit l'acquisition confidentielle et individualisée qui se termine ainsi : « Le préjugé l'emportait sur l'expérience. J'avais, comme on le voit, une heureuse disposition à devenir médecin… » (Livre II, chap. 3). L'ironie caustique à l'encontre de la médecine est à son comble aux XVIe et XVIIe siècles. Le divorce entre élites des lettres et serviteurs d'Hippocrate se trouve à son apogée chez Molière bien sûr, mais aussi chez Rousseau, Diderot et autres encyclopédistes.

secret sous sa forme actuelle. Jusqu'à la fin du XIXe siècle, on ne trouve aucune allusion à d'autres secrets que celui de la situation matérielle des malades ou leurs dernières volontés. La peinture, la littérature nous rappellent le caractère public du travail des thérapeutes sur leurs patients. Aucun romancier (Balzac, Flaubert, Zola) ne fait allusion chez ses personnages à une quelconque velléité de secret de la maladie et du malade (Charles Bovary opère à l'auberge, en public). L'exposition du malade est le gage de la victoire du savoir contre les mages ou les leveurs de sort, religieux ou non.

Il faut attendre les années 1890 pour que la médecine, enfin reconnue institution officielle à monopole légal, considère que la transmission des connaissances peut être faite publiquement sans risque majeur, quoique prudemment, à des étudiants triés sur le volet. Au début du XXe siècle, les références continueront d'évoquer les secrets des médecins sous la forme de la confidentialité des techniques, savoirs, pratiques, pharmacies. La défense de l'institution prime et donc, à son profit, une autre forme du secret va se développer, celle que nous connaissons, dont l'extension est assez mystérieuse du fait de l'absolutisation contemporaine de l'éthique de la non-divulgation. Dans les autres professions, le devoir de réserve, la prudence professionnelle, le respect de la confidentialité sont restés inchangés. Ainsi, les enseignants protègent l'égalité des élèves par l'anonymat des copies, la non-diffusion des jugements pédagogiques, l'absence de publicité de leurs annotations.

Les secrets entre médecins

C'est la partie la plus déconcertante de notre enquête : les médecins s'opposent mutuellement le secret. Comment ? Pourquoi ?

Ce qui relève du secret médical est si vague qu'aucun médecin ou tiers n'a pu le définir avec exactitude chaque fois que se présente un cas précis et concret. On pourrait penser en premier lieu qu'il s'agit du silence vis-à-vis du public quant à l'état d'un patient. Mais si celui-ci est une personnalité, la presse attend et distribue des informations. Le secret couvre-t-il les résultats d'analyses, l'estimation des chances vitales, le pronostic, les signes et les symptômes, les thérapies entreprises? Concerne-t-il les maladies passées ou le présent constaté? Qui règle les désaccords quand il y a des divergences entre plusieurs médecins intervenants? Les divergences d'appréciation entre thérapeutes, les appréciations contradictoires doivent-elles faire partie du secret? En principe, on pourrait penser que oui, car les informations ne devraient pas circuler entre médecins sans l'accord du malade (sauf impossibilité matérielle ou urgence vitale). En théorie, les membres des professions de santé n'ont pas le pouvoir de divulguer des informations sur un patient vers d'autres médecins sauf rares exceptions et, si possible, avec son consentement. De fait, le secret appliqué tel quel aux soins, aux traitements est totalement impossible à l'intérieur de l'hôpital où il faudrait demander à tout bout de champ au patient son autorisation. Dans l'exercice libéral, l'application est laissée à l'initiative de chacun. Un code implicite est de règle entre le malade et le thérapeute. Le patient serait en droit de se plaindre si un médecin parlait de ses maux à un autre sans son accord et cela interdit tout échange.

Si le droit au secret est appliqué tel qu'il est défini strictement aujourd'hui, alors il faut constater que la médecine ne le respecte pas. L'inverse rendrait la situation ingérable: la liberté médicale d'évaluation et de décision collective disparaîtrait. Ce qui doit rester secret serait l'objet permanent de contestations entre médecins et malades. De fait, l'habitude a été prise de ne communiquer entre praticiens qui ne se connaissent pas que le minimum exprimé dans une « lettre » sibylline[1].

1. Eliot Freidson estime que « les fautes du praticien, en raison de la confidentialité du travail, ne conduisent au pire qu'à son boycottage ». Il constate que le dossier médical du patient pourtant riche en informations n'est pas consulté par les confrères: « L'activité clinique consistant en un service personnel et confidentiel ne se laisse pas aisément observer. Les médecins, par ailleurs, n'aiment ni surveiller ni être surveillés », *La Profession médicale,* Payot, 1984, p. 188-191.

Le secret : protection libérale

Dans les rares cas où elle est appelée à décider, la justice a du mal à trancher. L'État légifère peu sur un sujet aussi sensible et refuse d'intervenir dans les débats sur la confidentialité de la circulation des informations entre confrères. Le Code de déontologie, révisé en 1999, ne traite pas de ces aspects internes à la profession sauf de manière relativement absconse, laissant les intéressés se débrouiller avec la notion de « secret partagé ». Bien des comportements concernant l'euthanasie, l'IVG (ses délais ou les avortements thérapeutiques), la prescription de substituts aux drogues, la délivrance des opiacés, des antalgiques et des psychotropes à doses contestées sont susceptibles de désaccords entre médecins. On voit de plus en plus de procès intentés par des médecins mécontents des soins donnés par des confrères à leurs parents ou à des clients et être alors les premiers à regretter l'obstacle du secret qui leur est opposé. Dans des affaires récentes, des médecins hospitaliers ont été menacés de poursuites par des médecins de ville leur imputant des fautes et des manquements aux bonnes pratiques[1]. J'ai étudié plusieurs cas de plaintes dans deux hôpitaux parisiens[2]. Les plaintes imputées au service d'urgence venant de milieux médicaux comptaient pour 12 à 15 % du nombre total de lettres alors qu'ils ne constituaient que 4 % des patients. Les situations litigieuses vont probablement se multiplier à l'avenir, signe des tensions internes à la profession. L'Ordre essaie, en vain, de

---

1. Il n'est pas absurde de penser qu'une partie de la judiciarisation vient de médecins eux-mêmes. En témoignent plusieurs affaires qui défraient la chronique : « Le médecin attaque l'hôpital d'Annecy » (*Le Dauphiné libéré*, 14 décembre 2003). Les plaintes déposées par le milieu médical contre lui-même sont encore plus nombreuses si l'on y inclut celles émanant des professions infirmières.

2. Voir *Les Malades des urgences*, *op. cit.*, p. 156-162. Les lettres de plaintes aux services administratifs et médicaux de Bichat ont été envoyées en 1993 par des médecins au nom de leurs malades dans 24 % des cas ; voir N. Grillon *et al.*, « Lettres de plaintes à l'encontre d'un service d'urgences médicales », IVe Conférence de consensus, avril 1994, p. 107.

désamorcer ces petites bombes des relations mutuelles, plus ou moins hostiles selon que la concurrence est rude ou non. On peut ainsi comprendre la prudence des praticiens avant de mettre en circulation des informations qu'ils détiennent, sans parler des doutes sur leurs propres diagnostics ou traitements qu'il ne leur plairait pas de voir évoqués dans des débats internes ou mis sur la place publique.

On est donc en droit de soutenir que le secret entre médecins est une des pierres de touche de l'exercice entre acteurs séparés et rivaux. Dans une profession aussi individualiste et segmentée, le secret intermédical serait donc un moyen d'éviter les conflits internes provoqués par des pronostics douteux, des présomptions d'erreurs qui pourraient se transformer en jugements sur la compétence. Le secret adoucit la compétition : la recherche d'informations sur les autres médecins est une source de tension et d'instabilité que les praticiens cherchent généralement à éviter. Seul le client, grâce à la nouvelle loi sur les droits des malades, peut faire le lien par expérience directe entre les différentes thérapies. Cette règle, souple, se révèle protéger la concurrence dans un système libéral où un praticien pourrait capter un client sur lequel l'essentiel du travail aurait été fait par un autre médecin. Le secret entre praticiens est plus important dans les régions où une clientèle à forts revenus est convoitée. Ainsi, sur la Côte d'Azur, des praticiens qui estiment avoir des recettes, des « remèdes miracles » pour des pathologies longues ou incurables sont exposés à être dénoncés par des confrères. Ils se protègent partiellement grâce au secret.

S'il y eut peu de cas allant en justice, le secret médical a connu une nouvelle application dans la lutte pour s'attacher les clientèles. Un juriste a pu écrire sans ambages : « L'attachement du milieu médical au secret professionnel et même à sa formulation la plus stricte semble avoir des racines relativement troubles. En effet, à la conception quasi sacerdotale du rôle du médecin est venue se substituer une lutte viscérale pour le maintien du caractère libéral de la profession. Curieusement, le secret médical est apparu à beaucoup comme le corollaire du caractère individuel et libéral de la relation de soins alors que les deux notions appartiennent l'une à la déontologie médicale, l'autre à l'administration de la médecine et n'ont aucun rapport direct. L'ordre des médecins redoute tout ce qui, de près ou de loin, pourrait ressembler à l'interventionnisme étatique. Faisant du secret un principe absolu, il permettait ainsi au corps médical, sous couvert des intérêts des patients, de refuser *a priori* toute intrusion de l'État et même de la justice ou du fisc dans l'exercice de la profession[1]. »

La multiplication récente de textes sur le secret, la déontologie, l'éthique traduit certainement une « faim de réglementation ». Le secret est une notion floue qui combine une force unificatrice et un élément de division, une survivance du devoir de réserve de tout agent de l'État dans une démocratie (respectant la vie privée) et une obligation de confidentialité des opinions entendues et des choses vues de la part de tout professionnel de santé qui entre dans les domiciles, en particulier celui de personnes fragilisées (ce qui implique la possibilité d'estimer ses chances de vie).

Mais comment s'applique-t-il hors du secteur libéral ?

La pratique à l'hôpital

À observer et à écouter les discussions dans les hôpitaux, on s'aperçoit vite de l'existence de barrières d'informations entre médecins, en particulier à l'encontre des médecins éloignés momentanément du malade (le médecin traitant). Le terme secret est peut-être abusif dans ce cas. Il s'agit plutôt de la rétention de certaines données et d'une réserve du médecin quand il doit livrer certaines de ses impressions. Cela pourrait être un effet de la division complexe du travail et des risques d'interférence par les pairs. Chaque médecin (surtout de ville) a des observations personnelles (dans son fichier ou maintenant sur ordinateur), avec des impressions particulières qu'il juge peu transmissibles à autrui (niveau social, genre de vie, couple et enfants, singularités de la conduite). Hors situation d'urgence ou confiance particulière, il ne livre

1. Jean-Noël Mazen, *Le Secret professionnel des praticiens de la santé*, Vigot, 1988, p. 22.

qu'une infime partie de cette connaissance intime. La restitution est recommandée par le code de déontologie mais reste indéfinie : « ce qu'il a vu, entendu, compris » y compris les « confidences ». Au moment de sa transmission, le dossier médical est épuré puisque le médecin n'est contraint de livrer que les informations concernant la pathologie en cause. Une partie (environnement, hérédité, autres maladies, situation privée) est retenue dans un dossier parallèle qui n'est pas transmis. Cela n'est pas inquiétant dans les maladies banales, là où les documents standard suffisent. Toutefois, une partie du dossier accessible au malade et celui qui est transmis aux confrères proches sont deux versions différentes, parfois expurgées, ne contenant que des données factuelles : état pathologique du moment, examens pratiqués, dates et résultats, évolution sommaire. La communication qui circule est relativement pauvre par rapport à ce que détient l'initiateur ou l'intermédiaire. On peut estimer que la moitié seulement des informations d'un dossier est transmise à partir d'un hôpital vers un autre ou vers le docteur traitant. La hiérarchie hospitalière a pris l'habitude de ne rien demander d'autre qu'une lettre au généraliste ou au spécialiste qui envoie un malade. J'ai constaté très peu d'appels téléphoniques du service hospitalier au médecin traitant à la fois par manque de curiosité sur l'environnement du malade et par sentiment anticipé de la faible circulation et du faible intérêt des informations qui pourraient être détenues par eux. Même dans la transmission entre médecins libéraux ou entre cliniques privées rivales, la prudence est de règle : habitudes de gestion silencieuse et respect hiérarchique limitent la transmission à ce que la déontologie (imprécise) et la pratique immédiate exigent. Même constatation entre les divers services d'un hôpital ou entre hôpitaux de même niveau. La règle dit qu'il faut communiquer les données possédées mais sans autres précisions : par écrit ? Oralement ? S'agit-il des données anciennes ou seulement des plus récentes ?

Les médecins hospitaliers ne sont guère intéressés par les observations personnelles des généralistes, pas plus qu'ils ne s'arrêtent longuement sur les premiers constats des internes qui accueillent les patients avant de se forger leur propre point de vue. Bien sûr, il y a des réseaux d'amitié et de confiance totale entre médecins (anciens étudiants, collègues familiers) et ici les réserves sont levées dans les contacts directs. Dans les autres cas, les normes de courtoisie, la confraternité enrobent d'une rhétorique polie la prudence, laissant aux collègues un large pouvoir d'appréciation et ne livrant qu'une désignation nosologique et un degré d'avancement des soins ou une appréciation générale de l'état du malade.

Les secrets du patient

Comment le secret médical a-t-il pris l'ampleur qui est désormais la sienne ? Faut-il mettre cette question en relation avec l'importance prise par d'autres secrets : les secrets de familles, le secret d'État ? Parallèlement, d'autres professions ont relativisé la notion de secret au travers de nouvelles notions : devoir de confidentialité, réserve professionnelle, respect des clients, protection des charges et des fonctions. Le secret est opposable aux employeurs du malade, à sa famille (dans le sens d'ensemble large de relations), aux associations de victimes de pathologies (nosocomiales, par exemple), aux éventuels partenaires (sexuels), aux institutions de sécurité ou d'éducation. Les individus à protéger par le secret ne sont néanmoins pas faciles à identifier : grossesse révélant un adultère, maladies contagieuses, diagnostics de santé mentale, détenus et internés. Grâce à la génétique, la médecine moderne est susceptible de livrer des informations sur la paternité, l'adoption, les prédispositions à certaines maladies, les risques d'anormalité. En levant le secret, les médecins peuvent diffuser des informations essentielles sur les capacités des individus. Ces problèmes ont été récupérés par les médecins sans véritable discussion et seulement à la suite de débats restreints, comme si les enjeux étaient uniquement scientifiques.

Est-ce par ingénuité ou par paternalisme que certains praticiens avouent que le secret de la maladie est opposé au patient lui-même pour son bien et qu'ils sont seuls juges de ce qui est favorable à sa guérison ? Ainsi, le professeur Jean-Michel Dubernard raconte comment il a pratiqué une transfusion sanguine à un membre des Témoins de Jéhovah, malgré la promesse qu'il lui avait faite[1] (depuis lors, le droit a tranché sur ce cas en autorisant le médecin à passer outre[2]). Tout se conjugue ici pour faire de la conscience du médecin un critère absolu du jugement fondé sur son libre arbitre. Un débat récent a posé le problème de la rétention d'informations sensibles pour le patient quant à la vérité sur son état. Malgré les nouveaux droits des malades, il n'aurait accès qu'au diagnostic et non pas au pronostic. Cette information dépendrait du jugement éclairé des médecins. La législation récente va plutôt dans le sens de l'information des patients, mais elle laisse évidemment le « choix des mots » au médecin. Les médecins gardent la maîtrise du moment et de la forme de la révélation. « Toutefois, dans l'intérêt du malade et pour des raisons légitimes que le médecin apprécie en conscience, un malade peut être laissé dans l'ignorance d'un diagnostic ou d'un pronostic grave[3]. » Le médecin conserve le droit de juger si son malade peut assumer sa situation. Ces décisions relèvent toutes de l'expérience des médecins, ancrée dans une approche psychologique ou sociale des malades. Mais à partir de quelle formation ou de quel savoir ? L'appréciation médicale est limitée par la connaissance de clientèles étroites et d'une qualification discutable. Les patients sont souvent considérés comme des adultes faibles ou même des esprits altérés. Cette mise en cause de l'autonomie personnelle choque plus ou moins les malades des classes supérieures car leurs familles espèrent que les médecins qui leur sont socialement proches adopteront à leur égard une position nuancée quant à la révélation du pronostic, basée sur des échanges rationnels. On réservera une attitude plus paternaliste, un demi-silence ou un mensonge bienveillant aux malades des catégories sociales inférieures et aux personnes jugées inaptes à comprendre. Selon son appartenance de classe et donc selon sa capacité présumée de bonne ou de médiocre

1. Jean-Michel Dubernard, *L'Hôpital a oublié l'homme,* Plon, 1997, p. 127.
2. Le Conseil d'État a jugé qu'il n'y avait pas eu faute médicale. Il invite les médecins à agir « en conscience » (décision du 26 octobre 2001).
3. Article 35 du code de déontologie médicale.

compréhension, le patient sera bien informé ou tenu à l'écart (bien que cela soit partiellement explicable quand les patients sont des malades mineurs, des handicapés mentaux, des personnes âgées mises sous tutelle).

Mais des divergences entre professionnels de santé peuvent venir compliquer les choses. Alors l'argument d'autorité revient classiquement au chef hiérarchique qui tranche le plus souvent de cette manière : « Les malades ne veulent pas savoir. » Engageons-les donc, en toute cohérence, à inscrire sur leur carte ou plaque : « Ici on ne dit pas la vérité aux patients. » Ils verront quel sera le succès d'un tel aveu !

Les secrets de l'État et de la justice

Le secret concerne aussi les relations des organisations étatiques (et la justice) avec les médecins et il n'est pas sans conséquence sur la gestion du déficit des comptes de la santé et son appréciation politique. Quand la profession médicale a hérité de nouvelles fonctions sociales et économiques, elle s'est trouvée menacée par la maîtrise « comptable ». Dans ce contexte, le secret est devenu un concept corporatiste offensif. Une partie des institutions étatiques (institutions judiciaires dont les tribunaux administratifs et le Conseil d'État, Commission nationale informatique et libertés) s'est opposée aux gouvernants avec l'objectif de protéger le secret et la profession médicale. Cette alliance a constitué un front difficile à attaquer et qui rend totalement obscurs les comptes de la Sécurité sociale. Le malade peut exiger de son médecin qu'il révèle son affection à la Sécurité sociale, mais pas l'inverse. Il s'agirait de protéger l'individu malade contre les institutions représentant les citoyens contributeurs. Bien sûr, il reste du passé une vingtaine de maladies infectieuses dont la déclaration est obligatoire par le médecin. On sait tout le débat qui a tourné autour du sida et la question du devoir d'informer les partenaires sexuels des porteurs du virus. Tout cela est finalement laissé à l'appréciation de chaque médecin, juge suprême du droit des individus et de la collectivité, autorité souveraine sur les risques ou les avantages à briser le secret. L'article 42 du code de déontologie médicale est assez obscur pour permettre les interprétations avantageuses par ceux qui en sont les exégètes patentés (expertises, rapports médicaux, décisions de responsabilité judiciaire, etc.). Si le secret était défini strictement, toutes les audiences auraient lieu à huis clos. Il est promptement levé par certains experts contestés et souhaitant se défendre... et alors la polémique fait rage. C'est ce qui s'est passé dans le cas Papon, libéré pour des raisons médicales. Cette décision a été attaquée par des médecins, défendue par d'autres, dans une dispute durant laquelle son dossier médical fut ouvert dans la presse. L'Ordre a regretté que le secret ait été levé. Il avait d'ailleurs servi pour d'autres cas célèbres : le départ de Pinochet d'Angleterre vers le Chili justifié après publication de son dossier médical. Le secret est donc un argument à dimension politique variable. Il n'est pas opposé si l'enquêteur journaliste a pour objectif de protéger la profession ou de la soutenir. Le secret est levé quand l'avancée technique et les opérations réussies reçoivent la publicité maximale en présentant le malade ou le greffé aux journalistes ! Le secret est difficilement applicable dans les prisons, les autres institutions répressives, dans les administrations qui ont besoin de certificats pour l'assistance, la tutelle, etc. Dans de nombreux dossiers, le secret est menacé parce que les démarches exigent un état de la situation sanitaire de la personne concernée.

On ne se lasse pas de publier, discuter, chercher à donner un sens philosophique au secret (multiplication des comités d'éthique). Il est pourtant tentant de voir là un détournement de l'attention au nom de la protection du malade alors qu'il s'agit de masquer les responsabilités des médecins ou d'autres organismes. Les dernières définitions, les révisions de ces définitions sont aussi insaisissables que les précédentes et conduisent à des accommodements incessants, source de débats interminables présents et à venir, mais toujours le plus à l'abri possible des regards profanes[1]. Le résultat le plus évident du

1. Pour l'état actuel des débats et polémiques engendrés par le flou de la réglementation on se référera à l'entrée « Secret » rédigée par Michel Thouvenin, *in* Dominique Lecourt (sous la direction), *Dictionnaire de la pensée médicale,* PUF, 2004.

secret médical est de rendre impossible tout contrôle par les organismes finançant l'activité des médecins. À toute enquête, le médecin peut opposer un refus d'accès aux dossiers. Le médecin de la Sécurité sociale en est exclu et doit faire son propre examen. Le secret médical est si prégnant que même le codage des actes a paru être une immixtion scandaleuse et les syndicats médicaux l'ont longtemps refusé. En 1943, le tout nouvel « Ordre » créé par Vichy avait crié à la violation du secret dès que le gouvernement du Maréchal avait voulu expérimenter un système de vérification des revenus par le fisc. Le projet de loi ou les ordonnances Juppé sur la maîtrise des dépenses de santé (avec la création du carnet de santé) ont été vus comme présentant un risque insoutenable. On a retrouvé les mêmes problèmes avec la carte Sésame que deux médecins sur trois refusèrent par crainte « de voir le contrôle de la CNAM possible car elle a les dépenses du patient sous les yeux et les actes du médecin[1] ».

Les hommes politiques semblent tétanisés par l'évocation d'une possible contradiction entre droits de l'homme et dangers sanitaires (sang contaminé, déclaration du sida). La défense du secret – audacieusement imputée à la tradition universaliste – cache des intérêts particuliers manifestés par le refus de tout contrôle démocratique sur l'usage des budgets. Une individualisation des dépenses serait en effet indispensable pour qu'un tel contrôle soit possible. Jean-Pierre Davant explique : « Pratiquement, le dossier médical, le codage des actes et des pathologies devaient permettre aux médecins-conseils des caisses d'Assurance maladie de mieux savoir ce que rembourse le régime obligatoire et, par conséquent, de pouvoir apprécier l'opportunité de certains actes. Or, pour l'application, les difficultés s'accumulèrent. Leur origine officielle peut se résumer en deux mots : secret médical. Il fallait que ce dispositif respecte, autant que faire se peut, le secret médical afin de ne pas mettre en péril les libertés individuelles[2]. »

1. Interview d'un conseiller ordinal au journal télévisé du 8 mars 2000 sur France 3.

2. Opinion exprimée par Jean-Pierre Davant, président de la Mutualité française, dans *Le Monde* du 22 août 1995. On se reportera aussi à Jean-Pierre Davant, *Santé, le moment de vérité*, éd. du Seuil, 1996, p. 88. Et également à Gilles Johanet : « Le service statistique du ministère des Affaires sociales a des

La régulation des dépenses de santé se heurte au secret médical comme en témoignent les débats parlementaires sur le projet de loi en décembre 1995 pendant lesquels le serment d'Hippocrate a été constamment invoqué à la tribune. Toutes les précautions législatives avaient pourtant été prises. Le carnet de santé était considéré comme un document confidentiel, anonyme, avec des sanctions pénales en cas d'usage illégal, mais les déclarations obligatoires de maladies chroniques furent envisagées avec une extrême prudence, en raison de possibles atteintes aux libertés individuelles.

Secret et classes sociales

Il est difficile d'estimer quelle partie de la population accorde au secret médical une valeur impérieuse, d'ailleurs plus morale que politique, et inversement, laquelle se montre neutre ou indifférente. Puisque notre intention est de donner une signification de classe à l'usage de l'Assurance maladie et que le secret est constitué en obstacle, je vais tenter une approche originale.

Les avantages tirés du secret médical et dont usent inégalement les différentes parties de la population interdisent de le penser comme valeur partagée. L'impossibilité de savoir comment se répartissent socialement les dépenses de santé s'appuie sur une caractéristique propre à la profession médicale: son pouvoir de faire certains actes secrètement et son mandat pour remplir certaines tâches qui ne peuvent être rendues publiques. L'accréditation qui lui est donnée par la société, *via* ses représentants légaux (Ordre ou associations), doit mettre le savoir professionnel à l'abri des influences et des interférences. Mais toutes les composantes de la population n'en bénéficient pas (ou n'en pâtissent pas) au même degré.

---

effectifs six fois moindres que celui de l'Agriculture... Le manque de moyens est dramatique, car, allié à une conception française du secret médical étouffante, il empêche l'État de connaître, même de façon élémentaire, comment fonctionne et évolue le système de soins», Gilles Johanet, *La Sécurité sociale: l'échec et le défi*, éd. du Seuil, p. 60.

Les opinions des classes populaires

Les classes populaires sont relativement indifférentes à la question du secret. Dans les banlieues et les cités, le secret n'a pas le même sens que dans les quartiers aisés. Où est le secret de l'état sanitaire quand la réalisation du moindre dossier administratif exige des détails et des informations sur la situation de l'intéressé qui relèvent de sa santé ou celle de sa famille ? C'est au guichet, à voix haute, avec l'agent ou à l'hôpital, dans les bureaux de la protection sociale, que les membres des classes populaires prennent les devants, révèlent sans retenue les maladies (avec luxe de détails) pour apitoyer, justifier, faire pression pour obtenir aide, assistance, remise de dettes. Cacher leur paraîtrait incongru et contre-productif (aussi bien à l'ANPE, à la CAF, à l'hôpital, au commissariat, etc.). Ici, pas besoin d'en appeler à la confidence car c'est la situation, partagée avec d'autres, d'un état de maladie, d'un handicap, d'un besoin sanitaire qui fait la force collective face aux institutions. On peut dans ce cadre avoir besoin de « racoler » ses collègues de misère pour témoigner des événements de la biographie racontée. Il y aurait d'autres raisons (culture populaire de la faible intimité, vie commune, moindre goût pour la privauté) qui expliqueraient l'incompréhension de la notion de secret médical par les personnes issues de milieu populaire. L'écoute des usagers révèle leur penchant à dresser l'inventaire de leurs maux en public, à faire le récit détaillé de leurs affections, à donner une description épique d'interventions chirurgicales (il est vrai qu'ils choisissent alors leur audience). Écoutons les conversations dans les transports en commun ou dans d'autres lieux publics comme les salles d'attente. C'est à un vrai déballage auquel l'on assiste ! On peut présumer que les membres des classes populaires, favorables au secret, associent la protection des intérêts médicaux, dont elles ne sont pas dupes (les conversations soulignent fréquemment les avantages financiers des acteurs), à l'histoire de leurs conquêtes sociales sur les accidents, la vieillesse, les maladies professionnelles. Quelques vieux syndicalistes évoquent encore l'aspect progressiste de l'imposition de silence faite aux diagnostics médicaux face aux employeurs en se référant aux lois des années 20 et 30 sur les assurances sociales et les accidents du travail. Ces législations ont représenté un progrès à un moment de l'histoire ouvrière en interdisant, pour ceux qui soignent les maladies professionnelles, les accidents du travail, les convalescences, les invalidités, de livrer des informations aux employeurs. Les syndicats trouvèrent avantage à s'associer aux médecins de ville pour interdire à l'employeur payeur de l'assurance et aux médecins des « compagnies » de contester le contenu des diagnostics. Une autre étape de la confiance accordée par les syndicats au secret a été, lors de la création de la Sécurité sociale et contre la majorité des médecins, le soutien à ceux qui acceptèrent entre 1945 et 1960 de se conventionner.

Mais un progrès peut se transformer lentement en recul quand il n'est pas régulièrement examiné et réévalué, notamment quand on assiste à une dégradation de la solidarité face à l'émergence d'une consommation médicale désinvolte. Au moment de ce revirement – que l'on peut dater des années 80 –, quelques médecins attirèrent l'attention sur les risques de retournement de la solidarité, du fait de l'apparition d'une consommation incontrôlée que le mode de remboursement accélérait. Notamment le principe du secret fut réactivé quand, ainsi que Norbert Bensaïd l'écrivait, « ceux qui consommaient peu se sont mis à consommer un peu plus, ceux qui consommaient beaucoup, beaucoup plus. Il n'est pas du tout certain que la consommation se soit jamais accrue ou que ce soit au profit exclusif ou même préférentiel des plus défavorisés, ni qu'elle ait abouti à une répartition plus équitable des soins[1] ».

Quand on fait le bilan de ces trente dernières années, on se rend vite compte que le secret est un élément déterminant de notre ignorance : il n'est pas exclu que les classes moyennes, qui ont probablement le plus profité de l'aveuglement sur les déficits, aient gardé les bénéfices de la bonne conscience progressiste ; un apparent consensus moral leur permettait de consommer sans compter. La tolérance, ou même le soutien inconditionnel, à la

1. Norbert Bensaïd, *La Lumière médicale, les illusions de la prévention,* éd. du Seuil, 1981, p. 255.

notion de secret médical n'était pas encore apparue comme un risque pour les parties de la population ayant les plus bas salaires.

Comment une telle position a-t-elle pu être défendue par les représentants des syndicats de fonctionnaires, d'enseignants ou d'employés qui n'étaient pas *a priori* attachés à cette idée? Pourquoi ont-ils adhéré à cette idéologie? On aurait pu s'en méfier au même titre que l'on se méfie du secret bancaire, du secret des affaires, du secret des patrimoines et des revenus, du secret d'État, du secret défense, du secret militaire... De surcroît, une inquiétude particulière aurait dû naître du soutien résolu apporté à la notion de secret médical de la part des juges les plus conservateurs (ceux qui siègent à la CNIL qui ont interdit les enquêtes individualisées, même anonymes) et dont l'engagement en sa faveur s'est même révélé parfois plus ferme que celui de l'Ordre ou des syndicats. Le secret médical aurait pu paraître menaçant au vu du profit tiré par les détenteurs des autres formes de secret social qui vont de pair avec des privilèges économiques. Cette confusion des esprits a permis que se constitue une alliance extraordinaire entre les syndicats médicaux – les plus adeptes du néolibéralisme – et les grandes centrales ouvrières (création du groupe des sept sans les syndicats MG-France et la CFDT[1]).

Secret et familles : les classes moyennes

L'idée de secret a certainement séduit les classes moyennes en ascension, attachées au statut moral du droit à la santé et à l'idéologie de l'égalité formelle des personnes. Les représentations exaltant la vie privée, l'intimité, l'individualisme par la consommation, les discours valorisant la famille, la psychologisation des rapports sociaux se trouvent en affinité avec cette notion. Dans le même temps, des intérêts matériels – comme l'emploi des personnels de santé issus majoritairement de ces classes sociales – se trouvaient ainsi mieux préservés. Le caractère ambigu du secret appa-

1. *Le Monde*, 8 mai 2001.

raît néanmoins à propos de problèmes comme la protection des mineurs (IVG des jeunes filles et consultations hors familles), les droits de savoir des accouchées sous X. Beaucoup de jugements moraux sur les situations de santé mettent en avant la famille selon que le secret sépare ou non le malade de sa famille. Dans de nombreux cas de familles séparées, les personnels de santé ne savent comment gérer le secret : ils tiennent compte tantôt de l'intérêt de la famille, tantôt de celui de l'individu soigné. La protection des secrets familiaux et la protection de ceux de la médecine sont difficiles à ajuster, mais il n'en reste pas moins qu'elles convergent quand elles interdisent toute enquête sur la concentration des dépenses par des catégories particulières, par des groupes spécifiques. Les classes supérieures et moyennes attirées par la consommation médicale ne sont pas près d'y renoncer, de la même manière qu'elles sont attachées au droit fiscal, à l'interdiction de publier les ressources et les revenus imposables et à tout un arsenal juridique de protections : droit au respect de la vie privée, droit à l'intégrité du corps (Code civil), droit à l'image, etc.

Le secret médical tend à se fondre dans la pratique sociale du secret des affaires. Paradoxalement, l'histoire montre que les idéologies qui ont prôné le culte de l'individu – y compris contre l'intérêt général – sont plutôt de nature conservatrice. Le secret est pourtant devenu une valeur « de gauche ». Actuellement, on le retrouve exalté par les ultralibéraux du Mouvement pour la liberté de la protection sociale. Ainsi Jean-Pierre Pellan et Alex Gerson critiquent la gestion de la Sécurité sociale qui pourrait créer une brèche dans le secret : ils voient, par exemple, dans la perte d'un éventuel carnet de santé dans le métro la menace que le reste de la population apprenne que nous souffrons... peut-être de la grippe[1] ! C'est ainsi que s'explique la vigueur de l'action pour la défense du secret médical de la part d'organisations très conserva-

1. Claude Reichman, *Le Vrai Mal français*, Les Belles Lettres, 1995, p. 41. Il ajoute plus loin : « La Sécurité sociale est responsable des principaux maux dont souffre la France [avec] le chômage car elle induit des charges salariales excessives, l'immigration incontrôlée car elle génère des comportements de paresse chez les Français que des travailleurs étrangers viennent suppléer, la démoralisation générale, fruit de la crise économique. »

trices promouvant la supériorité des droits individuels sur les devoirs collectifs dans la pratique judiciaire ou politique. Un de leurs textes insiste sur les risques d'atteinte à la liberté individuelle sous prétexte de limiter les contagions : « Les déclarations obligatoires de maladies chroniques doivent être envisagées avec une extrême prudence, en raison d'atteinte aux libertés individuelles. » Le secret incarne trop d'intérêts divers pour ne pas favoriser le statu quo : « Il est impératif de ne pas y toucher », comme l'écrit le docteur Louis René, ancien président de l'Ordre, dans un rapport remis au ministre de la Santé en mai 1994[1].

La notion de secret télescope implicitement de nombreuses significations. En médecine, ce qui est caché est finalement souvent plus important et déterminant que ce qui est révélé. Ce qui est dissimulé de manière organisée est paradoxalement mineur à côté de ce qui n'est pas connu par manque de curiosité, par angélisme social, par naïveté citoyenne. On a plus affaire à un refus de savoir par inertie. Ce dont profitent les institutions peu mises en cause sauf par quelques journalistes tenaces et bien informés. Les médecins critiques ont raison de s'étonner de notre paralysie et de notre aveuglement. Le secret est bien plus une volonté de fermer les yeux qu'une conspiration de professionnels.

Une seconde raison qui explique la force du secret relève des faiblesses de la sociologie. À sa décharge, on dira que les phénomènes de santé sont si complexes qu'ils requièrent des capacités d'enquête que peu d'équipes possèdent. Le lacis des institutions est si inextricable qu'il faudrait de nombreuses équipes aguerries pour en percer le fonctionnement. Démonter des mécanismes de cette ampleur, des processus opaques, des divisions du travail si fines et toujours en mouvement demande du temps et une attention soutenue. Il s'agit de processus sociaux, de rapports entre groupes sociaux et classes qu'une approche rapide et simpliste ne permet pas d'explorer.

1. Rapport de la Commission de réflexion sur le secret professionnel appliqué aux acteurs du système de soins demandé par Bernard Kouchner.

Opinions et humeurs

Si on touchait au secret, serait-ce le début de désordres sans fin dans l'organisation de l'appareil sanitaire ou le signe du fait que des règles plus claires s'instaurent et qu'une autorité pour les appliquer devient possible ?

Ce serait, à tout le moins, un retour en arrière insupportable pour nos institutions juridiques. À contre-courant, nous maintenons que le secret est un acte médical dangereux et un comportement politique critiquable quand il porte sur les questions d'attribution de fonds collectifs ou publics et remodèle la hiérarchie des revenus dans le sens inverse de celui qui était prévu. Seule une conjoncture de forte dépolitisation a pu élargir et consolider cette notion de secret. Sa levée – sous certaines conditions – pourrait cependant être acceptée par de nombreuses catégories sociales afin de montrer l'exemple d'une démocratisation de la gestion publique permettant une prise de conscience de l'opinion. Mais chaque fois que le débat a été esquissé, ses défenseurs se sont mobilisés et ont multiplié les entraves en en faisant un bouclier devant les menaces comptables et fiscales. Entre une liberté totale de circulation d'informations médicales personnelles que nombre d'entre nous sont certainement prêts à envisager et une protection individuelle sur des bases non démocratiquement choisies, le secret propre à chaque profession pourrait trouver sa place, modulable entre l'aspect confidentiel de certaines pièces de dossier, le devoir de réserve de l'agent de santé, et la protection de la vie privée ou des droits de salariés.

Sous sa forme actuelle, le secret médical expose à de graves divergences entre professionnels et à des erreurs médicales (méconnaissance des actes par la profession elle-même). Il doit donc être repensé en fonction des techniques, des pratiques et des savoirs. Dans sa direction et son administration, une société vit et travaille évidemment en respectant des éléments de secret, mais le rôle de l'État devrait plutôt être d'instituer la liberté d'information et de considérer le secret comme l'exception. Le secret, ciment d'une profession éclatée, garant de l'individualisme moderne et des modes désinvoltes de consommation, est une arme risquée. Quand, au nom du secret, le pouvoir de la médecine augmente, celui de la société – entendue comme pouvoir citoyen – se réduit. Je souhaite au moins suggérer que ce qui relève du secret médical devrait être discuté en préalable à toute enquête médicale, politique, économique ou sociologique. La timidité des sciences sociales, l'absence d'intérêt des chercheurs pour les connivences de classes pourraient être deux des raisons de notre retard. Aussi, depuis plus de trente ans, le mystère de l'évolution des dépenses de santé demeure inexpliqué. C'est tout de même surprenant.

Les dépenses de santé se répartissent clairement en deux parties : 4 % de la population est responsable de 53 % des coûts de l'Assurance maladie ; ce qui fait que 96 % de la population consomme moins de la moitié des biens de santé. Ces proportions sont inchangées depuis les années 70. Pourquoi ce taux est-il quasi invariant sur plusieurs décennies ? La morbidité se diviserait-elle en deux fractions égales ? Pourtant les techniques et les ressources mobilisées changent nécessairement dans le temps. Cela ne pourrait donc être dû qu'à une série de coïncidences sur trente ans ? C'est douteux. La répartition de deux types de morbidité – l'une à coût très élevé, l'autre à faible coût – ne devrait pas être à ce point constante. Cette morbidité à structure duelle dépend-elle d'une organisation double de l'offre qui tendrait vers la permanence ? D'une mobilisation des moyens ayant d'autres causes que la gravité de la situation des patients et du type de pathologies ? Est-elle le résultat de deux types de pratiques de la part des professionnels qui se maintiennent dans le temps quels que soient les circonstances et l'état sanitaire ?

Avant de proposer une explication, on signalera que le secret a rempli son office d'écran en empêchant toute étude sur ces 4 % d'assurés. On ne sait rien (et on ne veut rien savoir) sur leurs soignants : relèvent-ils de la médecine de ville ? Des hôpitaux ? Des services longs séjours ? De quelles affections sont-ils atteints ? Quelles sont les spécialités concernées ? Dans quelle région vivent-ils ? On a quelques indices, comme l'âge, mais des informations plus que médiocres sur leurs appartenances socioprofessionnelles et leurs revenus. Le secret a joué son rôle d'écran en ne permettant pas d'enquêter pour savoir comment se crée la division entre les individus inclus dans l'une ou l'autre population. Qui prescrit et quoi ? Qui soigne et avec quel résultat ? Comment se renouvelle cette population qui existe toujours dans la même proportion ? Sont-ils issus des mêmes régions ? Des mêmes familles ? Souffrent-ils des mêmes pathologies ? Sa reproduction presque à l'identique est sa principale caractéristique, même si cela heurte le bon sens. Cette dichotomie aurait dû alerter les chercheurs s'il n'y avait eu le secret pour dissuader les investigations trop curieuses.

Dans l'avenir, il apparaît évident que certains proposeront l'existence de plusieurs caisses d'Assurance maladie. L'une de solidarité traditionnelle, nationale, que nous connaissons, et d'autres qui relèveraient de mécanismes de financement variables (investissement et recherche si ces maladies sont rares et exigeantes). Certains proposeront de régionaliser l'assurance, s'il se confirme que les malades très consommateurs sont concentrés dans quelques villes privilégiées, ce qui est probable, vu la concentration géographique des malades coûteux dans des villes résidentielles. Et si la sélection thérapeutique dépend d'autres causes que la course à la science – par exemple un clientélisme préférentiel –, la levée conditionnelle du secret permettra d'avancer dans la connaissance des patients et du travail des soignants.

8
LA POLITISATION DE LA PROFESSION

Étudier la politisation de la profession médicale permet d'amorcer une analyse des contraintes qui pèsent sur nos conceptions et sur les limites de nos informations. Les intérêts des diverses fractions de la profession médicale sont hétérogènes. À chaque type de pratique (du libéral pur au service public complet, en passant par tous les types de « statut bâtard ») correspondent des modes d'action auprès des pouvoirs publics qui ne sont pas seulement différents mais parfois antagonistes. Selon le statut et le rapport au clientélisme, les conceptions de l'action syndicale ou de la lutte politique changent. Notons l'importance de la concurrence locale (selon les régions, parfois très vive, parfois absente), de la dépendance vis-à-vis des caisses qui peuvent être tatillonnes ou tolérantes : par exemple on sait que celle de Nantes est perçue comme stricte, alors que celles de Marseille ou de Nice ont une réputation de permissivité. Selon la majorité gouvernementale du moment, différentes voies d'action s'ouvrent aux médecins devenus professionnels de la politique. On ne se mobilise pas de la même manière contre la droite ou contre la gauche. Pour maintenir son unité, le syndicalisme médical (regroupant une quinzaine de milliers d'adhérents) étend ou réduit ses revendications selon la conjoncture médiatique. Les franges ultralibérales manifestent sur la voie publique pendant qu'une fraction centriste joue la temporisation et la raison dans les ministères ou les assemblées gestionnaires, parfois dans les médias. D'où une propension à balancer entre l'action directe (sous la forme de grèves ou de manifestations de rue qui ont longtemps été exceptionnelles) et la gestion en coulisse. C'est ainsi que les mouvements s'enflamment vite puis disparaissent promptement.

Les dirigeants syndicaux occupent en même temps tous les rôles possibles : gestion d'administrations ou d'instances mixtes, conseil auprès du ministre de la Santé, mandat d'élu politique, développement de bonnes relations avec les médias, influence dans les clubs. L'État, accusé complaisant, réconcilie, sur sa prétendue incapacité, les clans médicaux, et les gouvernants endossent avec bonne grâce l'habit du bouc émissaire. Les syndicats, les associations de spécialistes (comme celle des urgentistes, symbole d'un syndicalisme minoritaire ultramédiatisé), l'Ordre s'épuisent à suivre leurs adhérents activistes et à coller à leurs mouvements atypiques et instables. Les dirigeants s'usent vite à ce jeu d'équilibrisme et une rotation s'installe à leur tête dans les périodes agitées (ainsi la démission récente de Bernard Hoerni, ex-président de l'Ordre).

Plusieurs strates de modes d'action politique se sont empilées au fil du temps. Cela commence avec l'enracinement sur le lieu de résidence ou avec la participation à la vie associative locale ou nationale, la gestion des clubs de sport, la participation à des groupes de notables. Il semble qu'aucun pays n'ait autant de députés et sénateurs médecins (quatre médecins ministres de la Santé en vingt ans !). La médecine est la profession la plus politisée de France si on prend la fonction élective comme critère. Les médecins sont très proches des pouvoirs quels qu'ils soient et des gouvernants de tout bord. Les grands patrons de la médecine ont l'oreille des puissants de ce monde (comme en témoignent leurs mémoires). Ce n'est pas récent, si l'on se fie au conseil que donnait déjà Hippocrate : « séduire » d'abord les grands et les riches pour consolider le métier naissant. Elle est devenue un moyen de contrôler les auteurs des décrets et lois, et de brouiller, en partie, le problème des déficits[1].

On évoquera ci-dessous quatre formes d'action qui ne cohabitent pas nécessairement dans l'harmonie car elles sont le fait de médecins ayant des intérêts différents. La gestion administrative,

1. Voir Patrick Hassenteufel, *Les Médecins face à l'État,* Presses de Sciences-Po, 1997.

surtout dans les associations (particulièrement à la campagne et dans les petites villes) ; le travail d'élu au Parlement ou dans d'autres assemblées ; l'entretien des relations avec les médias ; l'entrisme dans les commissions ministérielles (notamment pour les hospitaliers ou les syndicalistes). Les deux dernières sont les versions modernes de l'influence politique par rapport aux deux premières, plus classiques.

Caractéristiques de l'action politique moderne

Toutes les professions s'organisent pour la défense des positions acquises et l'élargissement de leurs avantages. Les professions médicales n'échappent pas à cette règle. Elles ont à lutter sur plusieurs fronts : contre l'État, l'administration de la santé, les gestionnaires de l'Assurance maladie. Elles doivent, en même temps, surveiller, de pair avec les législateurs, la défense du monopole (se prémunir contre les activités susceptibles de les déborder sous des formes médicales rivales modernes : celles des psychothérapeutes, des paramédicaux libéraux envahissants, des pratiques dites parallèles, etc.). La médecine hospitalière investit plutôt les rouages de la haute administration et du gouvernement. Le secteur libéral, quant à lui, maintient par une pression constante son statut mixte (ou bâtard), celui d'une profession autonome dont les revenus dépendent des prélèvements réalisés par l'État du fait de son rôle dans la redistribution (assurances, aides sociales, indemnités) et de sa fonction dans la surveillance sanitaire et « médico-légale ». Le public et le privé se partagent ainsi le travail d'attribution des certificats de non-contagion ou de contrôle des risques, le secourisme, l'hygiène publique, les risques dans les entreprises, la surveillance des nourrissons et nourrices, les réquisitions pour prise de sang dans les cas d'ébriété ou d'accidents, les constats divers : accidents du travail, de la route, violences, permis d'inhumer, etc. La liste est longue, presque illimitée, du « médico-légal » ou de l'administration du social. Toutes ces fonctions quasi étatiques constituent ainsi une sorte de « travail invisible » (méconnu ou peu connu).

Ces temps de gestion et de surveillance « donnés » à l'administration sont l'équivalent d'un service public assuré en échange des trois libertés essentielles à la définition libérale de la profession : liberté d'implantation géographique, possibilité de sélectionner des clientèles hors de tout regard, liberté de prescriptions. Si l'État attribue des ressources aux libéraux en couvrant le déficit de leurs actes, ces derniers doivent sans cesse user des arguments classiques des salariés pour améliorer leurs gains : dramatisation de la « prolétarisation » d'une partie des praticiens, menaces d'effondrement de la qualité des soins (et de perte du statut auto-attribué et repris par une partie de la presse de « meilleure médecine au monde »), évocation du risque de discrimination sociale (la fameuse menace de médecine « à deux vitesses »).

Les hospitaliers font de la politique d'une autre façon. Leur travail quotidien est déterminé par le budget de l'hôpital ; il s'agit donc de faire croître ce dernier par des pressions (grèves, plus efficaces si elles s'agrègent à celles du personnel et des internes). On convoque toujours la presse pour montrer la disette des moyens et la réduction des crédits. Paradoxalement, les hospitaliers du privé sont susceptibles d'appeler à des actions semblables... au profit des actionnaires, grâce à des aides particulières de l'État. Il n'y a pas d'action revendicative sans appel aux médias. Cette influence et cet art de la politique électrisent les journalistes et programmateurs de la télévision, comme en témoignent des séries éternelles ou autres apologies du métier. Ainsi, au hasard d'un soir, « la nuit du 4 août » 2002, on ne pouvait échapper, non à l'abolition mais à la confirmation des privilèges des médecins à la télévision : cinq programmes en prime time à leur gloire sur les cinq principales chaînes ! Ajoutons-y le cas étonnant de la série *Urgences* réalisée par Spielberg et diffusée sur France 2, le dimanche soir, entièrement consacrée à la promotion de la médecine d'urgence. J'ai enquêté au Cook County Hospital à Chicago, site de l'émission, et j'ai pu constater, à côté du caractère authentique de la description de quelques actes médicaux, la diffusion d'une image insolite, voire surréaliste : l'idéalisation de la médecine d'urgence américaine. Celle-ci est transformée en une peinture « socialement inversée » dans ce documentaire télévisé insoupçonnable. Le choix des admis et des soignés est ouvert, alors qu'en réalité il est sélectif. L'essentiel du travail est fourni par du personnel issu des minorités ethniques ou des médecins étrangers très marginalisés et œuvrant dans de très mauvaises conditions[1].

La tendance à la politisation des médecins est relancée par l'intérêt que les médias portent à leurs découvertes. Ces derniers projettent dans leur vision du médecin les vertus du citoyen, le dévouement professionnel et l'amour de la science. Si leur inclination les porte vers quelques grands patrons hospitaliers, la politisation moyenne due à la notoriété locale, celle des généralistes libéraux (et moins les spécialistes en ville) les attire également. Même si la présence dans la vie locale n'est pas une particularité de la profession, elle apparaît très souvent comme une vocation désintéressée, ès qualités. Les médecins semblent toujours particulièrement bien placés pour donner un avis sur les problèmes du travail, d'hygiène, de police de la route, de santé dans les écoles, de surveillance des déviances sexuelles, de sanction policière dans le cas de bavures, de qualité de l'alimentation ou sur les dangers de l'environnement. La politisation était traditionnelle pour les généralistes dans le monde rural. La littérature est empreinte d'échos de ces interventions à répercussions politiques. *Le Médecin de campagne* de Balzac en est un exemple : accompagnateur familier, confesseur, conseiller rural. Un exemple plus exotique est celui de Tchékhov dont l'engagement social (luttes contre l'analphabétisme, action au bagne, surveillance des écoliers) l'a conduit à la vocation littéraire. Ses confrères ne s'y sont pas trompés comme en témoigne le télégramme qui lui fut envoyé du Congrès des médecins de Moscou. Ces missionnaires des campagnes, adversaires du tsarisme et de l'arriération rurale, se retrouvent en affinité avec leurs collègues français contemporains, sur les mêmes bases progressistes[2].

1. Jean Peneff, « La face cachée d'*Urgences*, le feuilleton télévisé », *Genèses*, n° 29, 1998.

2. Le contenu de ce télégramme est explicite quant à la vision traditionnelle du métier, perceptible dans la pièce *Oncle Vania*. « Les médecins venant de tous les coins de la Russie qui ont vu l'œuvre d'un artiste médecin se sont reconnus dans le docteur Astrov et saluent leur camarade, conservant à jamais le souvenir

L'occupation de fonctions électives locales (municipales, cantonales, régionales) est justifiée par une popularité authentique de praticiens actifs et appréciés dans une ville. Les médecins ont souvent occupé les deux activités, médicale et politique, en parallèle. Actuellement, 18 % d'entre eux ont un mandat d'élu. Ce pourcentage n'est atteint par aucune autre profession. Claudine Herzlich a dirigé une enquête sur des médecins retraités ou en voie de l'être (sur un échantillon de 5 400 médecins dont un tiers ont répondu) : une forte proportion d'élus cumule des fonctions dans les divers conseils de l'Ordre, superposant influence politique et influence dans l'ordre professionnel[1]. Cette forme de double engagement est typique des libéraux des petites villes, en particulier dans le midi de la France, où il faut asseoir socialement sa notoriété, en raison, entre autres, de la forte densité médicale et de la concurrence qui en découle.

L'évolution de la politisation : élus et gestionnaires, décideurs et actionnaires

Les historiens français se sont intéressés à l'engagement public des médecins et aux raisons de leur revirement, de la gauche vers la droite, même si une variante ultracorporatiste du monde médical s'est tristement illustrée dans l'antisémitisme des années 1930-1944[2]. De 1820 à 1900, les porte-parole et les activistes en vue de la profession étaient progressistes, laïques et anticléricaux. De 1900 à 1960, un lent basculement a lieu vers la droite qui culmine

de cette soirée. » Dans chacune des pièces de Tchékhov (à l'exception d'une seule), il y a un médecin, dans un second rôle il est vrai, mais pas nécessairement dans celui des « humbles travailleurs anonymes », ainsi que le signalait le télégramme !

1. Claudine Herzlich, Martine Bungener *et al.*, *Cinquante Ans d'exercice de la médecine*, INSERM, Douin, 1993.

2. Je me réfère ici aux travaux de Jacques Léonard, Olivier Faure, Pierre Goubert, Pierre Guillaume, Henri Hatzfeld, Christian Maillard, Jean-Pierre Peter, Bénédicte Vergez.

sous le régime de Vichy. De 1970 à nos jours, une relative démocratisation du recrutement (multiplication du nombre de médecins en cinquante ans) a modéré l'orientation conservatrice, notamment en ce qui concerne les généralistes, comme le montrent les élections de l'année 1981. Cet étonnant changement – orientation d'abord à gauche puis à droite – peut recevoir plusieurs explications.

Jacques Léonard situe au XIXe siècle les manifestations, à grande échelle, de la profession médicale dans la vie politique. Il est vrai que l'action politique des députés médecins avait un autre sens sous la IIIe République : il s'agit de promouvoir la Médecine au nom de la Science contre l'Église et ses dogmes. En 1892, dix ans après les lois sur l'école laïque, obligatoire et gratuite, une loi réprime l'exercice illégal de la médecine. Cette loi a été obtenue à la suite de débats passionnés en raison des conséquences sanitaires de la suppression des empiriques et des officiers de santé dans les campagnes. Les députés médecins votent alors des législations progressistes dans le cadre d'une alliance avec des majorités de gauche, notamment avec les enseignants : participation à des ministères, à des missions ou à des comités consultatifs, entente avec les responsables de l'instruction publique. Les médecins élus sous la IIIe République votent plus à gauche que les enseignants publics élus en même temps qu'eux : 92 % d'entre eux (contre 72 % des autres députés) se prononcent en faveur de l'obligation scolaire, la gratuité et la laïcité ; 85 % d'entre eux (contre 73 %) pour le divorce ; 70 % (contre 59 %) votent la séparation de l'Église et de l'État. L'historien Pierre Guillaume a remarqué qu'aucune autre profession n'a alors été plus engagée à gauche[1]. Dès 1890, les médecins participent avec les enseignants à la lutte contre l'alcoolisme, à la protection de l'enfance. Ils deviennent consultants dans les lycées et les écoles. Ils participent à la Ligue

1. Pierre Guillaume, *Le Rôle social du médecin depuis deux siècles,* Association pour l'histoire de la Sécurité sociale, 1996, p. 77. Cet auteur a aussi étudié les médecins catholiques dans *Médecins, Église et foi,* Aubier, 1990. Il y montre le soutien apporté par une fraction de l'Église au conventionnement dans le cadre de la Sécurité sociale et comment elle a tenté de convaincre les médecins hostiles dans les années 50 par l'intermédiaire de la société Saint-Luc et du R. P. Riquet.

de l'enseignement et à de nombreuses associations culturelles et philanthropiques. Ils sont également à la pointe du progrès social en militant pour une médecine ouvrière originale et indépendante.

Le destin de François-Vincent Raspail (ou celui d'Ange Guépin) est emblématique de ces médecins des pauvres transformés en révolutionnaires de 1848. Ils furent les pionniers de la sociologie urbaine et notre dette de chercheurs en sciences sociales à leur égard est grande si l'on en croit l'historien Éric Hobsbawm: « La longue liste des médecins à qui nous devons une si grande part de nos connaissances sur cette époque contraste vivement avec la complaisance et l'insensibilité générales de l'opinion bourgeoise. Villermé et tous ceux qui apportèrent leur contribution aux *Annales d'hygiène publique* mériteraient qu'on se souvienne davantage d'eux qu'on ne le fait[1]. »

Les deux ministres de l'Instruction publique les plus actifs, avant et après Jules Ferry, étaient médecins: un franc-maçon, Paul Bert, et un ancien séminariste, virulent opposant aux congrégations religieuses, Émile Combes. Ces médecins militants appartenaient à la gauche opportuniste ou radicale, comme Clemenceau et, plus tard, Henri Queuille, ou bien à l'extrême gauche comme Paul Brousse et Édouard Vaillant qui représentent les classes moyennes laïques et les ouvriers syndiqués. Alliés aux enseignants contre la droite catholique, les médecins républicains arrachent des concessions au pouvoir quand il est conservateur et légitiment une stratégie de conquête ou de participation (à laquelle s'oppose la fraction ouvrière la plus dure qui se montre hostile à la médecine qu'elle soit d'entreprise ou de ville). Léonard évoque, avec une curieuse litote, la « médicalisation de l'État » sous la IIIe République; on pourrait tout autant parler légitimement d'une tentative avortée de médecine socialisante. En effet, ces médecins républicains, radicaux ou opportunistes, seront débordés par d'autres, des médecins anarchistes travaillant avec les syndicalistes ouvriers: médecins des cités et des corons visitant les taudis et prônant une pratique sociale gratuite pour les classes laborieuses et qui militent à leur côté. Madeleine Rebérioux écrit en effet: « Les médecins hygiénistes

1. Éric J. Hobsbawm, *L'Ère des révolutions*, Complexe, 1988, p. 261.

avaient plutôt accru que fait reculer, quelle que fût leur bonne volonté, la suspicion qui s'attachait déjà aux médecins des compagnies. L'hygiénisme fonctionnait comme un frein supplémentaire à la prise de conscience militante des problèmes de santé[1]. » Les médecins d'extrême gauche, dont la présence est saluée comme une « émouvante réconciliation » au congrès syndical de 1912, atténuent la méfiance des ouvriers envers la « médecine des bourgeois ». Évidemment leurs actions en faveur des dispensaires dans les cités, des cliniques spécifiquement ouvrières, des coopératives de soins avec des praticiens regroupés (ancêtres des centres de santé) sont combattues par le reste de la profession organisée qui luttait pour l'interdiction des consultations dans les Bourses du travail et la fermeture des centres gratuits ou des cliniques ouvrières. L'idée selon laquelle la médecine ouvrière doit se constituer à part, que certains des problèmes de santé ouvriers sont spécifiques, très liés à leur travail, désarçonne la fraction libérale qui méconnaît les pathologies professionnelles, ignore tout de la vie prolétaire.

Un siècle plus tard, on retrouve, si ce n'est une hostilité déclarée, tout au moins une réticence toujours à l'œuvre à fréquenter le cabinet libéral et un doute quant à la compétence médicale pour les pathologies liées à des travaux éreintants. Les ouvriers ont le sentiment que les médecins ignorent leurs conditions de travail et le dialogue est difficile entre des personnes aux conditions de vie si opposées. Ce n'est évidemment pas le cas quand le médecin est confronté à des pathologies propres aux cadres et employés : les problèmes psychologiques des classes moyennes, les accidents sportifs ou les angoisses à propos des risques encourus par les enfants. Des auteurs anglais ont noté le glissement des ouvriers vers des modes de consommation proches de ceux des classes moyennes, manifestant ainsi leur promotion sociale, sauf sur quelques points : l'absence d'attention à la santé, la méfiance envers la consultation privée hors dispensaire, le refus de la prévention jugée inappropriée au vu de leurs conditions de travail et de leur mortalité[2]. Les mili-

1. Madeleine Rebérioux, *Parcours engagés,* Belin, 1999, p. 272.

2. John Goldthorpe (sous la direction), *L'Ouvrier de l'abondance,* éd. du Seuil, 1972.

tants ressentent ces incitations comme des tentatives « de les embourgeoiser » au nom de la santé.

La hantise du socialisme le plus engagé au XIXe siècle est que les meilleurs militants de la classe ouvrière s'alignent sur les mœurs et les modes de consommation des classes moyennes ; on redoute le repliement sur la famille au nom de sa protection, incluant la santé comme occupation principale de la vie de famille. Ce cauchemar s'est peut-être réalisé.

Une « médecine ouvrière » est-elle possible ou souhaitable ? Il y a peu, une telle question ne faisait pas sursauter comme elle le fait aujourd'hui. En 1981, Jack Ralite y faisait allusion quand il disait qu'il faudrait rendre la Sécurité sociale à ses usagers : « La deuxième mesure importante : rendre la Sécurité sociale et la Sécurité minière à leurs usagers ; la propriété des organismes sociaux financés essentiellement par les travailleurs doit leur revenir[1]. »

De l'extrême gauche à la xénophobie

La xénophobie ne constitue pas un élément anodin ou accidentel dans l'histoire des médecins. On peut la voir apparaître tendanciellement à partir des années 1900, au moment de l'affaire Dreyfus, de la reconnaissance du monopole de la médecine et de la création des facultés. Le président de l'Ordre des médecins a fait acte de repentance en octobre 1997 à propos de la politique antisémite mise en œuvre de 1940 à 1944 qui incluait (à la demande de l'Ordre mais aussi du Conseil supérieur des médecins) des expulsions, des interdictions d'exercer, un quota de 2 % pour les étudiants juifs. Ce passé douloureux hante encore la mémoire de certains médecins comme Paul Milliez ou Alexandre Minkowski. Les premières décisions réglementaires, l'interdiction d'exercer pour les médecins juifs, ont été prises en juillet 1940, quelques jours après l'installation du gouvernement du maréchal Pétain. En octobre 1940, le conseil de l'Ordre est créé. Il jugea vite que les

1. Jack Ralite, *Voyage en France,* Éditions sociales, 1982, p. 26.

gouvernements de Laval et Darlan étaient trop tièdes dans leurs répressions xénophobes et antisémites. Les « ministres médecins » de la Santé de Vichy, Serge Huard et Raymond Grasset, eurent des démêlés avec leur base et furent critiqués pour le caractère trop timoré de l'interdiction d'exercice faite aux étrangers et aux juifs. Parallèlement, ils étaient jugés trop interventionnistes dans la gestion et l'organisation de la médecine publique. Le conseil de l'Ordre connut de fait bien des avatars. Il fut dissous en 1945, refondé aussitôt, menacé à nouveau de dissolution en 1981 dans le Programme commun, mais il a toujours survécu.

Mais ce qui s'est passé à partir de 1940, l'irruption d'un antisémitisme virulent, ne date pas de cette année-là. De toutes les professions, la médecine est, dans l'histoire du siècle écoulé, celle qui est allée le plus vite et le plus loin dans le soutien à l'extrême droite par l'intermédiaire d'une minorité agissante. On le voit dans le contenu de ses revendications en 1920-1930 alors que les médecins (internes et chefs de clinique) font grève contre les praticiens étrangers ou fils d'étrangers. Le récit d'Alexandre Minkowski, fils d'un médecin d'origine juive polonaise qui avait fait la guerre de 1914, le confirme : « Dieu sait si l'antisémitisme était virulent à l'époque, surtout à la Faculté de médecine[1]. » Bruno Halioua l'explique longuement[2]. Pour examiner cette virulence des discours qui accompagnent les revendications corporatistes – notamment pendant l'Occupation –, il faudrait explorer les archives comme l'a fait l'historienne Bénédicte Vergez[3]. Sauf que

1. Alexandre Minkowski, *Un Juif pas très catholique*, Ramsay, 1980, p. 48 : « Mais j'étais si gentil, j'avais si bien assimilé leur culture saint-sulpico-patriotique, qu'ils disaient de moi : Ce Minkowski, c'est pas un juif comme les autres, ce qui signifiait en gros que malgré mes origines, je n'étais pas, finalement, un type trop dégueulasse... Cette attitude ambiguë avait un avantage : elle me mettait pratiquement à l'abri de l'antisémitisme. Et dieu sait si celui-ci était virulent à l'époque, surtout à la faculté de médecine. »

2. Bruno Halioua, *Blouses blanches, étoiles jaunes*, Liana Levi, Piccolo, 2000. Ce livre d'un médecin historien est une approche utile de l'antisémitisme qui s'est façonné au cours de la montée de l'ultracorporatisme dans la profession.

3. « Les catégories les plus durement frappées furent les juifs et les étrangers, y compris les naturalisés ou les enfants d'immigrés nés en France. Les étudiants avaient été, durant les années 30, à la pointe de ces revendications d'exclusion

l'on n'apprendra plus rien sur la période cruciale qui va de 1941 à 1949 : les archives ont malencontreusement disparu lors d'un déménagement du conseil de l'Ordre !

Selon Bénédicte Vergez, on constate une montée des positions conservatrices à partir de 1910 qui correspond à la cristallisation des intérêts d'une fraction de la bourgeoisie autour des trois plus grandes facultés (Paris, Montpellier, Lyon). Elle est constituée de clans autoritaires, hiérarchisés, avides de pouvoir, cherchant à maintenir les dynasties (héritage des fils). Avec la création des universités, les concours de l'internat, la reproduction professionnelle se serait édifiée, engendrée par un favoritisme, marquée par des scandales (parfois dénoncés dans la presse) au sujet de la validité ou de la sincérité des examens. Les exclus du concours ont contesté les résultats des privilégiés du « piston ». Les réformes pour un contrôle des recrutements ou les mises au pas des féodalités par l'administration supérieure ont permis l'arrivée d'étudiants ne faisant pas partie de ces « familles », notamment des juifs, des provinciaux ou des étrangers (ainsi que des femmes dont la proportion n'est pas négligeable : autour de 15 % au début du XXe siècle).

Les effets de l'engagement antirépublicain, l'action contre la révision du procès de Dreyfus et contre les intellectuels qui le soutiennent, les lois de séparation de l'Église et de l'État de même que l'interdiction des congrégations ont poussé les médecins catholiques à s'engager. La perte d'influence des religieux ou des maîtres de l'école privée dans les municipalités des petites villes de l'Ouest a poussé les médecins à prendre la relève. Ce processus de notabilisation a été observé en Vendée avec le cas de Jean Yole[1]. L'étiquetage religieux est un élément de jugement, une forme de politisation. Christophe Charles attribue la naissance de ce conservatisme à la stratification des hiérarchies universitaires et à l'entrée de la bourgeoisie catholique dans les premières spécialités

parce qu'ils étaient ceux qui se sentaient le plus directement menacés par le déferlement de concurrence », Bénédicte Vergez, *Le Monde des médecins au XXe siècle*, Complexe, 1996, p. 174.

1. Député de Vendée, maire et médecin de Soullans que j'ai étudié dans *Écoles publiques, écoles privées dans l'Ouest, 1880-1960*, L'Harmattan, 1987.

médicales prestigieuses[1]. Il montre comment un groupe étroit et élitiste a continûment sélectionné les praticiens à partir du début du XXe siècle. Les affiliations religieuses interviennent dans la constitution de réseaux de cooptation. Milliez parle de la montée d'une médecine israélite en 1950 qui se distingue d'une médecine chrétienne de gauche : « Il est admis qu'il faut être introduit dans une de ces deux sphères pour avoir une chance de faire carrière en médecine[2]. » L'absence de transparence dans les nominations – ce qu'on appelle pudiquement le parrainage – conduit à la cooptation et à la soumission hiérarchique. Cette obscurité des modes de recrutement n'est pas pour rien dans la montée d'un extrémisme des recalés : la biographie de Léon Daudet en est une illustration. L'ex-interne qui avait profité d'un certain favoritisme du fait de la position de son père, Alphonse, en a dénoncé les mécanismes après son échec et il en a fait le départ de sa carrière de polémiste et de dirigeant de l'Action française.

Il ne serait pas inadéquat de considérer une fraction de la médecine comme un parti bourgeois conservateur et réactionnaire consolidé par un siècle de pratique dont les acteurs appartiennent aux mêmes familles (surveillance des mariages), assurant la carrière des fils, ayant une grande cohésion du fait de la mise en place d'une véritable hiérarchie de commandement, et assumant une forme d'ultracorporatisme. Les choses ne changeront qu'avec la mise en place des nouvelles universités après 1968, l'entrée d'une petite bourgeoisie provinciale et des classes moyennes dans les

1. Christophe Charles, *La République des universitaires*, éd. du Seuil, 1994, p. 315 et suiv. Se reporter au chapitre « Ordre social et ordre moral : le cas des médecins ». « Lors de l'affaire Dreyfus, les professeurs de médecine en poste à Paris étaient nettement moins conservateurs que leurs successeurs des années 1930. » Christophe Charles montre que l'élitisme croissant de la profession serait dû à une origine sociale de plus en plus bourgeoise et à une transmission des positions de père en fils. Il aurait pu ajouter la captation des gendres, phénomène connu dans le milieu médical où les grands patrons tendent à marier leurs filles avec leurs meilleurs élèves (selon une légende tenace).

2. Paul Milliez, *Médecin de liberté*, éd. du Seuil, 1980, p. 248. Bizarrement trois des quatre syndicats majeurs de médecins portent le label « France » dans leur dénomination, fait exceptionnel aujourd'hui. Alors, signe d'affirmation de nationalisme, réminiscence de la IIIe République, symbole d'électoralisme ?

facultés de médecine qui seront à l'origine d'une nouvelle génération de généralistes. Le système de recrutement est alors devenu celui que nous connaissons aujourd'hui. Il reste très singulier, organisé selon deux phases dont les caractéristiques sont totalement opposées. Il s'agit d'abord de la première année, sorte de concours d'entrée extrêmement exigeant mais relativement démocratique. Tout change dans la deuxième partie de la formation et après l'obtention de l'internat. La course au bon stage, au bon patron, à la protection prestigieuse, au laboratoire de pointe relève moins de la chance et du tirage au sort que du favoritisme, de l'aide confraternelle entre pairs pour leurs enfants et des privilèges apportés par l'appartenance au milieu. Cette organisation duelle provoque une cassure : aux règles claires qui régissent les deux ou trois premières années succède ensuite le temps de l'obscurité ou de la complaisance, des faveurs, des dispenses obtenues de façon déloyale. Elle est jugée telle par les refusés ou ceux qui, marginalisés, mécontents ou aigris, occuperont les mauvaises places de spécialités ou des postes peu enviables dans de petits hôpitaux. Un syndicalisme d'agitation et de revanche, revendiquant l'égalité des chances après le concours, est en partie le résultat de cette bipartition de la carrière : concours juste et démocratique suivi d'une course opaque et d'un mode de désignation lié à l'appartenance sociale. L'écrivain médecin Martin Winckler justifie ainsi son comportement d'étudiant contestataire[1]. Aujourd'hui, les carrières et les procédures de sélection hospitalières après les concours sont toujours contestées. Elles mettent en concurrence pour le clinicat ou des vacations les « favoris », les protégés des grands patrons et de jeunes spécialistes libéraux. Une frange de mécontents se manifeste souvent et, selon la conjoncture, se retourne avec véhémence contre le milieu hospitalier pour dénoncer les voies du recrutement.

Même le concours de l'internat est remis en question non seulement pour les inégalités de chances entre provinciaux et Parisiens, mais aussi pour d'autres raisons comme la cherté des préparations privées (par exemple les « conférences payantes » organisées et financées par les laboratoires pharmaceutiques). Les auteurs que

1. Martin Winckler, *En soignant, en écrivant,* Indigènes éditions, 2004.

j'ai appelés « critiques » dans la première partie de ce livre ont multiplié les remarques désabusées. Ainsi, Jean-Paul Escande prononce un jugement radical sur l'internat : « Le seul concours officiel est truqué... Au bout de quatre ans d'internat et de sept ans de clinicat, on en est encore à baiser la main du potentat[1]. »

Après avoir été longtemps négligé, le métier de médecin a été élu au siècle dernier par les enfants de la bourgeoisie ; il s'est transformé en référence très honorable et son recrutement privilégié a été alors protégé. Jusque-là ouvert, on y voyait entrer des enfants de petits propriétaires, de commerçants aisés, voire de paysans riches. La vie littéraire en a donné des exemples : le père de Flaubert, celui de Proust, d'Anatole France étaient médecins. Leur rôle de notable s'est affirmé dès le moment où la disparition des propriétaires rentiers laissait vacante la place de « représentant officiel de la campagne ». Auparavant, métier modeste de demi-savant, il est peu à peu devenu une orientation flatteuse pour les fils de la grande bourgeoisie, en raison d'un enseignement long et scientifique de plus en plus élitiste, mélangeant avec bonheur, politique et vocation soignante, lutte contre la maladie et action au Parlement ou auprès des parlementaires.

Aujourd'hui, le fonctionnement interne repose toujours sur une faible transparence des recrutements (surtout hospitaliers), avec des élections dans des commissions contestées, des concours et des nominations faussés par des avantages de position, des attributions de l'agrégation souvent objets de controverses. Quelques projets de réformes timides ont été vite abandonnés et les rancœurs se nourrissent des cooptations par affinités, du clientélisme des patrons, de l'importance jouée par les « écoles ». La profession échappe parfois à ces tensions en faisant évoluer ses règlements, en créant de nouvelles spécialités (le nombre de spécialités a été multiplié par 8 entre 1945 et 1990), en tolérant de nouveaux modes d'exercice. Mais l'inertie des institutions et le conservatisme des structures freinent le développement d'une démocratisation des carrières hospitalières. Tant que le système ne fonctionnera pas dans la clarté, le terrain existera pour un extrémisme

1. Jean-Paul Escande, *Les Médecins*, Grasset, 1975, p. 145.

latent et une inclination passionnelle pour les positions excessives nourries de rancœurs personnelles.

La vivacité dans les discussions, voire leur outrance, maintient un ton de radicalisme dans les débats internes des syndicats, qui étonne toujours l'observateur qui s'attend à rencontrer des gens particulièrement policés. On peut aussi imputer ce style à la tradition d'un langage cru, sinon scatologique, des assemblées de médecins. Mai 1968 a été virulent dans les facultés de médecine. Le « gauchisme » y a été plus agressif qu'ailleurs : des doyens ont été démis, le siège de l'Ordre a été occupé. Une forme de radicalisme continue à exister et a pu se traduire par des engagements dans la médecine humanitaire.

Mais la politisation ne prend pas toujours ces chemins. Certains sont à la recherche de pouvoir, privilégient la fréquentation des gouvernants (devenir des amis, des invités des cocktails ou voyages présidentiels). D'autres engagements sont à l'opposé : médecins caritatifs, praticiens anonymes qui se mobilisent dans les cités ou les pays défavorisés.

Il existe indéniablement un goût pour les affaires collectives et pour les contacts humains que l'on perçoit dans la présence nombreuse des médecins, intéressée ou non, dans les associations locales, charitables, sportives ou culturelles. Les prises de responsabilités s'expliquent par l'ennui du travail médical souvent devenu routinier. Ils sont souvent incités à participer à la politique après avoir pu porter un jugement négatif sur l'environnement municipal ou départemental. Ils le connaissent bien en tant que praticiens ayant affaire à l'administration dans les expertises ou les questions de protection civile, de surveillance des écoles et du sport, d'aide médicale. Ils veulent améliorer ce dont ils se plaignent : une bureaucratie lourde et lente. Ce que l'administration requiert d'eux (au titre de leur statut bâtard) provoque leur colère et détermine leur volonté d'accéder au premier échelon de la politique : la municipalité. Élus et gestionnaires municipaux, ils sont aussi décideurs locaux pour toutes les questions qui concernent la santé, les subventions, les nominations hospitalières, les attributions de droits sociaux ou de l'aide médicale. Ici, ils s'auto-administrent car, dans un conseil municipal, rares sont les autres élus qui osent les contester sur les questions de santé ou de gestion des établissements (subventions, regard sur les résultats). Ils ont une autorité qu'aucune autre catégorie sociale n'est en mesure de leur disputer. Dans les assemblées, du modeste conseil municipal jusqu'au Parlement, ils sont décideurs. Ils sont aussi parfois simultanément actionnaires : nombre d'entre eux ont des intérêts dans des cliniques, des maisons de repos ou de troisième âge gérées par les collectivités.

En France, leur politisation se fait depuis longtemps dans un cadre radical. Cela a provoqué chez les hommes politiques la tentation symétrique : se dépolitiser devant la médecine, se réfugier derrière les « hommes de l'art » et faire de la médecine un argument électoral. Jean-François Mattéi illustre ces deux tentations : la carrière politique présentée comme une activité au service ou au secours de la médecine, comme si elle était un prolongement de la mission thérapeutique. La politique et la médecine se renforcent mutuellement grâce à une continuité dans le discours de l'action compassionnelle. L'ancien ministre écrit : « En quoi l'univers médical et scientifique est-il si différent de l'univers politique ?... L'intérêt que je porte à la politique est de la même essence que celui que j'ai toujours porté aux malades et aux étudiants [...]. En fait, politique et médecine ont plus d'un point commun [...]. Finalement, l'acte du médecin se résume à cette petite phrase : Qu'est-ce que je peux pour vous ? Quand je suis rentré en politique et que j'ai commencé à recevoir dans ma permanence, les gens venaient non plus parce qu'ils avaient de la fièvre ou des insomnies, mais parce qu'ils voulaient un logement, cherchaient un emploi, avaient un problème social. Médecine ou politique, la démarche est au fond la même[1]. »

Aujourd'hui, les médecins déclarent ouvertement leur soutien aux partis conservateurs. Ils représenteraient la profession la plus

1. Jean-François Mattéi, *Le Passeur d'univers. Un engagement pour la vie*, Calmann-Lévy, 2000, p. 21 et suiv. Est-ce la conséquence de la fréquentation exclusive de populations étroitement dépendantes – celle des malades et celle des électeurs – pour qui la politique se réduit à quémander humblement des services personnels auprès des gens haut placés ? En tout cas on aboutit à deux clientélismes en un !

orientée à droite. En 1995, selon les sondages, 8 % seulement des médecins auraient voté à gauche. Mais ils auraient été 39 % à voter Mitterrand au deuxième tour de 1988. L'influence de la profession s'exerce-t-elle également au moyen de pressions sur les électeurs ? Des témoignages de médecins le laissent croire. Dans leur lutte contre les ordonnances sur la réforme de la Sécurité sociale, dite « plan Juppé », pour manifester leur « indignation et désespérance », deux syndicats de médecins (CSMF et SML) ont annoncé qu'ils entraient désormais dans « une guerre de longue haleine » contre le gouvernement. En guise de représailles, ils ont annoncé deux mesures qu'ils ont associées de manière étonnante. D'abord, une pression auprès de leurs malades pour qu'ils refusent de voter pour les candidats de la majorité aux prochaines élections : « Nous appelons nos médecins et nos patients à voter pour ceux qui nous auront soutenus et à ne pas renouveler la confiance à ceux qui l'auront trahie » (*dixit* le président du SML). Les médecins de l'ex-RPR, de leur côté, ont dénoncé la réforme comme la « mort prochaine du modèle français de médecine libérale ». La seconde menace formulée explicitement était la suspension de la délivrance des congés maladie, formidable instrument de chantage. Les médecins s'illusionnent-ils sur leur influence auprès des malades qui irait jusqu'à déterminer leur vote ou est-elle réellement à ce point importante ? Leur influence, imaginaire ou non, grossie ou non, importe du moment que les élus y accordent crédit (et nombre d'élus, de quelque parti qu'ils soient, croient en effet efficaces les pressions qu'exerceraient les médecins en faveur de tel ou tel candidat). L'idée d'une influence durable reste néanmoins à prouver. Il est probable que la population dépendante de la bonne volonté des médecins pour l'établissement de certificats de complaisance ou de prescriptions à répétition de médicaments, ainsi que la partie de la population fortement consommatrice en médecine libérale, soit encline à soutenir momentanément les convictions des médecins. Cette association d'intérêts entre une fraction de la population et les médecins montre indirectement le poids que constitue l'octroi de droits avec autorité légale, dans le cadre d'une clientèle privée. À ce titre, l'intervention des médecins dans l'arène sociale représente une menace redoutée des hommes politiques.

La montée du pouvoir de l'État au XXe siècle a coïncidé avec l'essor de la profession médicale, mais plus l'interventionnisme étatique grandissait, plus s'affirmait l'indépendance des médecins. Ce paradoxe est lié à l'histoire de leurs associations et à l'affaiblissement d'autres groupes à forte légitimité. Dans cette dernière moitié de siècle écoulé, l'influence des médecins aurait été supérieure à celle acquise antérieurement par les enseignants. Pour François Léotard (ex-président de l'UDF), cela ne fait pas de doute quand il affirme en 1995, à propos du plan de réforme de la Sécurité sociale: « Si on continue comme ça, on sera battu aux législatives... Les médecins pour la droite, c'est comme les instituteurs pour la gauche. » L'image des deux blocs a été la base de la vision politique de la société française, les pivots des majorités en alternance.

Il existe un lien entre « santé » et politique que révèlent les dates des changements de majorité. Les dépenses de santé s'accélèrent en 1981. Les grandes années de déficit du régime général sont des années d'élections: en 1986 et 1988, puis en 1993 (où le déficit est multiplié par 4 par rapport à 1992 sans qu'on puisse l'expliquer valablement par la baisse des rentrées des cotisations, ni par les changements des barèmes des consultations). Changements à droite avec anticipation d'une plus grande liberté ou changement à gauche avec l'espoir d'une relance des impératifs de santé, ce qui n'exclut pas le plus grand mépris pour les gouvernements de gauche! Quand Martine Aubry a pris son ministère en 1997, elle a adressé une lettre-questionnaire courtoise à tous les médecins libéraux: 1 % d'entre eux ont répondu. L'avènement d'un syndicalisme médical, en tant que moyen d'action ordinaire emprunté aux employés et ouvriers, s'est greffé sur la tradition de pression sur le front parlementaire et la création d'associations professionnelles sous la IIIe République. La médecine est la seule profession où le corporatisme de métier transcende la solidarité de partis. Au Palais-Bourbon, les députés médecins de l'ex-RPR se réunissaient à part, comme un sous-groupe.

Ce syndicalisme médical original (hors du pouvoir et à l'intérieur du pouvoir) a connu de nombreuses péripéties. Depuis une trentaine d'années, à partir du noyau formé par la CSMF, il y a eu des scissions et une surenchère pour aller toujours plus à droite (FMF, SML). Depuis 1986, des généralistes modérés ont créé MG France pour sortir de cet engrenage et tenter d'occuper une position moyenne entre la position ultralibérale et une médecine socialisée.

Comment procède ce nouveau syndicalisme ?

Le syndicalisme au double visage : raisonnable et agité

Pour maintenir l'autonomie et la progression de leurs revenus à un rythme convenable, sans altérer la confiance sociale depuis les années 70, deux types d'actions ont été successivement menés. En période de crise économique aiguë, de faible croissance et de PIB stagnant, les organisations professionnelles ont jugé indécent ou inopportun d'insister sur l'augmentation du prix des actes remboursés. C'est dans ces périodes que l'on constate une augmentation discrète mais systématique du nombre d'actes. La multiplication des actes techniques, l'intensification des contacts avec la clientèle et la recherche de nouveaux clients permettent ainsi un accroissement des revenus (que révèle l'évolution des dépenses de santé). Cette montée de la croissance des revenus ne s'est pas ralentie depuis vingt-cinq ans. Quand l'état de l'économie s'améliore, les actions des syndicats de médecins repartent et relèvent alors d'un syndicalisme classique, genre employés/cadres de la fonction publique. Rencontres entre syndicats et ministres succèdent aux pétitions et aux grandes manifestations parisiennes pour aboutir à une négociation dans un rapport de forces favorable (revalorisation des barèmes, les fameux C, meilleure indemnisation des charges : astreintes, gardes, visite, annulation des menaces de clé flottante avec l'argument de la prolétarisation du métier, de la difficulté des conditions d'exercice, de la pression judiciaire). Cette action syndicale sous forme de balancier est toujours gagnante, quelle que soit la conjoncture économique ! C'est pourquoi les médecins et les paramédicaux libéraux (au sens large) ont été les professions qui, grâce à ce double jeu, ont tiré le meilleur parti de la crise.

Depuis la fin des années 90 et en 2000-2002, une forme d'agitation inspirée du mouvement infirmier est apparue : les coordinations (parfois débordantes avec grèves, défilés, séquestration de responsables de caisses). Comme dans le syndicalisme classique – surtout celui des fonctionnaires –, les organisations médicales ont les yeux fixés sur la catégorisation et ont toujours en tête l'idée de rattrapage, d'alignement sur une fraction mieux placée. D'où l'apparition de ces mécanismes d'engrenage des manifestations des personnels de santé auxquels s'agrègent les syndicats. Fin 2001, les sages-femmes avaient ouvert la revendication, et le feu s'est peu à peu propagé à toutes les catégories jusqu'aux spécialistes libéraux. Mais les médecins sont des « salariés » privilégiés puisqu'en tant qu'indépendants ils déterminent l'objet de travail, les conditions (horaires, lieu, durée) et préservent leur autonomie avec le choix des actes et des prescriptions. Ni réellement fonctionnaire ni totalement libéral, décideur politique et gestionnaire ou actionnaire (de cliniques et centres de séjour), ce statut ambigu est le non-dit de toute discussion avec l'administration. Les pressions potentielles au moment des élections, les grèves ou manifestations publiques sont articulées sur les techniques d'influence sur les médias. De longues interviews, une dramatisation calculée grâce à une chaîne particulièrement complaisante : TF1 leur accorde deux fois plus de place que France 2. Ce fut le cas notamment au moment de la lutte pour la consultation à 20 euros.

Une autre forme de politisation est celle des médecins qui participent à l'administration de la santé à côté des hauts fonctionnaires, collaboration permanente à laquelle se voue la part d'entre ceux qui travaillent dans les établissements publics, les instituts de recherche, les conseils ou comités installés pour « éclairer » les dirigeants du pays. Ainsi, les médecins hospitaliers, avec le préfet, les directeurs de la DDASS et de la caisse, sont présents dans plusieurs dizaines d'organismes départementaux. La direction des hôpitaux a trois têtes : le directeur qui a souvent un rôle politique, le maire, les médecins de la Commission médicale d'établissement. Ce trio de gestionnaires passe des alliances circonstancielles, définit des compromis qui ont la particularité de toujours aboutir au même résultat : l'accroissement des ressources financières qui permettent le recrutement de nouveaux malades *via* l'activisme de jeunes médecins dynamiques.

La transformation politique d'un problème de « santé » en bénéfice électoral est particulièrement évidente dans les cas de fermeture/ouverture de maternités, de services divers, de services d'urgences dans une ville moyenne comme je l'ai étudié dans le cas assez représentatif de Decazeville (Aveyron)[1]. Le résultat est toujours la création de nouvelles dépenses. Quand une décision a été prise qui va à l'encontre des intérêts médicaux, les petits personnels organisent une mobilisation locale *via* la presse. Puis, deuxième étape, le député médecin rencontre le ministre (qui est aussi médecin) et aussitôt la décision (de fermeture et d'astreintes) est annulée (type de syndicalisme de couloirs et d'assemblées). Ensuite le maire médecin de la ville voisine, plus centrale et importante bénéficiaire des mesures prévues, se sentant lésé par leur annulation, négocie un avantage compensatoire. Conclusion : tout projet d'économie venant de décideurs velléitaires contribue à accroître le déficit ! Chaque réforme se retourne contre ses initiateurs toujours au bénéfice des médecins quand la santé devient le support de l'argumentaire dans une lutte électorale.

Les maladies et les élections : deux services hospitaliers en campagne électorale

Les débats politiques nationaux sont alimentés par des arguments concernant la santé publique. Les élections sont une occasion privilégiée pour diffuser des connaissances médicales, proposer des thérapies, susciter des besoins. Les problèmes de santé envahissent la vie politique nationale et locale. On sait que le Languedoc-Roussillon est une région très politisée médicalement (16 % des élus au Conseil régional étaient médecins, et le président, Jacques Blanc, était neuropsychiatre). En 1993, on a assisté à un affrontement intéressant, pour l'élection à la Chambre des députés, dans la deuxième circonscription de Montpellier. Au second tour, les deux candidats restés en lice étaient deux spécialistes, chefs de services hospitaliers soignant les mêmes maladies. Ils ont rivalisé

1. Jean Peneff, *Les Malades des urgences*, *op. cit.*, p. 35.

pour la conquête du siège. L'un représentait le dépistage du cancer, l'autre sa thérapie. Tous les deux étaient universitaires (un professeur agrégé contre un chef de clinique), appartenaient à deux familles locales fortement implantées. L'un était le fils d'un professeur de médecine et l'autre d'un grand commerçant montpelliérain. L'un appartenait au PS et l'autre au RPR. Le candidat de gauche dépiste et diagnostique les cancéreux qu'il envoie au candidat de droite qui les soigne par radiothérapie. L'intérêt de ce duel était renforcé par la rivalité entre leurs services hospitaliers respectifs, aggravé par la position hiérarchique de leurs centres anticancéreux et par les querelles internes à cette spécialité. Ce sont les questions médicales qui ont divisé les comités de soutien (peuplés de médecins) de l'un et de l'autre. Leurs biographies professionnelles (appartenance aux sociétés savantes, aux associations de malades) ont eu plus d'importance dans la campagne électorale que leurs compétences politiques ou leurs parcours antérieurs, sinueux et croisés. En effet, le candidat de droite RPR qui l'a finalement emporté était un ancien socialiste qui avait viré à l'UDF. Le socialiste avait entamé sa carrière politique sous l'égide de l'UDF. Il avait d'ailleurs été battu pour la députation par un autre médecin. Devenu socialiste, il était soutenu, en 1993, par un ministre radical, médecin lui-même : Bernard Kouchner[1]. Derrière le slogan unifiant et œcuménique, élaboré sans grand risque d'effrayer les électeurs (« Une meilleure santé pour tous »), ce ne sont pas deux conceptions politiques qui se sont affrontées mais deux groupes intéressés à telle ou telle forme de travail hospitalier. L'un s'est engagé pour la création d'un grand département d'imagerie médicale alors que l'autre défendait la restructuration du Centre régional de lutte contre le cancer. L'un a créé et veut élargir la grande manifestation annuelle qui se tient à Montpellier sous l'intitulé « Euromédecine », pour « démocratiser » le savoir médical. L'autre, délégué général RPR de la santé, met en avant sa participation au Comité français d'éducation pour la santé. Le personnel paramédical est entraîné dans la tourmente et défend son service et

1. Michel Dubois : « Le professeur Jean-Louis Lamarque : un entrepreneur scientifique et politique », *Pôle Sud*, Montpellier, n° 2, printemps 1995.

son chef. Le camion de dépistage sert de permanence mobile et de stock d'affichage. Les cabinets de ville, généralistes et spécialistes, relaient l'action du candidat RPR. Les questions médicales deviennent le centre de la campagne électorale et la politique une annexe des divergences professionnelles sur des problèmes de santé !

Agir sur l'opinion, gagner le soutien de la presse aux élections est indispensable pour des non-professionnels de la politique. Ils l'obtiennent aisément grâce à des moyens indirects efficaces (invitation de journalistes, propositions d'études, offres d'enquêtes et d'expertise s'ils sont élus). Je reviens, ailleurs, sur quelques échanges de services de ce type[1].

La politique régionale hospitalière suscite des alliances, des troïkas (administratifs, élus, médecins) regroupant vieux et jeunes directeurs, députés maires de gauche et de droite, professionnels de la santé du public et du privé, corps médical. La réussite d'une politique d'entrisme à tous les niveaux de l'administration prend du temps et des hommes. Les règles de fonctionnement sont ambiguës (ou bien impossibles à appliquer concrètement) et encouragent l'existence de rapports d'alliance afin de gérer à partir de relations informelles et de rapports interindividuels, notamment entre cadres supérieurs de même rang : le président régional de l'Ordre, éventuellement le doyen de la faculté de médecine ou les directeurs de mutuelles, chacun ayant ses objectifs et ses intérêts propres. Dans la plupart des cas, les arrangements électoraux aboutissent à l'ouverture de nouveaux services, à l'agrandissement des hôpitaux, à l'achat d'équipements sans évaluation et sans possibilité de vérifier l'utilité du produit ou du bien médical. L'autre mode d'influence – plus traditionnel – qui voit les grands patrons soigner les hommes politiques et les hautes personnalités est plus limité et appartient peut-être au passé. Dans leurs *Mémoires*, les professeurs Milliez, Minkowski et Cabrol font souvent allusion à leur fréquentation des sphères du pouvoir, aux invitations dans les ambassades, à leurs voyages avec les chefs d'État, moments privilégiés pour distiller des conseils sur le statut et l'avenir de leur profession. Comme les autres métiers, la profession médicale tend à faire passer les intérêts particuliers de ses membres pour l'in-

1. Voir la partie *Enquêtes* sur mon site internet.

térêt général, mais elle a incomparablement plus de moyens pour le faire. Déjà en 1960, Eliot Freidson prédisait l'étendue à venir du corporatisme de ce type de professions : « Sa compétence est si complexe, si ésotérique qu'il faut avoir suivi l'enseignement approprié pour être capable de la connaître et de la juger. Mais elle a une autre prétention capitale : elle prétend être une profession dont le but est de servir, une profession morale… On peut s'attendre à ce qu'une profession qui a obtenu de contrôler son activité prenne avantage de ce monopole pour servir ses intérêts égoïstes[1]. »

L'extension de ses pouvoirs est facilitée par des alliances avec d'autres professionnels, en se mettant à leur tête, tantôt en s'appuyant sur la puissance publique, tantôt en critiquant son ingérence. Pour la médecine des années 1950-1990, ces deux attitudes contradictoires ont coexisté. Ce pourrait même être une singularité de l'histoire française : à la fois s'appuyer sur l'autorité de l'État et la refuser, développer des intérêts privés – légitimes pour une profession libérale – mais dans le cadre d'un service public dont la solvabilité est assurée et en même temps contestée. L'organisation de la médecine actuelle comporte une confusion des statuts : un secteur privé, des professions libérales et, de l'autre côté, des fonctionnaires et agents mixtes.

Un tournant surprenant a eu lieu au milieu de la période 1960-1990. La profession médicale avait jusque-là évité l'intervention de l'État dans sa rencontre avec le malade. Cette anomalie de l'organisation professionnelle (statut bâtard : mi-privé, mi-public) a provoqué une accélération de l'expansion de l'autonomie professionnelle. Au lieu de s'épuiser en luttes fratricides et d'exacerber des intérêts antagonistes, les deux groupes, salariés et libéraux, ont tiré de l'État des avantages séparés mais convergents pour améliorer leur position, les uns en accroissant leurs revenus en temps de crise, les autres en multipliant les emplois en temps de licenciements. Cette réussite est surprenante, mais elle ne s'est pas faite sans déchirements internes car les deux stratégies étaient conflictuelles : les uns voulaient plus d'État (plus d'établissements, de chaires universitaires, de postes, de formations publiques) et les autres voulaient moins d'intrusion et de contrôle de l'État. Ces derniers n'ont eu de cesse de

1. Eliot Freidson, *La Profession médicale, op. cit.*, p. 357.

dénoncer l'intervention de l'État dans leurs relations avec les malades. Ils ont la hantise de ce qu'ils appellent l'« étatisation » ou la « nationalisation de la médecine » si leurs prescriptions sont mises sous contrôle. Les premiers dénoncent la situation « sinistrée » des hôpitaux français et brandissent la menace d'un rationnement des soins « à l'anglaise » en cas de fermetures de lits.

Le succès contemporain du « professionnalisme » (plus les professions sont hautes, plus elles tendent vers le cumul de l'intervention politique et de l'aspiration à plus d'autonomie) se vérifie quand on constate que les réformes dans l'un ou l'autre domaine n'ont jamais pu être imposées hors des grandes crises nationales. Il a fallu des conjonctures politiques à forts bouleversements externes pour que de nouvelles législations s'imposent. 1941 a été paradoxalement une révolution : l'hôpital ouvert à tous et pas seulement aux indigents. En 1945, dans les décombres de la guerre, la Sécurité sociale, la collectivisation des risques durent être imposées par la force (le conventionnement mit plus de dix ans pour s'imposer, tant la socialisation des honoraires et une éventuelle tutelle de la CNAM étaient perçues comme une menace par la profession). En 1958, une autre réforme a été réalisée malgré les préventions et l'hostilité d'une majorité des membres de la profession, à un moment crucial de l'histoire du pays où les enjeux politiques globaux étaient devenus déterminants. L'année 1958 – décisive pour la profession médicale – a été l'année de l'arrivée au pouvoir du général de Gaulle, de l'intensification de la guerre d'Algérie et de la nomination d'un Premier ministre, Michel Debré, initiateur de la réforme médicale instituant le plein-temps hospitalier. Son père, le professeur Robert Debré, a pu l'imposer à ses pairs grâce à sa stature de grand médecin et de grand résistant[1]. L'idée

1. Henri Jamous évoque cet important épisode dans *Contribution à une sociologie de la décision*, CNRS, 1967. De même, les circonstances politiques et la violence que ces événements ont provoquée sont décrites avec franchise par les acteurs principaux dans l'intéressant livre anniversaire : *La Réforme Debré, un tiers de siècle après*, éditions ENSP, 1999. Un des instigateurs de cette réforme, le prix Nobel Jean Dausset, raconte : « Moi, je rappelle que je recevais des menaces de mort la nuit chez moi » (p. 27). Les pressions sur le gouvernement Debré (fils de Robert) mettent en évidence la virulence du soutien à l'individualisme libéral médical contre tout changement de statut et le refus du temps plein à l'hôpital.

des lois de 1945-1947 sur la Sécurité sociale – un pays, une médecine, un seul régime d'assurance – a été discutée par rapport à d'autres systèmes. La conception unitaire sous un mode pluraliste de statuts médicaux l'a emporté, mais en incluant à côté du public et du libéral un secteur coopératif, municipal ou mixte[1]. Mais, depuis lors, aucune grande réforme n'a abouti. Même celles conçues par des ministres de la Santé médecins ont échoué. C'est la force d'une profession que de sortir renforcée chaque fois qu'on la menace de changements, en dehors des moments quasi révolutionnaires.

En 1971, la réforme instituant le conventionnement généralisé est passée. Mais, depuis, plus rien… Cela tend à prouver la perte d'influence des gouvernants sur une profession à laquelle on ne peut rien imposer sans son assentiment toujours improbable, étant donné ses divisions. Cela explique l'inertie et l'immobilisme. Une réforme dite « historique », celle d'Alain Juppé, dans un grand sursaut de soi-disant lucidité, avec des sanctions sévères prévues contre les médecins dont le nombre d'actes est excessif, a été proposée par des hommes politiques qui s'affichaient comme de fermes défenseurs de la liberté des médecins libéraux dans les tractations précédentes. Comment pouvaient-ils être crédibles ? Auparavant, un autre grand moment de politisation intense fut l'opposition au gouvernement Mauroy et à ses projets (réforme de l'internat, démocratisation du recrutement, médecine ouvrière). L'hostilité qu'a connue, à ce moment-là, Jack Ralite était-elle due à son projet de réforme ou, *in fine*, était-elle avant tout le résultat d'un mépris de classe caricatural, comme le prouvent les slogans et les dessins de la presse médicale, affichés dans les salles de garde ou sur les banderoles des manifestants ? L'incompréhension était à son comble entre un milieu médical hiérarchique et un ministre

1. Le professeur Milliez conçoit ainsi la bipartition : « Ce serait une erreur de supprimer la médecine libérale. Mais c'est aussi une grave erreur que d'empêcher le développement de la médecine fonctionnarisée : il faudrait multiplier les centres de santé où n'importe qui pourrait consulter les médecins salariés… La Sécurité sociale a été le pactole pour les médecins, bien qu'ils en aient d'abord dit pis que pendre. Cela ne veut pas dire que tous les médecins gagnent trop d'argent, mais qu'actuellement les médecins, pris dans leur ensemble, sont des privilégiés », *Médecin de la liberté*, *op. cit.*, p. 239-242.

représentant les petites classes moyennes. Quand il l'a choisi pour ce poste, François Mitterrand a-t-il voulu provoquer la profession médicale ou songeait-il déjà à l'échec probable des projets de dissolution de l'Ordre, de l'internat qualifiant, de la création de fédérations de services hospitaliers, d'une médecine sociale avec centres de santé en partie gratuits, de l'organisation d'une médecine de groupe[1] ? La grève des internes et le mouvement des médecins conjugués au mouvement, plus puissant, pour la défense de l'école privée ont effacé tout cela en six mois.

Une médecine est puissante si elle sait s'adapter à toutes les circonstances. Mieux vaut se garder, pense-t-elle, des législations défavorables en participant soi-même à l'élaboration des lois, faire le droit ou à défaut en surveiller l'application. Or, la réussite d'un tel objectif nécessite de se politiser ou de politiser la gestion hospitalière, la défense de l'exercice libéral, etc. Rester maître des définitions des normes, de leur réalisation, contrôler les groupes élaborant les règles deviennent l'objectif prioritaire d'un syndicalisme actif et sélectif. Le choix de boucs émissaires doit permettre de neutraliser les mécontentements. Plus le syndicalisme se radicalise, plus il gagne en garantie d'honoraires socialisés.

L'« État », source de tous les maux, bouc émissaire idéal pour les catégories sociales bénéficiaires

« À médecine forte, État faible » ou est-ce le contraire qui est vrai ? Dans tous les cas, l'État est un bouc émissaire idéal pour ressouder des médecins divisés. Il devient le coupable des déficits et des défaillances soit parce qu'il est démissionnaire, soit parce qu'il est complaisant. Dans les analyses des livres des quelques hauts fonctionnaires critiques, l'État français est toujours voué aux gémonies : « Représentants au pouvoir sans légitimité, sans idées, sans projets, laissant la place vide pour les groupes de pression. »

1. Jack Ralite, *Retour de France*, Éditions sociales, 1982. Voir le chapitre « Au plan des accidents du travail ».

Dans des pages très vives de son livre, Gilles Johanet analyse cet accord qui réunirait la droite et la gauche « pour ne rien faire[1] ». On trouvera facilement dans les autres livres des hauts fonctionnaires déjà cités un grand nombre de qualifications négatives. Un « État protéiforme et déliquescent », « absence de réflexion abyssale des partis sur le fonctionnement de l'État », « la classe politique : un avion sans pilote », pour reprendre Jean de Kervasdoué. Jean-Pierre Davant fustige le manque de courage dû à la peur des élections (avec le poids des médecins et des laboratoires sur les électeurs et l'opposition des journalistes à toute restriction). Il parle « des lâchetés et incohérences des différents gouvernements ».

À ce niveau d'analyse, les commentateurs peuvent jouer facilement de l'image repoussoir d'un État abstrait, vague entité, sans spécification gouvernementale. On parle anonymement « des autorités publiques », des « dirigeants » ; on ne cherche guère à distinguer entre ministres ou plans de redressement. Tantôt « l'État patron » est trop interventionniste, tantôt il est absent ou déliquescent. Les gestionnaires déçus ont usé de tous les qualificatifs littéraires : ubuesque, kafkaïen. Ils auraient pu, en tant qu'experts du système de santé et du fait de leur fréquentation des ministères, en tenir la chronique à notre profit de lecteurs. En effet, on peut comprendre la position prudente des députés quand on mesure le poids de leur électorat rural ou de celui des petites villes, là où les populations âgées et stables votent régulièrement et où les médecins élus sont donc très proches des électeurs, par ailleurs sous influence des médias régionaux. Le pic de la consommation médicale (55-75 ans) est le fait des populations dont la participation électorale est la plus élevée (50-68 ans). Intérêt électoral et hyperprotection sanitaire coïncident. Les élus le savent. L'idéologie de la « médicalisation pour tous » se développe donc non pas dans un contexte social, mais dans un contexte politique qui la favorise. D'autres facteurs ont renforcé cette idéologie : l'alternance politique propre aux surenchères, une dépolitisation masculine (faible participation électorale et faible mobilisation syndi-

1. Gilles Johanet, *Sécurité sociale : l'échec et le défi*, éd. du Seuil, 1998, p. 67 et 68.

cale des hommes), alors que c'est le contraire pour les femmes. Tous ces faits ne sont pas dissociables de l'augmentation des dépenses de santé et de la place nouvelle occupée par la médecine. Cela tempère les velléités de réforme en particulier quand les ministres de la Santé sont de retour dans le cadre d'une alternance et ont donc de l'expérience (ce fut le cas de Barrot, Kouchner, Veil, Douste-Blazy).

Vingt ans de défaitisme gouvernemental

On peut illustrer cela avec le cas de Simone Veil qui a occupé le poste de ministre de la Santé à vingt ans d'intervalle de 1975 à 1977, puis de 1993 à 1995. Les déficits jugés intolérables lors de son premier passage au ministère ont été multipliés par cent en vingt ans !

En 1975, son premier diagnostic avait été lucide. Selon Maurice Szafran, la ministre « avait alors égrené un chapelet : ralentir la croissance des dépenses de santé », « organiser – enfin – un véritable contrôle sur les laboratoires biologiques », « suivre – de près – l'évolution des greffes d'organes, repenser le code déontologique des médecins ». « La santé, ça n'a pas de prix », murmurent les belles âmes… « La santé, ça a un coût », rétorque alors la ministre de la Santé ! « Un chiffre, un seul, pour mesurer l'ampleur de la dérive : en 1975, l'ensemble des dépenses de maladie s'élève à 19 milliards de francs, 15 % de plus que l'année précédente et sans la moindre certitude que les soins se soient, eux, améliorés[1]. » En 1977, la ministre a laissé un déficit de 2,2 milliards de francs ; en 1993, lors de son retour au ministère, elle trouve un déficit de 170 milliards. Il aura encore augmenté de 70 milliards quand elle l'abandonne en 1995. Quand les gouvernements successifs prévoient un frein ici, par exemple les hôpitaux publics, ce sont les cliniques privées qui font exploser les dépenses. Quand ils limitent ou croient limiter les prescriptions, ce sont les

1. Maurice Szafran, *Simone Veil, un destin*, Flammarion, 1994, p. 29.

coûts des auxiliaires médicaux et des transports sanitaires qui ont fait un bond en avant. Quand ils ralentissent la hausse du nombre de consultations par les généralistes, celles faites par les spécialistes doublent. Colmater à un endroit provoque une fuite ailleurs ; contraindre un moment la profession médicale accroît l'accélération peu de temps après. À tous les coups, le résultat global est différent de celui escompté. On peut dire que toutes les mesures d'économie engendrent une augmentation des dépenses. Cela génère un sentiment général d'impuissance chez les gestionnaires, les directeurs de caisses et les autres acteurs. Des univers médicaux aussi instables engendrent un sentiment de chaos, une entropie. Le principe d'incertitude découle de l'irrationalité dans des mondes fermés et contradictoires.

Une des causes de la faiblesse gouvernementale est technique et administrative. Il s'agit de l'opacité des flux de remboursements : éparpillement des responsabilités, méconnaissance de l'affectation précise des dépenses. Les personnels de santé – un corps de professionnels de deux millions de personnes – sont gérés par un ministère auquel sont confiées, de surcroît, d'autres fonctions et d'autres administrations. En quatorze ans, on a connu neuf ministres de la Santé. Une autre cause de la faiblesse gouvernementale réside dans une certaine incohérence législative. Les gouvernements successifs ont hésité, parfois démissionné sur une série de points précis, rendant difficiles, par la suite, leurs appels au respect de la loi ou à l'autodiscipline. Il n'a été procédé à aucune élection des conseils d'administration des caisses entre 1982 et 1995 malgré les engagements pris devant le Parlement ; l'accord « définitif » entre le gouvernement et les trois caisses nationales d'Assurance maladie de 1991 n'a été ni appliqué ni dénoncé ; le carnet de santé, voté à l'automne 1995, a finalement été abandonné. « État Léviathan » selon la vision de certains ultralibéraux ou État impuissant selon la perception jacobine, quoi qu'il en soit, le défaitisme a pour contrepartie de petites compensations électorales. L'alliance entre le grand patronat et quelques syndicats a été la pierre angulaire du système. Cette alliance a été saluée comme une réussite d'entente sociale entre patronat et centrales ouvrières. Elle a été sous la responsabilité de la CGT entre 1945 et 1967, puis sous celle de FO et, depuis peu, sous celle de la CFDT. Sous les présidences d'André Bergeron puis de Marc Blondel, le syndicat FO a été le représentant des cadres et employés, ce qui conforte l'hypothèse du poids des classes moyennes sur les représentations de la santé, impliquant une dépolitisation de la question des dépenses.

C'est sur le terrain local que médecins, élus, maires ou conseillers organisent l'entente avec les syndicats, pour l'emploi, la politique d'agrandissement des établissements, la gestion décentralisée. Il s'agit d'une alliance intéressée. Mais ce front est mobile. On est passé depuis peu du défaitisme syndical à la résistance à tout réformisme de la part des gestionnaires de la CNAM, même si les positions de trois syndicats (CFDT, CGC, CFTC) et de la Mutualité française sont plus nuancées. Un nouveau bloc se dessine réunissant les gestionnaires de la Sécurité sociale, la Mutualité, quelques syndicats, contre le privé (patronat, médecine libérale, cliniques, assureurs privés). Ce bloc critique l'inertie du gouvernement et sa tolérance envers le secteur libéral.

On ne peut donc comprendre les hésitations des politiques que si l'on étudie les structures de la profession médicale, l'ambiguïté du statut d'une partie d'entre elles, la contradiction du mode de rémunération (qui explique les attaques récurrentes contre l'étatisme alors que l'on compte sur l'État pour garantir la solvabilité de l'Assurance maladie et couvrir régulièrement les déficits), la délégation de plus en plus grande d'actes administratifs et leur transfert dans le fonctionnement médical quotidien. Les préoccupations de gestion passent avant celles des soins, en particulier au sein des organes représentatifs du monde médical (Unions régionales, Ordres, commissions). Les médecins sont-ils des « salariés » d'un type particulier ou des libéraux protégés par des marchés captifs ? Sont-ils les victimes ou les bénéficiaires de cette situation ambiguë ? La simultanéité de la politisation des médecins et de la dépolitisation des classes populaires permet de masquer les divergences, de placer les nouvelles classes urbaines en positon d'arbitrer et de paralyser le débat sur les conséquences des excès des dépenses de santé.

Opinions et humeurs

Nous avons insisté sur la puissance de la profession médicale parce que cela a des conséquences pratiques. L'expérience montre qu'on n'impose pas une politique aux médecins, qu'elle concerne la santé, la gestion, la formation, etc. En revanche, ils peuvent imposer la leur, tout au moins quand ils sont unis. Dans le cas contraire, ils choisissent le statu quo. La grande force de la médecine du XXe siècle est d'avoir conservé son organisation libérale dans un service devenu public et transformé la socialisation des revenus individuels de ses membres en pivot de la politique libérale. Défendre ainsi un libéralisme sans risques d'insolvabilité des clients est un privilège exceptionnel. À la différence de leurs prédécesseurs, les médecins sont aujourd'hui débarrassés des démarches judiciaires pour faire rentrer les impayés. Leurs honoraires sont garantis. La sécurité qui en découle en fait des « salariés » singuliers qui déterminent librement leur objet de travail, leurs conditions de travail (horaires, lieu, malgré les astreintes) et préservent leur autonomie avec le choix des actes et des prescriptions. Ils peuvent définir leur niveau de revenus en adaptant le volume des actes produits. Ce statut intermédiaire entrave toutes les négociations, favorise la fuite en avant dans le radicalisme de la revendication.

Les enseignants constituent une autre grande profession dominante, détenant elle aussi depuis les années 1880 un monopole. Elle est également divisée en deux secteurs, privé et public. Elle a aussi connu un secteur libre ou libéral de paiement « à l'acte » jusqu'à la fin du XIXe siècle sous la forme du préceptorat, du monitorat et des leçons particulières. Il y a toutefois une différence entre les enseignants et les médecins : les enseignants ne demandent pas que la mission d'éducation soit assurée dans un cadre libéral, c'est-à-dire d'une manière individualisée sur un marché libre de l'instruction. Si les conditions historiques s'y étaient prêtées, ils auraient pu nous convaincre que leurs élèves avaient besoin d'une prestation individuelle, à la demande, financée par la collectivité. Il n'est pas utopique d'imaginer un système éducatif – privé ou public – où les inégalités du savoir et du développement intellectuel seraient compensées par une prise en charge collective sous forme de cours individuels, de rattrapage, d'aide personnalisée. Les enseignants n'ont pas cherché à placer l'état de non instruit au même niveau de gravité que l'état de malade. Pourtant, un tel système de couverture sociale dans lequel les élèves ou leurs représentants (parents, tuteurs) s'adresseraient, selon les besoins ressentis, à des enseignants de leur choix pour combler des lacunes dans l'instruction ou améliorer des résultats scolaires serait aussi légitime que celui assurant la satisfaction collective des « besoins » individuels de santé définis par des professionnels autonomes et des patients libres de leur évaluation. Cette prétention serait pourtant jugée exorbitante ; or, à la réflexion, il n'y a aucune raison morale ou de droit qui empêcherait que les inégalités intellectuelles, les rythmes différents du développement des aptitudes, les inégalités de l'accès au savoir soient combattus par un système différent de celui appliqué aux inégalités physiques, biologiques, physiologiques. La réduction des inégalités intellectuelles pourrait très bien être prise en charge de la même manière que les différences d'état de « santé ». Seuls l'organisation de la médecine et le pouvoir de ses professionnels occultent cette analogie. C'est un accident de l'histoire et le résultat de la puissance variable des professions si les inégalités intellectuelles ou culturelles ne sont pas traitées de la même façon que les inégalités physiques ou physiologiques. Ce n'est en aucun cas le résultat d'une hiérarchie morale, sociale ou d'une norme à prétention universelle. L'analogie pourrait être poursuivie. La sécurité des citoyens, comme la santé publique, aurait pu être assurée par des policiers indépendants dans un cadre libéral financé sur le budget public. Ils pourraient offrir leurs services (enquêtes, résolution d'affaires, surveillance, protection) aux individus qui les solliciteraient selon le sentiment subjectif du besoin de protection ou le désir individuel de sécurité.

Si ces comparaisons heurtent le sens commun, c'est que nous nous interdisons de concevoir la profession médicale comme une profession ordinaire. Nous la considérons à part, hors des critères habituels, et nous faisons de ses acteurs des hommes trop différents pour que l'assimilation avec les services et métiers cités plus haut n'apparaisse pas comme moralement inacceptable ou socialement scandaleuse. Le niveau des dépenses et donc des déficits dépend d'eux. Il baissera quand ils le jugeront indispensable, quand ils le décideront ; or, comme leurs intérêts sont divergents et hétérogènes, ils ne le décréteront jamais. Les dépenses ne baisseront donc pas, quelles que soient la fermeté des décisions politiques et l'ampleur des réformes entreprises. Elles avorteront toutes, la dernière comme les précédentes (quand, pire, elles n'accroîtront pas les déficits comme cela s'est produit régulièrement dans le passé). Les dépenses concernent donc en premier les médecins qui prétendent agir sous la pression et la contrainte (le harcèlement parfois) de leurs patients[1]. Et ils ont partiellement raison, sauf que cette pression provient d'une fraction étroite, sinon infime, des personnes malades. La médicalisation – pour reprendre cette terminologie trompeuse – pèse peu dans la totalité des budgets étant donné que la moitié des dépenses de l'Assurance maladie concerne 4 % de la population et que, dans celle-ci, la majorité n'intervient probablement pas sous forme de demandes spécifiques d'actes pas plus que dans les choix thérapeutiques coûteux qui leur sont appliqués.

Plus le syndicalisme se radicalise, plus il exige la garantie des remboursements socialisés. Ce n'est paradoxal qu'en apparence. Si on a la lucidité de concevoir la profession médicale comme un parti politique, notre compréhension progresse. Mais c'est un parti politique aussi déboussolé que les autres, aussi divisé et incertain sur la possibilité de faire coexister ses différentes factions dont les intérêts sont souvent contradictoires.

---

1. Pour relativiser ce harcèlement, notons que, selon le Sou (une société médicale d'assistance) qui assure 120 000 médecins, en 1996, 1 740 plaintes en justice avaient été déposées sur environ 400 millions d'actes ou séances. Le nombre de procès reste marginal et affecte quatre fois plus les spécialistes que les généralistes. Rappelons aussi que les plus exposés parmi les chirurgiens sont de loin les intervenants sur l'esthétique.

9
La défense des revenus

Il s'agit maintenant d'essayer de répondre non pas à la question politique habituelle : « Les médecins sont-ils trop ou pas assez rémunérés ? », mais à une question proprement sociologique : « Comment une profession homogène dans sa formation peut-elle présenter autant de disparités de ressources à niveau de qualification égal et, en même temps, manifester, dans ses discours du moins, une telle unanimité ? » En effet, comment la défense catégorielle des revenus peut-elle s'appuyer sur une pratique si peu unifiée et un syndicalisme multiple et minoritaire ? Sur la base d'un taux annoncé d'environ 15 % de syndiqués (ce qui n'est pas négligeable en France même si ce taux ne tient pas compte des adhésions individuelles à plusieurs organisations), l'engagement réel ne concerne que quelques centaines de militants éparpillés entre 5 ou 6 syndicats. Quel impact une telle minorité fractionnée peut-elle avoir sur les revendications ? Un syndicalisme minoritaire très actif, même si c'est dans l'ombre, peut très bien fonctionner avec une politisation à découvert. Pour comprendre l'impasse des déficits, il est nécessaire de saisir ce double discours et le double visage de la contestation.

Au préalable, on doit constater la permanence des récriminations pécuniaires dans l'histoire de la profession, quels que soient les termes dramatiques rituellement utilisés : paupérisation, prolétarisation, appauvrissement. Pourtant, au vu des chiffres, la situation d'ensemble est loin d'être défavorable. Jean Terquem écrit : « Les médecins ont cependant connu, au cours des dernières années, une croissance de pouvoir d'achat supérieure à la moyenne des salariés et leur "paupérisation" correspond à un slogan sans fondement[1]. » Les statistiques récentes conduisent au même constat : par rapport aux cadres supérieurs, l'écart s'est creusé significativement en leur faveur : si on les compare aux salariés du privé, les médecins feraient partie de la fraction des 2 % les mieux payés.

La question des revenus est le plus souvent laissée de côté dans les études et les rapports. Rares sont les ouvrages qui ne se contentent pas d'allusions. Néanmoins, Bénédicte Vergez cite les récriminations, vieilles de plus d'un demi-siècle, des praticiens qui se lamentent de la faiblesse de leurs gains. « Beaucoup de collègues sont comme moi aux prises avec de grosses difficultés financières : de jour en jour la clientèle se raréfie, tout le monde, surtout les riches, allant se faire soigner gratis à l'hôpital » (en 1936). Ou encore : « Des fortunes ? Hélas la plupart peinent jusqu'à la dernière heure » (en 1933). L'un d'entre eux se plaint de « l'incroyable inquisition fiscale », à propos d'un projet du gouvernement de Vichy visant à limiter leurs revenus en 1942[2]. La question des revenus est obsédante dans les réunions des syndicats médicaux. La presse médicale y consacre un quart de ses pages. Les rubriques économiques traitent de la fiscalité, des déclarations de revenus, du droit, des discussions avec les caisses, de la situation d'employeur et donnent des conseils pour bénéficier du maximum d'avantages. C'est moins de la moitié des autres rubriques qui traitent de l'actualité médicale, donnent des conseils sur la pratique, informent sur les maladies. Un tiers de l'espace est occupé par les annonces de sponsors et la publicité des laboratoires pharmaceutiques. Le reste est constitué d'encarts consacrés aux loisirs et à la culture. C'est ce que révèle une étude détaillée du magazine *Le Généraliste.*

---

1. Jean Terquem, *Les Médecins dans la société française,* Economica, 1992, p. 8 ; voir aussi le chapitre V : « Situation matérielle ». Lire également : Béatrice Majnoni d'Intignano, *Santé mon cher souci,* Lattès, 1989, notamment p. 50 : « Un médecin, on ne le paye pas, on l'honore. » Michel Arliaud, dans *Les Médecins,* La Découverte, 1987, donne des chiffres sur les tranches d'honoraires, qui, quoique un peu vieillis, montrent que les écarts se maintiennent. On retrouvera également l'idée d'un éparpillement sur l'échelle des gains dans la troisième partie de son livre intitulée « Les fractures du corps médical ».

2. Bénédicte Vergez, *Le Monde des médecins au vingtième siècle,* Complexe, 1996. Voir en particulier la troisième partie : « Argent qui honore, argent qui fait vivre ».

Évaluation des revenus à l'intérieur de chaque corps

Comment une profession peut-elle accepter de telles variations de revenus à même niveau de compétence ? Comment vivre et travailler ensemble quand, dans chaque groupe, à formation égale et à temps de travail égal (excepté des variations marginales), les strates de revenus officiellement justifiées par les besoins de la clientèle occasionnent des tensions et un ressentiment ? Rappelons par ailleurs que les auteurs critiques, cités en première partie, suggèrent que la course aux revenus a des conséquences sérieuses pour la santé.

Aujourd'hui, quand on assiste aux réunions et qu'on écoute les discussions, on voit bien que la question des tranches de revenus jugées acceptables divise la profession. Faut-il un « SMIC médecins » ou laisser le marché décider de la hiérarchisation et du nivellement des revenus ? Comment réagir face à ceux qui abusent des demandes infinies des patients et faut-il condamner les plus vénaux ? Des questions telles que la justification des écarts entre les deux extrémités de l'échelle des revenus se sont posées aux syndicats. Faut-il aider les défavorisés (les plus mal placés en termes de clientèle) ou les encourager à travailler davantage ? Faut-il imposer un nombre minimal de consultations quotidiennes, voire créer un plafond ? Quel écart tolérer entre les profits dans deux spécialités voisines et au sein de chaque catégorie, pour telle ou telle spécialité, entre omnipraticiens, exercices particuliers avec ou non dépassement d'honoraires ? Comment rémunérer des différences de valeur et de compétences (et comment les reconnaître ?) à temps de travail égal ? Le problème n'est pas nouveau ; des tentatives d'autorégulation par la définition d'un juste gain, celle d'un honoraire décent (incluant même la possibilité de gratuité pour les pauvres), ont agité la profession depuis 1900[1]. Les médecins des mutuelles, des centres de santé ou du

1. Par exemple le tarif Jeanne en 1897 (du nom du médecin qui l'a conçu) voulait fixer un prix minimal pour s'opposer à la concurrence déloyale qui faisait baisser les prix de consultation ou celle de la rémunération « au rabais » de l'aide médicale gratuite ou de la mutualité. Observons que lorsque le gouvernement de Vichy en 1942 voulut, pour apprécier les revenus des médecins, faire déclarer aux patients (en vue d'exonérations fiscales) les sommes que ces derniers leur

secteur public s'étonnent devant les gains réalisés par quelques confrères privés et la tolérance des caisses qui laissent filer les remboursements. Ce sont surtout des généralistes qui dénoncent l'intéressement sans retenue des spécialistes. D'où la gêne silencieuse des généralistes syndiqués quand ils sont dans la même organisation que les spécialistes visés.

Avant de voir ce qui divise ces professionnels, observons ce qui les unit : le sentiment de leur formidable progression ces quarante dernières années. Aucune profession n'a connu un tel bond : affirmation du fondement scientifique de leur travail, sentiment de progrès continu, triplement de leur nombre pendant cette période. Ils ont abordé sans complexe les domaines les plus étrangers à leur pratique. On les retrouve explorateurs, journalistes, romanciers, artistes ou industriels. Sédentaires ou voyageurs, les uns attachés à la routine de leur cabinet et d'autres passionnés par l'exil humanitaire, quelques-uns appelés auprès des chefs d'État et royalement traités et d'autres, sans moyens, au fond de la brousse : médecine de luxe et médecine de misère alternent parfois dans une même carrière. Rares sont les professions qui font cohabiter de telles diversités. Et rares sont les professions qui œuvrent autant dans le tiers-monde. Les enseignants alphabétisent exceptionnellement en bénévoles en brousse ou dans les bidonvilles.

Les généralistes

Il existe des écarts de revenus de 1 à 7 entre généralistes (à titre et position identiques) qui sont surprenants, même si les écarts sont encore plus élevés chez les spécialistes. Les revenus des généralistes sont relativement connus pour ce qui relève des clientèles du secteur 1, mais on connaît mal leurs autres sources de gains : vacations, remplacements, enquêtes et études sur commande des laboratoires, indemnités administratives. Il est clair qu'il n'y a pas

versaient, les praticiens s'y opposèrent vivement au nom du risque du secret médical violé ou tourné.

eu une multiplication spontanée des clients et donc du travail par cabinet pour justifier ces écarts qui ont donc d'autres causes (y compris en incluant les dépassements d'honoraires). Aucune autre profession n'a supporté une telle disparité des revenus en un court laps de temps après l'installation, quelles que soient la notoriété et la situation du cabinet. Les revenus des médecins s'apparentent donc davantage aux écarts des revenus spéculatifs ou des bénéfices des industriels ou dirigeants de sociétés qu'à ceux des cadres du privé (les cadres supérieurs sont globalement dans un écart de 1 à 3).

Pour la strate la plus basse qui regroupe 10 % des généralistes, les honoraires annuels représentent 25 000 € en 1994 tandis que les 10 % de la frange la plus haute gagnent 154 000 €[1]. La CSMF a proposé de sanctionner les médecins qui accomplissaient peu de consultations quotidiennes, considérant qu'ils faisaient preuve de dilettantisme et que leur manque de productivité était préjudiciable à l'efficacité globale de la profession[2]. Cet affichage permanent des revenus de la strate basse n'est pas néanmoins dénué d'utilité dans le débat récurrent sur la baisse des revenus. En haut de l'échelle, on trouve des médecins attachés à des institutions privées ou à des clientèles particulières déclarant plus d'une cinquantaine de consultations par jour. Selon la CNAM, en 1994, la moyenne annuelle du chiffre d'affaires est d'environ 100 000 €, auxquels il faut soustraire les frais professionnels. Cette moyenne ne peut être citée comme critère pertinent car la dispersion est

1. J'ai consulté les documents comptables et des enquêtes disponibles de la CNAM ainsi que des évaluations syndicales sur les coûts et budgets de cabinets médicaux ou des documents tels que « Analyse des recettes, dépenses professionnelles et revenus des médecins libéraux. Année 1997 », Union régionale des médecins libéraux (Commission conditions d'exercice). Il faudrait relativiser le poids de la tranche basse où sont inclus des médecins nouvellement installés ayant travaillé moins de douze mois, d'autres à temps partiel ou en remplacements ne travaillant que quelques jours par semaine par convenance personnelle afin de garder du temps pour des activités diverses qui vont du journalisme à la recherche.

2. Au conseil fédéral de la CSMF, un document a été discuté en 1985 qui « préconisait de reconvertir les 20 000 médecins qui faisaient à l'époque moins de 10 actes par jour ». *Panorama du médecin*, 23 février 1996. Faut-il l'interpréter comme un acte de solidarité envers ceux qui ne satisfont pas « aux critères de survie économique » ou comme une tentative d'exclusion des moins productivistes ?

grande et les frais professionnels ambigus. Comme pour les autres actifs indépendants, il y a une tendance à la surestimation des frais professionnels (éventuellement des revenus différés : cotisations, retraites, remboursements d'emprunts) et bien souvent absence de déclaration de l'aide apportée par les laboratoires pharmaceutiques. Les frais professionnels des médecins apparaissent comme les plus élevés de tous les indépendants. Quand ils encaissent 20 € d'honoraires, ils déclarent près de 10 € de frais. Le doute ne pourrait être levé que par des enquêtes sur le contenu des frais déduits, l'exactitude des déclarations et l'aide réelle apportée par les laboratoires ou d'autres formes de ressources professionnelles[1].

La hausse de leurs revenus pendant les trente années de crise a été spectaculaire, même s'ils ont dû être partagés entre des acteurs plus nombreux. Dans *Nos médecins*, Hervé Hamon évoque le déchirement du généraliste qui a trop bien réussi dans la construction d'une clientèle riche de la banlieue sud de Paris ; il fait 40 actes par jour, gagne officiellement, au début des années 90, 11 000 € par mois (francs reconvertis par nous) et « travaille », en commerçant avisé, avec 200 clients par semaine. Hamon ne dit pas que la population concernée du quartier (environ mille personnes, puisque telle est la proportion de patients potentiels quand la densité médicale est forte, comme c'est ici le cas) vient au cabinet tous les mois, mais on peut conclure que le médecin cité a concentré son attention et ses soins sur 300 ou 400 individus, les a fidélisés, les rencontrant plusieurs fois par mois, voire par semaine, tirant d'eux la plus grosse part de ses revenus. Personne ne souhaite trop attirer l'attention sur la « fabrication » d'une partie de la population, relativement stable, surencadrée et survisitée. L'étude de l'agenda et du fichier du médecin dévoile l'existence constante d'une fraction qui demande des soins sur la

1. Le professeur Jean-Marie Andrieu donne d'autres exemples de l'engrenage de la compensation sans contre-pouvoir qui accélère l'abus de consommations. Voir son livre ainsi que l'entretien accordé à *Paris Match* (avril 1996) : *Ce que personne n'ose dire sur les médecins.* Il montre que la nécessité de justifier, comme solidarité collective, la recherche des malades stables, chroniques, organisés en clientèles sélectionnées les fait choisir dans un milieu social particulièrement apte à faire pression sur les politiques et les médias.

longue durée. Ce type d'attitudes, chez les usagers, est transmis dans les familles de génération en génération. Une autre moitié de la population qui ne rencontre pas de médecins échappe à l'engrenage.

Le médecin peut légitimement s'inquiéter de ce que les clients vus toutes les semaines attendent – en contrepartie de leur fidélité – des services et beaucoup de souplesse face à leurs exigences. Le praticien hésite entre faire payer à la tête du client ou « imposer » tout le monde : « Je module le prix selon mes clients mais ça me culpabilise... Récemment, j'ai augmenté tout le monde[1]. » Cette clientèle disponible, fidélisée, riche, qui n'émet jamais de réserves sur le montant des honoraires, est une population de vieillards. C'est une médecine type Côte d'Azur. Les plus de 90 ans représentent 20 % de ce type de patients. Ce même médecin se plaint des contrôles tatillons : « On m'objecte que je leur fais faire trop de rééducation, de soins infirmiers, de transports pour radio et consultations de spécialistes. » Il se rappelle avec nostalgie l'époque de cet « eldorado » : la découverte de cette clientèle aux contributions inépuisables. Quand il s'est installé, la majorité de sa clientèle avait entre 60 et 70 ans. Il leur a donné le confort et l'assurance morale d'un médecin qui offre surtout de la disponibilité, des services parallèles, de la prévention, du travail paramédical. Il concède que ce fut pour lui une époque d'enrichissement inouï. Il est maintenant un peu fatigué des habitudes prises par ces clients : visites répétées, appels nocturnes sans urgence ; ces personnes âgées ont accru leurs exigences, devenant anxieuses ou même capricieuses. Vingt ans après, cette clientèle a maintenant dans les 90 ans et son état s'est forcément altéré. Le thérapeute se sent victime de patients qui ont défini de nouvelles normes et qui ne voient pas la raison d'en rabattre puisque c'est leur médecin de famille qui les a installés dans ce type de rapport. Alors, le déchirement de ce serviteur de luxe, à qui on téléphone à toute heure du jour ou de la nuit, peut paraître aujourd'hui dérisoire quand, sa fortune étant largement faite (à une époque où son gain était de

1. Hervé Hamon, *Nos médecins*, éd. du Seuil, 1994, p. 248. Voir aussi sur les revenus : p. 41-45, 257-267, 330.

130 000 € par an), il veut respirer, vivre une vie familiale, s'évader mais constate, tardivement, qu'il est devenu captif et victime de l'offre intense qu'il a lui-même créée.

En se concentrant sur les quartiers riches et les personnes très âgées, une fraction des libéraux a fait progresser inexorablement les consommations et les besoins des classes aisées qui refusent toute idée d'un retour en arrière et ont, au contraire, élargi constamment leur « demande », en négociant des services personnalisés extramédicaux. Une généraliste (nommée au Comité national d'éthique) exerçant dans le centre de Paris explique sans ambages : « Je me débats dans un cadre qui n'est pas bon. Cela ne repose sur rien d'être strictement conventionnée... Il y a un sentiment d'injustice et d'absence de liberté. Je vaux plus que 100 F par consultation [en 1992]. Je suis en honoraires libres... Vraiment, je bricole. Il y a beaucoup de gens à 100 %, donc tarif de base. Ici on est assez ouvert aux populations défavorisées, c'est donc l'aide médicale gratuite ou le 100 % strict. Quant aux autres, je ne sais pas, on invente. On demande par qui ils sont venus, on essaye de se souvenir combien on leur a fait payer... Je ne pouvais supporter que tout soit au même niveau. Je trouvais que, vu mon expérience, mon travail, je rendais une médecine de luxe, une bonne médecine pour tous les patients. J'ai eu un sentiment d'injustice profond. Je n'ai aucune règle... La jeune femme qui gagne le SMIC mais qui investit tout son argent dans des vêtements aura l'air d'avoir des revenus, et puis les grands bourgeois qui arrivent en savates... Il n'est pas aisé de s'y repérer... La moyenne de mes actes est autour de 130 ou 140 F [20 ou 21,50 €]... Je suis incapable de demander 200 F. Pourtant certains me disent : "Vous êtes folle, pourquoi vous ne me demandez pas plus ?"[1]. »

Les spécialistes

Qu'en est-il des revenus et des conditions d'exercice des spécialistes libéraux ? Ont-ils suscité des clientèles exigeantes parmi les

1. Éric Favereau, *Le Silence des médecins*, Calmann-Lévy, 1994, p. 160.

patients qu'ils reçoivent en tant que médecins prescripteurs primaires ? Le court-circuitage de la division du travail avec les généralistes leur a permis de dépasser en nombre les généralistes. Les revenus correspondant aux honoraires perçus par les spécialistes sont moins connus que ceux des généralistes et moins souvent cités dans les livres. Cependant, les écarts au sein d'une même spécialité sont également importants. La moyenne des revenus des spécialistes (environ le double de celle des généralistes) constitue un indicateur moins fiable que pour les généralistes puisque beaucoup de spécialistes libéraux ne le sont pas à temps plein et font de la gestion dans les cabinets ou cliniques. Comme dans le cas des généralistes, il est difficile d'évaluer leurs frais professionnels, la surestimation de certains postes ou les avantages retirés de certaines dépenses.

Le métier de spécialiste s'exerce l'œil rivé sur les concurrents voisins. À taille de clientèle et temps de travail égaux (approximativement, car ce sont des variables non élastiques), les revenus peuvent être différents d'un facteur cinq. Le mécanisme n'est pas identique à celui que nous avons vu à l'œuvre chez les généralistes. Ces derniers multipliant les consultations (à domicile ou dans des maisons de retraite ou de long séjour) de personnes dispensées du ticket modérateur peuvent réduire la consultation à un temps de cinq minutes et accroître ainsi leur revenu. Pour les spécialistes, la recherche d'une clientèle aisée, susceptible de revenir fréquemment, passe en partie par l'entretien d'un réseau de généralistes pourvoyeurs ; pour une autre partie, ils la construisent eux-mêmes dans le cadre de la prévention. Certaines spécialités, comme les gynécologues, entretiennent directement leurs clientèles sans passer par des intermédiaires. Le monde mouvant des spécialités lucratives (cardiologie, pédiatrie, gynécologie, certaines chirurgies spécialisées) mélange les deux modes de recrutement, direct et indirect.

Toutefois, l'accroissement des gains passe par la multiplication des actes techniques, plus que par la progression du rythme de passage des clients. Celui qui est bien établi peut dire : « Revenez me voir, il faut continuer l'exploration » ou « Pas la peine de revenir avant un mois ; ça va bien ». La consultation est une situation en partie commerciale qui implique l'adaptation du service rendu aux ressources du client et l'appréciation de celles-ci pour évaluer le « bon prix » à demander quand on exerce en secteur 2. Cette estimation du bon prix se fait par tâtonnements. La surveillance des concurrents aboutit à des niveaux moyens d'honoraires par localité. Comme tout commerçant, ils questionnent les intermédiaires (agents du paramédical, du transport, certaines familles) ou observent le niveau de vie des confrères.

Si on introduit le facteur dépassement légal d'honoraires, les revenus dépendent de la situation géographique. Ceux qui s'établissent dans les régions avantageuses (la Côte d'Azur, par exemple, cumule les très hauts revenus dans à peu près toutes les spécialités) voient leurs honoraires progresser en fonction de leur carrière, par paliers. Cette succession de marches lucratives à monter est caractéristique du marché segmenté libéral. On a ainsi une médecine spécialisée rentière à Paris et en région PACA (ainsi que dans quelques quartiers riches de grandes villes). Ainsi Paris intramuros, qui totalise 2 % de la population française, mobilise 20 % de l'activité des psychiatres libéraux en France et représente 30 % des honoraires remboursés.

Un cardiologue a expliqué sans fard ce mécanisme : « Si, dans un esprit d'économie, le gouvernement baissait la valeur de certains actes, cette baisse serait immédiatement compensée par l'augmentation du nombre d'actes[1]. » Il n'y a donc aucun espoir que la consommation baisse car la compensation est automatique. Hervé Hamon a été surpris par la présentation noire que les spécialistes font de leur situation financière et par leur virulence verbale à l'encontre de l'administration qui voudrait les contraindre à modérer leurs prétentions : « État-SS », « État bourreau de la médecine », « chambre à gaz pour nos vieux », « destruction du meilleur système de santé au monde[2] ». Les spécialistes représentent la moitié de la profession ; or, c'est cette moitié qui pèse le plus en termes syndicaux, vote le plus dans les élections internes et impulse les revendications les plus vives sur les revenus.

De grandes inégalités traversent le monde médical mais aucune profession n'a, à ce point, modifié de l'intérieur la rentabilité du

1. Journal télévisé, France 2, 11 septembre 1996.
2. H. Hamon, *Nos médecins*, *op. cit.*, p. 258 et suiv.

diplôme et de la qualification. Si l'on met à part quelques vedettes du barreau, quelques grands ténors de l'architecture dépendant de commandes publiques ou quelques notaires de villes dorées, la dispersion des revenus dans les autres professions libérales n'est nulle part aussi grande qu'en médecine. L'éventail des ressources se rapprocherait plutôt des bénéfices des entreprises privées, inégales selon leur position géographique, les rentes de situation, les chances économiques et les aléas des variations mercantiles. Si l'écart des revenus entre médecins rappelle les profits de la spéculation ou le hasard du marché, cela est d'autant plus paradoxal qu'il concerne une profession relativement homogène dans son temps de formation, l'organisation de son travail, son temps de présence dans le cabinet et son mode de rétribution, assurée dans une forte proportion (variant des deux tiers à la totalité du coût de la prise en charge) par la collectivité, ce qui aurait dû être un facteur homogénéisant. Or, la liberté de prescrire a produit une pyramide de revenus exceptionnelle et qui s'aggrave dans le temps.

Une telle stratification est perturbante pour les jeunes médecins qui s'installent et stagnent. Ils ressentent une injustice au regard de la prospérité de leurs aînés. Pendant vingt ans, ces tensions ont été gommées par la fuite en avant d'une offre inextinguible ; mais celle-ci bute maintenant sur des saturations ou des évitements du secteur libéral. Quand la profession connaissait une croissance qui semblait irrésistible, elle laissait à chacun l'espoir de tomber sur le bon créneau ou la chance ultérieure de trouver une « bonne » clientèle. Aujourd'hui, cette espérance s'estompe. Les jeunes médecins ressentent plus que jamais les effets de l'organisation antérieure et les conséquences structurelles du mode de rétribution au détriment de la valeur du travail ou du mérite personnel. Ils hésitent à s'installer dans les banlieues ou les régions pauvres et reculées, ou bien ils fuient vers des modes d'exercice particuliers au grand dam de l'Ordre et des associations professionnelles qui redoutent la disparition de recruteurs de malades pour les spécialistes libéraux, les hôpitaux et les cliniques. Si une profession laisse s'établir des écarts de l'ordre de 1 à 7, voire 10 (à statut égal), pour un temps de travail proche (entre 8 et 10 heures par jour), tout est en place pour que les rancœurs et les divisions se développent.

Cela pèse sur l'organisation de la profession, sur sa cohésion interne et explique le faible taux de syndicalisation parmi les jeunes, de même que la surenchère de certains syndicats dominés par quelques spécialistes.

Dans un environnement concurrentiel, la norme de travail moyen locale est le résultat d'un alignement sur les médecins les plus productivistes (en séances, médicaments, certificats), mais pas nécessairement sur les plus attentifs ou disponibles. La norme locale est plus ou moins respectée. Elle s'établit dans un groupe dépendant d'un quartier ou d'une ville stable. Elle sera basse si la concurrence est rude et l'entente absente, mais haute si la population est aisée. Dans ce dernier cas, le médecin qui ne joue pas le jeu de la montée lente et régulière des revenus par l'intensification des dépenses est exclu du marché. Le pacte implicite de bonne et loyale conduite, sans cesse « renégocié » par les médecins dans leurs rencontres, les repas entre confrères, les discussions avec les infirmières libérales (à la fois chargées de rabattre des clients et enclines à attendre les profits de leur envoi), est un thème qui fixe, par estimation mutuelle, ce qui est la norme de travail et de revenus attendus dans une aire de travail. C'est ce qui sera estimé en cas de vente de la clientèle. Ce pacte est souvent brisé et la norme est alors le plus souvent tirée vers le haut par l'arrivée d'un outsider (un jeune qui s'installe, un acheteur endetté) ou un surcroît de rivalité suite, par exemple, à l'éclatement d'un cabinet de groupe[1]. Comme les règles de collaboration sont floues (déplacements acceptés ou non, entente ou refus de remplacements, prises de garde), les accusations de détournement de patients, de débauchage à l'occasion d'accidents impromptus sont nombreuses et relancent la spirale inflationniste par la simple envie de retrouver la position initiale. De paix armée, la guerre peut devenir sauvage : la protection du territoire, l'échange des malades sont l'objet de nouveaux accords lors de repas organisés par des tiers ou des règlements à l'amiable mais induisant toujours un plus grand volume

1. Le code de déontologie détaille avec une grande attention les questions de relations confraternelles et de publicité déloyale (près de la moitié des articles du code y sont consacrés : articles 56 à 94 sur un total de 114).

d'actes. Les protagonistes sont obligés d'aller toujours plus loin dans le désir de satisfaire les clients les plus exigeants ; ils ne peuvent pas faire reculer le niveau des demandes non satisfaites à leur gré (les patients nouvellement conquis l'admettraient difficilement). Les médecins sont comme tous les commerçants qui n'aiment pas la surveillance pour eux-mêmes mais la justifient pour les autres ! Ainsi des médecins dénoncent leurs collègues aux caisses quand ils sont touchés par une concurrence qu'ils jugent illégale ; ils se montrent choqués par la prudence des décisions de l'Ordre face à leurs signalements de pratiques déloyales.

Les sciences sociales sont mal préparées à étudier les revenus des professions libérales ou ceux des hospitaliers qui sont en situation de cumuler. Il n'existe aucune méthode sûre pour analyser les bénéfices, les primes, les salaires, les avantages en nature. La sociologie, évitant l'économie, a les yeux rivés sur le malade et non pas sur la prestation, encore moins sur le prix social à payer.

Les salariés

La disparité des revenus existe dans l'exercice médical salarié même si c'est à un moindre degré. Qu'y a-t-il de commun, au sein du corps des médecins salariés, entre ceux qui ont des revenus de cadres moyens (médecins militaires, scolaires, du travail, en dispensaire, etc.) et les médecins hospitaliers qui ont des revenus de cadres supérieurs ? Parmi ces derniers, les hospitalo-universitaires (qui reçoivent un salaire de l'Éducation nationale et du ministère de la Santé) constituent l'élite puisque certains d'entre eux peuvent aussi exercer sous le mode privé dans l'hôpital public (consultations et lits privés). Ils reçoivent des rémunérations annexes : rédaction de notes pour les laboratoires, expertises, activité de consultant. Les écarts sont considérables (de 1 à 6) avec les contractuels attachés ou les résidents qui n'ont guère d'occasions de cumul, sans parler des vacataires étrangers ou des internes, étudiants en spécialité, dont les revenus se rapprochent de ceux des employés. De même, les médecins qui sont des agents publics ont des salaires enserrés dans des cadres stricts mais connaissent tout de même des écarts de revenus. En médecine publique, la même heure de travail est rétribuée selon des barèmes très différents et la possibilité de consultations ou de lits privés à l'hôpital avantage certaines catégories. Pour une activité voisine ou similaire, les rémunérations des hospitaliers (chirurgiens, anesthésistes, cardiologues, etc.) peuvent aller de 1 à 3, ce qui provoque des conflits plus ou moins feutrés selon qu'ils exercent dans les hôpitaux publics ou dans des institutions à but lucratif.

On comprend ainsi mieux le manque d'unité et de cohérence des discours de la représentativité syndicale ; ce que déplorent les caisses qui doivent négocier avec ces organisations. Plus que la pratique diversifiée, c'est la forte hiérarchisation des revenus qui perturbe la profession et provoque des tensions, perceptibles dans les discussions internes au sein des organisations professionnelles. Les jeunes hospitaliers ou les praticiens exerçant dans des quartiers ou des villes pauvres sont amers du fait de l'écrasement de leurs revenus par rapport à ceux de la fraction supérieure plus âgée. Le sentiment de frustration amène certains d'entre eux à accuser les gouvernements d'irresponsabilité quand ils parlent d'une limitation comptable collective. Quelques-uns, amers, rejoignent le groupe des arrivistes peu scrupuleux, d'autres deviennent indifférents ou abandonnent peu à peu leurs idées progressistes professées en début de carrière.

Les élus ordinaux ne contestent guère la politique de dépassement des honoraires. Aucun syndicat n'a également pris ce risque[1]. De tout temps, il y a eu une minorité de médecins à très hauts revenus dans cette profession à tradition d'honoraires basée sur

---

1. De nombreux directeurs de caisses citent des abus ; la dénonciation publique de la centaine d'actes journaliers de la part des psychiatres nantais (qui prétendent aussi travailler 365 jours par an) a déchaîné l'ire des libéraux locaux. « En 1993, la CPAM de Nantes se dote d'un nouveau service. Claude Frémont, directeur de caisse, charge 14 personnes de contrôler les feuilles de soins et de traquer les anomalies. Un an plus tard, il réunit la presse pour faire le bilan : "Les plus fraudeurs se retrouvent parmi les professionnels aux plus hauts revenus. Et, par extrapolation, nous estimons les fraudes à 1 % des professionnels et des dossiers" », Serge Sanchez, *La Médecine en flagrant délit*, éd. du Félin, 1996, p. 131.

des capacités jugées par les clients. En revanche, l'Ordre s'inquiète du départ de médecins qui ont cumulé les avantages financiers sous un mode prédateur et qui, fortune faite, se retirent vers 50 ou 60 ans. Ces faits plus ou moins connus du public sont vérifiés tous les jours par les employées des caisses. À la suite d'une longue pratique, elles identifient sans peine les médecins (et les paramédicaux) de leur secteur dont elles voient passer chaque jour la cinquantaine de demandes de reversements ou de remboursements. Nous avons enquêté auprès de quelques-unes d'entre elles, particulièrement désabusées. Mais elles se taisent, ne serait-ce que par leur participation – à un petit niveau – à ce type de privilèges, notamment en profitant des congés maladie de longue durée, octroyés généreusement à ce personnel (en PACA, on connaît un record d'absentéisme dans certaines caisses d'où un coût de gestion par assuré particulièrement fort dans le Sud-Est). Peut-être faut-il voir là, de la part des administrateurs, une plus grande tolérance à ces certificats de complaisance en tant que compensation à la démoralisation.

Le problème embarrassant des dilapidateurs ou les « prédateurs »

Toute profession a et cache ses « moutons noirs », ses trublions, ici dilapidateurs des cotisations sociales. D'autant que la population des malades est partagée sur la moralité de ces acteurs. Chaquc patient connaît un médecin particulièrement dévoué, aux exigences modestes – en général le sien – qui compense les cas négatifs. Chaque patient a rencontré, au moins une fois, un médecin qui exagère sur les dépassements d'honoraires, sur le nombre de visites, sur le volume d'actes et de séances. Pourtant, l'estime portée à la profession se maintient car la visibilité de cette minorité a été contenue aux yeux du public. Les patients connaissent en général mal les revenus des médecins. Les médecins, sans cacher leur niveau de vie, ne l'exhibent pas. Ils reçoivent leurs clients dans un confort moyen, ne visitent pas en voiture de luxe et ne s'habillent pas, au travail, de manière dispendieuse. Comme ils ne se mélangent pas à la population (en général, ils ne passent pas leurs vacances dans les mêmes lieux que leur clientèle) et sont relativement discrets sur leur mode de vie, leurs revenus sont difficilement estimables de l'extérieur. Ils n'ont pas été directement touchés – ou pas au même degré que d'autres milieux – par la corruption ou par l'abus de bien public, même si cette qualification convenait pour la chirurgie abusive et la gestion de certaines cliniques privées. Ceux qui sont accusés en justice pour profits illicites sont le plus souvent des gestionnaires non médecins. La profession manifeste une discrétion de bon aloi sur ces questions, sauf dans le cas d'abus de distribution d'exonérations du ticket modérateur (sur constat d'une affection de longue durée) qui autorise les prescriptions et consultations sans frais pour le malade. Le nombre de ceux qui pratiquent sur la santé une économie de collecte (une acceptation sans retenue des exigences de patients sans scrupule), et que nous appelons les prédateurs, est difficile à apprécier. Les directeurs des caisses l'évaluent à 10 % à la suite de leurs enquêtes internes ; dans leur définition, il s'agit de ceux qui prescrivent ou reçoivent 2 ou 3 fois plus que les autres, ce qui revient à faire plus de 60 ou 70 séances ou actes par jour.

Opinions et humeurs

Ce sont des questions d'organisation et de structures qui déterminent le volume des dépenses de santé. La disproportion connue des revenus, entre les généralistes et les spécialistes, a conduit au débordement en nombre des premiers par les seconds. Puis, parmi ceux- ci, à une démographie éclatée : certaines spécialités sont fuies, d'autres surpeuplées.

Les dépenses de santé sont une forme nouvelle des rapports politiques, non seulement parce que ce sont des impôts aveugles, des taxes invisibles et mal réparties (surtout du point de vue des petits salariés dont la mortalité est précoce), mais aussi parce que ce sont des contributions qui sont déplacées d'un groupe à l'autre, en fonction de la puissance politique des uns et des autres. Les profits différenciés qu'en tirent certaines minorités restent ignorés. Un grand débat sur les inégalités engendrées par cette redistribution aveugle et injuste est, pour le moment, inconcevable. Plusieurs raisons y font obstacle : la tolérance pour le secret médical, la conception d'une Sécurité sociale dont les usagers sont tenus à l'écart de la gestion (déléguée à des administrateurs quasi professionnels). On ignore largement les modes de fonctionnement de ce qui constitue pourtant la plus grande organisation sociale. Il n'existe en sociologie aucune enquête sur le fonctionnement de la CNAM.

Par opposition à d'autres administrations, l'Assurance maladie n'est pas handicapée par sa lourdeur bureaucratique. L'abondance de moyens de travail et donc les risques de paralysie ne sont pas ce qui caractérise la CNAM. Au contraire : que 50 millions d'assurés puissent être gérés par 200 000 agents dans des conditions d'urgence, et alors qu'il y a une masse considérable d'indices à vérifier, constitue un réel succès et un exemple de fonctionnement réussi. Le professionnalisme des agents n'est pas en cause. Cependant, la gestion des fonds de la santé a été pendant cinquante ans le fruit d'une étrange alliance entre syndicats de gauche et médecins et patronat de droite. Mais les méandres confus et les compromis singuliers de la négociation ont toujours été cachés aux assurés sociaux[1].

Finalement la profession médicale, qui occupe une fonction vitale renforcée par ses succès et les avancées scientifiques, a bénéficié d'une conjoncture très favorable. Elle a prospéré en temps de crise ;

1. Béatrice Majnoni d'Intignano, tout en amalgamant les assurés/clients en un ensemble indifférencié, aborde le problème du pouvoir du malade sur la société, pouvoir délégué aux associations et à leurs porte-parole : « Les assurés sociaux refusent tout discours, jugé moralisateur ou culpabilisant, qui s'opposerait à ce qu'ils considèrent comme leurs droits acquis ou naturels. Par exemple, la parution du rapport du professeur Béraud en 1992 qui fait état de gaspillages financés par la CNAMTS, dont l'ordre de grandeur atteint celui du budget de l'ensemble des universités françaises, n'a reçu aucun écho. Les médias, comme la population et les médecins, hésitent à tirer les conséquences d'un tel message qui remet en cause des comportements laxistes mais sécurisants. En revanche, toute menace de rationnement, même non fondée, provoque l'inquiétude », Béatrice Majnoni d'Intignano, *La Protection sociale,* éd. de Fallois, 1993, p. 232.

ses « trente glorieuses » sont les années 1970-2000. Par rapport à d'autres institutions (École, travail social, organisations politiques affectées par des « affaires »), elle s'est trouvée à même de reprendre cet héritage de crise et elle l'a parfaitement assumé. Cette profession avait la forme et la fonction d'une sorte de parti politique, d'origine bourgeoise fermée, consolidé par un siècle de pratiques d'influence politique et dont les membres viennent des mêmes groupes, avec le sens du placement des fils dans la profession, l'apprentissage de l'obéissance en internat, l'acceptation des hiérarchies et du commandement. L'entrée d'une petite bourgeoisie provinciale avec les nouvelles universités d'après 68 et l'émergence de membres des classes moyennes parmi les généralistes a bouleversé les données et a fait apparaître la nécessité d'un partage du pouvoir malaisé à réaliser. L'unité professionnelle est très difficile à opérer au sein d'organes représentatifs, en raison de tiraillements au sein des académies, associations ou syndicats, en passant par l'Ordre, souvent perçus comme partiaux, soutenant exclusivement certains types de revendications ou de fractions. On en a vu un contrecoup dans les critiques virulentes des auteurs cités dans notre tableau.

Quatrième partie

Enquêtes sur le désordre institutionnel

Le désordre dans la distribution des services médicaux, la dispersion des normes et la disparition progressive de règles consensuelles aboutissent à des pratiques éclatées. C'est dans ce cadre qu'il faut comprendre les anomalies de la morbidité, celles de la prescription, en fonction de l'inégale répartition des médecins sur le territoire et du malaise qui accompagne nombre d'actes ou de discussions (tels que l'euthanasie).

On a vu que l'organisation contemporaine de la médecine est largement à l'origine de l'impossibilité de tout changement, y compris quand il s'agit de modestes réformes. Toute nouvelle structuration est condamnée à échouer, même quand on s'attend à ce qu'elle reçoive l'accord des acteurs considérés. Le consensus de la profession médicale est irréalisable tant elle est divisée en fractions antagonistes masquées par son obsession de paraître unie. Les professions fortes sont toujours réticentes à toute innovation par peur de mettre en cause l'équilibre de leurs courants internes. C'est pourquoi aucune réforme ne peut être imposée aux médecins, aux enseignants, aux policiers et à quelques autres corporations également puissantes. Les gouvernants peuvent simuler la réforme, multiplier les mises en scène et en faire des leurres pour l'action : les grandes professions ont éprouvé des tactiques et des recettes efficaces depuis plus de trente ans. Quelques-unes n'hésitent pas à descendre dans la rue, d'autres mobilisent des subalternes, des affiliés, des tiers pour s'opposer à toute réforme. Certaines invoquent le secret à la base de leur relation de confiance, sacrée, avec leurs clients. D'autres, enfin, allèguent les mystères de la vocation et la nature d'un métier « unique ». Les médecins jouent en virtuoses de tous ces instruments (mobiliser les internes, encourager les infirmières, parler au nom des patients, invoquer une histoire largement mythique) et vont jusqu'à menacer – sans rire – de s'exiler en Angleterre si on ne les écoute pas, menaçant ainsi de reprendre le chemin de Londres... comme autrefois les proscrits ou les communards[1].

Les chapitres qui suivent vont traiter du désordre législatif en raison du caractère incontrôlable de l'exercice professionnel. Nous montrerons comment une telle situation rend impossible une organisation rationnelle des soins et entraîne une survalorisation des actes au titre de l'éthique. Nous rejoignons le sociologue Eliot Freidson quand il écrivait : « Je crois, en fait, que la compétence des experts risque de plus en plus d'être utilisée pour masquer privilèges et pouvoir, au lieu d'être une manière de promouvoir l'intérêt public comme elle le prétend ; c'est principalement... parce que l'aura de la science moderne et de l'idéologie morale la voile et la rend mythique[2]. »

Les questions de science, de progrès et de morale se chevauchent en permanence. Des législations hyperprotectrices abondent, alors que la couverture réglementaire n'est pas (ou trop tard) assurée. Tous les projets sont élaborés avec l'idée que les structures rigides que l'on veut transformer s'adapteront d'elles-mêmes et que les réglementations seront aisées à mettre en place. Or, les structures à modifier sont mal connues, et souvent les réformes se font sur la base de statistiques médiocres. On veut toujours faire vite. Le résultat des réformes est souvent à l'opposé de celui escompté ; elles deviennent contre-productives. Les nouvelles législations se révèlent souvent dangereuses, ne serait-ce qu'à cause de leur accumulation. Les investigations que nous avons menées nous ont convaincu du caractère néfaste de l'excès de textes dans

1. On peut leur faire remarquer que de nombreux assurés (notamment les travailleurs frontaliers) trouvent avantage à s'exiler pour de meilleurs salaires et de moindres prélèvements d'assurance maladie, mais ils le font plus discrètement.

2. Eliot Freidson, *La Profession médicale*, *op. cit.*, p. 328.

certains domaines qui coexistent avec un désert réglementaire dans des territoires voisins.

Pour réaliser ces enquêtes, on l'a dit, nous avons dû pénétrer les milieux les plus fermés et difficiles, et y rester le temps nécessaire. Contrairement aux idées admises, le monde médical est très peu transparent. Nos propositions d'enquêter sur l'organisation du travail médical et sur le détail de certaines dépenses ont reçu un accueil pour le moins réservé et, toujours, les mêmes arguments nous ont été opposés : « Profession noble, la médecine obéit à des idéaux : progrès, dévouement, désintéressement. » Les financements, les investissements, les actionnaires n'auraient pas d'impact sur les soins. Les maladies et leur coût de plus en plus inégal (dans des proportions de un à mille), la sélection involontaire des remboursements par la Sécurité sociale seraient des questions non médicales mais politiques ou techniques, dépendant seulement des « décideurs ». Cela justifie qu'au niveau d'une clientèle, d'un hôpital, d'une clinique, d'une caisse d'Assurance maladie, les budgets détaillés, les dossiers, les fichiers de malades sont interdits d'accès. Le niveau de dépenses de soins de santé d'une population déterminée (dont on peut estimer les revenus, la situation sociale en termes de profession et de patrimoine) ne peut donc pas faire l'objet d'études statistiques. On est condamné à en rester à une vue très générale.

Il existe certainement, au cours de telles enquêtes, des risques d'identification des assurés, mais on peut trouver des moyens de protection. Il est vrai aussi qu'une caisse n'est pas censée s'intéresser au statut économique de ses adhérents. Malgré nos règles déontologiques (anonymisation des noms, globalisation des résultats), il ne nous a jamais été possible d'accéder (sur la durée) au fichier des malades d'un médecin libéral ou à des dossiers d'hospitalisation. Au nom du secret, que protège soigneusement la CNIL, et de la nécessité d'empêcher tout risque d'effraction dans la vie privée, les chercheurs en sont réduits à des hypothèses sur les variations de remboursements par grandes catégories sociales alors que nous sommes persuadés qu'elles sont d'une ampleur extraordinaire. Après quelques essais infructueux, nous avons choisi de contourner la difficulté : si nous ne pouvons pas étudier la norme médicale, nous nous intéresserons à sa transgression ; si nous ne pouvons pas étudier le malade type, nous nous préoccuperons du marginal.

En se passant des autorisations requises, j'ai proposé à quelques étudiants d'observer les milieux qui résistaient à toute demande d'investigation. Les enquêtes semi-officielles mettent en avant des malades emblématiques ? Trouvons les individus peu malades ou qui simulent la maladie ! Si nous ne pouvons pas étudier les profits privés, tournons-nous vers les profits des actionnaires, les cours des sociétés pharmaceutiques en Bourse afin de saisir leur influence éventuelle sur les recherches. Si nous ne pouvons pas étudier les réalisations scientifiques routinières de laboratoire, regardons les essais cliniques, les cobayes des protocoles thérapeutiques, bref toutes les situations considérées comme secondaires. En déguisant notre identité de sociologues, nous avons successivement endossé plusieurs uniformes : celui de patient, de malade, de journaliste ou même de visiteur médical. Nos enquêtes ont évité systématiquement le recours aux entretiens et aux questionnaires : ces derniers étant des solutions de facilité aux oppositions rencontrées à observer les acteurs en train d'agir. Nous avons procédé sur la base d'une observation participante soutenue par des lectures de documents, de livres et d'informations délivrées par la presse ; nous examinons donc des faits que nous avons vécus ou observés directement. Il est intéressant d'observer les médecins au moment où les patients formulent leurs demandes. Nous les étudions dans quelques cas problématiques où l'offre abuse ou bien est abusée. Ces cas limites sont typiques du chaos de l'organisation et du jeu entre patients et praticiens plus ou moins consentants. Cela nous a permis d'étudier les failles du savoir médical et les défauts du système de soins. Il nous semblait qu'un nouvel « esprit d'entreprise », dans une perspective de fraude, se développait rapidement au sein d'une fraction des classes informées, phénomène dû à l'anarchie de l'offre. En second lieu, nous avons étudié certains demandeurs, plutôt issus des classes populaires, qui sont encouragés à devenir des patients chroniques, consommateurs de psychotropes et clients réguliers de la psychiatrie. Enfin, nous avons approché d'autres malades, inertes, inconscients, en coma profond (réanimation, végétatifs), qui sont des consommateurs intenses mais involontaires et deviennent, à leur corps défendant, des captifs de l'institution hospitalière. Nous commencerons par eux.

10
L'EUTHANASIE ET LA MORT À L'HÔPITAL

« C'est notre inquiétude, c'est notre impatience qui gâte tout : presque tous les hommes meurent de leurs remèdes, et non pas de leurs maladies. »

Molière, *Le Malade imaginaire.*

L'étymologie même du mot euthanasie nous renvoie à plusieurs problèmes : mort douce, bonne mort, mort volontaire, suicide. L'euthanasie est aujourd'hui devenue une question récurrente, relancée par la parution d'une vingtaine de livres et revues et par des affaires judiciaires fort bruyantes[1]. Le débat n'est cependant pas nouveau. En 1975, Le docteur Escoffier-Lambiotte, journaliste au *Monde*, avait déjà fait la synthèse et discuté les différentes positions. Igor Barrère et Étienne Lalou avaient également évoqué le problème dans

1. Voir le numéro de la revue *Panoramiques*, « Pour une mort plus douce », n° 3, 1995. Forum Diderot, *La Fin de la vie : qui en décide ?*, PUF, 1996. Claude Guillon, *À la vie à la mort*, Noesis, 1997. Jean Pohier, *La Mort opportune*, éd. du Seuil, 1998. Sophie Aurenche, *L'Euthanasie, la fin d'un tabou*, ESF, 1999. *Esprit*, numéro spécial, n° 43, juin 1998. Marie de Hennezel, *Nous ne nous sommes pas dit au revoir*, Robert Laffont, 2000. Maurice Abiven, *Une éthique pour la mort*, Desclée de Brouwer, 1996. M. Abiven, C. Chardot, R. Fresco, *Euthanasie : alternatives et controverses*, Presses de la Renaissance, 2000. C. Leguay, *Mourir dans la dignité*, Robert Laffont, 2000. Pascal Hintermeyer, *Euthanasie, la dignité en question*, Buchet-Chastel, 2003. Bernard Debré, *Nous t'avons tant aimé. L'euthanasie, l'impossible loi*, Le Cherche Midi, 2003. Françoise Glorion, *Vivre avec sa mort*, La Martinière, 2002. Jean Peneff, « Le travail à la morgue », *Actes du colloque : Chicago, hier et aujourd'hui*, Université de Saint-Quentin-en-Yvelines, 1998.

des émissions de télévision restées célèbres. Mais d'autres courants de pensée sont intervenus, notamment des opposants organisés, peu entendus dans la presse avant 1990. Le débat rebondit donc régulièrement, le plus souvent à partir de nouveaux faits dramatiques. Mais, presque toujours, la discussion est simplifiée et oppose les partisans d'une offre de soins palliatifs à ceux, minoritaires mais déterminés, qui réclament le droit à la mort volontaire. Nous verrons que le problème ne peut sans doute pas être ramené à cette simple alternative.

Des intellectuels reconnus, des membres de l'élite médicale, des chercheurs et universitaires ont relancé la discussion dans des situations très tendues, sans réussir toutefois à la démocratiser. Le manifeste des 132 (« Nous avons aidé à mourir », signé, entre autres, par des chercheurs, des intellectuels tel Pierre Bourdieu) [1] et plusieurs tribunes libres publiées dans *Le Monde* ont soutenu les partisans de l'aide pour hâter la fin de proches. De nombreuses émissions et livres suggèrent que le monde médical est fracturé : des médecins généralistes sont actuellement à la tête de l'Association pour le droit de mourir dans la dignité (ADMD) alors que d'autres (plutôt une catégorie d'hospitaliers) résistent à l'idée de lever la pénalisation [2]. Aux côtés de ces derniers, quelques intellectuels conservateurs, des hommes politiques, des juges, des ecclésiastiques, des psychothérapeutes affichent des positions plus agressives. On assiste aussi à des revirements et à des changements de camp.

J'ai pu observer les parties prenantes à ces débats d'un poste privilégié : brancardier, assistant occasionnel à la morgue.

1. *France-Soir* a publié cet appel initié par l'ADMD le 12 janvier 1999.

2. On connaît bien l'histoire de la création de l'ADMD. Des travaux universitaires, des thèses lui ont été consacrés. Le groupe des 132 artistes, intellectuels et savants qui l'ont soutenue est un indicateur de sa composition ; François de Closets, André Comte-Sponville, Jacques Monod et d'autres l'ont rejointe. L'histoire de ses positions publiques est décrite par un de ses fondateurs, Jacques Pohier, dans *La Mort opportune*, éd. du Seuil, 1998. L'ADMD est devenue en peu de temps le porte-parole des abolitionnistes de l'interdiction (œuvrant pour une loi dépénalisante), mais ses membres demeurent sur la défensive dans les débats publics où l'on doit s'exposer avec courage. À leur décharge, il est difficile d'organiser une grande mobilisation sur ce thème, même si tente de le faire un nouveau mouvement intitulé « Faut qu'on s'active ».

Doute législatif, divergences morales et division du travail

Les débats actuels sont d'autant plus passionnés que les faits ont considérablement évolué depuis 1970 – date à laquelle les premières discussions publiques commencent – du fait des progrès scientifiques. Mais ces débats n'évitent pas les imprécisions : parle-t-on d'euthanasie passive, active, exceptionnelle, volontaire ? d'aide au suicide ? de mort assistée ? de suicide médicalisé ? d'abstention thérapeutique ? Si les terminologies sont flottantes, c'est que les moyens sont nouveaux mais restent obscurs et sont formulés de manière inquiétante : « cocktails lytiques », « débrancher », « interrompre », « pousser la seringue », « cocktailiser », « palliatif » (de quoi ?). Les périphrases prolifèrent parce que peu d'acteurs semblent disposés à accepter quelques paradoxes pourtant banals : trop de médicaments tuent ou trop de calmants calment, définitivement...

La presse et la télévision ont dramatisé des témoignages d'infirmières anonymes ou en mal de célébrité – comme Christine Malèvre[1] – dont le témoignage est encore rendu plus spectaculaire quand elles sont filmées dans le noir ou apparaissent masquées. Cela ne contribue pas à éclairer les débats.

J'essaierai de me servir de mes notes avec tact car, dans ce domaine, les mots et les silences doivent être interprétés avec prudence. Ici comme ailleurs, les classes populaires ne pèsent pas lourd, ne pouvant pas s'exprimer en public autrement qu'avec des mots convenus. Ce qui est dit en privé est souvent différent, en particulier dans le cadre de dialogues discrets entre familles, par exemple

1. Christine Malèvre, *Mes aveux,* Fixot, 1999. À l'étranger, il règne une confusion certaine marquée par des hésitations juridiques et législatives : des décisions tranchées aux États-Unis (Orégon pour, Michigan contre) mais remises en cause par la Cour suprême. Une tendance à la tolérance, voire une dépénalisation, s'exprime aux Pays-Bas ou, partiellement, en Suisse. Des débuts de législations apparaissent ici ou là. Les risques de dérive (un « assassinat légalisé »), par manipulation des opinions des mourants, sont envisagés avec raison. Le droit au suicide reste dénié (se rapporter à la loi de 1987 à la suite de la condamnation de Claude Guillon).

dans les couloirs des services de « réa » et de soins intensifs. Je souhaiterais ici pouvoir rendre public, avec toute la justesse possible, le point de vue de ceux qui se taisent par pudeur pour leurs proches, par peur de heurter le personnel médical ou par timidité sociale. Les grands absents de ce débat – les intéressés – ne sont évidemment plus là et d'autres témoignent de leurs dernières considérations sur leur lit d'hôpital ou même de l'au-delà. Les catégories cultivées des classes moyennes s'expriment souvent par l'intermédiaire d'enseignants qui sont surreprésentés à l'ADMD, et sont en général favorables à un assouplissement ou même à la levée de l'interdiction pénale.

Le débat souffre historiquement de deux passifs différents. Il s'agit d'abord de la position stricte du catholicisme sur le suicide – qui n'est plus punissable en France depuis la Révolution. Un événement historique tragique pèse aussi sur les débats : la politique des nazis vis-à-vis des handicapés mentaux et les tentations eugéniques qui ont alors eu cours dans certains pays. Le mot euthanasie n'est donc plus employé et on préfère employer un euphémisme comme « mort douce ». Des formules neutres sont utilisées pour des personnalités : « François Mitterrand a choisi le moment de sa mort. » En revanche, on a parlé du « suicide de Mireille Jospin », la mère de l'ancien Premier ministre[1]. La position de l'Église présente toutefois des failles si on considère ses dissidents (tel le dominicain Jacques Pohier) qui ont rejoint l'autre camp.

La position des opposants à toute légalisation se présente sous une forme souvent alambiquée : tolérer en silence, fermer les yeux, permettre tout en interdisant. La dernière en date est celle du professeur Bernard Debré : « Dans le cas de Mme Humbert, j'aurais fait la même chose, du moins j'aurais aimé avoir le courage… Quant au médecin, il a fait ce qu'il jugeait être bien. C'est ce que nous faisons toute la journée : prendre des décisions, faire des choix. Dans ce cas précis, il a transgressé la loi. Il va donc devoir passer l'épreuve du jugement comme Mme Humbert. Mais ils

1. Voir le titre du journal *Le Monde* du 11 novembre 2002 : « Le suicide de Mireille Jospin remet en lumière le combat pour la dépénalisation de l'euthanasie. »

n'auront rien, ni l'un ni l'autre: il faut laisser cette affaire être jugée, reconnue, et surtout pardonnée par la société. » Enfin, le Comité national d'éthique vient de proposer une « exception » d'euthanasie. On peut affirmer aujourd'hui, sans exagérer, que chacun d'entre nous a autant de chances d'être euthanasié que de ne pas l'être; à l'hôpital, « en réanimation, 50 % des décès sont liés à l'euthanasie passive », selon François Lemaire, président du Comité d'éthique de la société de réanimation de langue française[1]. Cela suppose certainement de prendre en compte une définition large de l'euthanasie incluant le renoncement thérapeutique progressif, la fourniture de puissants antalgiques. La science peut assurer aujourd'hui une durée, certainement pas illimitée, mais sûrement de plusieurs années, de vie végétative ou de mort cérébrale, en jouant des définitions multiples de la mort (mort biologique, mort cellulaire, mort organique). De fait, le moment de la mort légale est manipulable. L'état végétatif est corporellement viable avec des techniques sophistiquées mais dans un corps sensiblement et intellectuellement mort[2].

Si une mort hospitalière – souvent euthanasie par abstention – dépend des équipements de réanimation et des places disponibles dans les services de soins intensifs, les moyens techniques modernes sont inégalement distribués et les chances de survie biologique ou artificielle mécanique sont des décisions politiques issues de la distribution budgétaire selon les établissements. Attribuer l'ensemble des moyens de survie artificielle (respirateur, alimentation liquide, assistance cardiaque etc.), bref, toutes les machines et les produits qui remplacent la vie, en fonction d'une sélection sociale ou pathologique, est une décision cruciale dont on peut dire qu'elle est appliquée à l'abri des regards.

Les soins palliatifs sont de piètres palliatifs. 550 000 décès annuels ne pourront trouver une place dans ces services, et il

1. *Le Monde*, 4 mars 2004.

2. La mort est devenue biologiquement mal définissable et donc son moment particulièrement incertain. Le petit ouvrage, *La Fin de vie, qui en décide?* (Forum Diderot, PUF, 1996), évoque ces aspects. On se réfère à la contribution du physiologiste Yvan Lamour. Quant aux errances de la biologie, voir Philippe Meyer, *Philosophie de la médecine,* Le Collège de philosophie, 1969.

n'existe pas de personnels formés correspondants. Cela n'est pas près de changer quand on prend en compte le coût des 4 000 lits actuellement disponibles. Le coût de la réanimation, des soins intensifs, de la surveillance et de l'assistance est un obstacle à l'égalité de traitement.

La justice ne peut pas juger avec cohérence puisqu'elle ne peut pas s'appuyer sur des textes et des actes clairs[1]. C'est ainsi qu'elle ne se saisit que de cas incidemment mis au jour, à la suite de conflits du travail, de dénonciations d'infirmières et de personnels hostiles à leurs chefs, ou de conflits entre employeurs et soignants. Les procès ont souvent lieu à la suite de plaintes de licenciés ou d'épisodes d'agitation interne. Les médecins sont partagés sur les « soins conservateurs » et préfèrent garder le silence (et le flou des idées). Mais ils désirent rester maîtres de la décision de trancher entre les deux états, de vie et de mort. Les professeurs hospitaliers, les médecins de ville reconnaissent que cette pratique ancienne, faite en toute âme et conscience, est un élément du métier. Ils l'ont pratiquée, ils le disent (comme les ministres médecins – Michèle Barzach, Bernard Kouchner – même s'ils se rétractent ensuite devant le tollé qui suit leur aveu). S'il y a d'innombrables exemples de cette pratique, il n'y a pas de consensus médical sur l'utilité de l'avouer. Cet élément crucial nous ramène à l'organisation et aux structures de la profession. Au préalable, il est intéressant de scruter les positions des partisans ou des adversaires de l'euthanasie en fonction de l'offre et de la demande de ce type d'actes, et des avantages et profits des diverses conduites possibles.

La gestion des fins de vie pèse sur le personnel hospitalier et le divise, en raison des charges physiques et morales qui varient selon la mortalité dans les services de soins intensifs, de cancérologie, de gériatrie. Les décisions dissimulées d'euthanasie sont prises en tenant compte des implications de l'acte sur les plans moral et

1. Constatons le progrès de la nouvelle loi sur le droit de « Laisser mourir » adoptée en décembre 2004 et promulguée le 22 avril 2005. Elle fut l'aboutissement d'un travail parlementaire approfondi. Sur des directives anticipées du patient, l'obstination déraisonnable de certains actes sera proscrite et le refus de tout traitement par le malade gravement atteint, y compris en non-fin de vie, est enfin reconnu.

juridique et de la demande des mourants ou de leurs familiers. Mais elles sont d'abord recommandées en fonction des places à maintenir occupées ou à libérer et, subsidiairement, en fonction des conditions de travail des personnels, notamment ceux qui sont chargés des actes d'entretien les plus lourds. À domicile, ces actes lourds sont assurés par certains membres de l'entourage. Le « sale boulot » est assuré par une minorité du personnel qui n'est pas celle qui peut le penser dans les termes nobles de l'éthique ou du devoir médical ; « humaniser l'hôpital » est improbable en raison du travail sur les mourants dans les services où ils se renouvellent constamment. Ainsi, la plupart des affaires judiciarisées concernent des infirmières – et non pas des médecins – accusées d'assassinats en France, en Angleterre ou en Allemagne. Elles assuraient cette lourde tâche, jusque-là sans reproche, mais n'en pouvaient plus[1].

La situation en France est plus compliquée que dans les autres pays européens où les entreprises d'hospitalisation privée sont moins influentes. Cela explique les allers et retours, le recul législatif que représente la loi de 1987 et enfin l'instauration d'un débat national. Les médecins qui s'opposent à une réglementation sont surtout des hospitaliers ou des libéraux des régions à forte densité (Paris, PACA) où la concurrence est sévère, y compris en maisons de retraite et de long séjour. Mais, en général, les opinions des médecins de ville et celles des médecins des établissements ne se recoupent pas. Les médecins des quartiers défavorisés ne sont absolument pas hostiles à une clarification des responsabilités. Ils sont conscients des charges que les patients en fin de vie représentent pour les familles démunies (problème de mort à domicile dans des logements surpeuplés ou inconfortables). Mais leur réticence devant la perspective d'une législation (de criminalisation ou de dépénalisation) ne tient pas seulement à leur volonté de garder leur indépendance, elle vient aussi des risques graves

1. Au sujet des hésitations du droit moderne, Sophie Aurenche présente les principales législations et leur état divers. Elle remarque, comme moi, que le conflit sur l'euthanasie hospitalière est sous-tendu par des tensions entre infirmières et médecins. Sophie Aurenche, *L'Euthanasie, la fin d'un tabou ?*, ESF éditeurs, 1999.

d'erreurs que leur font courir les limites de leur savoir, les erreurs de pronostic sur la survie prévisible (beaucoup ont fait l'expérience de mauvaises estimations). Le désir des médecins de ne pas trop s'engager dans ce débat tout en gardant le contrôle conduit à une gymnastique de l'esprit et du discours de leurs associations ; elles peuvent s'appuyer à la fois sur l'incertitude et les aléas légitimes de la pratique et sur les privilèges de l'autorité de la profession basée sur le savoir.

Un groupe s'est constitué avec des « psys » : psychiatres, psychanalystes, psychothérapeutes. On assiste sur ce sujet à l'émergence d'un accord rarissime entre ces trois professions. D'un côté, Maurice Abiven, spécialiste des soins palliatifs, est très actif avec des livres, des conférences, une action auprès des députés soutenue par Bernard Debré. En face, des associations militant en faveur de l'euthanasie contrôlée agissent par à-coups ; toutefois, les définitions qu'elles se donnent ne sont pas très claires. Que signifie faire un « testament de vie » pour mourir dignement ? Les exemples de ces militants (comme les époux Quilliot) sont présentés de façon équivoque, à la fois admirable et condamnable[1]. À l'hôpital, on peut observer les attitudes contrastées des familles (il est vrai souvent peu averties) qui penchent pour l'abrègement de la vie quand il s'agit de personnes âgées mais hésitent pour les morts d'enfants difficilement acceptées (ici on ne peut pas parler de renoncement mais plutôt d'échec avéré). J'ai vu des individus fatalistes connaissant une fin paisible, acceptant sereinement l'issue fatale, quoi que disent les professionnels de la dernière heure sur la terreur universelle de la mort, argument récurrent mais empiriquement mal fondé. Le repli est une attitude tout aussi fréquente ; l'intimité ultime est parfois revendiquée ou manifestée en silence : « Ça ne vous regarde pas. » Dans un livre, la pédopsychiatre Françoise Glorion, épouse de l'ancien président de l'Ordre, fait, à la suite d'autres aujourd'hui, une description dramatique de la relation à la mort dans les temps anciens, qui

1. La fin d'un des époux Quilliot, abondamment commentée dans la presse, n'a pas éclairé le débat en faisant des acteurs des héros malgré eux. Lire « Le couple qui s'aimait d'une mort tendre », *Libération*, 5 janvier 1999.

contrasterait avec l'héroïsation contemporaine. « La mort fut interdite de parole », dit même Bernard Kouchner dans la préface[1]. La terreur, ce serait hier. Aujourd'hui, la sagesse, le savoir et l'expertise de l'adoucissement régneraient. Les historiens ne confirment pas une explication aussi simpliste. Les discours insistant sur la peur de la mort ou sur l'angoisse individuelle ne sont guère plus objectifs que leurs contraires, car rien n'est ici mesurable, en particulier quand les antalgiques renouvelés et puissants altèrent l'autonomie de jugement.

Il est compréhensible que les conceptions de la vie et de la mort s'opposent dans une population diversifiée et qu'aucune façon de voir, aucune conception du moment ultime ne puisse être unanimement partagée. Les quatre grandes religions sont divisées. Sur ce problème, il n'existe aucun accord entre elles alors qu'elles condamnent unanimement le suicide. Depuis toujours, fatalité, sagesse, sérénité, stoïcisme devant la mort sont aussi bien distribués que leur contraire. Que signifie mourir dans la dignité pour reprendre le sigle de l'ADMD ? Dignité certes – certains diront douceur – mais aujourd'hui il n'y a plus guère de brutalité ou de mépris lors des derniers soins.

Les opinions populaires pencheraient pour la discrétion plutôt que pour la dignité, s'il fallait choisir une catégorie morale ou intellectuelle. Discrétion ? Elle consisterait à éviter l'intervention tapageuse d'équipes, de réunions interminables pour discuter du moment opportun, mobilisation que certains jugent indécente. Aujourd'hui la verbalisation est partout. L'impératif « il faut communiquer » s'applique également à cette situation ! On entend dire : « Lorsqu'on prend le temps, tous ensemble, de s'asseoir, de parler autour d'un projet de fin de vie, il n'y a jamais d'adminis-

---

1. Dans son livre, Françoise Glorion (*Vivre avec sa mort*, La Martinière, 2002), responsable et fondatrice de l'association JALMALV (Jusqu'à la mort accompagner la vie), rivale (mais pas homologue dans l'élégance des titres et sigles) de l'ADMD, se fait, avec d'autres, l'avocate d'une conception de la mort comme apocalypse contemporaine, en rupture totale avec le passé ; ce que les historiens (comme Jean Delumeau), plus nuancés, démentent, du moins en ce qui concerne les rites sociaux. Quant à la vie intérieure, les sentiments personnels, cela relève de l'indicible : c'est le type même de la non-expérience.

tration de cocktail lytique. » La parole, le discours, le prêche, le verbe semblent être l'acte essentiel du palliatif salvateur. Avec d'autant plus de conviction que personne ne semble en mesure de définir le travail du palliatif : parler, tenir la main, être présent, consoler ; que faire ? Quels actes concrets recouvrent ces soins ? Que veut dire, dans les faits, « accompagner » ? Les métiers de l'oral (émission ou réception de confessions, confidences, oraisons) ont saisi l'hôpital, engendrés par la nouvelle obsession de la communication. Dominique Memmi en témoigne dans un livre[1]. Dans aucun autre endroit, il n'y a autant de bavardages que dans les services de gériatrie ou de soins palliatifs. Ma propre enquête montre que dans ces services près du tiers du temps de travail infirmier se passe en colloques. Des malades en phase terminale (des hommes silencieux particulièrement renfermés et hostiles à cette ambiance jacassante de couloir) préfèrent revenir chez eux pour échapper à cette injonction thérapeutique où chaque situation n'a de sens que verbalisée. Ces réunions de dossier où le cas est négocié autour d'une table peuvent consolider l'esprit d'équipe et l'ambiance de travail, mais elles sont certainement humiliantes pour le malade ou sa famille qui imaginent dix personnes au chevet, dissertant si le moment est venu ou non. Or, derrière cette gestion par le groupe, laissée à des subalternes, il y a des intérêts « supérieurs » plus ou moins légitimes : ceux des professions et des établissements, mais aussi le retour des intérêts religieux ; les catholiques rigoristes très représentés dans la culture médicale tra-

1. La démonstration de D. Memmi est sensible aux aspects politico-moraux de la relation du mourant et du soignant. Dominique Memmi, *Faire vivre et laisser mourir. Le gouvernement contemporain de la naissance et de la mort*, La Découverte, 2003, p. 258-264. Elle met en évidence les fondements implicites de la « bonne mort accompagnée » dans l'« enseignement » d'un savoir mourir qui devrait traquer les mauvais discours afin qu'ils rentrent dans la gamme des récits édifiants. Elle est attentive à la dimension féministe et anti-hiérarchique de la conception des soins palliatifs. On trouvera cette composante et d'autres informations dans deux articles importants du *Dictionnaire de la pensée médicale* (sous la direction de Dominique Lecourt, PUF, 2004) aux entrées « Euthanasie » (Paula La Marne) et « Soins palliatifs » (Isabelle Baszanger et Michèle Salamagne).

ditionnelle accaparent l'attention et affrontent les autres confessions. On n'a sans doute jamais fini de laïciser l'hôpital[1].

L'euthanasie : prolonger la vie ou retarder la mort ?

Tel est le nouveau dilemme qu'affronte la société actuelle. Les connaissances cliniques, la vulgarisation de produits efficaces favorisent la diffusion des moyens d'atténuer la douleur et de provoquer une perte de conscience par un endormissement doux (que l'on nomme le sommeil induit). Mais le progrès a une autre face : l'exceptionnelle durée des derniers moments (ce qui est différent de l'allongement de la vie). Il y a de belles vieillesses, mais il n'y a pas de belles agonies. Or, les progrès médicaux et médicamenteux contribuent à prolonger de plusieurs semaines ou mois ce qui était auparavant de l'ordre de quelques heures ou jours. Ce qui emportait la vie rapidement est aujourd'hui ralenti ou annihilé (gangrène, septicémie, fatigue cardiaque, escarres), aisément combattu par un soutien cardiaque, la banalisation de l'assistance respiratoire, les trachéotomies, les antibiotiques, etc. Tout un matériel de confort (lits adaptés, soins des plaies) pour les personnes couchées freine la dégradation des corps, les amputations ou les dégâts liés à l'immobilité. Si la médecine actuelle nous offre de prolonger cet entre-deux (entre vie et mort) de plusieurs mois, qu'allons-nous faire de tout ce temps… perdu ou gagné ? Le duo constitué par le

1. Dominique Memmi le pense aussi (*op. cit.*, p. 31-32). On ne souligne pas assez, dans ces assauts de sondages, la faible proportion des répondants aux enquêtes qui portent sur des sujets intimes et personnels. Ainsi, sur 25 000 adhérents à l'ADMD, une enquête a obtenu à peine 3 000 réponses ; on trouve toujours le cas le moins représentatif pour un débat où le propre est justement de se taire (moment où il est impossible de présumer la conscience). Ici, l'observation silencieuse des actes à l'hôpital est irremplaçable à l'encontre du débordement discursif où les sectes, même les plus anodines, cherchent à détourner l'attention. Nous avons opté pour la mise en valeur des aspects matériels et des enjeux de carrière ou financiers sans renoncer aux idées intéressantes de D. Memmi sur le risque d'accroissement du contrôle social par les discours.

docteur Maurice Abiven et la psychologue Marie de Hennezel – très visible et combatif – propose de justifier ce moment-là[1]. Ils s'opposent aux hospitaliers tels que le professeur Schwartzenberg qui avait de son vivant lancé le débat et levé le tabou, à ses dépens d'ailleurs, dans les années 70. Le professeur Mattéi est proche des positions traditionalistes, mais il les exprime de manière nuancée selon sa position du moment (ministre ou praticien) dans un climat qui est devenu en quelques années une foire d'empoigne entre quelques personnalités.

Sur les enjeux de morale, les médecins se divisent en fonction de critères qui dépendent de leur éducation, de leur position religieuse et d'autres formes de pensée déjà manifestes dans les clivages sur le problème de l'IVG. La tendance catholique traditionnelle se crispe d'autant plus que, face à eux, les tenants de l'ADMD se teintent des couleurs franc-maçonniques[2]. On en vient presque à des conflits de religion : les arguments de l'Église (« Tu ne tueras point ») sont affichés dans les salles hospitalières, et les textes de la déontologie professionnelle inspirés de la morale cléricale resservent chez les laïques.

1. Maurice Abiven et Marie de Hennezel se partagent le travail d'influence, jouent de toutes les cordes de la séduction médiatique (titres et couvertures iconographiques des livres) pour enrôler des protagonistes hésitants, contre ceux qui, selon eux, promeuvent une sollicitude humaine erronée et dangereuse.

2. Dans son autobiographie politique, Henri Caillavet, sénateur radical du Lot-et-Garonne qui fut un créateur de l'ADMD (il a avoué plus tard avoir aidé son père à mourir), associe la morale républicaine et laïque reçue familialement à ses idées de progrès social, de soutien à l'IVG, à sa lutte contre le secret médical pour obtenir la clarté dans l'attribution des greffes notamment. Il est l'auteur de la loi dite Caillavet sur la réglementation des greffes, qui vise à la transparence des comptes de la Sécurité sociale, témoignant ainsi du sentiment de spoliation existant chez des travailleurs : « Ainsi le vrai salaire des travailleurs inclut non seulement la somme perçue mensuellement et les retenues pour la Sécurité sociale, mais également les cotisations patronales bien qu'elles n'apparaissent jamais sur le bulletin de paie… De même, souhaitons que les salariés connaissent le montant des prestations dont ils bénéficient », Henri Caillavet, *Les Coudées franches : pour une démocratie réelle*, Denoël, 1976, p. 123. On retrouvera cette revendication plus loin dans notre livre. Elle est associée à la lutte pour lever d'autres restrictions de liberté comme celle de connaître le contenu des dépenses de santé ou leur coût économique et social.

À distance de l'intégrisme, on trouve des hésitants dont les attitudes bienveillantes et sincères peuvent être qualifiées de chrétiennes conservatrices : sentiment généreux (mentalité « boy-scout ») fréquent dans les anciennes générations du milieu médical, vision du métier stricte et idéalisante, issue d'un monde protégé et que les études fermées dans le monde de la faculté ont contribué à maintenir à l'écart du siècle.

Les enjeux financiers de la mort et la concurrence entre secret et politisation

Les raisons humanistes sont de bon aloi et certainement honorables (on en trouvera l'inventaire dans tous les ouvrages d'éthique médicale). Cependant, ce qui nous intéresse est l'étrangeté du phénomène de concentration des dépenses. Au moment de la fin de vie, on retrouve la structure duelle des dépenses constatée ailleurs. Malgré la diversité des cas et leur variation dans le temps, la séparation en deux blocs de l'économie des coûts de santé réapparaît. La dissymétrie paradoxale des dépenses – configuration maintenant classique dans notre étude – est un problème apparemment insoluble : comment se maintiennent, quels que soient les contextes de la mort et les circonstances du cours des maladies, la dichotomie ainsi que la concentration de l'essentiel des remboursements sur une très petite minorité ?

On dit toujours que les dépenses médicales se concentrent sur les derniers jours en raison de la multiplication des actes que l'on doit alors faire en bonne pratique. Or, il y a là une ambiguïté. Une partie des fins de vie se passent au domicile et la plupart de ces mourants ne consomment guère plus que dans les années qui précèdent leur décès. Ils font alors partie des 40 % des Français qui ne consomment presque rien (environ 3 % des dépenses totales) alors que l'autre moitié – la plus dépensière – présente en son sein des contrastes : 5 % d'entre eux assurent 56 % des dépenses de l'Assurance maladie, tandis que 55 % consomment 40 %. Et l'âge n'est pas ici déterminant.

Le coût des soins dans les derniers jours de la vie est évoqué dans le cercle restreint des économistes de la santé. Andrée et Arié Mizrahi y font allusion dans une note sibylline : « Les soins médicaux aux personnes décédées, les six derniers mois de leur vie, coûtent dix fois plus que la consommation médicale moyenne pendant la même période[1]. » Les volumes contrastés de dépenses en fin de vie, publiées par Martin Hirsch dans *Les Enjeux de la protection sociale,* sont remarquables (à partir des chiffres SESI pour l'année 1992). Cependant, ici aussi, la moyenne globale égare le lecteur : « Ces dépenses sont très concentrées sur une fraction de la population. Elles le sont sur la dernière année de la vie qui représente près de 80 % du total des dépenses. Les personnes de plus de 60 ans, qui représentent 14 % de la population protégée, consomment la moitié des dépenses. La consommation moyenne entre 70 et 80 ans est triple de celle entre 20 et 30 ans. 10 % des Français consomment 75 % des soins. Cette concentration est encore plus flagrante pour les soins hospitaliers dont les trois quarts sont dépensés par 2,3 % de la population. Elles sont bien sûr liées à l'âge. Plus des trois quarts des dépenses de santé sont concentrés sur la dernière année de vie de chacun d'entre nous. 80 % de la consommation médicale s'effectue dans la dernière année de vie, et les personnes de plus de 60 ans représentent 20 % de la population mais 50 % de la consommation de soins[2]. »

D'autres enquêtes plus récentes faites par le CREDES confirment nos soupçons : le volume des dépenses n'est pas un problème lié à l'âge, mais à la position sociale occupée qui est structurée par

---

1. « D'après l'enquête dans les dossiers de la Sécurité sociale menée par l'IGAS, les soins médicaux fournis en 1977 aux personnes décédées les six derniers mois avant leur mort coûteraient en moyenne 8 865 F par personne, quand – la même année d'après le CREDOC – la dépense de Sécurité sociale s'élevait alors à 91 milliards de francs, soit 859 F par personne », Andrée et Arié Mizrahi, *La Consommation médicale. Micro-économie*, PUF, 1982, p. 28.

2. Martin Hirsch, *Les Enjeux de la protection sociale*, Montchrestien, 1993, p. 62-67. Cette minorité des personnes âgées à fort coût est stable malgré une morbidité variable dans le temps. Était-elle déjà très hospitalisée dans le courant de la vie ? Est-ce la même population qui reçoit à tous les âges les soins coûteux ?

des choix médicaux stabilisés. Si les dépenses augmentent à un rythme à peu près uniforme (elles doublent en francs constants par personne de 1980 à 1991 pour les individus de 60 à 80 ans), la structure dissymétrique se maintient inchangée sur trente ans parce que l'organisation n'a pas bougé. C'est ici que l'hypothèse d'un dualisme médical irréductible prend toute sa valeur. Puisque l'organisation des rapports internes dans la médecine ne change pas, les proportions des dépenses qui reflètent les structures de fonctionnement évoluent peu. L'offre reste inchangée parce que son organisation interne, même amplifiée et complexifiée, se développe en fonction de facteurs endogènes médicaux mais non en fonction de la morbidité (ou est, en tout cas, faiblement déterminée par elle) ou du contenu des soins. Ces deux derniers facteurs n'ont qu'une influence mineure.

Le discours justifiant la croissance irrésistible des dépenses de santé sépare des catégories d'âge mais de manière indifférenciée (« les fins de vie ») et néglige les catégorisations sociales ou régionales ; même en l'absence d'enquête de vérification, nous contestons cette idée d'un « prix de la vieillesse » indifférent à toute détermination sociale. Si, sur trois personnes âgées, l'une meurt à son domicile, c'est à un faible coût (pour ne pas dire nul) et si un autre tiers meurt à l'hôpital, cela se passe dans des services aux traitements légers, de simple accompagnement. Et c'est probablement le troisième tiers (avec également des différences en son sein, selon des critères qui restent à découvrir) qui, involontairement, se retrouve dans les établissements privés et les services lourds (réanimations successives, services de soins intensifs). Il est nécessaire de nuancer le concept aisément manipulable de « personnes âgées » : tous les vieillards et les mourants ne profitent pas de soins coûteux et longs. Une proportion non négligeable d'entre eux disparaît sans passer par l'étape du séjour hospitalier avec des traitements prolongés. Certains les refusent car ils veulent mourir chez eux.

Le marché des soins avant la mort est donc très sensible et touche des catégories d'établissements et de services selon des critères professionnels spécifiques d'offre de place sélective et de fonctions de relégation. C'est le moment où, selon la formule consacrée par l'éthique, « tout doit être fait », où « la vie n'a pas de prix » mais, en coulisses, les objections financières des directeurs ou des gestionnaires sont négociées dans un rapport de forces relativement stable, qui sur le territoire donne cet aspect à peu près invariant au volume dissymétrique de la distribution des dépenses. À l'hôpital, deux grandes catégories reçoivent les traitements onéreux qui représentent la grande majorité des dépenses hospitalières et les deux ont un rapport avec la disparition retardée ou accélérée :

1. les végétatifs, les comas profonds, les morts cérébraux artificiellement maintenus en vie sur plusieurs mois ou années (parfois autour de dix ou quinze ans) ;
2. les cancéreux ou dégénératifs, les victimes aiguës du sida dont le prix de journée équivaut à cent fois le prix moyen des autres hospitalisés.

La prédominance accordée à la morale de la compassion, au poids de la souffrance empêche de penser sociologiquement ces réalités matérielles. Mais les questions taboues en public ne le sont pas du tout à l'intérieur des hôpitaux où les responsables budgétaires parlent et agissent en fonction de contraintes financières (on le verra dans les services de réanimation). On prétend un peu vite que les médecins « ne comptent pas », n'ont pas appris l'économie politique pendant leurs études. Si le sociologue laisse à l'économiste ses statistiques présentées sous la forme de moyennes fictives d'indices trompeurs, il est fondé à se demander comment se perpétue le choix (plus ou moins aléatoire) d'orientation des personnes en fin de vie qui contribue à la dichotomie entre la catégorie dispendieuse et la masse ordinaire. Y a-t-il un classement des malades selon la valeur sociale jugée à partir de l'appartenance socioprofessionnelle, de l'âge, de la résidence ? Une telle sélection organisée est inconcevable si on se fie aux conceptions du travail affirmées et aux discours des soignants, mais les intérêts médicaux et ceux des établissements (selon une hiérarchie régionale de position ou de prestige) produisent des inégalités sociales spécifiques superposables et cachées par d'autres. La véritable question n'est donc pas l'argument moral mais l'organisation économique. On retrouve ici les solutions esquissées par la sociologie des années 60 et 70 : les proportions d'accès aux dépenses de santé de l'hôpital sont relativement stables, parce qu'elles sont déterminées par des structures fixes, par service, et par des équipements aux distributions immobilisées, gelés par des rapports de forces à l'intérieur de l'hôpital et par des spécialités à influence forte ou faible qui figent les offres de lits en fonction d'intérêts puissants. Le facteur « établissement » (ou sa localisation en région onéreuse ou non) et celui du département intrahospitalier font donc intervenir, par rapport au facteur morbidité et mortalité, un coût dû à la « recherche », un coût de la « profession », bref un ensemble de déterminants qui relèvent des emplois et des carrières, des postes à remplir, des médicaments à utiliser et des équipements à rentabiliser. Le lit, qui va déterminer le prix de la journée et sa répartition selon les établissements, distribuera ainsi les thérapies – y compris pour les cas désespérés – de manière très variable.

Ces structures, stables dans le temps, produisent les classements de services, en dépensiers ou non. C'est là un fait bien connu, minutieusement scruté et apprécié dans les commissions de budgets ; les médecins sont informés à tout moment de la valeur économique et entrent en lutte pour les ressources autorégulées qu'ils mettent en œuvre. Ce ne sont pas des agents irresponsables, comme on le prétend souvent, mais des acteurs conscients de leurs intérêts, avertis, sans cesse confrontés à la valeur d'usage et d'achat de leurs biens et services. Le secret médical engendre toutefois le secret économique et donc tout cela ne sort pas des discussions internes, dans de petits cercles. Par leur silence, les pouvoirs publics qui s'appuient sur ces structures brouillent les distributions inégales, les masquent sous des moyennes qui n'ont souvent pas de sens.

Pour les médecins libéraux, surtout ceux qui exercent dans des cliniques et des maisons de retraite, les enjeux ne sont pas négligeables. La plus grosse partie de leurs revenus (notamment pour ceux qui interviennent exclusivement en maisons de long séjour) est issue des soins aux personnes âgées, surtout en fin de vie, moment où il est plus difficile de renoncer à des traitements, en fonction du coût, devant une famille avertie.

Les passions soulevées par le combat contre l'euthanasie masquent souvent d'autres préoccupations. Des dizaines de milliards d'euros sont en jeu. Derrière des arguments qui relèvent de la morale, trois médecines rivales se réunifient : la pratique de ville (fin de vie à domicile ou dans des établissements spécialisés), les gériatres et les paramédicaux travaillant dans la gestion de la dépendance totale, et la médecine hospitalière dont les objectifs dépendent de la taille (lits à occuper pour des établissements en crise, lits à libérer dans les CHU surchargés). La psychiatrie est également de la partie avec la maîtrise des prescriptions de tranquillisants ou d'antalgiques puissants dont l'usage peut difficilement être contesté. Toutes les jeunes spécialités, voulant s'établir durablement, luttent – grâce à l'effet « nouveauté miracle » – en faveur de leur emploi, de leurs moyens et se mobilisent avec plus ou moins de dynamisme selon leur sentiment d'être ou non soutenues par l'opinion. Si un mourant crée au moins quatre emplois partiels ou complets (infirmière, aide-soignante, garde-malade, aide à domicile), en particulier en ville, une fraction de la médecine a partie liée avec de très nombreux paramédicaux libéraux ou d'autres salariés. Dans une clinique gériatrique de renom, j'ai compté un médecin pour cinq patients. Le nombre d'actes quotidiens pour chaque mourant est supérieur à six (presque toujours lourds). Maurice Abiven l'admet, mais en fait une présentation en termes de dévouement, de ténacité médicale, dans une clinique privée où, par ailleurs, « le nombre de salariés est légèrement supérieur au nombre de lits » et où il y a 4 médecins disponibles par malade en phase terminale[1]. Dans le service public, des infirmières voulant échapper à des services lourds ont trouvé dans les soins palliatifs, leur « domaine propre », un terrain délaissé par les

1. M. Abiven, C. Chardot, R. Fresco, *Euthanasie, Alternatives et Controverses*, Presses de la Renaissance, 2000, notamment p. 126. C'est ainsi que l'on voit, à l'hôpital, des pauvres recevoir en un jour, en soins intensifs et interventions, cent fois plus, en valeur, que les aides, secours, indemnités attribués durant toute leur existence. Comateux ou affaiblis, ils ne sont guère en état d'en profiter. Auparavant, les guichets de la protection sociale leur étaient entrouverts mais là, l'État-providence change aux portes de l'hôpital. Des personnes démunies, ayant vécu chichement, reçoivent tardivement des secours inespérés. Remises sur pieds sans avoir compris ce qui leur arrivait, elles sont renvoyées parfois à la rue et retrouvent, pour peu de temps généralement, le cours « normal » de leur existence.

médecins peu intéressés par une carrière sans prestige ou une spécialisation sans science. On y voit d'anciennes infirmières qui se reconvertissent, ainsi que de toutes jeunes psychologues bardées de diplômes. Partout où des suppressions de lits et des fermetures sont annoncées, on propose des soins palliatifs. Les infirmières, surtout libérales, là où elles sont en surnombre, multiplient les passages quotidiens auprès des personnes âgées, ce qui représente 2 ou 3 actes en quelque dix minutes (situation fréquente dans la région PACA).

La création de nouveaux emplois pour les nombreux diplômés de psychologie, un espace psychiatrique nouveau, les filières et les carrières qui s'ouvrent pour des infirmières qui fuient des situations pesantes, harcelées par les hiérarchies, débordées de travail et fatiguées par l'absence de reconnaissance, tout cela est certainement à l'œuvre et tempère la dimension idéologique du débat. Le médecin de famille qui se rend au chevet d'un de ses clients, mourant à l'hôpital, pour répondre au désir de la famille d'en finir, risque de se heurter à l'opposition ferme de ses collègues, professionnels du lieu, quand ils ont une préférence pour le maintien en vie (logique de la recherche et des prélèvements pour des greffes par exemple). À l'inverse, s'il pense qu'on n'en fait pas assez et qu'il faut continuer les soins (ce peut être le vœu de la famille/cliente) et s'il rencontre le scepticisme des hospitaliers, il les critiquera en privé (parfois en public) au sein du cercle des proches ou des amis qu'il a sur place à l'hôpital. Ce sont des litiges tenaces, basés sur de vieilles oppositions de pratique et de statut d'exercice, des oppositions médecins/infirmières, des ressentiments entre les spécialistes hospitaliers et de ville qui se disputent une clientèle rentable pouvant aussi faire l'objet de recherches, de publications ou participer à des essais thérapeutiques. Comment estimer les « valeurs judéo-chrétiennes » qui influenceraient la médecine quand il nous semble plus juste de parler de fabrication de clientèles parmi les vieillards plus ou moins dépendants ? Les références religieuses perpétuellement mises en avant, le vieux débat laïques/catholiques recouvrent plutôt d'un voile pieux le « règlement » de divergences entre spécialités médicales ou entre répartiteurs de budgets.

Création de normes morales par les médecins et leurs effets sur les conceptions sociales

« Comment finir sa vie ? » est devenu un problème social original qui émerge lentement. Les médecins, s'ils ne peuvent contrôler ce débat de société, y participent largement. De grands patrons prennent position et se divisent sur les techniques à mobiliser pour la gestion de fin de vie. La fabrication de nouvelles normes morales se fait donc en grande partie sur le dos des patients impuissants. Il est évidemment moins facile de mobiliser les patients en fin de vie que ceux atteints du sida ou du cancer. L'offre d'euthanasie voilée est, dans le cas des associations combatives, désarticulée, mais elle existe en sous-main. Des compromis sont proposés aux familles qui ont des parents dans le milieu médical ou sont bien reçues à l'hôpital (familles unies, respectueuses, déférentes). La résolution de certaines polypathologies du vieillissement, l'amélioration des conditions de survie, la surveillance et le progrès économique de la situation des personnes âgées ont permis aux générations actuelles d'atteindre un niveau de santé inégalé par rapport au passé. Il ne faut pas chercher des explications au coût élevé du vieillissement dans la démographie, ou dans l'effondrement sanitaire de la situation des vieillards en France, mais dans « l'offre gériatrique », dans la découverte d'un gisement de clientèles captives, et dans la mise sous dépendance de personnes affaiblies intellectuellement (y compris par les traitements), c'est-à-dire dans la logique de survie économique des institutions spécialisées.

C'est surtout à l'approche de la mort, dans la semi-conscience ou la perte des sens, dans l'impossibilité de jugement autonome, que se prennent, à l'insu des personnes concernées, des décisions cruciales. On ne devrait pas s'étonner de la contradiction entre les résultats des sondages sur l'euthanasie (largement en sa faveur) et le manque de fermeté à l'hôpital que l'on observe chez les personnes concernées ou leurs proches. Les adeptes des soins palliatifs considèrent un peu vite que le désir d'euthanasie manifesté antérieurement manquait de conviction et de sincérité. Il n'y a pourtant là rien d'étonnant, dans le contexte de la perte de conscience après plusieurs semaines d'hôpital, de l'état de dépendance, de la dissolution de la volonté après absorption de drogues mais aussi dans les conditions des entretiens oraux/confessions avec les intéressés. Les acteurs des soins palliatifs n'ont pas peur de se contredire quand ils expliquent que les personnes favorables à la création d'une attestation de « non-acharnement thérapeutique » sont des personnes irréfléchies, non libres. En revanche, celles qui, après avoir été réanimées, regretteraient leur décision antérieure du refus de l'acharnement, seraient libres, conscientes et autonomes !

Je laisse volontairement de côté la situation des malades incurables et des enfants que le progrès néonatal fait naître handicapés à vie ; il appartient aux familles qui supportent ce fardeau de se déterminer seules, hors de toute influence. Ce n'est pas le même problème. Il reste que la sélection des cas qui « bénéficieront » (ou seront victimes) d'un acharnement thérapeutique dépend en partie de la position sociale. La justice dépénalise de fait les auteurs d'euthanasie quand ils sont de condition supérieure. On reconnaît ce droit à la fille de Freud qui a fait une injection à son père (ou à Henri Caillavet qui assuma le même acte), mais on l'interdit aux mères des classes populaires ou à des infirmières.

Il est difficile de mener dignement ce débat. Le dialogue est rendu malaisé par l'outrance des discours. La violence de la polémique menée par les opposants à la dépénalisation – au titre de leur « combat contre les insensibles ou irresponsables » – nous permet de douter de leur bonne foi quand ils demandent : « Le droit de mourir dignement peut-il engendrer le droit de tuer ? » Le droit de tuer ! Cette expression tue en effet le débat.

La compétence sur la mort, enjeu de pouvoir et d'autonomie professionnelle

Derrière l'idée qu'il y aurait une manière de mourir qui serait médicalement correcte – « c'est au médecin seul de décider » –, des observateurs perspicaces ont pu repérer des positions de pouvoir ou une influence de classe. Ils ont constaté que l'abandon thérapeutique ou l'assistance médicale à la mort était sélectif. L'offre de discussion s'adresse d'abord aux personnes averties ou éclairées. Une discrimination de principe (avoir ou non du poids dans la négociation avec les médecins) est ici à l'œuvre.

Le film de Frederick Wiseman[1], les livres de Renée Anspach, de Stefan Timmermans évoquent des faits identiques, constatant que, pour les fins de vie de membres des classes supérieures, une entente rapide avec les médecins se négocie discrètement[2]. La fonction de l'établissement (avec gériatrie ou non), sa réputation, celle des médecins et la qualité sociale des clients déterminent des pratiques et des solutions particulières. La proximité sociale favorise la compréhension des attentes des familles, même si les services que les médecins peuvent leur rendre restent implicites. La complicité au sein de fractions de classes proches (médecins et patients) rend les transactions thérapeutiques organisables au cas par cas, en fonction de la présence ou de la pression des familles. C'est pour les classes sociales les plus faibles et démunies que se pose réellement le problème de la manipulation des opinions : en effet, elles n'ont pas de réels moyens d'intervention en coulisses. C'est pourquoi nous sommes d'accord avec Ronald Dworkin qui pense que « le système actuel à deux vitesses – une mort choisie et la fin “illégale” de la douleur pour ceux qui ont des relations, et des refus intransigeants pour les autres – est l'un des plus grands scandales de la pratique médicale contemporaine[3] ». En revanche, pour les classes moyennes vivant dans l'orbite des praticiens, les arrangements peuvent se faire à l'amiable, selon le sentiment de confiance qui leur est accordé. Cela protège des risques judiciaires. Les praticiens vérifient la cohésion des familles dans l'expression d'un tel souhait. La famille est le critère de référence, comme le montre le cas rapporté par la presse de Mme Humbert.

---

1. Frederick Wiseman, *Phase terminale*, diffusé sur Arte le 31 mars 1994.

2. Se reporter à Renée Anspach, *Deciding who Lives. Fate Full Choices in the Intensive-Care Nursery*, University of California Press, 1993 ; Stefan Timmermans, *Sudden Death and the Myth of CPR*, Temple University Press, 1999.

3. Ronald Dworkin, « Le suicide médicalisé », *Esprit*, n° 243, juin 1998, p. 11.

Tout le monde n'est donc pas à égalité devant l'agonie interminable ou sa probabilité en cas d'hospitalisation puisque l'influence dépend de la position sociale. Les familles fortement utilisatrices de la médecine ont le sentiment que leur propre médecin saura quoi faire le moment venu. On perçoit des euthanasies déguisées quand des personnalités du monde médiatique meurent chez elles quelques jours après leur sortie de l'hôpital, laissant planer le doute sur les raisons d'une mort aussi rapide à domicile. On se rappelle le cas de Françoise Giroud décédée le lendemain de sa sortie de l'hôpital : elle avait signé le manifeste en faveur de la dépénalisation.

La pression politique ne va pas dans le sens d'un système ouvert dans lequel la loi reconnaîtrait un égal droit à l'euthanasie, accessible à tous. On se retrouve dans la situation antérieure à la loi sur l'IVG : le charter en Suisse ou aux Pays-Bas pour ceux qui le peuvent ! Cette question met en jeu une liberté d'appréciation et de négociation de l'entourage avec des médecins à l'abri des regards. Les médecins ont toutes les raisons de penser que leur compétence dans cette prise de décision implique la reconnaissance de leur expertise et leur permettra de revendiquer de nouvelles légitimités (par exemple dans le domaine des biotechnologies). Céder de son pouvoir ici serait reculer là demain. En renonçant au droit de déterminer le moment de la mort, ils s'engageraient, croient-ils, dans un engrenage mettant en cause leur autonomie. Ce faisant, ils participent, avec une partie de la société civile, à l'édification d'une norme : l'interdiction de choisir sa propre fin. Mais en refusant, en s'abstenant ou en pratiquant l'euthanasie, ils témoignent publiquement aussi de leurs désaccords internes, ouvrant là d'autres brèches à la fragilisation des sentiments publics sur la cohésion de leurs convictions. Une éthique de liberté pour clarifier les positions ne se dégage en rien de ces contradictions. Il n'y a, au-dessus des médecins organisés, aucune instance professionnelle qui maintiendrait une unité de proposition en face du public, de la même manière qu'ils ne maîtrisent pas la gestion collective des biotechnologies et qu'ils sont débordés par la diffusion des psychotropes ou des implications de la science. Ils préservent ainsi leur autonomie, dans l'instant, mais ils ne préparent en rien l'avenir. La majorité des professionnels voit là un sujet permanent de discorde ou de désordre qu'il vaut mieux taire[1].

En face, il existe une difficulté symétrique pour faire de la fin de vie un problème de société et élaborer de nouvelles normes. Le passé pèse lourdement sur chacun des intervenants et sur leurs choix moraux. On le perçoit dans les discussions entre classes sociales, entre intellectuels, entre professionnels de l'éthique, entre laïques et intégristes catholiques, entre francs-maçons et tenants de la liberté individuelle. Toutes ces conceptions sont présentes dans les débats, et la modernité a finalement bien du mal à se définir.

Opinions et humeurs

La difficile construction d'un problème social – la fin de vie – émerge dans l'incertitude législative, le doute. Il pourrait entraîner un ébranlement des valeurs. Qui s'emparera des pouvoirs nouveaux que donnent les avancées scientifiques ? La société civile ? La

1. Isabelle Baszanger (qui en fait l'observation) décrit des aspects qu'on pouvait pressentir (je n'ai pas assisté comme elle à de telles réunions) dans « La fin de vie : de nouvelles frontières entre curatif et palliatif », *Quelle médecine voulons-nous ?*, La Dispute, 2002. Elle met en évidence le côté difficile à définir et à gérer, si on peut dire, des décisions vu l'incertitude des pronostics et des informations médicales. Les confrontations entre approches curatives et palliatives sont des relations locales de pouvoir, aussi conditionnées que mouvantes, en fonction des options thérapeutiques des équipes. Les critères économiques et scientifiques, que nous privilégions, sont volontairement laissés de côté par l'auteur qui insiste sur l'ethos de l'action, les valeurs et principes, la communauté des personnels. Christophe Andréo observant les choix des réanimateurs insiste surtout sur les contraintes matérielles des budgets, l'obligation de traiter au plus vite des flux en fonction du petit nombre de lits disponibles, conduisant à une rotation pour éliminer des cas chroniques et écarter certaines classes d'âge (le coût de ces services pèse entre 15 et 20 % du budget hospitalier, ce qui implique une négociation épineuse pour les réanimateurs). Christophe Andréo, « Gestion des flux de malades dans les services de réanimation », *Sociétés contemporaines*, n° 54, 2004.

profession médicale et une fraction à venir de paramédicaux ? Les industriels du médicament ? Des spécialistes de l'accompagnement de la mort ? Ce qui est certain, c'est que tous sont aussi des « entrepreneurs de morale » !

Face à eux, les partisans de l'offre de suicide « médicalement assisté » restent minoritaires et il leur est impossible de s'exprimer dans certains lieux ; ses défenseurs divisés ont à affronter une contre-offensive virulente. Les présentations dramatiques des risques d'une porte ouverte à toutes les dérives par une législation tolérante font reculer les défenseurs de la mort volontaire désemparés devant la vivacité des arguments de leurs opposants. On assiste donc au gel du problème. Cet échec manifeste pourrait être dû à un sentiment mêlant respect et intimidation face aux idées véhiculées par une profession médicale parlant au nom du progrès scientifique. Cette inhibition est une forme d'hommage au pouvoir médical, y compris dans ce moment particulier où il devrait plutôt s'effacer. Le corps médical est invité derechef à occuper la scène des problèmes moraux que se pose la société, du suicide à l'IVG. Cela perdurera tant que nous accorderons implicitement une valeur indiscutable à ses conceptions morales et à son savoir technique. On se retrouve face à un exemple emblématique de la difficulté à construire un problème social ; il faudrait le dégager du climat passionnel et démoralisant que les interlocuteurs imposent ; il faudrait sortir d'un terrain piégé où les questions sont mal posées. Il faut cesser d'utiliser l'euphémisme « fin de vie » pour regarder enfin la mort en face.

Cette question du droit sur sa propre fin ne concerne les éthiciens et médecins du palliatif (ou d'autres spécialistes de la non-guérison) que par procuration sociale. Si les militants des associations en faveur de la dépénalisation (combatifs sur le papier) parvenaient à se libérer de l'influence des biologistes moralistes et des praticiens les plus activistes – comme ils l'ont fait dans d'autres circonstances (procréation ou IVG) –, ils participeraient à la définition de l'acte en prenant un rôle de surveillance à l'hôpital ou à domicile. Ils dénonceraient le fait que l'euthanasie « interdite/tolérée » ouvre un champ de répression à la justice qui vise presque uniquement, par discrimination sociale, les classes populaires. Les proches des personnalités y échappent. Si nous octroyons ainsi aux médecins une autorité exorbitante sur le droit de fin de vie dont ils usent, parfois avec embarras et parfois avec autorité, c'est que nous les avons laissés auparavant s'instituer « entrepreneurs de morale » dans notre vie privée. Ainsi, ils parviennent à constituer de nouvelles spécialités, comme la « suicidologie » qui traite du suicide comme d'une pathologie, ou à considérer le souhait de la mort volontaire comme une déviance. Le problème de l'avortement qui avait traversé ces débats ressurgit par ce biais, comme on a pu le constater récemment avec les « droits du fœtus ». La légitimité de juger de la déchéance et du moment de la fin de vie est un contrôle social que le corps médical, conservateur, n'est pas près de lâcher ; il faudra le conquérir comme toutes les autres libertés acquises, en luttant contre une forme de pensée religieuse qui introduit de « nouveaux rituels », des principes éthiques de vie, des abus d'influence dans des institutions d'État.

Avec le développement des moyens de survie, le débat du maintien de l'état comateux, loin d'être clos, n'a pas encore été exploré. Pour les militants, le problème devrait être posé autrement. Les individus sont-ils libres à ce moment ultime ? Ou bien une morale d'État ou d'Église (ou de toute autre forme bureaucratisée) doit-elle décider à la place de la personne concernée ? Le rôle de l'État, de la justice, des établissements hospitaliers devrait seulement être de vérifier ce que les adultes (c'est d'eux dont il s'agit ici) ont déclaré, voire réitéré, en entrant à l'hôpital. À charge pour eux – s'ils ne veulent pas déléguer ce droit – de l'avoir fait savoir de manière formelle avant le séjour dans les hôpitaux, puisque là, leur conscience, leur réflexion, leur libre arbitre seront considérablement altérés en raison même des soins reçus. Si chaque individu doit affronter cet événement pour lui-même, à lui de dire s'il veut qu'un tiers, médical ou non, s'interpose entre son propre destin et la décision finale, à l'abri des manipulations des opinions singulièrement influençables en de tels moments de dépendance de la conscience.

Il serait alors possible de libérer la réflexion de la chape de plomb que font peser les divers contextes médicaux. Rien, dans notre histoire, ne nous oblige à penser à « médecin » quand nous pensons à euthanasie ou à lier « assistance médicale » à telle forme de volonté. Ce passage de seuil ne concerne les médecins qu'en tant que simples citoyens et non pas en tant que techniciens ou, pire, experts. Dans l'Antiquité, ils se sont dégagés légitimement de la tâche professionnelle qui consistait à donner la mort aux condamnés. Un autre professionnel, le bourreau, s'en est chargé. Le problème technico-scientifique et le problème moral-affectif se chevauchent, ce qui est à l'origine de multiples dommages. Si on insiste sur le second, notre mort devient appropriable par une profession spécialisée. Avec le frein mis à l'expression libre des familles – aisément compréhensible en ces lieux –, les médecins se croient débarrassés d'une partie du problème des droits de l'individu, pour un acte qui ne requiert aujourd'hui aucune qualification technique particulière. Une orientation possible est d'en dispenser les soignants ; on pourrait l'attribuer à des assistants laïques, hommes ou femmes de bonne volonté, individus assermentés, surveillés, à l'image des sages-femmes, ces autres spécialistes, en quelque sorte, du passage de seuil. Ces « hommes-sages » seraient contrôlés par la justice pour éviter toute dérive criminelle[1]. Un grand pas sera accompli quand on aura « libéré » les médecins de cette fonction qui va d'ailleurs contre les idées de quelques-uns d'entre eux, désormais contraints de militer hors de l'hôpital et de leur corporation pour la légalisation. L'abaissement de notre conscience et de notre jugement critique, quant à la durée et à la valeur d'une vie, a contribué à cet abandon de soi au pouvoir d'une profession. En infantilisant le malade, on diminue le citoyen ; en déresponsabilisant l'assuré social, on disculpe le dominant ; en interdisant le choix de fin de vie, on réprime le libre

1. Jean Pohier a joué ce rôle-là, à l'hôpital, pour des amis ou des inconnus, en leur préparant les médicaments adéquats et la piqûre. C'est du moins ce qu'il raconte sans masque dans son livre *La Mort opportune.* Puisque dans nos rapports à la médecine nous sommes confrontés au « tout ou rien », l'alternative devrait s'ouvrir à des formules autres que « législation ou pas de textes » (code, droits des malades). Par exemple, un comité d'appel, consultatif ou délibératif, composé de médecins et de familles, pourrait être saisi pour les acharnements en cours ou les euthanasies désirées et refusées.

arbitre. On n'enseigne plus guère les réflexions des sceptiques, des philosophes de l'Antiquité, les conceptions d'un Rabelais ou d'un Montaigne, celles des penseurs des Lumières. Ce pouvoir de définition du moment de la mort – problème qui a son autonomie et sa force – profite du vide critique de notre pensée sur ce qui touche à la santé, à l'expertise médicale, aux dépenses, aux inégalités engendrées par le coût excessif de la santé en faveur des catégories privilégiées.

En maîtrisant un des modes de gestion du vieillissement (par l'intermédiaire de la thérapeutique la plus avancée), la médecine a débordé sur d'autres offres, notamment éthiques, délaissées depuis plus d'un siècle. Elle les retrouve avec notre consentement, tacite ou non. Actuellement, les médecins font tout à la fois de la politique, de la morale, de la science. Ils offrent des solutions médicales aux problèmes les plus éloignés de leur formation : sociaux, économiques, politiques, génétiques (applications biologiques). On ne leur en demande pas tant. On leur demande de soigner et de guérir dans la mesure du possible. C'est déjà beaucoup ! Chaque fois que nous suivons les médecins aventureux, avides de partager avec eux leur dynamisme, leur enthousiasme pour le progrès, leur passion de la science, nous « dépolitisons » inconsciemment les problèmes sociaux, nous occultons les différences de classe puisque nous n'évaluons pas le coût et les résultats, les avantages et les pertes de chaque groupe aux intérêts distincts et parfois opposés. Nous transformons chaque question concrète en un problème métaphysique insoluble. Nous sommes seuls responsables de cette perte de notre autonomie et de notre sens critique.

Sur l'euthanasie, c'est notre démission qui, par le vide créé, appelle ce pouvoir médical démesuré que certains thérapeutes plus prudents récusent par crainte d'excès d'intervention. En concluant avec l'idée que « la mort n'a pas de prix », je me suis montré volontairement réducteur mais mon objectif était de dégager le débat de la gangue de la morale conformiste qui prospère sur ce terrain.

11
Les conditions de la recherche médicale

La « recherche » fait l'objet aujourd'hui d'un consensus fort. Elle apparaît indispensable, à tel point que cela interdit de discuter des conditions dans lesquelles les projets naissent et se réalisent. La recherche est pourtant constituée d'une large variété de pratiques et d'actes très différents menés par des professionnels divers. Le terme est donc ambigu même s'il constitue une référence omniprésente, tapageuse. C'est devenu une arme dans les débats contradictoires. Le rappel d'une obligation de recherche – par exemple dans le cas des médicaments – est une sorte d'alibi irrécusable, passe-partout, prétexte à des manipulations économiques confuses.

La recherche médicale et son enseignement méritent d'être l'objet d'enquêtes car c'est là que l'idéologie moderniste fait les plus grands ravages. L'aventure de la science dans le cours de la médecine est celle d'une intrusion bien explorée en tant que phénomène historique. Mais elle l'est, en revanche, très peu dans sa réalité contemporaine.

L'apprentissage de la recherche à l'université

Un livre, exceptionnel dans son genre, décrit l'univers particulier des campus, des salles de cours, des travaux pratiques, ainsi que les conditions de l'apprentissage de leur métier par les étudiants en médecine ; les auteurs ont suivi pendant deux ans le cursus des études à la faculté de médecine de Kansas City[1]. Quelques observations du même type ont été tentées en France en ce qui concerne la formation initiale des jeunes étudiants. J'ai moi-même passé du temps à observer de manière discrète la vie universitaire, dans les amphis et les bibliothèques, pendant les stages hospitaliers, au cours des jurys de thèse. Retrouve-t-on le conformisme et l'infantilisation qui ont été si bien décrits par Howard Becker et ses collègues ? Il est possible que depuis la rédaction de ce livre, les choses aient changé. L'obsolescence rapide des savoirs oblige à une plus grande souplesse dans les techniques pédagogiques.

Comment former des médecins ? Jean-Marc Lévy-Leblond a écrit que « le système de formation des chercheurs manifeste la même anhistoricité que le fonctionnement de la recherche[2] ». Peut-on faire la même critique à la médecine ? Plus que l'oubli des erreurs faites dans son histoire, on pourrait lui reprocher de ne pas enseigner l'esprit critique ou son savoir passé. L'idée d'un progrès continu est un dogme, et les connaissances sont l'objet d'une transmission scolastique. Les procédés d'enseignement sont mécaniques. Ainsi, pendant les deux premières années, il y a peu de travaux pratiques et la priorité est donnée à l'accumulation de connaissances anatomiques qu'il faut apprendre à mémoriser rapidement et qui sont vérifiées par la méthode des QCM[3].

L'observateur étranger à l'université découvre un désintérêt des enseignants pour les cours des premières années de médecine. Les professeurs affectés à cette tâche ne la remplissent pas. Les ensei-

1. Howard Becker, Blanche Geer, Everett Hughes, Anselm Strauss, *Boys in White, Student Culture in Medical School,* Chicago University Press, 1961.

2. Jean-Marc Lévy-Leblond, *La Pierre de touche, la science à l'épreuve,* Gallimard, 1996, p. 161.

3. Questions à choix multiple. Il s'agit de cocher la bonne réponse dans un éventail de solutions fournies. Cela implique pour chaque question une seule bonne réponse, l'absence de nuances, d'interrelations et l'enfermement exclusif du savoir dans un échantillon succinct de possibilités ou d'impossibilités. « Que demande-t-on aux candidats ? Qu'ils répètent ce qu'ils ont mémorisé. Il n'est pas question de sous-estimer l'importance de la mémorisation en médecine, mais il est excessif et dangereux d'en faire le seul instrument de sélection », Bernard Grenier, *in* François Grémy (sous la direction), *La Réforme Debré, un tiers de siècle après,* ENSP, Rennes, 1999, p. 65.

gnements distribués par photocopies et polycopiés sont expliqués par d'autres : des vacataires, de jeunes praticiens en début de carrière que l'on aide en leur sous-traitant les cours. Il est étonnant de voir le niveau d'absentéisme, les amphis vides ou chahuteurs. L'enseignant remplaçant fait généralement son travail sans conviction. Après les premières semaines, les bancs sont désertés. Les étudiants sélectionnent les cours. En première année, les étudiants éliminent tout ce qui s'apparente aux sciences humaines ou à des matières jugées périphériques à la médecine ou aux sciences fondamentales. Les cours de sociologie que certains ont tenté d'introduire ont été considérés comme rébarbatifs et peu suivis. Puis, la sélection des cours est basée sur la valeur et la réputation de l'enseignant-instructeur et de leur importance pour les concours.

En revanche, une ambiance fortement studieuse règne dans les salles de lecture et les bibliothèques. Les étudiants viennent y travailler, lire, en solitaire, afin d'accumuler et mémoriser des notes de lecture. On dit qu'au concours de l'internat la situation est pire, puisque la réussite dépendrait de l'enseignement privé. À partir de la deuxième année, l'enseignement de la médecine migre en effet vers des conférences privées et payantes ; les cours sont assurés par les laboratoires pharmaceutiques, par des « boîtes » privées qui se font concurrence, bref par toute une structure parallèle qui s'est mise en place depuis plusieurs années et qui ne choque ni les responsables ni les étudiants… sauf ceux qui sont éliminés en raison du coût élevé de ces cours. Ils sont généralement donnés par des internes et des chefs de clinique, plusieurs soirs par semaine de 18 heures à 22 heures, dans les locaux de la faculté. Le coût d'une conférence dépasse souvent les 500 € (comprenant un cours magistral et des travaux dirigés). L'offre de conférences varie d'une ville à l'autre. Il y a moins d'offres en province qu'à Paris où un véritable marché des conférences s'est imposé. Certaines sont plus réputées que d'autres, comme « les confs du quinzième ». Les étudiants les plus aisés de province viennent à Paris chaque semaine pour les suivre. Les laboratoires pharmaceutiques organisent eux-mêmes des conférences ainsi que des concours blancs. La similitude des sujets de ces exercices avec ceux des examens a provoqué une suspicion de collusion entre les directeurs de conférences et les professeurs chargés des examens. En février 1996, la presse s'est faite l'écho de rumeurs récurrentes et de plaintes sur de possibles actes délictueux concernant les concours[1].

Les programmes de l'enseignement universitaire et la pédagogie ne sont pas conçus de façon homogène. Qui pourrait d'ailleurs les définir et les coordonner ? Le ministère de l'Éducation ? Celui de la Santé ? Ils n'ont aucune légitimité pour le faire. La conférence des doyens, tel ou tel groupe de professeurs ? Une des nombreuses académies ? En fait, l'autonomie dont bénéficie chaque faculté pour définir les matières à enseigner à partir d'un vague agenda ou calendrier est quasi totale. Aux étudiants de se débrouiller pour combler les lacunes de chaque cursus. Et c'est le nom de l'université plus que le titre des études de spécialité qui fait la différence pour la carrière hospitalière !

De manière insidieuse, les laboratoires pharmaceutiques ont pénétré l'enseignement universitaire comme la formation continue. Les auteurs du livre sur les trente ans de la réforme Debré ont émis de sérieuses réserves sur la valeur d'un enseignement déserté par ses maîtres et rendu inégalitaire par le coût de la formation parallèle. Les autobiographies ou témoignages de médecins âgés montrent que l'absence d'éducation critique allait de pair avec une abondance de critiques humiliantes dans l'enseignement au pied du lit qui faisait partie de la pédagogie pratique hospitalière lors des stages.

Les médecins professeurs de CHU, enseignants, membres de l'enseignement supérieur et dépendants de ce ministère car fonctionnaires, s'autorisent un étonnant absentéisme. En revanche, les médecins titulaires travaillant dans le service public (hôpitaux, dispensaires, etc.) ne sont pas des fonctionnaires et sont chargés de la formation sur le tas. Cette coupure est visible dans les comportements quotidiens. Le titre hiérarchise effectivement deux corps[2].

---

1. Une enquêtrice a décrit l'organisation des étudiants pour le séchage des cours au profit d'une myriade de petites entreprises (boîtes à concours, aide des laboratoires au bachotage et préparation à des examens). Birthe Houe, « Réussir en médecine : la carrière des étudiants en médecine », DEA de sociologie, EHESS, ENS, Université de Paris-VIII, 1997.

2. La critique la plus vive de la formation se trouve dans François Grémy (sous la direction), *La Réforme Debré, un tiers de siècle après*, *op. cit.*, « L'essentiel

La Formation médicale continue (FMC)

Les déboires de la FMC, dans l'orbite financière de l'industrie pharmaceutique, ont déjà été observés par les journalistes. La FMC est le cheval de bataille des syndicats qui, en la contrôlant, se partagent les sommes allouées. Les principaux syndicats médicaux sont impliqués dans sa définition. Selon les enseignants, les connaissances avancent si vite qu'une actualisation efficace demanderait au minimum vingt jours de formation par an. Ce n'est évidemment pas réaliste et aucun généraliste ne se pliera à cette contrainte. Chaque camp, enseignants chercheurs d'une part, praticiens de l'autre, reste sur ses positions. Les sommes allouées autorisent un « bricolage » à base de conférences pendant le week-end, payées par les laboratoires privés dans des sites de loisirs agréables. Par ailleurs, comme pour d'autres professions, la clarté dans l'attribution des budgets n'est pas évidente. Le financement de la formation médicale a été dénoncé à de multiples reprises comme recelant de graves défauts ; la presse a révélé de nombreuses irrégularités dans l'attribution des fonds destinés à la formation des praticiens libéraux, mettant en cause certaines organisations syndicales : fausses facturations, honoraires suspects. Une information judiciaire ouverte depuis cinq ans n'a apparemment pas abouti. Dans ce cadre, il est exclu qu'une réflexion critique naisse, mis à part une contestation mineure de la part d'étudiants insatisfaits de cette organisation[1].

---

de la Réforme de 1958 (de Robert Debré), c'est l'installation de la biologie dans la pratique médicale. On ne pourra plus désormais enseigner la médecine sans faire appel largement à des disciplines différentes de la médecine : statistiques, psychologie, économie, sociologie », p. 183. Ce souhait n'aurait pas été entendu selon un proche de Debré, le professeur Bernard Grenier – voir sa lettre publiée dans *Le Monde*, 9 mai 1997 : « Quand aura-t-on le droit de dire que la clinique française n'a inventé aucun grand concept nosologique depuis 1914, que notre littérature médicale a pratiquement disparu du monde étranger et que notre médecine est quasiment tout importée ? »

1. Martin Winckler suggère dans *En soignant, en écrivant* (éd. Indigènes, 2000, p. 24-44) que cet enseignement infantilise. Dans ses recrutements,

La thèse : un exemple de recherche ou un exercice conformiste ?

Comment faut-il interpréter le bilan des études que représente la thèse : est-ce un réel travail de chercheur ou seulement un rite d'entrée dans la profession ? Son contenu scientifique est très variable selon les universités. Si on s'amuse à les consulter systématiquement, le moins que l'on puisse constater c'est qu'elles ne sont en rien une initiation à la recherche pour la majorité d'entre elles. En incluant les interminables bibliographies obligatoires, le sommaire et les annexes usuelles de remplissage, on parvient à un document ayant entre 30 à 60 pages (et même moins si on ôte les tableaux, les diagrammes, etc.). Mais l'apparence importerait peu si la profondeur du texte – qui en bonne logique devrait échapper à la compréhension du profane – s'imposait. L'aspect purement biopathologique et anatomo-physiologiste que je ne peux juger est réduit par rapport à l'élément socio-démographique ou épidémiologique qui se veut sophistiqué. Or, cet aspect qui représente l'implication de la pratique dans la vie de la société est généralement simpliste, du niveau d'un mémoire de licence pour tous les étudiants bac + 3 issus des facs de lettres ou de droit. Il est admis que ce rite ne juge pas la fin d'études, et encore moins les compétences de chercheur, mais que de telles cérémonies vides font le lien entre la vocation et les engagements déontologiques qu'elles ritualisent. Elles donnent toutefois au futur médecin une mauvaise appréciation de la recherche ou une démonstration du conservatisme universitaire, et elles ont un effet de soumission. À leur décharge, il faut dire que la plupart des directeurs de thèse (titre d'ailleurs inconnu…) se désintéressent de leur contenu qu'ils découvrent lors de la soutenance, qu'ils n'ont pas encadré et sur lequel ils

l'industrie cinématographique retient, pour archétype de la timidité de l'adolescent non sorti de son milieu et ignorant du monde, ce genre d'étudiant. Voir en illustration le texte de la petite annonce « Recherche, pour moyen métrage, un comédien, 27-35 ans, visage adolescent, style étudiant en médecine ou médecin débutant », *Actu-Ciné*, mars 1994.

n'ont le plus souvent rien à dire. Pour être impartial, reconnaissons qu'une petite proportion des thèses (une sur cinq peut-être) est d'une autre trempe, révélant des qualités de chercheur fondées sur un simple esprit de curiosité.

La thèse est-elle donc un simulacre ? Une simple attestation ? Un rite de passage ? Une forme d'apprentissage à la docilité envers la hiérarchie (particulièrement dans les pages de remerciements) ? Prenons un cas moyen. Les 20 premières pages sont consacrées aux remerciements respectueux et à des dédicaces variées, ainsi qu'à la liste des professeurs (actifs et honoraires) de l'université du lieu, avec des formules de déférence qui paraissent d'un autre âge.

Fausses recherches, études commandées et autres artefacts

La même artificialité est manifeste dans les communications faites lors de colloques ou de congrès nationaux. On assiste à un grand déballage d'intentions suivies de l'annonce de maigres résultats qui auraient bien du mal à paraître fondés sans tout l'appareillage statistique avec tableaux chiffrés projetés à l'aide d'un rétroprojecteur (indispensable à toute présentation) et schémas pompeux. Là où une simple phrase suffirait, il faut une ou plusieurs flèches pour exprimer une causalité ou une corrélation. Le conférencier répète ou commente sans se détacher ni approfondir les dessins et phrases minimales écrites sur l'écran. On ne peut qu'être frappé par le schématisme des explications sociétales ou historiques abordées à l'occasion ; mais le restant ne semble guère plus sophistiqué, comme si la recherche était une répétition des mêmes sujets sans beaucoup de variations. Toutes ces études semblent avoir un contenu critique méthodologique extrêmement faible. Elles viennent rarement prendre le contre-pied d'une autre thèse. Leurs auteurs sont, en revanche, victimes de la maladie des grands nombres, obsédés par la taille des échantillons, si possible gigantesques (plusieurs milliers pour une petite étude)[1]. Les statis-

1. Toute une partie de la critique de Jean-Paul Gaudillière (*Inventer la biomédecine, la France, l'Amérique et la production des savoirs du vivant, 1945-1965*,

ticiens et les informaticiens qui les mettent en forme se réjouissent de la liberté d'expansion qui leur est ainsi laissée.

Mais il existe d'autres formes de substitution, telles que des cas d'articles « prêts à signer » écrits par des professionnels envoyés par des médecins promus par le sponsoring pharmaceutique. Ces faits sont avérés. Comment fabriquer à coups d'articles écrits par d'autres chercheurs un leader d'opinion mondiale ? Cette pratique est courante aux États-Unis. Les articles sur des molécules innovantes ou des biotechnologies prometteuses écrits par des mercenaires et signés par des médecins complaisants se distinguent par leur niveau encore plus bas. Des commandes d'enquêtes très minces dont les résultats sont connus d'avance permettent de faire des cadeaux à certains praticiens et de les assujettir, en tournant toutes les lois anticadeaux ; même si leurs résultats sont aussitôt oubliés, ce type de publication influence le monde médical non averti et les informateurs périphériques. De là les innombrables citations des journalistes : « des études montrent »... tout et son contraire ! Mais le mal est fait et on aura réussi ainsi à influencer l'opinion. Cela peut être considéré comme une conséquence de la faible préparation à l'esprit critique de recherche dans les facultés, à l'absence de culture du doute, à la croyance dans le progrès continu. On a affaire à des praticiens qui n'ont pas le temps de lire par eux-mêmes et de juger sereinement.

La Découverte, 2002) s'appuie sur la course à la taille de l'échantillon. Les rapports des médecins aux statisticiens et informaticiens font l'objet d'une partie distincte de son livre (p. 228-229, 234-244) tant les querelles sur les nombres occupent une large place dans les controverses. On fait dire ce qu'on veut aux chiffres comme le souligne l'association Pénombres. Le plus étrange est que les considérations sociales prises au moment de la construction randomisée des populations soumises à une étude d'épidémiologie sont archisimplistes, comme si la sociologie n'avait jamais réfléchi à ces questions d'artifices et de biais.

L'absence de relativisme dans l'enseignement

À une époque où tout étudiant apprend le caractère relatif du savoir qu'on lui inculque (aussi bien en lettres, en droit, en sciences économiques que dans les sciences physico-chimiques) et est appelé à examiner les diverses théories explicatives, à les confronter au cours de ses recherches individuelles, le jeune médecin « néophyte » doit faire face à des connaissances jamais remises en cause, comme si l'histoire de sa discipline n'était pas une succession d'erreurs, de démarches conduisant à des impasses, de mauvaises appréciations, voire de fraudes intellectuelles. Les étudiants en médecine auraient besoin de cours sur les controverses qui parcourent l'histoire de leur discipline et qui permettraient de relativiser la Vérité médicale. Cette dernière est enseignée sous la forme d'un continuum triomphant. Les errements des raisonnements médicaux, les grandes fautes dans les conceptions sont passés silencieusement par pertes et profits. Il n'y a jamais eu une seule médecine, même aujourd'hui, y compris sous sa composante hospitalière dure et positiviste ; il n'existe pas un « seul raisonnement », une « pensée », une « théorie » médicale comme l'optimisme livresque tente de le faire croire, mais plusieurs qui coexistent. Il existe des niveaux de recherche dans les médecines « occidentales », qui font une part plus ou moins grande à l'empirisme, à l'inspiration et à la preuve. Cet univers qui rappelle parfois la tradition scolastique a pesé sur la formation, spécialement des généralistes. On les a marginalisés en transformant leur expérience en simple fourniture de cas avec notes adressées à leurs maîtres. Ce type de réactions apparaît dans plusieurs livres éclairant le parcours de nombre de généralistes vers une semi-indépendance et un glissement vers un relativisme généralisé. Il y a là un gisement de savoirs que la médecine universitaire a laissé en jachère ou a laissé dériver vers des démarches personnelles plus ou moins rationnelles. Cette critique est partagée par une élite minoritaire[1].

1. « Si les médecins sont assez bien formés à la maladie aiguë, ils le sont mal à la pathologie chronique, organique ou plus encore fonctionnelle, bien qu'elle

La forte dichotomie de statut entre le généraliste et le spécialiste, résultat de l'hypervalorisation du concours de l'internat, a privé la médecine de ses racines et obère son action. Cette situation est le fait d'une division croissante du travail où la connaissance de l'expérience du malade dans son environnement naturel est minimisée, voire dévalorisée. On peut esquisser une analogie militaire : l'infériorisation ou la disparition du fantassin dans la guerre moderne équivaut au mépris que les supérieurs manifestent envers les gradés subalternes tout en leur demandant de se débrouiller sur le « terrain ». Des différenciations internes accentuent la coupure entre les deux corps. En voici un exemple.

La délégation au généraliste anonyme

Les médecins de terrain que sont les généralistes envoyés en première ligne doivent faire un tri et surveiller les frontières professionnelles pour décharger les médecines spécialisées de l'affrontement à des adversaires imprévisibles ou des problèmes insolubles d'incompréhension des malades. Ces soldats anonymes sont les plus exposés : ils ne peuvent contester ou se plaindre de leur hiérarchie, quitte par moments à la menacer de débordement ou alors, solution de facilité, à retourner leur mécontentement contre les caisses ou l'État. Ces subalternes doivent trouver des solutions rapides face à la pression des patients et, en même temps, ils doivent respecter la légitimité scientifique, les règles de travail de dépistage que les chefs définissent à travers les normes de bonne

soit à l'origine des trois quarts des consultations. La responsabilité en incombe à la faculté. Emportés par l'enthousiasme des progrès médicaux, nombre de médecins de CHU pensent que l'hôpital universitaire a pour mission première la recherche. Si tel est le cas, il faut le dire publiquement, puis en tirer les conséquences : les CHU devraient alors être dessaisis de la mission de la formation » : Olivier Blétry, André Grimaldi, Joëlle Janse-Marec, « Réforme de système de santé : pour une troisième voie », *Le Monde*, 19 juin 1996. On s'étonnera que ces échanges disciplinaires fondamentaux passent par le journal *Le Monde* comme s'il n'y avait aucune instance de communication intérieure.

pratique, les RMO (ou *Evidence Based Medecine*: la médecine basée sur des preuves[1]), forme positiviste du savoir. De ce fait, ils ne font plus de recherche biologique, physiopathologique ou clinique. Font-ils pour autant de la recherche sociale, comportementale, épidémiologique sur des populations malades, ou sur les non-malades (grâce à des échantillons durablement suivis) pour saisir la place des facteurs sociaux dans l'apparition des pathologies ? Rien n'est moins sûr ! Le médecin en cabinet n'a guère l'occasion de se repérer seul dans ces domaines. Les médecins ont abandonné les enquêtes sociales. Ils ne font pas eux-mêmes d'enquêtes épidémiologiques. Ils « visitent » de moins en moins leurs patients. Ils ont renoncé à faire remonter leurs informations devant le peu de prise en compte de ces données par l'hôpital ou le spécialiste. Ce ne sont plus des agents du progrès scientifique mais des transmetteurs mécaniques de malades vers les organisations (quand ils ne sont pas réduits au rôle de simples distributeurs de médicaments, d'attestations, et de services non médicaux)[2]. L'intelligence créatrice, le sens du concret disparaissent devant le savoir abstrait que l'on doit, dit-on, ingurgiter pendant dix ans. En comparaison des Anciens (Hippocrate, Galien) ou des savants praticiens du passé aux savoirs pathologiques ancrés dans une bonne connaissance sociale, où l'épidémiologie offrait de multiples références à la géographie, à l'habitat, à l'hygiène, etc., que produisent aujourd'hui les médecins de première ligne comme informations empiriques sur les maladies ? Que sont devenues l'intuition, la production de données systématiques et comparables, dans le cadre de la hiérarchisation de l'expertise en deux corps isolés ?

1. RMO : références médicales opposables. Sur l'*Evidence Based Medecine* ou l'apparition de la médecine « factuelle », comme sur d'autres termes obscurs pour le profane, on lira avec profit cette entrée dans Dominique Lecourt (sous la direction), *Dictionnaire de la pensée médicale*, *op. cit.*

2. La délégation des questions cruciales aux généralistes prend des formes diverses, de la vulgarisation incontrôlée à la publicité des succès thérapeutiques. Face aux patients, ils doivent lutter contre les médias devenus de véritables propagateurs d'affections psychosomatiques. D'étranges fléaux de masse apparaissent que l'on pourrait appeler des « télépathologies ».

On a coutume d'opposer à la médecine scientifique et techniciste son envers supposé : le psychisme et le réflexif du malade, son univers affectif et symbolique, bref, la dimension humaine singulière et l'autonomie de chaque être. Une autre coupure est plus significative : elle relève des statuts inégalitaires des corps, confirmée par le prestige de la formation reçue (internat ou non) ou des conditions de travail. La « première » médecine que nous avons décrite comme étant à l'origine de l'offre (dans le chapitre « Les successeurs de Knock ») est assujettie à la deuxième offre, celle des hospitaliers, des spécialistes, des chercheurs de CHU[1]. Ce dualisme laisse peu de place à ce que pourrait être une alternative – mélange de sociologie, démographie, histoire, géographie, écologie –, c'est-à-dire à la prise en compte du contexte large dans lequel le malade évolue : son logement, ses moyens de transport, son travail (en termes de charges physiques mesurables, nerveuses, énergétiques), son alimentation (constatée et non par le biais de questionnaires), son hygiène véritable (non pas présumée), ses horaires et ses conditions de vie au travail, en famille, ses loisirs, confirmés par des études objectives indépendantes des déclarations orales ou écrites du sujet.

Le généraliste tâtonne dans la recherche d'alternatives (comme l'ont été à une époque les groupes Balint sous influence psychanalytique). On ne pousse pas le médecin à expérimenter le monde du travail, des transports, de la vie familiale et des hygiènes différentes selon les cultures, pour mieux comprendre les divers usages du corps (assis, debout, couché, en mouvement particulier), les usages de notre alimentation en plein bouleversement depuis cinquante ans (en volume et en produits nouveaux). Nombre de modifications de notre environnement et de notre organisme qui commencent à inquiéter la médecine (l'antibiotique systématique, les maladies iatrogènes, les maladies nosocomiales dans les

1. L'attitude habituelle des hospitaliers et des spécialistes (qui ont l'avantage d'échapper à la pression permanente des patients rencontrés irrégulièrement) envers les généralistes peut se résumer dans cette formule : « Débrouillez-vous, triez les cas pour nous, et récupérez-les après notre intervention. » On ne demande pas son avis sur la durée, au généraliste, après ce retour.

concentrations hospitalières) posent pourtant des problèmes et il serait intéressant d'essayer de prévoir les conséquences.

La deuxième médecine (spécialisée et hospitalière), obstacle à tous les nouveaux modes d'exploration qui viendraient du bas de la hiérarchie, est elle-même écrasée par le scientisme dispensé dans la formation universitaire aboutissant à faire confiance à une science « bernardienne » poussée à son extrême pour contrer toutes prétentions venues de sciences voisines. Ainsi, des énigmes qui seraient à prendre en considération dans un traitement n'intéressent pas. Les effets placebo (ou nocebo) sont présentés comme des fantaisies. Les succès des médecines douces sont, au mieux, considérés comme de douces illusions. Dans l'enseignement médical, il n'y a pas de place pour le doute, la relativité, l'ignorance ponctuelle, mais une fuite vers la technicisation à outrance. Et quand les jeunes thérapeutes se trouvent confrontés à la réalité, on les engage à utiliser des concepts comme celui d'« incertitude médicale » qui est un paravent idéal à notre ignorance, ou d'« aléa thérapeutique » qui protège au nom de la complexité du vivant. S'il n'y a qu'un seul « corps humain » – biologiquement parlant –, il n'y a alors qu'une façon de voir la maladie, qu'un seul processus explicatif et qu'un moyen unique de la combattre. Il n'est pas étonnant que les incompréhensions mutuelles entre malades et acteurs de la santé soient illimitées.

En suivant les consultations, les examens, les recommandations et prescriptions, on comprend cette illusion qui fait saisir le défilé des patients sous la forme d'une population homogène qui sera globalement représentée par les valeurs et les comportements du haut des classes moyennes. Dans nombre de cas, le sociologue béotien se dit, à part soi : « Voilà le genre de discours que X ou Y ne peut pas comprendre, le genre de conseils qu'il ne suivra pas. » Mais l'idée qu'il n'y a qu'une seule culture en France, une attitude unique non socialement différenciée face à la pathologie, est fortement ancrée dans les conduites de soins. C'est le plus grand avatar de l'idéologie de l'omnipotence de la science que cette délégation aux généralistes des problèmes « humains » dont les techniques médicales ne peuvent presque rien saisir.

12
La production des applications de la science

La médecine contemporaine (troisième dans l'ordre historique d'apparition) regroupe, à partir des années 70, les biologistes, les savants, les chercheurs de l'industrie pharmaceutique (médecine du « tout médicament ») ; elle a dû s'imposer face à l'hôpital comme lieu de la recherche obligée des universitaires. L'ambiance scientiste du siècle écoulé a favorisé l'abandon d'une partie spécifique de l'activité médicale traditionnelle et sa délégation à des chercheurs spécialisés. Le scientisme, qui en a résulté, est un avatar de l'idéologie contemporaine[1]. Il prend des formes diverses, de la vulgarisation incontrôlée à la publicité des succès thérapeutiques trop tôt proclamés. Le scientisme ordinaire s'enracine dans la diffusion non maîtrisée d'informations médiocres, propagées par les journalistes, la plupart non formés médicalement. Ce scientisme participe de la fascination pour la technique qui inspire par ailleurs le vocabulaire médiatique guerrier (frappes chirurgicales, bombes propres, au laser). Dans le matériel envoyé aux journalistes (cassettes vidéo, reportages, films de propagande pour telle thérapie ou opération, argumentaires divers), le progrès technique est toujours mis en exergue : l'exaltation technique constitue une force d'appel magique. La plupart des journalistes considèrent que montrer des médecins au travail, présenter des équipements « passent » bien à la télévision, dans les reportages illustrés ; ce serait,

1. Lire la définition contrastée dans : Isabelle Stengers, Bernadette Bensaude-Vincent, *100 Mots pour commencer à penser les sciences*, Les Empêcheurs de penser en rond, 2003.

selon eux, un des rares sujets qui fassent l'unanimité. La « communication médicale » joue de cette fascination[1].

L'industrie pharmaceutique est à l'origine de la plus grande partie de l'information médicale en direction du grand public. Les grands patrons n'hésitent pas à y prêter la main. Jean Bernard en témoigne : « Je revendique, en exerçant cette activité médiatique, une double appartenance : je me considère comme un universitaire allant donner son avis d'expert et finalement faire son métier, et comme un professionnel de la communication. J'ai appris, depuis mes lointains débuts au journal *Elle* comme pigiste, puis entre autres à *VSD*, à Antenne 2, à France Inter, ce que c'était que d'écrire en vingt minutes un papier sur un coin de table, de préparer un sujet d'une heure pour la radio ou de monter une émission de télévision. Je me sens tout à fait homme de médias côté pro[2]. »

Se retrancher derrière l'argument de la science permet aux spécialistes et aux hospitaliers de ne pas avoir à juger du contexte social, sauf pour excuser les échecs ; cela leur évite de connaître les malades de trop près. Ils préfèrent traiter un organisme nu, un corps neutre, déshabillé de toutes ses marques sociales. La pathologie seule, rien que la pathologie, toute la pathologie, jusqu'à la fin du traitement ! Après, le malade sera renvoyé chez lui et les

1. Un effet de l'activisme du journalisme est de créer les épidémies, à force d'en annoncer l'apparition et d'en donner les symptômes. La « prévention télévisuelle » provoque un effet de réel qui constitue en événement effectif ce qui était promis en tant que menace ou probabilité. Selon Patrice Pinell, il n'y a guère d'articles où les journalistes n'apparaissent pas comme informateurs, conseillers communicants, relations publiques. Ils aident les associations à mobiliser les ressources et représenter les dangers en cas de défaillance. Ils sont les relais de messages médicaux intéressés. Ils diffusent des résultats, ou ce qu'ils croient être des résultats décisifs. Les relations sont néanmoins parfois conflictuelles : s'ils sont manipulés, ils manipulent à leur tour. Les ressources levées grâce à leur aide par les associations et les fondations leur offrent l'occasion de se faire embaucher et de lancer des actions plus tard en tant que salariés du monde de la prévention ou de l'action sanitaire. Voir Patrice Pinell (sous la direction), *Une épidémie politique. La lutte contre le sida en France*, *op. cit.*, notamment p. 252.

2. Jean Bernard, *C'est de l'homme qu'il s'agit*, *op. cit.*, p. 296.

dynamiques sociales reprendront leur influence, mais le médecin sera resté à l'écart. Il se considère comme inapte pour en juger l'importance sur l'issue de la maladie dont il n'est plus responsable. L'application des découvertes biologiques peut se réaliser dans une vraie collaboration ou dans un simulacre de science entre la médecine hospitalière et l'activité savante des laboratoires publics et privés. La production scientifique privée, qui ne fait pas grand crédit à la recherche hospitalière, se contente souvent de lui faire des offres de « recherche légère ». Ces essais, rémunérés par les laboratoires, accentuent la coupure entre scientifiques purs et médecins spécialistes favorables au technicisme[1]. La division du travail aggrave les méfiances réciproques. La réflexion critique, généralisante ou synthétique, serait indispensable mais on s'y refuse au profit d'une fuite en avant, au recours à des idées toutes faites (comme le coût du progrès), quitte à hypothéquer l'avenir comme lorsque l'on soigne une personne sans réfléchir à son entourage, ce qui multiplie les risques ultérieurs.

Le perfectionnement des moyens matériels, la formation des capacités des acteurs grâce à plusieurs années d'un entraînement acharné, une sélection implacable, réfléchie et raisonnée, refoulent l'antique humanisme. Les outils techniques, les équipements, l'assistance la plus sophistiquée, le savoir éprouvé et sûr de lui, les techniques les plus récentes font contraste avec l'incompétence sociale. Une « lecture du monde » élémentaire, une connaissance sociale simpliste triomphent.

Toutefois, il peut arriver que tout l'appareillage s'effondre, que les organisations hyperspécialisées s'écroulent, que la belle machinerie s'enraye quand le petit grain de sable de la force du social agit contre toute attente. Il peut se présenter sous forme de la

1. Les journalistes rencontrent dans les hôpitaux surtout des spécialistes libéraux : 7 médecins libéraux sur 10 ont une activité hospitalière régulière ou occasionnelle en établissement hospitalier au cours de laquelle ils peuvent participer à des « recherches » commanditées du type tests, essais cliniques. Mais est-ce vraiment de la recherche ? C'est peut-être surtout l'occasion pour eux de rencontrer des vendeurs, les représentants des laboratoires privés qui financent ce type d'essais et le moyen d'en devenir les porte-parole au titre d'expert et d'intermédiaire avec les journalistes.

réaction des patients, de leurs perceptions de situations étrangères à leur monde et qui viennent alors entraver le modèle technique et savant. La multiplication des moyens techniques lourds et dispersés va de pair avec l'affaiblissement des moyens intellectuels utiles pour maîtriser les premiers. Nous avons de nombreux exemples du danger de l'excès de moyens techniques qui, dans la profusion et la dispersion, se révèlent inadaptés aux situations rencontrées. Un incident politique, hélas dramatique, dans un domaine très éloigné du nôtre (il partage néanmoins le goût du secret avec la médecine) témoigne de l'obsession pour la technique dans le cadre de la spécialisation de compétences humaines ou sociales. L'opération des services secrets français contre le bateau des écologistes – le *Rainbow Warrior* – coulé en Nouvelle-Zélande avait demandé des mois de préparation, des instruments hypersophistiqués, des hommes superentraînés. C'était un chef-d'œuvre de montage réalisé par des centaines d'officiers, de techniciens, avec des séances de finalisation, des simulations et des cours de stratégie, avec prise en compte de tous les impondérables que tout agent secret se doit d'envisager. On avait mobilisé et finement préparé les acteurs, transformés pour l'occasion en véritables sportifs (des milliers d'heures de plongée, de vol en parachute...). Il ne manquait pas un bouton de guêtres ! Dans cette logique, à quoi pouvait servir l'observation de la vie réelle de la société espionnée, de l'environnement de l'intervention ? Les acteurs de l'opération n'ont eu en tout et pour tout que deux heures d'enseignement sur l'histoire du pays, sa sociologie, les comportements des habitants. On avait tout bonnement oublié que les Néo-Zélandais « observent » les étrangers, intrus ou « touristes », pour de bonnes ou de mauvaises raisons : méfiance de nantis, racisme anti-aborigène, légalisme envers la police, etc. On a donc ignoré que les déplacements des deux agents français – Dominique Prieur et Christian Mafart – seraient repérés et signalés, très tôt, par des civils. On a négligé le fait que les habitants sont portés à l'observation spontanée (stationnement de véhicules inconnus ou déplacements insolites). Les deux livres écrits après leur emprisonnement par les acteurs principaux décrivent ce décalage et leur déception devant l'irréflexion des états-majors qui les ont lancés dans une aventure où ils étaient coupés du monde réel. L'un d'entre eux écrit : « Quand la théorie doit s'imposer à la pratique ! L'île ne nous est pas familière. Ni à Dominique ni à moi-même. Nous n'en connaissons que les grandes lignes physiques mais nous n'avons aucune notion de la mentalité profonde de ses habitants. Nous avons bien sûr épluché toute la documentation technique sur Auckland et je connais par cœur la cartographie du port et de ses abords[1]. » Toutes proportions gardées, la médecine techniciste court le même type de risque : par la faute d'un abus de logistique sophistiquée et des techniques proliférantes, être exposée à perdre le sens pratique de l'adaptation à la réalité du malade qu'on oublie d'observer et à se laisser déborder par des maladies inattendues[2].

Une autre analogie devrait permettre d'illustrer un paradoxe similaire. Avec l'émergence du sida, on a assisté à une exploration intéressante du virus. On a vu ce dernier subir un anthropomorphisme approprié à son évolution : le virus est qualifié de rusé, malin, résistant. En revanche, la complexité psychologique, la condition sociale, les genres de vie des malades sont finalement moins étudiés et connus que ceux du virus. On considère naïvement que les malades sont tous issus du même moule, sincères, disposés à collaborer… D'un côté, on traque un virus à « personnalité complexe », de l'autre, on considère le malade comme un être de sagesse, un modèle de transparence et d'obéissance qui

1. Alain Mafart, *Carnets secrets d'un nageur de combat*, Albin Michel, 1999, p. 147. Pour une confirmation, lire sa collègue d'infortune, Dominique Prieur, *Agent secrète*, Fayard, 1995.

2. Notons en passant que la sociologie des grandes institutions ne sait pas traiter l'énigme de l'échec de l'usage des grands moyens généreusement attribués. La distribution technique, les recrutements de nouveaux personnels, l'accumulation des moyens renouvelés produisent parfois l'effet inverse à celui recherché. Les trois secteurs professionnels dévoreurs de gros budgets (santé, enseignement, police) illustrent ce gaspillage de moyens non maîtrisés. Ils échappent, par ailleurs, à l'évaluation de leur utilisation, alors qu'ils réclament sans cesse leur croissance, quoique tous les domaines de leurs activités ne soient pas victimes au même degré de l'abus de moyens. Dans le discours revendicatif, la demande exclusive de « nouveaux moyens » s'est substituée à d'autres comme le « partage du pouvoir », la « lutte contre la hiérarchie » ou un « resserrement de la grille des salaires ».

convient bien à l'état de victime. Dans l'étude de la maladie, si on met l'accent sur les équilibres ou les dysfonctionnements les plus fins et les moins perceptibles et que les inventions techniques d'investigation permettent de voir au micron près, on déplace le regard et on néglige le somatique, les réactions physiologiques, les échanges du malade avec son environnement quotidien du point de vue chimico-bio-physique. On fait comme si tous les patients appartenaient à une même population, sur un modèle unique : les fractions de population connues d'eux que les médecins s'attendent à trouver universellement.

C'est pourquoi la médecine hyperscientiste ne sait pas comment traiter le problème des réactions psycho-sociologiques face à l'évolution des maladies, l'articulation entre objectif et subjectif pour chaque individu porteur dans sa singularité de germes, de virus, de bactéries, etc. L'absence d'imagination pour l'étude et la prise en compte de cette dimension se manifeste aussi par le désintérêt pour les patients résistants, les rémissions ou les évolutions imprévues. Tous ces phénomènes sont inutiles et dangereux pour une médecine sûre d'elle. Ils ont le tort de mettre en évidence le caractère relatif de son savoir.

Le manque de curiosité pour d'autres formes de médecine pourtant aussi rationnelles et savantes que celle en vigueur aujourd'hui en Occident est un autre aspect du scientisme. On peut ainsi penser que la volonté de responsabilisation de la part des malades s'exprime, même si c'est maladroitement, à travers l'homéopathie méprisée par la science dure.

Les médecins sont de plus en plus en difficulté pour approcher la situation concrète des malades. Ils ignorent tout des conditions de vie, de la situation sociale générale et par classe sociale : hygiène, budgets des patients, circonstances de l'observance, confiance ou non, réciproque ou unilatérale, étiologie des maladies par groupes sociaux. Ou alors ils ont recours à des catégorisations faibles comme celle de « groupes à risques », de « pathologie sociale ».

La notion de progrès médical est elle-même ambiguë. Des avancées spectaculaires dans certains domaines coexistent avec de véritables régressions dans d'autres. Le progrès n'est jamais aussi cumulatif qu'on le croit. D'où une déformation vers la simplification de son évolution, trop linéaire. La médecine dogmatique s'est imposée face à toutes les conceptions qui étaient plus relativistes, qui voulaient tenir compte des différenciations sociales.

Au moment où un « progrès » médical commence à s'imposer en médecine, il est impossible de savoir quels seront tous ses effets positifs et négatifs. À tout moment, dix innovations sont proposées et s'appliquent aux risques et périls des patients. La médecine a perdu le sens critique et la prudence qu'impose la relativité de son savoir.

Il ne s'agit pas seulement de rappeler que les phénomènes psychiques ont une influence sur les maladies mais, bien plus, que les différences organiques entre individus sont incompréhensibles si on n'étudie pas comment les différents groupes réagissent aux mêmes risques, et l'on ne comprend pas bien la virologie, l'immunisation naturelle, la « résistance » de certains ou la sensibilité d'autres, si on ne sait comment et dans quel environnement ils vivent et se soignent. La preuve de l'efficacité thérapeutique par les résultats comparés de divers traitements en simple ou double aveugle fait l'impasse sur ce type de problèmes, quelles que soient les formules et normes standard. On sait d'ailleurs que les études cliniques montrent rarement des résultats sans ambiguïtés : fréquemment, 40 % des patients soignés avec un placebo sont guéris alors que 35 % des patients soignés avec le nouveau médicament ne le sont pas[1].

J'ajouterai une chose qui m'a frappé en observant les essais en

1. On peut douter de l'homogénéité de certaines populations comparées, même si on tient compte de l'âge, du sexe et d'autres caractéristiques. Il manque la dimension anthropologique, celle des conditions sociales, historiques, démographiques, ethnographiques. Cela est une faiblesse supplémentaire des essais cliniques. Voir Philippe Pignarre, *Le Grand Secret de l'industrie pharmaceutique*, La Découverte, 2003, p. 51-62 et 76-82. C'est surtout dans son livre *Qu'est-ce qu'un médicament? Un objet étrange, entre science, marché et société*, La Découverte, 1997, que Philippe Pignarre analyse les relations entre la deuxième médecine (hospitalière et universitaire) et la troisième (biologie et industrie pharmaceutique) concernant les modes de preuve que la deuxième valide à travers des normes établies sur la crédibilité adossée à des études contre placebo. Voir aussi l'entrée « Thérapeutique, Médication » de François Dagognet dans Dominique Lecourt (sous la direction), *Dictionnaire de la pensée médicale*, *op. cit.*

double aveugle, base de la démonstration de la fiabilité d'un nouveau médicament. Rappelons qu'il s'agit d'appliquer à une population témoin et à un groupe expérimental le test comparatif du produit dit actif et d'un produit neutre (le placebo) sans informer les patients et les médecins de la nature du produit qu'ils reçoivent ou qu'ils administrent. Les discussions autour de ce test dit « en aveugle » occultent une de ses dimensions : les événements perturbants et le contexte que crée cette expérience dans l'équipe hospitalière. Les différences d'application selon les services et les malades recrutés, les conditions diverses, sociales et psychologiques de réalisation, minimes peut-être, modifient les conduites et les perceptions des soignants en raison du seul fait d'être un service choisi ou d'être devenu une équipe cobaye. Il apparaît donc un effet « essai thérapeutique » différent de celui appelé « effet blouse blanche » qui n'affecterait que le patient. Du côté du personnel, une certaine fébrilité, un sentiment de responsabilité modifient les procédures suivies ordinairement. Cette sensation d'originalité et ce surcroît d'attention ne peuvent pas ne pas avoir d'effet sur la conscience du patient, mais aussi sur les soins secondaires ou périphériques qu'il reçoit. Ignorant les conditions matérielles dans lesquelles ces tests sont réalisés, on pourrait dire que ces essais thérapeutiques sont pratiqués « en triple aveugle ». L'effet placebo se conjugue et s'associe à un effet psychosocial qui découle de l'organisation du travail, de l'intérêt des équipes pour l'essai, des retombées attendues par les uns ou les autres. Ce sont les conséquences négligées d'une division du travail hyperspécialisante.

La soumission au biologiste et au savant

La division du travail entre scientifiques et médecins est complexe. Comment les échanges ont-ils lieu ? Le plus souvent, ce n'est pas d'une manière organisée mais à l'occasion d'une recherche ponctuelle et éventuelle. Les interactions entre les activités médicales d'un côté et, de l'autre, le travail des sciences du vivant qui pourraient avoir lieu sous la forme d'échanges longs, de stages dans les sites respectifs, voire de visites régulières, n'existent quasiment pas. L'ignorance des médecins au sujet des conditions d'innovation et d'invention est surprenante. Les échanges entre la deuxième médecine (CHU, spécialistes, chercheurs hospitaliers) et la troisième (scientifiques, biologistes, ingénieurs de l'industrie du médicament) sont réduits au minimum et empreints de réactions sceptiques. Seuls 2 000 ou 3 000 médecins sont des chercheurs à temps plein dans des laboratoires publics, hospitaliers, et sont concernés par la recherche pure. On sait que les prix Nobel de médecine sont de plus en plus rarement décernés à des médecins.

On ne conçoit pas d'activité médicale possible sans science d'avant-garde, sans les derniers progrès physico-chimiques, sans les dernières avancées de la biologie. Mais si ce qui se passe à la pointe de ce mouvement est assez bien connu, cela ne permet pas de saisir la lente évolution avec laquelle se font les transferts de la science vers la médecine. Médecine et science sont deux domaines autonomes et différents, chacun ayant ses manières propres de travailler. Les étudiants en sciences et les internes en médecine vivent dans des mondes à part qui s'ignorent, qui ignorent leur histoire en partie commune. On souhaite pourtant qu'ils s'entendent et se comprennent au premier contact d'une collaboration obligée.

L'idée que les malades n'ont pas besoin, en plus du traitement approprié, d'une éventuelle réforme dans leur style de vie, d'une transformation de leurs conditions d'existence élimine toute prise en compte des « individus » avec leurs caractéristiques propres, leurs résistances ; l'idée des apprentis biologistes et de leurs maîtres est qu'ils n'ont besoin que de médicaments, des molécules adéquates à trouver à tout prix, celles qui correspondent à leur morbidité, à leur groupe pathologique, sans qu'il soit besoin d'aller plus loin. La médecine des laboratoires n'a aucun intérêt à soutenir une autre position. À côté de nombreux enthousiastes, il existe des sceptiques dans les deux camps, mais ils ne se rencontrent généralement pas et font figure de dissidents ou d'originaux.

Longtemps la recherche et la thérapeutique ont été intriquées et non séparées en mondes autonomes. Les médecins participaient par leur savoir empirique à la recherche en même temps qu'ils réalisaient les soins. Bien entendu, des emprunts étaient faits aux autres disciplines. Même l'art a été au service de la médecine à la Renaissance (par exemple, la sculpture et le dessin de l'anatomie comme en témoignent les écorchés). À la fin du XIXe siècle, la chimie et la biologie ont servi la recherche médicale. Mais l'essentiel des connaissances médicales était encore issu de la pratique des médecins[1]. Il faut attendre notre époque pour voir la proportion des savoirs fournis par les thérapeutes et les chercheurs s'inverser. L'autonomisation de la recherche médicale à l'intérieur du monde scientifique et le fait que le rôle des médecins de ville se réduit relativisent la participation de la médecine à l'élaboration des savoirs.

C'est également vrai à l'hôpital. Le docteur Willy Rozenbaum et son équipe, « rassembleurs de symptômes », ont rapidement été dépassés dans la recherche sur le sida par les virologues, les hématologues et les biologistes du laboratoire du professeur Yves Montagnier[2]. Cette fracture est invisible de l'extérieur, d'autant que la clinique et la pratique partagent encore une vision idéalisée de la méthode expérimentale ; d'où le crédit persistant des idées « bernardiennes » et leur exaltation par des littéraires qui y voient l'in-

1. Louise Lambrichs a étudié les caractéristiques de quelques « inventeurs en médecine ». Elle est, elle-même, « entrée par hasard » en médecine, du fait de son activité de « nègre » en vue de la rédaction d'ouvrages que les médecins trop occupés n'ont pas le temps d'écrire mais signent. Son point de vue, également marginal, lui permet de discerner les reconstructions et les légendes récentes des faits historiques, tout en accordant peut-être un rôle excessif à la méthode expérimentale de Claude Bernard, au détriment d'autres formes de pensée tout aussi rationnelles. Louise Lambrichs, *La Vérité médicale. Claude Bernard, Louis Pasteur, Sigmund Freud : légendes et réalités de notre médecine*, Robert Laffont, 1993.

2. Le professeur Willy Rozenbaum raconte dans son autobiographie la genèse de ses premières idées sur la pathologie qui deviendra le sida. Si je résume son itinéraire curieux, c'est que sa démarche singulière a peut-être bénéficié d'un anticonformisme et d'une volonté totalisante acquis hors recherche. Né en Pologne, fils d'un ouvrier juif, naturalisé en 1962, passant ses vacances chez un couple de pasteurs protestants basques, il fut attiré en tant que jeune médecin par le tiers-monde. Il a travaillé au Salvador et au Nicaragua ; cela et d'autres éléments rendent atypique son parcours. On peut à bon droit associer le pressentiment diagnostique et le sens de l'innovation à la prise en compte des pays pauvres ou au multiculturalisme connu. Willy Rozenbaum, *La vie est une maladie sexuellement transmissible constamment mortelle*, Stock, 1999.

dice de l'alliance entre le scientifique et le praticien ! Le cas de Pasteur qui maîtrisait la plus grande partie du processus allant de la recherche à la thérapeutique appartient au passé. Dans quelle partie de la recherche les médecins hospitaliers sont-ils relégués ? Font-ils encore de la recherche fondamentale, biologique ? Ou seulement des essais cliniques ? Ne sont-ils pas de plus en plus réduits au rôle d'orienteurs et de conseillers publicitaires de fabricants de médicaments ou bien se rabattent-ils vers la recherche d'applications dans les examens complémentaires (d'images ou biologiques) ? Le coût de la recherche est un sujet tabou qui condamne toute discussion de son impact sur les dépenses de santé (singulièrement à travers le prix des médicaments). Il est interdit de s'interroger sur la nature de cette recherche et sur l'absence d'évaluation indépendante.

La technomédecine et la science : une méfiance réciproque

Les groupes industriels de la pharmacie influencent de manière décisive ces grands choix de recherche. Cette dépendance de la recherche biologique et chimique est devenue un lieu commun[1]. Mais on n'a pas prouvé que ces processus soient nécessairement dangereux et qu'il y ait abus de pouvoir ou une perturbation des conditions de production des connaissances nouvelles. Entre la médecine et la pharmacie, de nombreux maillons et des intermédiaires sont apparus : la chimie moléculaire, la biologie et ses dérivés, la physique des rayonnements. Au sein de ces disciplines, la biologie est, de tous les domaines de la recherche fondamentale, la mieux placée pour organiser l'ensemble des découvertes et domi-

1. Jean-Paul Gaudillière a décrit une partie de cette histoire. La France a d'abord résisté à l'influence de la médecine biologique américaine au nom de la clinique avant de passer sous l'influence de ses concepts, de ses méthodes, de ses financements. La force de cette politique américaine repose à la fois sur des invitations insistantes, sur le succès de produits éprouvés pendant la guerre, sur le nombre de ses scientifiques. Jean-Paul Gaudillière, *Inventer la biomédecine, la France, l'Amérique et la production des savoirs du vivant, 1945-1965*, *op. cit.*

ner la majorité des applications ainsi que pour fractionner à sa guise la présentation des résultats.

L'époque où la « pharmacie » était dépendante des innovations de la chimie appartient au passé. C'est la biologie qui suscite, coordonne et oriente les recherches à venir. En finançant la recherche, en créant un système de prix et de récompenses, en subventionnant les congrès et les équipes hospitalières, en orientant les essais cliniques, les dirigeants de la pharmacie ont bouleversé le monde des médecins et des biologistes ; mais cette influence a certainement des limites. Si l'argent vient essentiellement de l'industrie privée, la recherche publique a les moyens de se défendre. Elle tient à une autonomie enracinée historiquement : elle se méfie autant de ses commanditaires que de ses destinataires. Elle est réticente à publier des chercheurs trop dépendants des industriels. Les plus grandes revues scientifiques (comme *Science*) demandent aux auteurs de signaler systématiquement la liste des sponsors et financeurs de leur recherche pour s'assurer que les résultats des expériences ne coïncident pas avec les intérêts des fabricants du médicament éventuellement en cause. Pierre-Gilles de Gennes regrette ces désaccords et déplore que des biologistes reconnus mais qui ont le défaut de ne pas être médecins ne soient pas davantage écoutés par des thérapeutes devenus pointilleux sur leur indépendance de jugement et la spécificité irréductible de leur expérience clinique. De Gennes voulait sans doute mettre ainsi l'accent sur la difficulté qu'ont désormais les médecins pour communiquer avec les scientifiques. Il l'attribue à la clôture professionnelle que créent le titre et la formation de docteur en médecine. Il propose une solution calquée sur la formule anglo-saxonne : la possibilité pour des ingénieurs, des chimistes, des biologistes d'acquérir le diplôme de docteur en médecine en trois ans d'études, assortie éventuellement d'une interdiction d'exercer en libéral.

Réduits à être le dernier maillon de la chaîne scientifique, les médecins défendent chèrement leur pouvoir[1]. Au sens propre. Ils

1. Selon de nombreux ouvrages, la résistance des chercheurs universitaires (au nom d'impératifs de santé publique) face au pouvoir des biophysiciens, des statisticiens, des épidémiologistes des grands laboratoires est évidente. Mais d'un

calculent les coûts et profits de leur implication dans la recherche comme des entrepreneurs et des comptables. Le point de vue financier est omniprésent dans l'estimation des besoins de soins et l'évaluation des thérapies. Or, ils font payer une partie de cette recherche aux laboratoires privés. Les médecins usent sans vergogne de l'obligation de passer par les essais cliniques pour en obtenir le maximum de profits. Des grands patrons hospitaliers en tirent une partie significative de leurs revenus de recherche et ce faisant ils se lient définitivement à un modèle médical. Au prix de manipulations réciproques dans un climat de méfiance.

Je rendrai concrète cette analyse grâce à plusieurs enquêtes que d'anciens étudiants et moi-même avons menées. La nécessité pour l'industrie du médicament et ses laboratoires de collaborer avec les hospitaliers et d'en passer par eux pour les études cliniques produit de multiples conséquences. Les rapports entre les deux parties connaissent des phases complexes faites de tensions et de négociations difficiles. Elles aboutissent souvent à des conduites opportunistes, à des dissimulations aux dépens des patients, à une compétition malsaine entre services hospitaliers de pointe concurrents pour bénéficier de la manne financière. On verra que l'industrialisation et la « mécanisation » de la phase 1 des essais cliniques (premiers essais d'un candidat médicament sur des volontaires sains pour étudier son éventuelle toxicité) conduisent à des formes d'exploitation de cobayes volontaires, formes d'oppression bien connues sur les habitants des pays pauvres du tiers-monde, mais qui, ici dans les pays riches, concernent des jeunes gens dans le besoin.

autre côté, les avatars scientifiques ou le succès médiatique de l'inventeur de la « mémoire de l'eau », Jacques Benveniste, n'ont pas amélioré l'image des médecins (biologistes) auprès de la communauté scientifique.

Négociation entre un laboratoire pharmaceutique et des hospitaliers

Un des plus grands groupes industriels pharmaceutiques américains lançait, il y a quelques années, un nouveau médicament en France et commandait une enquête à un consultant en marketing. Cette enquête devait être réalisée dans plusieurs services de réanimation français. Il s'agissait d'une expérience originale dans la mesure où ce cabinet était pour la première fois chargé d'une étude basée en grande partie sur l'observation directe, et cela à la demande expresse du client. La méthode ethnographique devait permettre d'évaluer les conditions de travail des personnels travaillant dans un service de réanimation. Cette enquête différait de toutes celles réalisées par ce consultant marketing, habituellement basées sur l'utilisation de questionnaires et d'entretiens. À la grande surprise des habitués de ce type d'études, une technique difficile et rare – l'observation – était la méthode choisie dans le protocole de recherche. L'antenne parisienne reçut l'ordre de réaliser un projet qui devait mettre en évidence les contraintes, les frustrations, les besoins implicites de l'équipe soignante de chaque service dans son travail de prise en charge de patients atteints par une forme spécifique de pathologie infectieuse (celle que le nouveau médicament du sponsor combattait). Les résultats de l'enquête devaient susciter des idées et des propositions chez les représentants de la firme pharmaceutique pour des équipements et des conseils plus adaptés aux besoins psychologiques, ergonomiques et matériels des équipes médicales. Cette enquête s'inscrivait donc dans une stratégie promotionnelle de soutien aux personnels, valorisante pour l'industriel. L'enquête accompagnait une campagne auprès des praticiens hospitaliers pour défendre le nouveau médicament. Celui-ci n'était alors commercialisé qu'aux États-Unis et faisait l'objet d'essais cliniques en Europe avant le dépôt de la demande d'Autorisation de mise sur le marché (AMM). Il fallait faire la conquête des dirigeants des services, véritable opération de séduction[1].

L'auteur, Christophe Andréo, a constaté que chacun des chefs de service eut une réaction différente devant le médicament testé. Elle pouvait même être empreinte de méfiance et de scepticisme, ce qui n'empêchait pas d'accepter une collaboration parfois cynique pour obtenir un financement maximal. Les négociations observées ont montré les conséquences de ce type de relations entre industriels et médecins qui sont les principaux acteurs du marché lucratif des essais cliniques : les impératifs de profit attirent la recherche vers des maladies lourdes et les traitements les plus coûteux, au nom de la nouveauté. Des flux de malades peuvent être renvoyés à leur domicile, gardés dans un service ou transférés en réanimation ou en soins intensifs en fonction de ce qu'exigent des protocoles financièrement avantageux pour les médecins concernés. Le résultat objectif de ce type de situation est de détourner le travail clinique vers des intérêts économiques puissants, de faire dépendre les carrières de résultats plus ou moins valides et de publications subventionnées par les laboratoires pharmaceutiques.

Cela explique comment on voit surgir soudainement de nouvelles maladies, mises en scène derrière le paravent d'associations de malades complaisantes, soutenues médiatiquement par des journaux intéressés, afin que soient reconnus et écoutés par les pouvoirs publics les tenants de telles ou telles présumées innovations. La recherche à court terme est influencée ; la science est ébranlée dans ses choix forcément lents ; les procédés cliniques, au lieu d'être éprouvés progressivement, sont bouleversés par des résultats proclamés trop rapidement, dans l'urgence de la recherche de résultats spectaculaires. L'objectif est d'obtenir une position favorable dans les congrès et les revues financés par les commanditaires. Ce type d'enquêtes éclaire l'orientation prise par

1. Pour une description détaillée des situations, voir l'enquête de Christophe Andréo, « Négociation laborieuse et gestion des malades », sur notre site. Sur les essais cliniques, on lira aussi l'intéressante contribution de Llana Löwy dans le *Dictionnaire de la pensée médicale, op. cit.*

les budgets hospitaliers. Que ce soit la lutte contre des maladies infectieuses iatrogènes, contre des infections postopératoires (nosocomiales), tout peut finalement devenir source de développement. D'autres « légionelloses » surgiront dans le futur, dues au développement des soins intensifs et des survies artificielles. Les chimistes des industriels et leurs avocats qui pressentent l'émergence de multiples procédures judiciaires (procès hospitaliers de patients infectés, obligeant à de nouvelles protections médicamenteuses et non à une réorganisation hospitalière) parient sur l'aggravation de la situation tout en les présentant comme des affections de la « guérison ». Les raisons doivent pourtant être trouvées ailleurs : le progrès mal défini, la volonté non maîtrisée d'atteindre dans l'urgence des résultats spectaculaires en termes « d'allongement de la vie végétative » (quelques semaines), seul indice objectif de l'efficacité du médicament dans le court terme.

Évaluation des intérêts financiers croisés

Il n'est pas inutile de donner une estimation grossière du budget des études cliniques nécessaires à l'obtention d'une autorisation de mise sur le marché d'un médicament. Cela constitue le plus gros de ce qu'on appelle les coûts de recherche. Chaque malade inclut dans un essai rapporte 3 000 € en moyenne au médecin expérimentateur. Il existe certains laboratoires qui proposent le double de cette somme pour l'étude d'un médicament concurrent. Surgit ainsi une petite guerre du prix du patient. Dans les services étudiés, le nombre de patients concernés variait ici entre 6 et 12. Un service est toujours engagé dans plusieurs protocoles pour des pathologies différentes. Dans le cas d'un grand hôpital, il peut être amené à conduire plus de 20 essais par an ; pour chaque service, 3 ou 4 essais par an sont une moyenne basse.

50 000 € sont le minimum pour un essai de quelques jours sur une dizaine de malades. Bien entendu, le médicament est fourni et le budget « pharmacie » de l'hôpital en est soulagé d'autant. Le traitement d'un patient par ce médicament administré pendant

quelques jours équivalait à environ 16 800 € à l'époque de l'enquête. C'est ici que l'économie pour l'assistance publique est la plus visible. Étant donné que ce traitement « sauve » 1 patient sur 16 (selon un des trois chefs de service), on peut donc considérer qu'il fallait 16 fois 16 800 € pour prolonger une vie de quelques jours ou mois. Le bénéfice pour chaque service peut être estimé à environ 100 000 €. Le profit pour l'hôpital (économie en dépenses médicamenteuses et soutien à la recherche) peut être estimé à 200 000 €. Ce type d'essais s'accompagne toujours d'autres dons connexes : livres, ordinateurs, matériel médical. Les chercheurs pourront bénéficier de voyages, de séjours aux congrès, de stages rémunérés.

Si l'on revient à l'étude basée sur l'observation dont nous venons de parler, son coût total pour le laboratoire peut être évalué à 500 000 € environ, en incluant les frais et salaires du cabinet du consultant qui prenait à sa charge toutes les applications, les procédures, les conditions de la mise en œuvre (obtenir l'autorisation du conseil de l'Ordre, négocier et trouver une place dans le service pour le sociologue, etc.). Il faut ajouter les frais de consulting et de communication, les nombreuses embauches de personnels de management d'enquêtes et d'experts. Environ 1 million d'euros sont mobilisés pour un simple dossier de légalisation du produit. Ici, on voit bien que l'argument du coût de la recherche est contredit ou atténué par le coût de la publicité et de l'appel aux experts et consultants divers[1].

1. Dans la justification des dépenses médicales, l'argument du coût du progrès est toujours avancé. Or, le coût de la recherche dans la mise au point d'un médicament est inférieur ou, au plus, égal au coût de la publicité et du marketing : cela contredit le cliché « les médicaments coûtent cher car la recherche est onéreuse ». Cette représentation est un effet réussi de la communication des industriels. « Les laboratoires français et étrangers ont un comportement différent. Les filiales étrangères privilégient la publicité à la recherche avec en moyenne 13,47 % du chiffre d'affaires pour la promotion et 5,36 % pour la recherche… Pour les labos français, la moyenne des frais de publicité et celle des frais de recherche sont presque identiques : 13,8 % pour l'information médicale et 13,4 % pour la recherche. » Sophie Chauveau, *op. cit.*, p. 685. « Les dépenses des laboratoires pour la pénétration du marché équivalent à 35 % du chiffre d'affaires », *Le Monde*, 10 septembre 2000.

L'État est le grand absent de la scène quoiqu'il pèse en coulisses par les définitions des protocoles et des dossiers de qualification qui visent à privilégier les intérêts de l'industrie française ou européenne. L'entrelacement de toutes ces déterminations interdit d'être excessivement simpliste dans la dénonciation d'une « logique » capitaliste ou mondialiste dans la diffusion des médicaments.

Les laboratoires exploitent l'idée que le progrès a d'abord lieu aux États-Unis et qu'il faut courir après eux. Une partie des études superficielles qu'ils sont disposés à rémunérer auprès des hôpitaux français relève de cette pression. Le maintien de la croyance en l'avance technologique américaine représente un profit symbolique important pour le commerce américain mondial. L'avantage psychologique implicite dû à l'image de sa médecine sert l'industrie américaine, notamment celle des médicaments et des matériels médicaux. Dès qu'il y a risque d'atteinte à cette prééminence, c'est tout un pan du symbole qui s'effondre (on pense au dépassement des ventes de Boeing par Airbus, événement de haute portée emblématique, ou bien à la découverte du virus du sida contestée à l'institut Pasteur par une équipe américaine). Ce sont moins des pertes de profits immédiats que des atteintes à la suprématie de la recherche américaine et des bénéfices à venir qui sont ici en cause.

Tous les hospitaliers jeunes ou prometteurs ont été invités pour des séjours et des stages aux États-Unis, au détriment de l'école clinique ou pharmaceutique française. Les actions de pénétration des laboratoires américains dans les hôpitaux français ont pour conséquence une mainmise de plus en plus grande sur le marché des matériels et équipements médicaux. Ils sont facilités par l'idée que la médecine américaine conserve son avance et mérite ses succès claironnés en continu auprès du grand public dans de médiocres séries télévisées achetées aux États-Unis pour notre édification. Du coup, le fonctionnement des services est altéré ; des chercheurs valables mais trouvant difficilement des financements sont mis à l'écart ; ceux qui refusent d'accepter ce mode de fabrication de résultats sont marginalisés.

La Bourse, les molécules et les vendeurs

L'industrie pharmaceutique est une des places fortes de l'économie française. Elle emploie souvent des personnels hautement qualifiés. Les entreprises sont dispersées sur tout le territoire, avec une influence locale considérable auprès des élus. Au cours de ces dernières années, les concentrations ont été considérables. C'est une industrie en pleine expansion.

La recherche biomédicale est soumise à la pression de la concurrence internationale. La fabrication des médicaments est passée en quelques dizaines d'années de l'artisanat (affaire familiale ou officine) à la petite industrie et maintenant aux grandes concentrations des multinationales, pour l'essentiel sous contrôle étranger. Il n'y a désormais qu'une seule entreprise française de taille internationale. L'industrie pharmaceutique anglaise, allemande ou suisse est très active en France, attirée par le volume de la consommation française. Le syndicat national de l'industrie française, le LEEM (Les Entreprises du médicament), est une branche très influente au sein du Medef. Il recrute intensément dans le monde politique des chargés de communication ou des assistants et directeurs. Il est très lié au monde politique.

L'observation révèle l'omniprésence des groupes industriels dans les colloques médicaux. Ils peuvent sembler témoigner de beaucoup de respect pour l'autonomie médicale. L'influence est effectivement très subtile. Alors qu'ils fournissent les locaux (sur des sites toujours très agréables), les crédits et l'hébergement des congressistes, les représentants médicaux des laboratoires co-organisateurs restent généralement muets dans les débats. À la tribune, on remarquera peu de publicité directe et la rareté des allusions à un produit. La discrétion est moins évidente dans les halls des congrès où les laboratoires dressent des stands tapageurs. Les contrats se passent discrètement dans des réunions souvent informelles. C'est ainsi que des moyens indispensables à la recherche sont alloués : une attribution d'heures de location d'équipements lourds, par exemple un synchrotron.

En raison du nombre de plus en plus limité de nouvelles molécules, ce sont de nouveaux habillements d'anciens produits qui permettent de s'opposer à l'arrivée de génériques, de demander une augmentation du prix ou de favoriser les volumes de prescriptions. Il faut néanmoins refaire la longue course d'épreuves administratives et de tests cliniques précédant le passage devant l'Agence du médicament, mais aussi retisser les liens organiques et financiers entre les experts nommés par le ministre avant l'approbation des nouveaux produits et ceux de l'industrie pharmaceutique elle-même. Les contacts entre les deux ne sont jamais coupés, comme le raconte ce reportage: « L'autorisation de mise sur le marché des médicaments est aux mains d'experts qui entretiennent des liens étroits avec l'industrie pharmaceutique... Lorsqu'une firme frappe à la porte de l'Agence, elle s'acquitte d'une dîme de 20 000 € et dépose 10 m^3 de sacs postaux contenant les résultats des tests pratiqués sur l'animal et sur l'homme. Une montagne de papiers que vont devoir éplucher les membres de la commission d'AMM afin de s'assurer de la qualité pharmaceutique, de l'effet thérapeutique et de la sécurité du produit. En 1997, sur 1 185 dossiers examinés, 110 sont passés à la trappe... En 1997, 66 des 78 membres de la commission d'AMM avaient des liens déclarés avec l'industrie pharmaceutique, une dizaine affichaient des contrats de travail ou des rémunérations régulières[1]. »

La division du travail entre chercheurs et médecins entraîne donc l'éparpillement des responsabilités. Une législation proliférante a produit l'inverse de ce pour quoi elle était faite: protéger les patients.

La révolution produite par l'émergence du « médicament permanent » dans notre vie est un événement qui bouleverse la médecine. Elle est présentée comme le signe du progrès et de l'enracinement scientifique de la médecine. Pourtant, l'époque héroïque des firmes créatrices de petites merveilles a laissé la place à une relative pauvreté de l'invention. Le poids des laboratoires dans la médecine a pour corollaire la fragilité des essais, la multiplication

1. *Science et vie*, n° 978, mars 1999, p. 139. Voir le dossier « La face cachée des essais cliniques » dont la rigueur ne semble pas la qualité première d'après ce reportage.

des complications secondaires et des contre-indications ou la production de nouveaux germes résistants. En orientant la recherche sur le court terme, en favorisant la rentabilité immédiate, en liant la recherche aux prévisions de rendement financier, c'est une véritable révolution qui vient de se produire. L'importance des activités parasites, comme le marketing et la communication, en témoigne. L'influence de l'industrie pharmaceutique sur la recherche publique est évidente si l'on observe les modes d'évaluation. Dans les centres hospitaliers universitaires, lors de l'examen du projet de budget d'établissement, la CME tient compte, comme critère de répartition, des publications de chaque service. Dans le compte rendu annuel d'activité de ses membres, chaque service doit, pour être crédible, joindre une bibliographie d'une dizaine de pages, alors que deux ou trois pages suffisent pour son bilan en termes de volume et de type de soins, de nombre de malades. Et rien n'est dit sur les guérisons obtenues ! Les publications sont donc un élément important dans les négociations. Les recherches qui ont été financées par des laboratoires pharmaceutiques sont évidemment prises en compte bien que le nom du sponsor disparaisse. De surcroît, l'infiltration du financement privé est favorisée par une circonstance particulière : les médecins hospitaliers ne reçoivent pas de crédits pour leurs recherches personnelles ; elles ne peuvent donc avoir lieu que si elles sont subventionnées par l'industrie pharmaceutique. La loi a mis fin à certains abus mais elle est régulièrement contournée puisque l'hôpital est gagnant, épargnant ses crédits et utilisant ailleurs son budget.

L'emprise des laboratoires sur la médecine de ville passe par des relais différents : aide à leur qualification par le soutien à des travaux, financement de la formation continue, subventions déguisées à des syndicats de médecins pour les assemblées et les déplacements. L'activisme des représentants, des visiteurs médicaux, des médecins embauchés par les grands groupes renforce ce système[1].

1. Pour contrôler cette influence, une charte destinée à encadrer le métier de visiteur a été signée, en décembre 2004, par le LEEM et le Comité économique des produits de santé.

13
Le capitalisme dans la santé

La rencontre de l'exercice libéral en médecine et de l'ultralibéralisme en capitalisme de la santé est une situation exemplaire des affinités avec lesquelles le régime de l'Assurance maladie socialisée doit apprendre à vivre.

Rappelons d'abord les risques que fait courir aux patients l'arrivée incessante de « nouveaux médicaments ». On a appelé « troisième médecine » cette médecine qui se définit autour du médicament moderne. Elle est de plus en plus triomphante, ouvrant à une intrusion inattendue du capitalisme de produits de grande consommation dans les univers médicaux. Après le passage du visiteur médical, si un accord a été passé pour prescrire un produit particulier, le laboratoire aidera et « indemnisera » celui qui est disposé à essayer le médicament par rapport à d'autres produits concurrents. Le laboratoire détient une information de première main sur la pratique de « son » médecin ; il étudie le relevé de ses prescriptions hebdomadaires. Il sait si son « partenaire » a tenu ses engagements de ventes. Les caisses de la Sécurité sociale voient ainsi certains médicaments faire des bonds inattendus chez certains praticiens.

Le secteur qui bénéficie le plus de cette combinaison « capitalisme et médecine » est la psychiatrie. C'est un renversement historique surprenant car, jusqu'ici, les traitements médicamenteux étaient de faible coût et ne pouvaient pas se substituer aux contacts et à la surveillance. Désormais, avec le traitement chimique des problèmes mentaux, la pratique de la psychiatrie ou la prescription des psychotropes par les médecins généralistes et spécialistes représentent des enjeux financiers colossaux.

Louer son corps à la science pour le médicament

Les tests de nouveaux médicaments qui suivent des procédures lourdes mais finalement incontrôlables occasionnent-ils des risques pour la santé publique ? Dans quelles conditions sont réalisés les tests vérifiant l'innocuité des médicaments ? Des organismes comme les mutuelles, des professeurs de médecine, le président de l'Ordre considèrent que ces études offrent toutes les garanties possibles. La plupart des débats ont lieu autour de grandes notions abstraites comme l'éthique, la déontologie, le consentement. Pourtant, personne n'est allé voir de près comment ces études étaient concrètement réalisées.

Les essais sur les animaux n'ont pas posé trop de problèmes... sauf à la famille de Claude Bernard qui l'abandonna en raison de ses pratiques de vivisection sur les chiens ! Il n'en est pas de même pour les humains. Est-il préférable d'« utiliser » des sujets sains ou des sujets malades ? Pour qualifier un médicament, le sujet sain a été considéré depuis peu comme le chaînon manquant entre l'animal et le malade (phase 1). La participation des personnes saines, volontaires et convenablement informées, a été justifiée par le refus d'exposer des malades à des risques supplémentaires. Les essais sur sujets sains permettraient d'obtenir des données indépendantes de la pathologie. Les risques des études sur des sujets sains, non représentatifs de la population malade, exposés à des produits dangereux ont été considérés comme négligeables. Les tâtonnements législatifs ou l'absence de règles précises ont toutefois, en 1978, abouti à la création de la Commission d'Autorisation de la mise sur le marché (AMM). Dès cette époque, tout médicament nouveau doit recevoir une autorisation après le dépôt d'un dossier qui comprend une étude des procédés de fabrication, une étude de la composante chimique, un rapport scientifique expérimental d'épidémiologie, des tests de carcinogenèse et d'embryogenèse et, enfin, des études cliniques comprenant quatre phases.

À la suite d'accidents thérapeutiques, une loi a été adoptée le 20 décembre 1988 (loi Huriet) à l'unanimité par le Parlement (il n'y avait que trois députés en séance!) et modifiée le 25 juillet 1994 en vue de rendre plus strictes les expérimentations sur les sujets sains, les malades mentaux, les personnes en état végétatif. Ces lois créent un corps d'inspecteurs de la santé et de l'agence du médicament qui ont qualité pour veiller au respect des dispositions (art. 209-13). « Les recherches ne doivent comporter aucun risque sérieux pour la santé des personnes qui s'y prêtent. »

Christophe Brochier s'est intéressé aux personnes participant aux tests dits de phase 1 qui permettent d'éprouver la tolérance et la toxicité du médicament. Les résultats des études ultérieures (phases 2 et 3) portant sur de nombreux individus (de 100 à 1 000) seront également joints au dossier d'AMM. À la différence de ce qui se passe dans les études de phase 1, les malades qui participent aux essais cliniques de phases 2, 3 (puis 4, mais le médicament est alors déjà sur le marché), tous volontaires, ne peuvent pas être rémunérés. Les testeurs de niveau 1 (sujets sains) sont recrutés grâce à de nombreuses affichettes (de format discret) placardées dans les lieux publics en France ou à des annonces publiées dans la presse. On a coutume de dire que les étudiants de médecine seraient les principaux cobayes[1]. Nous n'en avons jamais rencontré au cours de l'enquête sauf pour les essais de cosmétiques.

L'enquêteur a participé à plusieurs reprises à ces tests d'innocuité[2]. Il montre la « mécanisation » des opérations permettant de tester des dizaines de produits en même temps, les conditions matérielles minimales d'hygiène et de confort. Ces essais de phase 1 se déroulent dans une sorte de semi-clandestinité, sur un mode autoritaire, sans bienveillance pour les volontaires. Si les laboratoires dépensent chaque année 15 000 € par médecin en offres diverses (spécimens, documents, abonnements, cadeaux), il

1. Ce ne sont pas des étudiants en médecine comme on le laisse souvent entendre ; ces derniers semblent plutôt méfiants à l'égard des expérimentations. Les étudiants qui avaient des connaissances médicales ont vivement découragé C. Brochier de participer, lui disant de ne pas jouer avec sa santé. Les futurs médecins qui participent à ces tests le font pour des produits bénins.

2. Lire le compte rendu de Christophe Brochier sur notre site : http://perso.wanadoo.fr/peneff-medecine

n'existe pas la même sollicitude vis-à-vis des testeurs et des salariés des cliniques en cause. Les associations de malades, à l'affût de nouveaux médicaments, les médecins hospitaliers responsables des essais cliniques, les sociétés de distribution font également pression en faveur de tests accélérés et du renouvellement rapide de la pharmacie ; chaque année, les laboratoires versent plusieurs dizaines de milliers d'euros aux services hospitaliers auxquels ils sous-traitent leurs essais cliniques auprès des 300 000 malades cobayes. En revanche, qu'en est-il des testeurs « professionnels » de la phase 1 qui circulent entre les laboratoires ou les villes et qui vivent en partie de ces revenus ? (Nous estimons cette population à environ 20 000 personnes.)

Le déroulement des tests dans des délais brefs conduit à une organisation apparemment désordonnée et dont la cohérence clinique paraît faible ; ils sont d'ailleurs sous-traités à des sociétés spécialisées. Le caractère tatillon, semi-bureaucratique de quelques tests psychologiques ou physiques contraste avec la négligence des tests médicaux. L'observation révèle d'autres aspects énigmatiques tels que la sous-qualification du personnel, une discrète discrimination raciale, l'absence des volontaires femmes, toutes choses qui font penser à une organisation seulement soucieuse des apparences. La loi n'est pas contournée ; elle est, au contraire, scrupuleusement respectée mais c'est, paradoxalement, l'avalanche des règles formelles protectrices qui permet tous les dysfonctionnements sous la contrainte de l'urgence et du profit. Les contrôles sont éparpillés, ce qui est facilité par la dispersion géographique des sites minuscules et mobiles. Un jeune sociologue a rencontré des situations similaires quand il étudiait la production des aliments et leur surveillance sanitaire[1].

1. La multiplication des protections s'avère parfois contre-productive. Les lois, codes et normes, par excès, peuvent s'affaiblir mutuellement et présenter une faible cohérence au profit de la bureaucratie et du contrôle formaliste. Néanmoins, quand une surveillance a lieu, elle se heurte souvent aux mises en scène et aux contournements de la part des ouvriers soumis au rendement qui « inventent » des solutions pratiques. C'est ce que montre Séverin Muller dans un article sur les ouvriers de l'alimentaire après avoir partagé leur expérience sur la chaîne. Séverin Muller, « Visites à l'abattoir : la mise en scène du travail »,

Néanmoins, si les conditions matérielles et physiques paraissent éprouvantes pour les testeurs, elles ne le sont pas plus que celles de l'usine. L'enquêteur, comme les autres testeurs, avait le choix entre deux formes de travail et de salarisation. L'idée de gains rapides et la rapidité d'embauche (paiement direct et accès rapide au travail) étaient des avantages sérieux. Au lieu d'être ouvriers à la chaîne, ils sont devenus des produits travaillés à la chaîne. Ils ont eu le sentiment, comme les infirmières ou le petit personnel, d'être exploités. Mais ce travail se fait sans organisation ni solidarité active. Les engagements sont de faible durée et se font dans l'ignorance de la situation des autres. Deux groupes d'exploités dont l'un travaille sur l'autre se trouvent réunis mais aussi séparés dans la même enceinte[1]. L'expérimentation humaine, qui pourrait être exceptionnelle, est devenue routinière et est l'occasion d'une exploitation des jeunes en difficulté tout en offrant d'importantes rémunérations à leurs producteurs. À cette occasion, les différentes parties de la médecine, celles du préventif, du curatif et celle de la biologie, nouent des relations opportunistes dans des structures opaques et appliquent aussi des éthiques différentes selon les circonstances et le degré d'implication dans les profits attendus.

Genèses, n° 49, décembre 2002. Le surencadrement réglementaire va ici de pair avec l'impossibilité matérielle de l'appliquer, phénomène que l'on retrouve avec l'hyperprotection formelle des essayeurs de médicaments.

1. Différences avec les exploités du passé, ces jeunes gens sont scolarisés jusqu'à 20 ans au moins. Ils possèdent des informations sur la pharmacie et les profits des laboratoires. De nombreux dossiers de presse sont accessibles, et plus personne n'ignore les problèmes du médicament.

14
Fraudes à l'Assurance maladie et division du travail médical

Un autre enquêteur de notre équipe, Michel Estèves, a étudié certaines conséquences particulières de l'organisation segmentée de la profession médicale. Il faudrait bien sûr des analyses plus fouillées pour confirmer qu'il ne s'agit pas là d'un accident banal dû à des désaccords médicaux. Il n'en reste pas moins que le compartimentage de l'organisation médicale engendre un chaos dans les modes de régulation et rend toute vérification impossible. L'enquêteur s'est inspiré d'une technique d'enquête dont nous avons déjà montré qu'elle pouvait être à l'origine de résultats importants : les chercheurs infiltrent clandestinement les milieux qui se refusent à toute investigation[1]. Par une longue fréquentation, il a gagné la confiance des intéressés et pénétré des réseaux locaux. Des recoupements et la vérification de certains faits permettent d'accorder du crédit à ces récits rapportés sur le mode paternaliste du « conseil à un aspirant fraudeur ». Les fraudeurs qui avaient une longue expérience étaient plus âgés que lui et il les fait parler en jouant au candidat sceptique.

Les fraudeurs rencontrés dans son cercle de connaissances sont des hommes âgés respectivement de 27, 48 et 63 ans. Les faits ont été recueillis sur la période 1998-1999. Ces hommes sont issus

1. Michel Estèves, *De quelques conséquences de l'incertitude médicale*, mémoire de DEA, Université de Provence, 2000. Les travaux de l'école de Chicago (comme ceux d'Edwin Sutherland, auteur du *Voleur professionnel*, ou de Clifford Shaw, *The Jack Roller*, sur des jeunes délinquants) ont inspiré sa démarche de pénétration de milieux hostiles aux enquêtes sociologiques non « patronnées ».

d'un monde de petits indépendants ou d'ex-salariés employés dans le commerce ou de petites entreprises puis restés entre chômage et travail au noir. Ils ont l'habitude du contournement des lois et règlements sur les licenciements, indemnisations et versements des indemnités chômage[1]. Ces personnes ont pris conscience que le monde de la santé est autrement plus généreux et providentiel que le monde du travail et qu'il vaut mieux abandonner le second pour le premier, même s'il faut pour cela instrumentaliser la médecine. Leur projet repose sur deux démarches : l'une pour attester maladies et accidents qui donnent droit à versement d'une partie du salaire par la Sécurité sociale et l'autre auprès d'assurances privées souscrites antérieurement, donnant droit à un complément de salaire, à des indemnisations pour invalidité provisoire et au remboursement de dettes provenant d'achats à crédit.

Les assurances privées ont beaucoup de difficultés à contrôler la situation médicale si la Sécurité sociale garantit l'authenticité des pathologies et des incapacités de travail. Le secret médical est opposé aux assurances, qui ne peuvent accéder au dossier médical qu'avec l'accord du patient ; l'assurance n'ayant à connaître que les justificatifs (certificats) délivrés par les médecins. Le niveau de profits obtenus par les fraudeurs dépend de leur capacité à faire authentifier par la médecine le constat de maladie. L'astuce est de faire jouer, les uns contre les autres, un grand nombre de médecins (spécialistes ou non, experts, médecins-conseils de la Sécurité sociale, médecins désignés par l'assurance privée). Chacun des médecins n'a pas toutes les données (loin de là) du dossier médi-

1. Exemple des appartenances socioprofessionnelles qui ont favorisé, par la difficulté des contrôles, ce type de fraudes : petit restaurateur, représentant de commerce, gérant de bar, vendeur de voitures, employé. Selon Victor (67 ans), il aurait escroqué la Sécurité sociale chaque année depuis près de quarante ans, au rythme suivant : trois mois de travail déclaré, neuf mois de maladie. Victor procédait ainsi comme patron (le plus souvent comme gérant franchisé) d'une petite entreprise (dans le secteur de l'hôtellerie/restauration), il déclarait un statut légal d'actionnaire minoritaire salarié. Ainsi, il travaillait généralement l'été (saison touristique) puis « se mettait en maladie » : il touchait alors l'équivalent de son salaire, de la part de la Sécurité sociale et d'une caisse privée complémentaire, et travaillait « au noir », s'assurant ainsi un revenu supérieur.

cal, ni les informations hospitalières après retour du malade à son domicile. Il fait une évaluation superficielle, rapide, et tient compte des différentes opinions médicales exprimées antérieurement, sans avoir les données fines du dossier. Ces attestations en cascade ont une valeur de preuve et il est difficile à un autre expert de contester les décisions d'autorités médicales authentifiées par le remboursement de la Sécurité sociale. L'utilisation du secret médical entre praticiens et entre l'organisation médicale d'une part, et le système de remboursement d'autre part, est ici déterminante. Ce processus est maîtrisé par les fraudeurs. La manipulation s'établit à partir de l'individualisation de l'acte médical établi dans le face-à-face entre patient et thérapeute et l'absence de connaissance des circonstances par les organismes payeurs.

À la suite d'une simulation d'un accident grave de la route (accident de cycle ou de moto), l'individu va simuler le coma sur le bord de la route jusqu'à ce qu'il soit secouru. Il aura dès lors réussi le premier acte : son entrée aux urgences. Lors de la prise en charge par les pompiers et le médecin qui les accompagne, le fraudeur joue son rôle en ne répondant pas aux questions du médecin. Une fois dans le camion de secours, les urgences vont jouer un rôle décisif. Elles déterminent l'authenticité de l'accident, garantissent la gravité des faits et le caractère de victime probable d'un chauffard. Le fraudeur connaît la propension des pompiers et des médecins à dramatiser les cas dans certaines circonstances. Ici, isolement du blessé (sur une route déserte sans difficulté), blessure due probablement à un accident de la circulation avec non-assistance. Toutes ces caractéristiques valorisent le cas et font de l'entrée aux urgences un petit drame réussi de tension et de mobilisation gratifiantes pour le personnel. Ensuite le blessé est placé dans une chambre ; une fois lancé, l'enclenchement des soins peut difficilement être arrêté. En effet, les examens médicaux (radiographies du crâne et autres scanners) ont confirmé la présence de « possibles lésions ». Les divers diagnostics des urgences engagent, grâce à la catégorisation à la fois incertaine et sensible d'« accident de la circulation, chute sur la chaussée, traumatisme crânien », des conclusions que les neurochirurgiens pressés de remonter dans leur service attestent sans problème. Les formes de discours qui paraissent crédibles aux soignants portent sur des maux de tête (vaguement localisés), sur des vertiges. Le faux blessé averti, ayant subi plusieurs examens radiologiques et deux scanners, continue à se plaindre « parce que les médecins ne maîtrisent pas le cerveau », dit-il. Dans les mois qui suivent, le fraudeur va mettre des réseaux de soins en concurrence. Il va jouer du peu de cohérence qui existe entre les différents ensembles de savoirs médicaux. Il va jouer de la méfiance des généralistes libéraux vis-à-vis de l'hôpital et, inversement, des spécialistes entre eux ou de celle de l'hôpital privé vis-à-vis de l'hôpital public, c'est-à-dire user avec habileté du cloisonnement entre les médecines.

L'hôpital a ordonné dix jours d'arrêt maladie : le médecin de l'hôpital délivre une lettre de recommandation destinée à un spécialiste qui prolonge la durée de l'arrêt. Le « malade » sait qu'il est préférable d'habiter en zone rurale et d'y connaître un médecin généraliste, moins méfiant qu'en ville. Il obtient des prolongations successives de son arrêt de travail par périodes d'un mois. L'Assurance maladie a peu de chances de se déjuger une fois le mouvement de soins lancé car elle a couvert les premiers actes médicaux ; le temps passant, le retour en arrière, au risque de la découverte d'une mystification, porterait tort au système de remboursement et désavouerait l'ensemble des acteurs, y compris les médecins conseils. Les contrôles sont menés séparément parfois par des caisses différentes de la Sécurité sociale et les assurances privées. Toutefois, quand l'Assurance maladie impose un contrôle, il y a fréquemment une reprise du travail au risque de « rechuter » un mois plus tard. Rien n'interdit au patient habile de revenir dans le giron médical en multipliant les consultations chez des généralistes et des spécialistes (neurochirurgie, psychiatrie) et d'obtenir des examens techniques supplémentaires. Cette persévérance pour assumer un véritable « rôle » de malade actif dans la recherche de la guérison implique l'adoption des règles de conduite du « bon patient » en manifestant les dispositions attendues par le corps médical : fidélité, docilité, sérieux, reconnaissance. Il feint dans la durée une dépression nerveuse après quelques mois de maladie. Les médecins généralistes, dit-il, ont peur de la psychiatrie. Ils s'interdisent d'interférer et de contester.

La notion d'« instrumentalisation consentie » paraît ici très utile. Il s'agit d'abord de l'instrumentalisation des médecins par des patients, demandeurs à la fois de soins techniques ou d'« excuses sociales ». Pour quelles raisons les médecins acceptent-ils d'être instrumentalisés ? Leur consentement relève d'une forme de coopération avec d'autres professionnels de santé vers lesquels sont dirigés des patients venant des urgences, entraînant une multiplication de la consommation de soins. Certains clients ont une connaissance « éclairée » du fonctionnement du parcours médical, de l'organisation même du circuit médical qui impose une forme de travail « à la chaîne », générant un certain type de soins, visant à prévenir les risques juridiques liés à la non-assistance et à tout traitement thérapeutique, et débouchant de fait sur une maximisation des revenus grâce à une multiplication des examens. Ces préoccupations sont cohérentes à la fois avec la logique de profit des cliniques privées, mais aussi avec le fonctionnement du service public[1].

Il n'y a pas lieu de stigmatiser ici un groupe social particulier, ni les faux malades, ni les médecins complaisants. Les sommes détournées paraissent dérisoires si on les compare aux abus de biens sociaux et aux détournements des fonds de la santé (les scandales de la pharmacie des hôpitaux de Paris, de l'ARC, de la MNEF, de la Mutualité agricole corse, de la Mutuelle de la police, etc.). Des personnes appartenant aux classes moyennes ou populaires ont saisi cette opportunité et bénéficié de connivences avec la bureaucratie. Ils ne les perçoivent pas comme des prélèvements immoraux mais plutôt comme une assurance sociale supplémentaire.

Cette enquête confirme que la segmentation de l'organisation des soins et la trop grande hiérarchisation médicale entraînent la création de « malades semi-chroniques ». Le patient, entré dans l'univers médical par les urgences, ne peut plus être expulsé comme simulateur surtout quand il s'agit des urgences comateuses

1. On lira avec intérêt : Patrick Coquidé, *La Médecine scandale*, Flammarion, 1993. Il montre qu'en raison du laxisme de leur usage, les fonds de l'Assurance maladie engendrent quelquefois la corruption.

et traumatologiques, sauf à discréditer un pan entier de l'activité secouriste et hospitalière. Par ailleurs, si on a le soutien de la neurologie et de la psychiatrie, le maintien d'une assurance sociale ou civile grâce à une maladie par définition « insaisissable » est presque acquis. Le parcours hospitalier avec une entrée par les urgences et une sortie par la psychiatrie est un classique que connaissent tous les observateurs de l'hôpital et des cliniques. Les consommateurs des indemnités de la Sécurité sociale savent négocier avec les médecins en tenant compte de leurs intérêts professionnels, en particulier de ceux qui, ayant une faible clientèle, ne sont pas trop regardants. Des faux malades se transmettent des formules pathologiques et les adresses de praticiens influençables. Une véritable expérience de l'abus se construit dans les rencontres au hasard avec les médecins (des journalistes en ont témoigné : en se faisant passer pour déprimés, tous ont été reconnus tels après un examen de quelques minutes, obtenant alors divers avantages en termes d'arrêts de travail et de prescriptions). Dans certains cabinets médicaux, plus l'exigence du patient est importante, plus elle est crédible. Il faut simplement une petite préparation au langage de l'affection, une bonne présentation et la connaissance pratique des aires d'incertitudes des « savoirs » les plus manipulables[1].

Cette enquête confirme l'importance de l'évaluation morale des malades réalisée dans le milieu médical[2]. Ce système favorise ceux qui manifestent les signes adéquats et les symptômes appropriés

---

1. Le plus manipulable des savoirs – selon le fraudeur – est la psychiatrie : « Se plaindre de la tête en permanence, simuler des troubles neurologiques ou se sentir dépressif, sans force, sans courage. » Par ailleurs, cette personne dit de son activité de fraudeur : « Dur métier ! »

2. Face aux patients, le médecin ne peut éviter les jugements moraux. En un sens, la morale ou du moins les normes implicites sont partout présentes dans le soin à un malade. Anselm Strauss les a particulièrement mises en évidence et il en tire l'idée d'une négociation hospitalière permanente, à ce sujet. Voir la traduction en français d'A. Strauss, *La Trame de la négociation*, textes réunis et présentés par Isabelle Baszanger, L'Harmattan, 1992 : « On peut se demander, écrit-il, si les sociologues n'acceptent pas trop facilement les affirmations qui célèbrent la relation médecin/malade telle qu'elle est avancée par les segments de la profession médicale qui ont intérêt au maintien d'une relation singulière avec les malades », p. 75.

en accord avec les normes des professionnels de l'entrée dans le système et qui appartiennent aux mêmes classes sociales portées à défendre le statu quo. Les liens sont inextricables.

15
L'ANARCHIE DES PRATIQUES

Le fonctionnement médical ordinaire avec la segmentation du savoir, le formalisme des séparations académiques, les frontières de compétences strictement gardées est indifférent aux abus structurels. Que peut faire une caisse ou l'IGAS quand des circonstances particulières les obligent à vérifier le contenu des ordonnances, sinon se limiter à traquer des erreurs de dosage et des contre-indications entre médicaments ? Les caisses primaires sont de plus en plus considérées et administrées comme des entreprises relevant du droit privé. Elles détiennent des biens immobiliers, placent leur argent, font des investissements, surveillent leurs avoirs, financent des recherches. Des directeurs de caisse se comportent comme des financiers privés gérant des fonds publics. La plupart des dépenses sont opaques, même pour les Cours des comptes régionales ou nationales qui le déplorent régulièrement. Les caisses, indépendantes des mairies, sont une puissance locale que les municipalités ne peuvent ignorer. Leur politique de création d'emplois et d'actions locales de santé a des répercussions sur les villes. Les caisses sont administrées par des permanents syndicaux, plus ou moins militants/bureaucrates. Ainsi les syndicats sont associés à la gestion d'une partie de l'économie de la santé. Cette bureaucratie militante n'est pas directement intéressée par le contrôle des dépenses. Comment vérifier d'ailleurs la validité ou le contenu des feuilles de remboursement[1] ? Dans une caisse

1. La gestion d'une organisation telle qu'une caisse primaire d'Assurance maladie méritait une étude à part. Une telle étude est en cours de la part de

de taille moyenne, le nombre de demandes de remboursement des patients varie entre dix mille et vingt mille par jour. Que peut faire une poignée de médecins-conseils et de comptables pour éviter les abus ou les fraudes ? Il faudrait de multiples enquêtes, des contre-visites, des discussions avec le prescripteur. Quelques centaines d'anomalies par mois sont relevées par sondage sur une centaine de milliers de prescriptions qui défilent : elles donnent lieu à des avertissements mais les déconventionnements sont exceptionnels[1]. Les poursuites sont rares. Un médecin sur mille est poursuivi auprès des sections disciplinaires des conseils de l'Ordre, ce qui revient à dire que quelques milliers d'actes sur plusieurs dizaines de millions annuellement sont contestés en justice.

L'expression « politique de la santé » est trompeuse tant le nombre d'intervenants s'est multiplié en peu de temps avant qu'un quelconque cadre de contrôle n'ait eu la possibilité d'établir sa cohérence. Des milliers de décideurs signent des actes dont l'addition constitue les dépenses de santé sur fonds publics. Il n'y a pas de vrai ministère, ni d'administration hiérarchisée, ni de cohérence, ni de principe unificateur, mais un éclatement de

---

Philippe Masson. Le coût de gestion par assuré est très variable : du simple au double entre, par exemple, Montpellier, Marseille ou Paris, et les autres villes selon une enquête de 1992. Les liquidatrices des feuilles de remboursements ou les caissières de guichet ont des conditions de travail très variables. Elles sont harcelées ou débordées dans les grandes villes à population pauvre et exigeante, mais elles ont des conditions satisfaisantes dans les départements ruraux. Elles sont plus ou moins fragilisées selon les politiques suivies par les conseils d'administration. L'étude que j'ai menée auprès d'elles laisse penser qu'elles sont sensibles aux gaspillages et aux abus ; en scrutant les feuilles, elles repèrent les noms des praticiens et des paramédicaux qui fraudent ou qui exagèrent, mais elles sont averties de l'inutilité de les signaler et de l'impuissance de contrôles réalisables.

1. On peut les évaluer grâce à l'affichage dans les salles d'attente des caisses. La CNAM surveille les gaspillages depuis quelques années, ce qui est un changement important. Depuis quinze ans, la Cour des comptes essaie de comprendre les comptages des organismes de santé et des caisses. Elle se plaint de ne pas y parvenir. Peut-on dire alors que ça ne vaut pas le mal que se donnent les économistes de la santé qui construisent des modèles sophistiqués sur des bases aussi fragiles, ne prenant en compte d'ailleurs qu'une partie des dépenses – celles qui sont remboursées – et qui ne constituent qu'une fraction de volume incertain de la totalité des dépenses de santé des Français.

tutelles diverses sans possibilité de recoupement et de pouvoir d'expertise[1].

La psychiatrie populaire : consultations et médicaments

Une autre enquêtrice, Nadya Benyounes, a pu observer des malades à l'hôpital, assister à des consultations externes de psychiatres dans le cadre de vacations dans un hôpital public d'une ville très médicalisée du sud du pays. Elle a étudié les modalités d'attachement clientéliste que les praticiens suscitent auprès des catégories sociales d'origine populaire qui viennent consulter régulièrement. Elle a suivi 50 patients (dont 75 % de femmes) pour un tiers originaires du Maghreb ; 56 % d'entre eux bénéficient de la dispense du ticket modérateur, le plus souvent à l'initiative des psychiatres ; les Maghrébins, moins privilégiés, la reçoivent dans une moindre proportion que les autres malades : 46 % contre 64 % [2].

Cette enquête donne une idée du développement du consumérisme médical par alignement des populations peu favorisées sur celles qui le sont. Les consommateurs populaires doivent toutefois rapidement réussir à changer d'attitudes, à abandonner leurs propres visions de la maladie mentale ou de la dépression et de ses remèdes. Cela aboutit souvent à un curieux mélange entre traitements modernes et traditionnels. Si l'hospitalier est là pour donner les avantages matériels (arrêts de travail, indemnités, remboursement des produits pharmaceutiques et des cures), en revanche, le guérisseur populaire, le marabout, le mage servent à résoudre les problèmes psychiques et relationnels. Néanmoins, une autre

1. Roland Ruellan, « Qui est responsable de la Sécurité sociale ? », *Droit social*, n° 9-10, septembre/octobre 1995, et Bruno Palier, *Gouverner la Sécurité sociale*, PUF, 2002.

2. Nadya Benyounes Chaabi, *La Psychiatrie populaire : consultations, médicaments, et... petits profits*, mémoire de maîtrise de sociologie, Université de Provence, 2002.

hiérarchie, inversée, fait apparaître l'acculturation au modernisme à travers la grande confiance de l'usager maghrébin envers le médicament : l'anxiolytique, le tranquillisant, l'antidépresseur qui remplacent progressivement, sans les annuler, les vieux remèdes peu à peu dévalués : la potion ou l'amulette (attractifs encore pour les vieilles femmes). On s'aperçoit d'ailleurs qu'une partie des prescriptions d'anxiolytiques et de neuroleptiques est transférée au Maghreb en contrebande ; heureusement, si l'on peut dire, car si tous les médicaments prescrits en France étaient utilisés, on pourrait redouter un problème national d'overdose ! L'auteur de cette étude montre comment les patients maghrébins, attirés par l'offre spontanée des psychiatres et la dispense du ticket modérateur, ont su en tirer parti. Non seulement pour les droits et privilèges accordés pour l'obtention de pensions d'invalidité, d'arrêt de travail, d'indemnités journalières mais également pour le profit symbolique que les classes populaires marginalisées par leur histoire d'immigrés récents en France attendent quant aux bienfaits de l'État. L'intégration à la société française par l'accès à la liberté des soins, à la couverture totale des dépenses et à l'obtention d'un haut niveau de consultations et de prescriptions est dès lors vécue comme un acte d'assimilation, une identification au régime de leurs camarades (Français de souche ou immigrés de longue date) de travail ou de quartier. L'intégration se fait par l'imitation de ceux qui leur semblent profiter – indépendamment de tout problème grave de santé – du système de soins comme moyen de soutien social aux familles en difficulté. Ce détournement est un parasitisme peu conscient, différent de la fraude pratiquée par d'autres catégories sociales plus informées et mieux placées. Comme les rumeurs circulent vite dans les quartiers, les psychiatres de ville ou d'hôpital ne manquent pas de patients. La conception que ces derniers se font de l'autorité de l'État est fondée sur des interprétations qui relèvent d'une vision de l'honneur : être traités en véritables citoyens. Obtenir le 100 % est une question de « fierté », une façon d'être à 100 % français ! Cela permet de sauver la face devant les amis et les parents arrivés postérieurement.

L'auteur de l'étude a suivi une partie de ces patients fréquentant en une sorte de « psychothérapie de groupe » (femmes du voisinage, pas seulement immigrées) le marabout des quartiers urbains ; elle a retrouvé chez le taleb des malades qu'elle voyait à l'hôpital. Ici, on a plus confiance dans la médecine traditionnelle que dans la médecine moderne. Elle a étudié le travail du cheik, pratiquant le désenvoûtement, l'octroi de remèdes et elle a mis en parallèle les deux « pratiques psychiatriques ». La médecine contemporaine l'emportait sur l'autre par l'aide directe, les secours et les moyens ; elle était avant tout un instrument d'entrée dans la société moderne. Cependant, dans ce double système, le taleb garde un avantage : il sait résister aux sollicitations et exige une compensation[1].

Obtenant sans trop de difficultés les prescriptions, les patients ont trouvé une formule commerciale originale de redistribution qui répond à la demande de leurs familles ou de leurs amis restés au pays. Ces médicaments très prisés au Maghreb sont revendus avec profit dans les villes africaines. Les filières sont organisées par les vieilles femmes qui font remplir leurs ordonnances en France par des proches et qui transportent tous les mois les boîtes d'antidépresseurs ou d'anxiolytiques (d'où le nom que nous avons donné à ces fourmis du passage : les pharmaciennes du bled). Cette évasion médicale est connue par les douanes des deux pays mais tolérée car les produits sont transportés par des femmes difficiles à fouiller. L'évasion pharmaceutique est devenue un facteur économique. Le terme d'évasion est utilisé ici en référence inversée aux allusions à « l'invasion pharmaceutique »

1. La question, pour le patient, de l'accord ou non entre médecines dites traditionnelle ou scientifique traverse l'anthropologie et l'ethnopsychiatrie (Tobie Nathan et Isabelle Stengers, *Médecins et sorciers*, Les Empêcheurs de penser en rond, 1999). On peut dire que nous ne sommes pas très éloignés de ces femmes immigrées, car, nous-mêmes, sommes traversés en permanence par la double inclination. Une partie de nous entretient un rapport au corps fait de rites et d'inclinations « bizarres », avec un arrière-fond « magique » (envers le médicament, dans notre foi en certains thérapeutes, dans le refus ou l'évitement d'autres, éléments qui s'appuient rarement sur une connaissance rationnellement construite), et une autre partie de nous-même règle les soins de son corps sur des savoirs plus réfléchis.

que le boom de la chimie a produite quand l'offre est à l'origine de la demande[1].

Nous voyons là une des conséquences du développement des cabinets psychiatriques et du fonctionnement à double statut privé/public qui incite à produire des populations dépendantes. Cette socialisation des problèmes médicaux est ressentie par les praticiens comme un effet de la médicalisation des problèmes sociaux, c'est-à-dire un produit de l'idéologie de la solidarité collective mise au service des défavorisés. Le sentiment d'altruisme qui les habite est vécu comme un bénéfice moral et matériel. Tout concourt à convaincre le médecin du mérite de son rôle de faiseur de déficits. Le précepte qu'il s'applique – « Dépense vaut récompense » – a rencontré son pendant symétrique dans les représentations de certains patients : « Je dépense donc je suis. » Cela engendre l'apparition de nouvelles catégories de consommateurs peu scrupuleux. L'accumulation des dépenses est perçue comme un bienfait, une sorte de générosité que le distributeur d'avantages médico-sociaux peut s'attribuer tout en méconnaissant et laissant ignorés par ailleurs les prélèvements inégaux sur les salaires et leur poids sur les travailleurs les moins payés.

La fabrication d'une clientèle captive : les ALD

Les affections dites de longue durée – une trentaine de pathologies répertoriées – bénéficient, sur proposition du médecin et après accord avec la Caisse, d'une exonération totale des frais médicaux et de quelques autres privilèges (portant sur la maladie en question). Mais la maladie n'est pas la seule cause possible de cette exonération : elle peut résulter d'un accident, d'une grossesse, d'un handicap ; elle peut aussi être la conséquence de l'apparte-

1. Serge Karsenty et Jean-Pierre Dupuy, *L'Invasion pharmaceutique*, éd. du Seuil, 1977 ; Sophie Chauveau, *L'Invention pharmaceutique : la pharmacie française entre l'État et la société au XXe siècle*, Les Empêcheurs de penser en rond, 1999.

nance à un régime spécial de l'Assurance maladie. La définition des pathologies en cause est assez floue (notamment en matière cardiovasculaire ou psychiatrique). La réalité des contrôles est variable : le taux de refus par les caisses est quasiment nul (2 %) dans les Bouches-du-Rhône, relativement élevé (16 %) dans les caisses du Nord. Les personnes bénéficiant de l'ALD représentent un groupe remarquablement stable depuis trente ans : 11 % de la population totale. Sur l'ensemble du risque maladie, ce groupe est à l'origine de 52 % des remboursements de la CNAM ; il représente 40 % des soins ambulatoires et 60 % des dépenses d'hospitalisation. Une personne en ALD reçoit dix fois plus de remboursements que le Français moyen, avec toutefois une grande dispersion des demandes autour de la moyenne[1].

Cette population est assistée mais pas sur des critères sociaux : toutes les classes en profitent même si c'est moins le cas des catégories urbaines d'ouvriers et de personnels de service. Les plus de 60 ans sont surreprésentés (un tiers du total et 65 % des remboursements). Chez les autres groupes d'âge, on constate le phénomène remarquablement constant de la concentration des dépenses : 5 % des bénéficiaires reçoivent 45 % des remboursements. La carte des malades en ALD montre des inégalités départementales surprenantes : les taux varient de 1 à 3. Elle dépend de la densité médicale. Les ALD les plus nombreuses (en proportion du nombre d'habitants) se retrouvent évidemment dans le Sud, PACA et Corse en tête[2]. Le médecin octroie l'ALD à une tren-

1. Le journal médical *Impact quotidien* (17 septembre 1997) déplore lui aussi l'« anarchie des ALD » et souligne « leur manque de fiabilité : contrôles peu dissuasifs, circuits administratifs lourds, écarts régionaux inexplicables, une enquête de la Cour des comptes sur les affections de longue durée démontre les dysfonctionnements du dispositif ».

2. La carte de l'inégalité régionale de la répartition des ALD est une illustration de la disparité due à de multiples facteurs qui compliquent les analyses. Les écarts de 1 à 3 pour 1 000 bénéficiaires suggèrent la confusion entre l'influence de l'offre dans le Sud très médicalisé (avec cependant une atténuation en Midi-Pyrénées) et une autre variable : la détermination par le caractère rural ou non de la région (Bretagne et Centre ou Rhône-Alpes) conjuguée à un facteur supplémentaire : le caractère âgé ou non de la population. Ces variables combinées donnent une carte contrastée. L'ALD semble utilisée par les médecins des

taine ou une quarantaine de membres de sa clientèle. La déclaration est durable et permet une réserve de visites, un matelas de consultations. On peut considérer cela comme une forme de surveillance de la population âgée, un contrôle systématique de la santé, une activité de travailleur social. On est typiquement dans la double fonction du médecin. Exercice en libéral financé sur fonds publics avec autodéfinition des tâches et autoévaluation des résultats. Cette « anarchie » qui permet tous les abus est délicate à évoquer au sein des organisations médicales. Il n'existe pas d'instance régulatrice supérieure, d'autorité légitime pour imposer les mêmes règles pour la profession sur tout le territoire.

Les raisons structurelles de la croissance de l'offre

Le déficit de règles dans certains domaines et leur inflation dans d'autres, rendus inévitables par l'incohérence des politiques successives de santé, entraînent des déviations, des changements de direction improvisés. En quelques dizaines d'années, on est passé d'un médecin par chef-lieu de canton à une situation où on en trouve plusieurs dans la même rue ou dans le même village. Dans le même temps, le développement des moyens individuels de transport permet d'accéder rapidement aux spécialistes et aux laboratoires en ville. L'offre est devenue surabondante mais inégalement. La France est le pays qui a la densité la plus élevée de médecins, bien supérieure à celle des États-Unis. La concurrence fait rage entre généralistes, entre spécialistes, entre les premiers et les seconds, entre secteurs public et privé. Une concurrence aussi exacerbée, exception française, est cependant d'intensité variable selon les régions ; les praticiens sont rares dans certaines d'entre elles, là où ils répugnent à s'installer alors que leur présence est intense dans les villes moyennes, notamment du sud du pays. Il en découle un travail médical particulier d'« attachement » des clien-

départements les moins riches comme une sorte de RMI pour vieilles personnes, plus particulièrement pour des agriculteurs qu'ils connaissent bien.

tèles ; dans certaines zones, une offre attractive de services annexes s'est développée : multiplication des certificats de convenance, prescriptions de confort. Cette variabilité dans le degré de concurrence engendre deux attitudes dans les comportements professionnels. Soit on traite vite beaucoup des gens de passage, non réguliers (genre SOS, Urgences), soit on se concentre sur des petits groupes, stabilisés et revus fréquemment. Toutes les activités commerciales connaissent ce type de dilemme et elles oscillent entre une politique de hauts prix et d'offre sélective pour une fraction étroite, attachée et normée, ou bien un abaissement du coût pour une masse volante et imprévisible. Les professionnels qui, dans le cadre d'une forte concurrence, traitent le tout-venant, en flux subi, non choisi, se sentent dévalués, impuissants à le contrôler, déçus de n'avoir pas le temps de réguler les conduites de santé. La préférence des professionnels à partir d'un certain seuil de proximité et d'affinités incline à rencontrer des populations socialement proches d'eux, à la fois parce qu'ils se reconnaissent dans les valeurs de ces familles et s'y sentent mieux reçus. C'est pourquoi les offres proposées par des générations successives de médecins se sont enracinées dans les catégories rurales et urbaines les plus stabilisées. Et l'intériorisation de cette offre a été réussie au point qu'elle surprend les professionnels confrontés à des comportements consuméristes parfois agressifs qui les débordent. C'est pourquoi les consommateurs sont inégalement placés sur le marché de la santé. La carte des installations (libérales ou hospitalières) est superposable à la richesse moyenne des habitants. La consommation médicale, en intensité et en coût, se modèle sur les autres consommations. Quand ces dernières (habitat, équipements, achats de biens) sont élevées, le niveau de l'offre (et donc de la demande de soins) l'est aussi. Comme si la consommation médicale suivait l'évolution des consommations matérielles, culturelles et la progression des patrimoines.

Les malades au Nord et les médecins au Sud : la *medicalbelt*

« On sait bien que la consommation médicale est fonction de l'offre de soins. » Avec cette définition, le géographe Henri Picheral confirme qu'à la « faible desserte médicale [correspond] le faible recours aux soins et un état de santé déficient, et inversement. Or, la géographie des professions de la santé réserve à cet égard quelques surprises. La surprise ne vient pas en elle-même de l'inégale répartition des médecins en France, mais surtout de sa pérennité géographique. Car tout était déjà en place au début du siècle et déjà bien avant (au moins dès le second Empire). Si les valeurs des densités médicales ont évidemment changé et se sont beaucoup améliorées, leur géographie reste quasi identique. La superposition des cartes est étonnante, sinon troublante. Tout se passe comme si le XXe siècle consacrait la situation acquise sous Napoléon III. Les Midis aquitain, toulousain et méditerranéen, au sud d'une ligne La Rochelle-Albi-Nice, partagent avec Paris une très bonne desserte quelle que soit l'époque. Le reste de la France reste en comparaison sous-médicalisé, en particulier l'ouest, le nord et le centre-est du pays. Et si les écarts entre les valeurs extrêmes ont eu tendance à se réduire un peu en cent ans : de 1 à 5 en 1900 à 1 à 3 en 1998, la coupure nord-sud du pays est devenue beaucoup plus franche[1] ». Sous le titre « La mauvaise santé au nord », l'auteur compare les indicateurs de mortalité. Les critères de santé médiocre sont associés aux régions du Centre et du nord de la Loire, exception faite de Paris et de l'Alsace, et correspondent à une relative « désertification médicale ».

Cependant l'histoire est plus ambiguë que celle décrite ci-dessus. De 1956 à 1982, on a assisté à une accélération de la

1. Henri Picheral, « Les cent glorieuses de la santé », *in* Jean de Kervasdoué (sous la direction), *Le Carnet de santé de la France en 2000*, Syros/Mutualité française, 2000 p. 319 et suiv. Plus que des nuances ont depuis été apportées par les deux auteurs à cette territorialisation, *in* Jean de Kervasdoué et Henri Picheral, *Le Carnet de santé de la France*, Dunod / Mutualité française, 2004.

migration des médecins vers le sud et à une augmentation des écarts entre régions à forte ou faible consommation. On passe d'un écart de 1 à 2 de densité pour 100 000 habitants à un écart de 1 à 4 entre 1950 et 1990. L'opposition entre nord et sud est devenue plus nette que jamais. Le pays est coupé en deux, de part et d'autre d'une ligne Lyon-La Rochelle (avec deux exceptions au nord de cette ligne : Paris et l'Alsace), mais cet écart s'est stabilisé depuis une dizaine d'années. Le cas de Paris et de l'Île-de-France est encore plus frappant, là où se concentrent les généralistes de secteur 2. On peut dire que plus du quart des médecins y sont installés (praticiens de tous exercices, équipements et hôpitaux).

Les gynécologues et les pédiatres présents là où il y a une faible natalité

Henri Picheral poursuit son tour de France des surprises. « Si l'on affine l'analyse de la situation actuelle en distinguant les généralistes des spécialistes, l'opposition des deux France est encore plus franche. Hors de Paris et des grandes villes, l'écrasante majorité des médecins spécialistes exerce dans un mince couloir continu qui court de Bordeaux à Nice, y compris dans des villes de taille très modeste, constituant un véritable *sunbelt* de la médecine spécialisée. Certaines situations frisent le paradoxe, sinon le pittoresque, comme la géographie des gynécologues installés pour la plupart dans les régions dont la fécondité est la plus basse de France ! Il est vrai que ce sont aussi celles où l'on pratique le plus d'avortements… sans qu'il faille voir là une relation directe de cause à effet. Les pédiatres semblent d'ailleurs avoir aussi un penchant prononcé pour les régions où il y a le moins d'enfants. Il en va de même des autres professions de santé, dont les cartes de répartition se répètent selon le même schéma[1]. » L'auteur tente d'expliquer ces disparités par l'histoire économique et industrielle : délaissement ou abandon des régions pauvres par les spécialistes

1. *Ibid.*, p. 322.

très attachés par leur origine sociale à des clientèles privilégiées, attitudes probablement aggravées par les recrutements récents dans les universités.

Une partie de la population, privilégiée, maximise donc sa consommation et attire à elle l'essentiel des dépenses. Elle est fractionnée en clientèles dépendantes (maladies chroniques ou invalidantes, personnes inertes en maisons de retraite ou gériatriques). Sur la longue durée, ce phénomène est structurellement stable parce que l'organisation qui le détermine évolue peu. Un noyau, et en son sein une fraction étroite de patients, bénéficie de la moitié des dépenses de l'Assurance maladie. Cette coexistence d'un centre dépensier plus ou moins captif et d'une large dispersion comprenant des vastes périphéries dont certaines n'émargent jamais au budget de la santé est une propriété structurelle et organisationnelle, issue de la division du travail de fabrication de clientèles.

On ne peut pas expliquer autrement que les catégories les plus dépensières en santé soient les femmes inactives des classes supérieures. Dans les couples favorisés (cadres et professions libérales, industriels et gros commerçants, etc.), les épouses qui ne travaillent pas ont toujours une consommation plus élevée que celles qui travaillent, et l'écart n'est pas négligeable (un tiers en plus). C'est par l'appel courant aux spécialistes, parce qu'il faut du temps pour prendre rendez-vous et être suivi, que les inactifs ont donné l'exemple du changement de sens de la consultation primaire. On a là un phénomène qui s'inscrit dans la longue durée et qui est indépendant des pathologies dominantes du moment, des épidémies, des modes régionaux de gestion de l'Assurance maladie.

Centres et périphéries : Paris, Lyon, Rouen… et la Corse

Le fait que la Corse ait le taux d'admission aux urgences (pour 1 000 habitants) le plus élevé de France constitue une preuve supplémentaire : ce ne sont pas les besoins de la population urbaine, les dangers du travail industriel, la présence des étrangers des banlieues ou des exclus qui expliquent l'extension de ces services. La

Corse conjugue une offre pléthorique, une forte densité de spécialistes et de généralistes (surtout de secteur 2)[1]. Or, comme à Paris, les urgences prospèrent généralement là où l'offre libérale de secteur 2 est très intense, ou bien là où elle est quasiment absente, par exemple dans les quartiers pauvres des grandes villes, les régions ouvrières ou très rurales. Le nombre de consultations en urgence en Corse ne s'explique ni par les besoins de santé, ni par une épidémiologie particulière (pollution, accidents de la route ou travail industriel), ni par une démographie singulière. Cette situation est seulement le résultat de l'inorganisation du double secteur, de la difficulté d'instituer des gardes, d'imposer des astreintes quand il y a un très grand nombre de praticiens aux revenus élevés. On peut y ajouter l'action des institutions de l'urgence hospitalière : le quadrillage dense des SAMU (3 en Corse pour 1 en région de métropole).

La Corse constitue un cas d'école qui, toutes proportions gardées, se rapproche d'une situation « à l'américaine » : plus les dépenses de santé sont élevées et croissent rapidement, plus forte est la sélection et plus nombreux sont les éliminés des soins élémentaires, qui cherchent alors aux urgences ou ailleurs des palliatifs. Nous avons trouvé à Paris les mêmes déterminants, même si c'est dans une autre combinaison : surreprésentation de clientèles riches intra-muros et dans les banlieues aisées de l'ouest qui attirent les praticiens voulant pratiquer des dépassements d'honoraires. Il existe toutefois en Île-de-France des facteurs qui atténuent la marginalisation des populations à faibles revenus : le caritatif et les centres de santé municipaux. La Basse-Normandie qui a le taux le plus élevé d'entrées en urgence avec l'île de Beauté (1 habitant sur 6 par an) présente une autre combinaison de facteurs, quoique inversée sur un point. C'est là qu'il y a le moins de médecins et de lits. En revanche, dans les régions du Nord et de l'Est, à bas maillage hospitalier, on trouve les taux les plus bas

1. La Corse concentre tous les caractères de l'abondance de l'offre. Elle est en tête pour à peu près tous les indicateurs de moyens de santé (équipements, personnels, structures, densité médicale par millier d'habitants). Voir les *Carnets statistiques*, CNAM, et particulièrement le n° 103, 2000.

d'admis en urgence, situation qui continue d'opposer cette France du Nord moins équipée à la « France de la santé », celle de la *medicalbelt* du Sud.

Les questions organisationnelles, les problèmes de la distribution médicale entre public et privé, l'installation privilégiée dans les régions favorisées sont donc à l'origine d'offres intensives ou délaissées. La continuité des soins est d'intensité variable selon les départements et les villes, et dépend de l'organisation locale des médecins qui suivent ou non les recommandations de leur Ordre départemental et des préfets[1]. Tout cela a transformé les urgences en une médecine généraliste ordinaire mais publique. (Sans insister sur l'attrait dû à des particularités hospitalières bien pourvues en équipements lourds, moyens techniques immédiatement mobilisables, ce qui fait gagner du temps par rapport à la succession des rendez-vous en « ville ».) Ces nouvelles tendances peuvent être qualifiées de « socialisation des problèmes médicaux ». Les questions internes que la profession médicale ne sait pas résoudre doivent l'être par la société[2].

Une esquisse de sociologie de la consommation urbaine est dès lors possible. Dans les quartiers aisés ou dans les régions riches, tous les habitants ne sont pas des consommateurs intenses. Quelles sont leurs caractéristiques sociales (âge, profession, patrimoine et revenus) ? On a quelques indications en recoupant les résultats du recensement et le volume des prescriptions et des indemnités journalières dans l'espace urbain. La concentration médicale des cabinets dans certains quartiers des centres-villes et

1. Depuis une dizaine d'années on n'a trouvé aucune issue pour réguler le problème récurrent des gardes et astreintes de médecine de ville (qui est résolu au cas par cas). C'est le signe du manque de cohérence interne. Qu'aucune autorité, y compris le conseil de l'Ordre – dont c'est le rôle –, n'ait réussi à lever l'indétermination de cette mission de la permanence des soins et réussi à l'imposer est bien l'indice d'une crise grave. L'auto-exemption des règles internes est une preuve supplémentaire du défaut d'organisation. Les équilibres ne sont trouvés que grâce à des substituts (Urgences, SOS médecins, Allô gardes). Plus grand est le nombre de praticiens, plus la décision de permanence des soins est difficile à appliquer.

2. Je renvoie à ma contribution « Urgences », *in* Dominique Lecourt (sous la direction), *Dictionnaire de la pensée médicale*, PUF, 2004.

de quelques banlieues aisées est évidente. La densité des arrondissements huppés de Paris et de la couronne ouest et sud s'oppose naturellement à la Seine-Saint-Denis. La proportion est de 1 à 4 selon les zones (pour 10 000 habitants). On retrouve la même différence à Aix-en-Provence et Marseille : le centre est saturé de cabinets aux dépens de la périphérie où la population est pourtant plus importante. L'écart des proportions est de 1 à 3 à Rouen entre le centre-ville et le plateau nord (1 médecin pour 1 000 habitants au centre contre 1 pour 2 000 ou 3 000 habitants ailleurs)[1].

L'offre devant une demande saturée de clientèles virtuelles

Quand la demande rencontre une offre ample durement concurrentielle sur un même site, les statistiques générales de consommation de services proposés croissent : gratuité, arrêts maladie, ALD, longueur des ordonnances (sans savoir qui sont les principaux bénéficiaires). Il est banal de constater qu'un médecin survit et prospère s'il développe sa clientèle en donnant satisfaction à chaque patient. Celui-ci en fera état auprès de son entourage. Plus un médecin est complaisant avec ses patients, et plus ces derniers accroîtront sa réputation. Le médecin dont la pratique est individuelle n'est pas propriétaire de sa clientèle : il doit la créer puis l'entretenir. Le recours à la publicité étant interdit en la matière, sa popularité dépend des services qu'il rend à ses patients. C'est particulièrement vrai dans la période de construction d'une clientèle. Les habitudes prises à ce moment tendent à s'enraciner et à perdurer. Si le nombre de visites, de prescriptions, de services rendus (offre d'actes de paramédicaux, d'examens ou d'indemnités) est plus élevé, alors on aura créé des besoins qui ne diminueront plus.

1. Isabelle Colin, « Les inégalités de recours à la prescription médicale dans l'espace urbain : l'exemple de l'agglomération rouennaise », *L'Espace géographique*, n° 4, 1998. Voir aussi, sur la ville de Lyon, Renée Serange-Fonterme, *Les Disparités sociales de la consommation médicale*, *op. cit.*

On sait, par ailleurs, que les services économiques qui sont aujourd'hui attendus du médecin élargissent la gamme de ses prestations vers un préventif indéfini. Il faut ajouter à cela l'importance des post-traitements : cures, rééducations, kinésithérapie, actes infirmiers, soins à domicile. Une partie de la population exploite cette offre avantageuse. Elle est constituée de fractions des classes moyennes, souvent inactives. Elle manifeste régulièrement son attachement à ce système « public/privé » où le médecin est un « libéral/fonctionnaire » et où le remboursement se fait à la « confiance ». Ainsi, les enseignants défendent le système public du remboursement et sont des défenseurs implicites du statut pourtant bâtard des médecins. Eux et leurs familles consomment davantage de biens médiaux (hospitalisation, long et moyen séjour) que le reste de la population.

La demande face à une offre faible

Certaines régions se trouvent dans la situation où l'offre ne répond pas à la demande. L'offre est réduite dans l'espace mais aussi dans le temps (horaires). Fermer tôt (fermeture du cabinet à 18 heures) quand les travailleurs rentrent tard (transport des banlieusards, ouvriers en horaires postés) est une manière de quasi fonctionnarisation de la médecine libérale. Comme on l'a vu, dans de telles situations d'inadaptation, les urgences se substituent à la médecine généraliste, ce qui n'était pas prévu lors de la création de ces services. Des cas particuliers de demande suscitent leur propre offre et leur propre évaluation. L'armée, quelques commissariats, le système pénitentiaire tiennent à assurer les rencontres de leur population avec leurs médecins attitrés. Il est hors de question pour l'armée de laisser les militaires dans le circuit de la médecine libérale ; elle veut surveiller l'état de santé et les « maladies de soldats » (autrefois les pathologies vénériennes). La justice fait de même en nommant ses experts.

La rencontre manquée entre offre et demande

Certains patients sont « évités » et orientés par carence vers des structures de substitution (toxicomanes, alcooliques, marginaux). L'offre minimale, prévue par la loi sur la non-assistance, est assurée, mais certaines populations sont négligées. Néanmoins, la profession organisée ne peut pas tolérer les excès d'une sélection clientéliste. Assez tôt (à la fin du siècle dernier), elle a essayé de la codifier. En effet, l'offre ne connaissant pas de limites (elle est libre d'entraves réglementaires), elle pourrait devenir totalement anarchique et se discréditer. D'où l'importance des barrières symboliques : les rites, les serments, les engagements, les codes de déontologie qui ont connu de multiples variantes dans l'histoire. L'Ordre se veut garant et gardien de la moralité et de la bonne pratique. Mais quels sont ses moyens ? La radiation ? La suspension temporaire ? De telles mesures sont rarement appliquées ! Une sanction viendrait à la suite de 1 000 plaintes environ et les verdicts sont très contestés. Ayant déchaîné de fortes polémiques, l'Ordre préfère maintenant se tenir en retrait.

Le dérèglement des régulations

Au cours de ces enquêtes, nous avons défendu l'idée qu'on ne manquait pas de régulations (parfois il y en avait trop ou bien elles étaient contradictoires), mais que c'était l'impuissance politique, le manque de conviction pour les appliquer qui étaient en cause. À ce niveau de dépenses, une offre rationnellement organisée devrait dépendre d'une institution forte. En effet, si elle n'est pas régulée par une instance supérieure incontestée, la profession s'expose à des antagonismes internes graves, des dissensions sur les définitions, des clivages sur les revenus ou la morale. La médecine hospitalière universitaire, qui prétend à la légitimité scientifique, a proposé plusieurs pistes de réflexion pour contrôler les actes et évaluer leur efficacité et leur cohérence, mais avec peu de chances de les voir aboutir. Le conseil de l'Ordre est très prudent sur ces questions sensibles et préfère généralement s'abstenir[1]. Il ne gère pas la médecine en soi ; il préfère se consacrer à la conformité à la concurrence loyale, aux pratiques déontologiques incorrectes, aux fautes grossières, qui relèvent de l'article 19 du code de déontologie : « La médecine ne doit pas être pratiquée comme un commerce. » Les articles qui suivent interdisent, en principe, les associations illicites, le partage d'honoraires, le compérage entre médecins, la distribution lucrative, l'acceptation d'avantages en nature ou en espèces, et toutes les formes d'activité commerciale ordinaire.

Mais, pour le reste, qui dirige la profession ? Qui la représente ? Qui parle en son nom ? Qui décide de sa politique intérieure ? L'offre ne devrait être légitimée que par des instances reconnues et uniques. Dans le cas contraire, elle peut devenir dangereuse en raison de l'exacerbation de la concurrence ou alors elle risque de se dissoudre dans des actes aventureux dont l'avenir ne dépend que des choix et des engouements des usagers ; elle risque le désordre et le discrédit. L'échec des sanctions professionnelles est patent. Personne n'expertisera le médecin une fois son diplôme en poche (mais cette autonomie est le propre des professions hautes). L'État, quant à lui, souhaiterait avoir un seul interlocuteur. Les usagers également. Quant à la justice, elle est souvent dépassée par les querelles entre les experts qu'elle nomme. Il n'existe pas d'instances du savoir absolument et hiérarchiquement légitimes. Les associations par spécialités, les réunions de professionnels et les académies essaient de régler les disputes scientifiques, de définir ce qui est la bonne pratique et de gérer la question des contenus scientifiques. En vain : aucune structure ne jouit d'une prééminence incontestée. Les controverses sont permanentes et insolubles. Des médecins plus ou moins charlatans conçoivent des traitements, fabriquent des médicaments, apportent des soins qu'on ne peut récuser d'emblée. Dans les sciences classiques, les

1. Il existe peu d'études sur l'Ordre (sauf aux États-Unis de la part de Ruth Horowitz). Voir cependant : Serge Sanchez, *La Médecine en flagrant délit, enquête autour des tribunaux de l'Ordre des médecins*, éd. du Félin, 1996.

collèges de pairs, la communauté savante, la hiérarchie des revues scientifiques, dont les comités de lecture sont très sélectifs, jugent en prenant le temps nécessaire. Ici, rien de semblable. Aucune académie ou société savante ne s'est imposée. Elles pullulent et sont fractionnées en petits groupes, écoles (souvent plus d'une vingtaine par spécialité). Il n'existe donc pas d'autorité unique. Chacune des spécialités est maintenant trop diversifiée pour être évaluée par une communauté de taille suffisante ; des spécialités comprennent 2000 ou 3000 membres, se divisent en écoles ou « sectes » rivales (comme la psychiatrie). L'Ordre opère des changements de cap brutaux comme en témoigne son jugement sur l'homéopathie[1]. On hésite sur son statut : doit-elle être prohibée ou obtenir le statut d'une authentique spécialité ? L'inconstance de l'Ordre sur les questions de contenu médical est devenue chronique. La Cour des comptes s'inquiète de ce désordre et de ce manque de représentants accrédités. La médecine est un grand corps sans tête !

La montée irrésistible de l'offre par interaction entre industriels, médecins, patients et consommateurs

Une conclusion s'impose : les régions très dépensières ne sont pas celles qui sont les plus affectées sur le plan pathologique, mais celles où se concentre la richesse des Français. Les villes ou quartiers de villes consomment plus ou moins en fonction du revenu de leurs résidents. La singularité de l'offre médicale est de se situer là où il existe des hauts revenus et des populations favorisées. Les dépenses ne mesurent donc pas les besoins de la santé qui sont insaisissables et infinis puisqu'ils n'ont pas de définition objective (le bien-être, un fonctionnement « optimal », une restauration !).

1. Son efficacité est contestée scientifiquement, sauf à y voir l'envie du malade de se prendre en charge. L'homéopathie n'est peut-être qu'une forme de réaction, une demande de responsabilisation et d'autogestion médicale par le patient.

Elles sont avant tout le résultat des avantages cumulés d'une répartition socialement inégale. Les causes en sont les structures du travail médical, le clientélisme, les formes sélectives de l'offre, les relations jusqu'ici figées du trio État/syndicats/patronat qui, dans la gestion des dépenses, empêchent non seulement toute évaluation qualitative de la part des usagers, mais aussi la réorganisation de la profession médicale quand elle est socialisée.

Ce que nous décrivons là est relativement banal et évident aussi bien pour celui qui observe le devant de la scène que pour celui qui se tient dans les coulisses. La profession médicale n'est pas unifiée ; elle se montre incapable de coordonner ses différentes pratiques. L'application des règles qu'elle s'est données est plus ou moins arbitraire selon les villes et les régions. La distribution des avantages sociaux aux malades ainsi que les exonérations et certifications semblent plus relever du clientélisme que d'une politique de solidarité ou de santé publique. Aucun « droit » ne semble s'imposer[1]. Les jurisprudences sont instables, les lois souvent tournées dans les rapports avec l'industrie pharmaceutique ; des financements et des subventions par l'industrie privée sont mal régulés malgré la multiplication des précautions, des codes, des chartes et des lois protectrices. Une prolifération de textes permettant des interprétations multiples étonnantes et des écarts de pratiques aboutissent à ce qu'un petit groupe (entre 5 et 10 %) de praticiens distribue en volume le tiers des prescriptions et en reçoit des revenus substantiels.

On a vu les avantages que des patients astucieux pouvaient tirer

1. La justice d'État est plus conservatrice que la justice civile. Elle déjuge souvent le législateur dans ses réformes ou décisions. Tribunaux administratifs, Conseil d'État, voire Conseil constitutionnel se distinguent des juges du siège ; lesquels témoignent de moins de tolérance pour des abus et des fautes, ce qui ne manque pas d'inquiéter les organisations médicales. En 2001 à Marseille, le tribunal administratif a donné raison à 159 infirmières libérales qui dénonçaient la sanction de leur Caisse pour avoir dépassé le quota d'actes imposé (et dont pourtant le plafond avait été placé haut : l'accord négocié avec la profession avait considéré que les infirmières ne pouvaient déclarer faire plus de 90 actes par jour en prétendant travailler six jours par semaine). Le tribunal, ici, a annulé la sanction professionnelle.

de la situation. Pour expliquer l'absence de réaction unifiée de la part de la masse des contributeurs, on avancera qu'aucune expérience individuelle n'est échangeable avec une autre. La confrontation des récits des séances chez le médecin est instructive. Chacun semble avoir rencontré le meilleur et le pire, mais aucun problème crucial n'entraîne une réponse homogène. Secret, euthanasie, prix des consultations, volume des prescriptions, temps et modes de la consultation : l'arbitraire règne. Les cabinets médicaux constituent autant de petites alvéoles fermées sur elles-mêmes, des cellules indépendantes où le praticien ne sait pas ce qui se passe derrière la porte du confrère. Un hôpital a du mal à obtenir le dossier complet du patient qui vient de la clinique voisine ou inversement. Cela ressemble à une grande armée déboussolée, sans plan de campagne. Pas de grands leaders, ni de chefs à l'autorité incontestée, aucune organisation dont la légitimité s'imposerait pour donner la grande direction, les axes de conduite. Tout semble se réduire à la somme de petits intérêts catégoriels et au maintien des privilèges de position et de pouvoir.

16
Les travailleurs pauvres payent l'addition

La question des bas salaires (et des salaires tout court) est une des questions les plus discutées. Il se pourrait que l'ampleur prise par certaines dépenses de santé soit devenue un handicap pour l'amélioration des rémunérations. Les prélèvements et « impôts de santé » participent de la pression sur les bas salaires. La société se dit solidaire, alors que dans les faits les petits salariés sont condamnés à payer les dépenses de santé des autres catégories. Qui profite de l'Assurance maladie ? Quelle catégorie profite de l'essentiel des prestations de maladie ?

Par confort de pensée, certains veulent continuer à croire que ceux qui se soignent sont ceux qui en ont besoin. Mais c'est tout ignorer des populations qui, depuis 1970-1980, se sont séparées en deux groupes distincts : les consommateurs intenses et les autres parmi lesquels certains renoncent même à tout soin. On a relevé la régularité extraordinaire des proportions : au cours de l'année 1973, déjà, 55 % des familles avaient bénéficié de prestations nulles ou inférieures à 310 € alors que 10 % avaient reçu des prestations supérieures à 1 230 €. Dans le même temps, une partie de la population se retrouve dans les marges de la protection sociale. Quelle est la relation entre les deux phénomènes ? C'est dans les années 70-75 que le fonctionnement de la Sécurité sociale dérape, échappant à tout contrôle. Le besoin de soins non satisfait apparaît dans des populations spécifiques : ouvriers du privé, précaires. La médecine caritative et les salles d'urgence prennent en charge de nombreux jeunes. La situation sanitaire de ces catégories par rapport à celle des classes moyennes ou d'autres fractions sociales très encadrées et correctement soignées se dégrade; de nombreux observateurs ont perçu cet écart[1].

Nous nous sommes intéressés aux travailleurs qui sont l'objet d'une ponction financière au nom de la santé. Ils ont un travail incertain, souvent à temps partiel. Ce sont des urbains pauvres occupant un emploi mal payé. Ils ont une couverture sociale correcte mais ne l'utilise pas par manque de moyens, manque de temps de déplacement et d'occasions de se faire examiner à proximité. Ces populations que les Anglo-Saxons nomment *working poors* ont des revenus mensuels de smicards[2]. La statistique officielle les a découverts en France, vingt ans après les Anglo-Saxons. Peu d'articles les étudient de manière systématique, toute l'attention ayant été focalisée sur les chômeurs surtout de longue durée ou sur les exclus, objets de nombreuses enquêtes et témoignages, preuve des partialités de la commisération. Pour reconstituer le budget de ces travailleurs marginalisés, pour connaître leurs conditions de vie et de travail, nous avons repris la tradition des enquêtes sanitaires anglaises sur les travailleurs pauvres, telles qu'elles étaient réalisées au XIXe siècle. Nous nous sommes inspirés de l'exemple des médecins sociaux de l'époque. À Londres ou même en France, ils enquêtaient sur les budgets, l'habitat, le travail, l'hygiène dans les quartiers pauvres. Les personnes que nous avons vues dans les salles d'urgence ou dans les centres de Médecins du monde ne sont pas des exclus ou des marginaux, thème de prédilection de la sociologie. Les frais de transport, le coût du logement à Paris, le prix de l'accès au travail (sa recherche, l'entre-

1. Se reporter à Rony Brauman (sous la direction), *Utopies sanitaires*, Le Pommier, 2000. Voir en particulier la contribution de Noëlle Lasne: « Clinique de l'asservissement ».

2. « Un Français sur sept renonce à se soigner par manque d'argent. » Diverses enquêtes statistiques ont été publiées à la fin des années 90 telles que l'étude d'*Économie et statistique*, n° 5, p. 335, 2000. Mais rares sont celles qui mettent en évidence le lien entre activité et mauvais soins par défaut d'argent. « Les salariés pauvres seraient de plus en plus nombreux en France. Une étude du ministère de l'Emploi en recense 2,8 millions en 1997 », titre *Le Monde* (20 novembre 1997). Remarquons le scepticisme du journaliste (usage du conditionnel) qui insiste sur la surprise des statisticiens confrontés à leurs propres chiffres.

tien des vêtements professionnels, de l'achat de matériel et d'équipement personnel, plus les dépenses inhérentes à la sociabilité au travail) peuvent être évalués à la moitié du SMIC. Ces nouveaux prolétaires (qui ne sont pas bénéficiaires de la CMU pour cause du dépassement occasionnel du plafond des ressources) ne sont donc pas de faux chômeurs mais de vrais salariés qui ont donc comme revenu net un demi-SMIC mensuel. C'est cette contrainte qui explique leur rapport distant à la médecine et un rapport à la santé que des membres des classes moyennes pourraient juger négligent. Ils n'ont ni médecin traitant ni médecin de famille et, d'ailleurs, souvent pas de famille (ou pas à proximité). Leur condition, affectée par l'irrégularité des revenus, le retard fréquent des versements de salaire, l'éloignement du lieu de travail et du domicile, les écarte de la relation facile des autres usagers aux médecins et aux soins. Ils cotisent, souscrivent aux prélèvements obligatoires à hauteur de 700 € par mois (en incluant la part dite patronale). Ils ont le sentiment d'être dépouillés d'une partie de leur salaire qui représenterait le coût de la santé des autres. Ils s'opposent aux chômeurs de longue durée, aux Rmistes et à tous ceux qui, au sein des classes populaires, ont finalement accepté, à leurs yeux, la perte du travail pour l'opportunisme d'assistance. Ceux qui se maintiennent dans ces conditions sur le marché du travail ont souvent une conception de la santé différente de celle des chômeurs. Elle est déterminée par leurs conditions de vie et les limites de leur emploi du temps. Ils souhaitent d'autres modes d'accueil, d'autres personnels que ceux rencontrés. Quelques médecins de banlieue se dévouent et les soignent gratuitement ; là, ils apprécient le cadre modeste d'une médecine simple par rapport à ce qu'ils jugent être le gaspillage d'une médecine de luxe. Ils sont très informés des scandales financiers qui éclatent régulièrement dans le monde de la santé. Les plus engagés manifestent de la rancœur contre les revenus d'un encadrement sanitaire jugé pléthorique auquel ils n'accèdent pas (« Ils gagnent en deux heures ce que je gagne en une semaine »). Ils se distinguent aussi des ouvriers stables qui appartiennent aux classes moyennes par le mariage ou la qualification et le statut et qui, mieux couverts par les complémentaires, bénéficient d'arrêts de travail, privilège de syndiqués, disent ces malchanceux. Quelques-uns reprochent aux médecins de ne pas s'intéresser aux maladies ouvrières, c'est-à-dire aux maladies professionnelles qui ne sont pas médiatisées mais qui découlent de leur genre de travail : lombalgies, alimentation, maladie du poumon, amiante. On retrouve ici curieusement la méfiance traditionnelle des ouvriers du XIXe siècle envers les médecins (et non envers la médecine) supposés être du côté du patronat. Comme ils sont réfractaires aux institutions d'État, aux enquêtes, aux recensements et aux différentes formes du contrôle social, ils se détournent du médecin traitant, des réseaux de soins, et trouvent parfois dans certains hôpitaux qui leur paraissent plus accueillants un service et un personnel manifestant une solidarité. Une meilleure organisation de la carte et du calendrier médical avec ouverture de cliniques mutualistes de petite taille, de dispensaires permanents procurerait un meilleur suivi et des examens plus fréquents à ces populations.

Cette catégorie de travailleurs pauvres peut être estimée en France à environ 7 millions d'individus (correspondant environ au nombre d'ouvriers peu qualifiés et petits employés en incluant les ménages). Elle est présente dans tous les pays riches (États-Unis et Angleterre) qui combinent à la fois les avancées médicales rapides, la progression des revenus des personnels médicaux et un appauvrissement de fractions de la population au chômage ou mal payées, en raison des forts prélèvements pour participer à un essor de la solidarité sociale à laquelle ils n'accèdent pas ou à travers de maigres prestations.

J'ai entendu ces réflexions quand – coïncidence dans le temps – la télévision évoquait le même jour l'ouverture des Restos du cœur et l'enregistrement des records de dons pour la recherche sur les myopathies. Le contraste était saisissant entre les ressources que la santé mobilise et l'appauvrissement dû au travail imposé dans de telles conditions. Silencieux ou amers, ces citoyens ne votent pas, ne se syndiquent pas, vivent dans un autre univers que des téléspectateurs obnubilés par les concours de santé philanthropiques. Un divorce s'est instauré entre une fraction délaissée et les classes moyennes donatrices et surprotégées. L'idée que la première contribue à la bonne santé de l'autre est en revanche une évidence que nombre de personnes considèrent comme scandaleuse. Il est impossible d'exposer à des publics ou à des lecteurs de classes moyennes le ressentiment durable installé au sein des petits salariés de l'industrie (ou des services). On prétend qu'il est impossible aujourd'hui de dissocier médecine de qualité et médecine moins coûteuse en examens et en équipements ou en spécialistes ou même qu'il est difficile de rapprocher le monde médical de celui des jeunes (notamment ouvriers) s'ils ne font pas eux-mêmes la démarche et ne manifestent pas un effort vers la responsabilisation et la protection. Pour cela, les médiateurs manquent. Pourtant, un recrutement de praticiens socialement proches d'eux, qui seraient encouragés à donner les traitements et soins appropriés à ces catégories sociales, est tout à fait imaginable. Alors que le nombre de médecins fils d'ouvriers est proche du néant, on pourrait l'augmenter à l'aide de bourses. Ils amèneraient des attitudes plus réalistes, une compréhension des conditions de vie et témoigneraient alors d'attitudes plus efficaces car moins distantes et moralisatrices. Une incitation au recrutement de médecins d'origine populaire ne serait pas un scandale s'il prenait la forme d'une aide à l'installation dans les zones défavorisées (une sorte de ZEP en médecine). Une atténuation des inégalités de chances d'accès à la consultation serait évidemment une rupture avec cent ans d'histoire, mais cela ferait renouer le monde médical avec son progressisme d'antan et avec des conduites sociales d'avant-garde que manifestèrent courageusement certains médecins au XIXe siècle.

Opinons et humeurs

Le délitement de la solidarité et du sens collectif dont les politiques et les spécialistes du tissu social se plaignent sans cesse est la conséquence d'un tel système. Il faut simplement répondre à une question. Les cotisations ouvrières sont-elles prélevées au profit de la santé des classes moyennes et supérieures ? Norbert Bensaïd et d'autres avant lui comme Jean-Paul Escande ou Jean-Jacques Dupeyroux en ont fait le constat dès 1980 : « Une femme de cadre supérieur consomme huit fois plus de soins qu'une femme d'ouvrier. Or, la cotisation d'un salarié n'est proportionnelle à son salaire que jusqu'à un certain plafond. Si bien qu'un cadre supérieur paie la même cotisation qu'un employé dont le salaire serait égal au plafond… Si dans un ménage ouvrier les deux époux travaillent, ils arrivent à payer davantage qu'un cadre qui entretient sa chère épouse[1]. » Quelques économistes les ont rejoints. Selon Béatrice Majnoni d'Intignano, « les cotisations furent souvent considérées comme une charge des entreprises ; aujourd'hui, on reconnaît qu'elles constituent un salaire indirect, différé ou géré collectivement. Avant la mondialisation de l'économie, la question pouvait se discuter. Aujourd'hui non. Quand le taux des cotisations augmente, l'employeur les répercute s'il le peut sur ses prix, perdant ainsi en compétitivité sur les marchés, ce qui provoque le chômage et limite les revendications salariales. Et s'il ne peut pas augmenter les prix, il les répercute alors sur les salariés en limitant les hausses de salaire ou l'embauche. Ainsi, les salariés supportent *in fine* et les cotisations et le chômage[2] ».

On peut penser que si la part des cotisations ouvrières et patronales était reversée aux salariés, cela leur permettrait de s'affilier selon leur choix à une mutuelle de santé, à une coopérative de soins, à un cabinet de médecine de groupe qui leur assureraient un niveau de soins et un accès décent, moins onéreux que celui qu'on leur impose. De plus, ils seraient alors déchargés des dettes et des impôts (les CSG, RDS et les prélèvements qui suivront inévitablement) que d'autres ont souscrits en leur nom et dont ils ne profitent que peu ou pas, en particulier parce que leur durée de vie est notablement plus courte.

Ce système serait plus équitable. Il reviendrait à un quasi-doublement du SMIC. La valeur du travail en serait rehaussée, tout comme le sens de la responsabilité. Gageons qu'on verrait, à la longue, la participation à la vie collective stimulée et que d'autres

---

1. Norbert Bensaïd, *La Lumière médicale, les illusions de la prévention*, éd. du Seuil, 1981, p. 254.
2. Béatrice Majnoni d'Intignano, *La Protection sociale*, éd. du Fallois, 1993, p. 61.

attitudes, syndicales, électorales, en seraient vivifiées. Cette solution est très différente de celle proposée par des sociologues et des statisticiens inégalitaristes qui s'épuisent à demander le rattrapage des dépenses des classes populaires afin de la mettre au niveau de celles des classes moyennes ou supérieures. Sans se demander si les structures de l'organisation des soins ne devraient pas être auparavant réexaminées[1]. Selon eux, la consommation utile ou la plus efficace est celle dont le coût global est le plus élevé. Leur objectif est donc le resserrement par le haut et non le renversement. Que ce projet utopique soit financé par un prélèvement injuste, conduisant à plus de chômage, montre la coupure entre la sociologie morale et l'économie politique.

La consommation médicale, désinvolte, toujours plus individualiste, encourage l'appropriation privée, le secret au nom de la famille repliée sur elle-même et occulte les dangers du volume excessif des dépenses de santé quand des besoins élémentaires de

1. Annette Leclerc, Didier Fassin *et al.*, *Les Inégalités sociales de santé,* INSERM, La Découverte, 2000. D'autres inégalitaristes comme Alain Bihr et Roland Pfefferkorn (*Déchiffrer les inégalités*, Syros, 1995) les rejoignent, sans que leurs discussions et démonstrations soient aussi argumentées. L'inégalité de consommations est-elle une inégalité de soins ? Celle-ci cacherait-elle une inégalité d'accès à la médecine de qualité ? Tant que ces équations n'auront pas été résolues, il est difficile de conclure aussi vite que « moins de dépenses » équivaut à être « moins bien soigné ». Ce serait réduire chaque maladie à un coût objectif dûment constaté et sa dépense à la valeur d'un traitement qui ne serait que la somme d'actes techniques plus ou moins onéreux produisant la pyramide de l'inégalité. Les équipements les plus dispendieux seraient-ils les plus adéquats et sont-ils nécessairement entre les mains des meilleurs ? Les soins les plus coûteux sont-ils les mieux adaptés ? Les actes les plus coûteux sont-ils les mieux ajustés ? Il y a certes des probabilités pour que cela soit le cas, mais rien ne le prouve. Cette discussion doit avoir lieu avant de conclure trop vite, à partir de statistiques, sauf à avoir une conception strictement marchande du progrès. Pour être juste, les auteurs conviennent de l'utilité d'autres indicateurs statistiques plus probants (sans être décisifs) : la durée de vie, l'intensité des maladies professionnelles ; on peut y ajouter : le nombre de handicaps ou d'accidents du travail, leurs séquelles, la pénibilité des tâches, la mortalité infantile, etc. Gardons l'idée que la durée de vie est le principal discriminant dans l'inégalité des dépenses de santé car la « population âgée », malgré son hétérogénéité, consomme beaucoup et ceux qui ne parviennent pas à un grand âge sont, par la « force des choses », parcimonieux ou économes.

la société ne sont pas satisfaits. La privatisation de la santé n'est pas un danger qui nous menace : c'est déjà fait et la gestion occulte du système en est la cause. L'alternative n'est donc pas de diminuer les charges pour tous, mais de donner le choix entre plusieurs systèmes volontaires. C'est rendre la partie socialisée à ceux qui se voient imposés au profit d'autres catégories plus chanceuses. La justice sociale serait donc de prévoir un cadre adapté aux volontaires de l'assurance ouvrière sans qu'on les menace d'une privatisation.

Les grandes machines égalitaires montrent leur épuisement. Leur incapacité à se réformer nourrit le désabusement et l'abstention citoyenne. Comment est-on passé à une répartition à l'envers, en si peu de temps, sinon par le fait que la lutte pour l'égalité, non réfléchie, engendre, à terme, la production d'inégalités ? Est-ce la conséquence du chaos politique ou le cumul de mesures contre-productives ? Est-ce le poids de la bureaucratie et celui du corporatisme qui ont poussé à des réformes mineures inefficaces pour en éviter d'autres qui seraient décisives ? Est-ce un changement complet de contexte et de conjoncture qui renverse le sens de dispositifs progressistes, conduisant soit à l'inertie, soit à la création de disparités ? On retrouvera sans mal l'équivalent du système que nous venons de décrire dans les domaines de l'éducation, des retraites, etc. Comment se fait-il que les moyens supplémentaires donnés à l'enseignement créent plus d'inégalités qu'ils n'en résolvent ? Comment se fait-il que la charge des retraites très élevées se distribue sur tous alors qu'une infime minorité en profite ? À quel moment le paritarisme a-t-il conduit à la confusion des intérêts ? La durée de vie a globalement augmenté, mais les écarts entre groupes sociaux également. Il y a bien eu des perdants. Ceux qui cotisent pour la santé, s'ils n'arrivent pas aux âges où l'on dépense le plus, s'ils n'habitent pas dans les « bonnes régions », auront été généreux pour les autres. Les grandes inventions sociales progressistes du XXe siècle s'essoufflent. Pour la santé, on a vu que ce n'était pas l'appareil bureaucratique qui était en cause (moins lourd que dans d'autres domaines alors qu'il traite des centaines de millions de dossiers annuellement), mais que c'était un refus de savoir, un repli commode sur un conformisme de pensée.

Peut-être que la crise sera salutaire, si on a le courage de reformuler le faisable et le souhaitable. Il y a une vingtaine d'années, on n'a pas voulu prendre en compte les signes avant-coureurs du changement des conditions de l'accès à l'Assurance maladie. L'apparition des déficits chroniques, le maintien et même l'aggravation des inégalités quant à la durée de vie entre les hommes aux travaux épuisants et ceux qui bénéficient d'emplois non épuisants impliquent d'ouvrir le débat. Une dichotomie persistante sur le long terme est apparue entre une population socialement étroite et numériquement faible d'usagers intensifs de soins et une autre massive et plus variée par l'origine sociale qui ne participe pas ou peu à cette consommation. Ce processus agit en dépit ou, peut-être, à cause du progrès médical.

Peut-on sauver la Sécurité sociale avec vingt ans de retard, en occultant le résultat des bouleversements récents et des changements intervenus ces dernières années ?

Conclusion

Derrière le rôle des professionnels en médecine et celui des grandes organisations corporatistes, on trouve des constantes de conduites de travail de défense : la première est de maintenir l'unité de la profession, même si c'est une unité de façade. Contrôler les dissidents ou les marginaux (qui existent de tout temps dès qu'il y a une pratique légitime dominante), cacher les faits aberrants, les dysfonctionnements, les décisions aventureuses afin de ne pas risquer une atteinte à l'autonomie, paraît à la profession médicale, plus qu'à toute autre, un impératif prioritaire. Beaucoup de force est mobilisée pour injecter une apparence d'homogénéité et de consensus formel (contre les « égarés » des médecines douces ou parallèles, contre des semi-sectes). Cela est obtenu grâce à des mécanismes d'influence politique produits par le renforcement syndical. L'interdiction de toute mise en cause du secret est un autre moyen de lutter contre les forces centrifuges, un ciment interne et un mur opposé aux caisses de l'Assurance maladie ou aux usagers. À la longue, de tels tiraillements affaiblissent l'institution médicale, induisant son éclatement, sa balkanisation, l'anarchie des pratiques, l'éparpillement des actes et la disparition de toute autorité légitime.

La deuxième caractéristique des comportements médicaux se situe dans la volonté de maintenir la croissance des revenus au-dessus de celle des revenus des cadres supérieurs et des autres professions libérales. Il s'agit de conserver des gains élevés contre vents et marée même si c'est au prix d'une déconsidération dans l'opinion en temps de crise et de chômage. Les plus intéressés et les plus désintéressés des médecins se retrouvent d'accord pour y voir l'assurance du crédit de la profession ; la rémunération est le symbole de la qualification haute et de l'utilité sociale. S'accrocher à ce signe fort est une manière de réassurance symbolique ; cet argument est aussi ingénu que l'auto-attribution de leur suprématie en fonction du nombre de leurs années d'études. Les revendications médicales, portées par le cri de « bac + 10 », « + 12 ou + 15 » à propos de la durée de la formation et qu'ils sont les seuls à exciper, ne traduisent en fait que leur culte envers une faculté conservatrice puisqu'on ne conteste jamais le contenu de l'enseignement. La longueur des études n'est pas le gage de la qualité ni ici ni ailleurs. Faire de la durée des études (dont, ce qui est rarement souligné, le coût est d'ailleurs supporté par la collectivité) une question de prestige est une chose finalement très étrange.

Maintenir à tout prix la dimension libérale de la profession (même si l'autonomie est écornée) est la troisième condition d'exercice qu'il leur paraît indispensable de préserver. Cet objectif est partagé même par les médecins qui ne sont pas concernés. Ceux qui bénéficient d'un autre statut ne le mettent pas en cause.

Ces trois conditions exigeantes sont imposées à l'ensemble de la société qui finance les soins de santé. Mais cela ne doit pas cacher que la profession médicale est menacée d'éclatement et que ses intérêts sont de plus en plus tiraillés entre les exigences de profit et celles de progrès. Si tout un travail mené en coulisses lui a permis de sauvegarder ses privilèges et son pouvoir, l'autonomie de la profession est de plus en plus limitée par l'irruption des « sciences de la vie ». La prééminence contemporaine de la biologie, l'émergence de l'industrie pharmaceutique mais aussi les nouvelles exigences de minorités d'usagers plus enclins à la récrimination ont affaibli le pouvoir médical malgré le renforcement du poids des syndicats et l'influence politique grandissante des médecins.

Ces grands problèmes sont restés cachés aux yeux des profanes. L'inorganisation de la médecine contemporaine a, paradoxalement, masqué les anomalies de fonctionnement, les déviations vis-à-vis des réglementations. Personne n'a relevé le caractère systématique et organisationnel de certaines de ces défaillances. Il n'y a pas de contrôle par ceux qui contribuent financièrement alors qu'ils ne sont pas usagers. La moitié des Français, non consommateurs, est tenue à l'écart. Il n'y a pas de mouvement les représentant et les non-malades sont exclus, en tant que tels, des discussions. Les gouvernants sont mal informés. Ils connaissent mal la pratique médicale, ses résultats, son coût réel. Cela n'est pas contradictoire avec une surabondance de chiffres dont on apprécie mal comment ils ont été obtenus. Les conditions du contrôle politique sont faussées par l'intervention des députés et ministres médecins déterminés à faire respecter les intérêts de leur profession. Les caisses agissent de manière peu répressive. Leur intervention est arbitraire car très inégale selon les cas. Le poids des cotisations et celui des impôts de rattrapage des déficits pèsent pourtant sur les salaires, mais ne provoquent pour le moment que des stratégies d'évitement du travail déclaré (travail au noir préféré à l'emploi). Tous ces phénomènes éparpillés sont cachés à l'observateur par la profusion d'un encadrement sanitaire : océan de règles, de codes, de normes de bonne pratique, de charte de malades, de comités éthiques, etc.

Les classes sociales dominantes s'appliquent à préserver, à tout prix, le consensus sur le remboursement des soins de santé et sur son organisation conventionnelle. L'accord va de l'extrême droite à l'extrême gauche. Régulièrement, les plus hautes autorités morales interviennent pour « sauver la Sécurité sociale ». On voudrait laisser croire que le choix est seulement entre une bureaucratie sans pouvoir et le marché privé des assurances. Ce faux dilemme a pour objectif de priver les citoyens de toute possibilité d'intervention.

De la même manière il existerait bien des moyens d'échapper à l'envahissement du secret médical pour connaître enfin la répartition des dépenses. Une catégorie des citoyens pourrait imposer la levée du secret, au moins en ce qui concerne leur cas personnel : n'ayant rien à cacher, ils pourraient autoriser le corps médical et les caisses à ouvrir l'accès à leur dossier. Cela permettrait de constituer des statistiques cohérentes. En s'élevant contre le secret, au nom de la démocratie, ils pourraient poser la question du coût de l'organisation de la médecine. La qualité des soins et l'évaluation des thérapeutes ne perdraient rien à cette disparition.

Nous avons tenté de lever l'écran qui cache les causes d'inégalités entre catégories sociales en comparant les disparités selon les modes de fonctionnement du monde médical. Nous ne voulons désigner aucun bouc émissaire particulier, que ce soit l'industrie pharmaceutique ou encore la paralysie de « l'État ». Nous ne voulons dénoncer aucun segment particulier de la profession médicale, les spécialistes par exemple qui seraient trop nombreux ou trop rémunérés, ou encore les généralistes pas assez bien formés. Le système est vicié dans son principe organisationnel mais il ne pouvait en être autrement face à des réalités pathologiques mouvantes, des affections à multiples facettes, dans un cadre aussi ambigu où les législations et les réformes cumulent tant d'effets pervers. En revanche, la société pourrait être plus réactive à la dépense et à sa destination. Des volumes budgétaires d'une ampleur considérable se trouvent engagés sans un minimum de contrôle citoyen même si quelques syndicalistes lucides s'y essaient parfois dans les conseils des caisses. Les déficits de notre santé affectent non seulement les travailleurs déqualifiés des pays riches, mais aussi les pays pauvres. La politique intérieure des États-providence est financée par l'exploitation d'une partie de sa population, mais aussi par celle des pays du tiers-monde qui subventionnent, indirectement, les pays riches. Il existe une relation causale entre l'échange inégal international, les bas salaires des pays pauvres et l'accumulation capitaliste.

À quoi servent les médicaments dans les pays sous-développés sans encadrement légal et éducatif, sans organisation des soins, sans médecins autochtones en nombre suffisant, bref sans économie sanitaire digne de ce nom, c'est-à-dire sans économie générale viable ? Il faut ajouter à cela la fuite des médecins et chercheurs loin de leur pays d'origine ; les aides internationales devraient plutôt servir à maintenir dans leur pays les meilleurs de leurs praticiens au lieu de les pousser à s'installer dans nos pays, attirés par les conditions de vie et les salaires (des milliers de médecins chaque année quittent les pays pauvres). En ce sens, la médecine est bien une institution de notre temps, faible et forte, puissante et fragile en même temps.

Alors, une bonne médecine et de mauvais médecins ? Ou de bons praticiens mais une médecine non adaptée aux situations présentes ?

En distinguant travail et organisation, nous avons mis en évidence les défauts de l'un et les lacunes de l'autre. Le décalage entre la médecine et les médecins, entre les connaissances et les compétences, est évident quand on confronte les actes aux discours. Entre les hommes et leurs missions, il y a les institutions : distribution territoriale, concurrence, hiérarchies, formation, statuts, clientélisme, corporatisme, etc. Des phénomènes que des sociologues ont nommé « la perspective institutionnelle[1] ».

Cette perspective conduit à la question : existe-t-il de bons médecins et une mauvaise médecine ? Ce sont des notions relatives et non un jugement normatif catégorique. On peut avoir une médecine qui progresse fortement et des thérapeutes médiocres, mal formés, mal encadrés ou avec de mauvaises conditions d'exercice. L'histoire en fournit plus d'un exemple. Les grandes découvertes sur le corps humain sont contemporaines des médecins sorbonnards de Molière. L'Antiquité et la Renaissance ont eu de bons « cliniciens » et de pauvres moyens, une pratique en avance sur un savoir archaïque. On peut maîtriser des savoirs substantiels, posséder une médecine expérimentale scientifique avancée sans être préparé à la perception de cas nouveaux. Cela traduit une sorte de désintérêt pour la vie réelle en société. Nous disposons d'un corpus conséquent de connaissances biologiques, une médecine basée sur les preuves, le secours de sciences éprouvées, mais les résultats sont ambigus. Et les conditions d'exercice sont trop hétérogènes pour pallier ce hiatus. Tant d'exemples viennent à l'esprit quant à la médiocre coordination entre ceux qui sont sur le front et les savants dans les bureaux ! Pour user d'une métaphore militaire, le fossé entre l'état-major et les fantassins est béant. Les généralistes deviennent des agents de première ligne qui doivent tenir coûte que coûte et trouver n'importe quelle solution aux problèmes criants des populations, quitte à être sélectifs, à fermer les yeux, à se montrer complaisants.

La médecine ressemble à une armée qui aurait de bons soldats sur le front, mais n'obtiendrait pas la victoire à cause d'une théorie

1. Voir Jean-Pierre Briand et Jean-Michel Chapoulie à propos de leur analyse de la scolarisation et de l'éducation.

inadaptée de la guerre contemporaine, des techniques inappropriées aux circonstances. Ses soldats sont aussi les victimes d'un apprentissage vieillot fondé sur des manœuvres impropres aux situations nouvelles. On peut avoir un excellent commandement d'état-major, une doctrine militaire satisfaisante, mais de mauvais chefs en campagne et des soldats démoralisés. C'est un peu ce que prétendent les officiers après une guerre perdue, qu'ils imputent à leurs subordonnés. Et l'on peut même avoir toutes ces conditions correctement réunies et perdre la guerre à cause d'un mauvais système de renseignement qui informe mal sur l'adversaire. Dans notre analogie : les urgentistes, les épidémiologues, les experts de santé publique, les statisticiens de l'INSERM, bref les espions en terrain ennemi. Il en sera ainsi chaque fois que la médecine nous donnera une fausse idée de son unité et de la prétendue homogénéité de son fonctionnement. Sur quel système d'information sociale la médecine s'appuie-t-elle pour connaître les conditions de vie des malades en tant qu'êtres humains complexes, ignorants ou savants, sincères ou rusés, aux conduites ou aux langages trop disparates pour être maîtrisés par de simples experts ou techniciens ? Si la connaissance socio-économique des malades est négligée au profit d'une pédagogie formaliste, les conséquences seront négatives quelles que soient les intentions. Pour reprendre l'image évoquée, la théorie militaire classique (les cas d'école appris), les armes sophistiquées, la doctrine et la tactique correctement appliquées donnent de mauvais résultats parce que le terrain est mobile, volatil, et que les conditions de l'affrontement varient considérablement dans une société diversifiée comme la nôtre.

Les trois conditions réunies (bonne doctrine, bons généraux et soldats valeureux) peuvent donner une réalisation thérapeutique décevante parce que soudain l'adversaire se dérobe et change les règles de la bataille. Dans ce cas, une armée trop lourde n'a pas le temps ou les moyens de s'adapter. C'est ce qui s'est passé avec l'irruption du sida et des nouvelles formes d'affections traditionnelles. J'utilise cette image d'une armée déboussolée et sans chef pour faire comprendre que l'argument des facteurs externes (comme le marché), celui des forces exogènes du capitalisme (pharmaceutique ou non) masquent les conséquences structurelles de la faiblesse d'organisation et de la gestion des médecines occidentales modernes.

La métaphore militaire conduit à une seconde comparaison, extraite d'un autre contexte qui a marqué profondément l'Histoire et les esprits. Une armée au faîte du pouvoir et du prestige, emplie de son autorité morale, parce qu'on la considérait alors comme la meilleure du monde (comme on le martèle pour désigner notre système de santé) dans les années 20 à 40, s'est effondrée brutalement. Quand on prétend à ce niveau d'excellence, il n'est pas rare que les démentis se multiplient. Un observateur participant a décrit longuement les conséquences d'une telle suffisance préparant plutôt des désenchantements que des victoires. Marc Bloch, capitaine en 1939, soldat décoré de 1914 à 1918, avant de mourir dans la Résistance en 1944, est l'auteur d'une analyse appropriée à notre échelle. Son observation des événements d'août 1939 à juillet 1940 inventorie, sous le titre *L'Étrange Défaite*[1], les raisons de la débâcle inattendue : le manque de cohérence dans le commandement, le désordre à l'état-major (il appartenait au Deuxième Bureau), l'absence de responsabilités claires dans la chaîne de commandement (la peur des « histoires », l'absence d'initiatives, les renseignements inexploités par paralysie des différents services de l'armée qui se surveillent mutuellement). Tout cela eut des conséquences dramatiques sur le terrain au moment de la bataille du printemps 1940. Le manque de réaction aux situations imprévues, la mauvaise organisation des liaisons, la rivalité entre services homologues appartenant à des unités différentes, la guerre interne des chefs et des clans conjugués à l'amour des techniques pour elles-mêmes, le repli moral sur les directives, règlements et proclamations triomphalistes : tout cela est très évocateur pour le sociologue de la médecine. Ce sont ces mêmes défauts structurels d'organisation et de fonctionnement que nous avons cherché à mettre en évidence pour éviter à avoir demain à traiter éventuellement de l'étrange défaite de la profession médicale.

Je voudrais terminer en rendant hommage à une catégorie de médecins dont j'ai peu parlé : « les travailleurs humbles et ano-

1. Marc Bloch, *L'Étrange Défaite*, Albin Michel, 1957.

nymes » ainsi qu'ils sont qualifiés dans la littérature sociale. Dans l'ombre, ils apportent une contribution irremplaçable en maintenant vivante une médecine populaire. Puisque j'avais ouvert la discussion avec les objections de l'élite, fermons-la avec le malaise de l'un de ces « travailleurs de la base ». Son cri de colère tombe à point pour conforter notre analyse :

« Malades, on vous ment : on a réussi à vous convaincre que le problème de l'Assurance maladie, c'est un problème d'argent et que plus vous cotiserez, mieux vous serez soignés. Ce n'est pas un problème d'argent, c'est un problème de médecine... La médecine actuelle est faite pour les médecins, surtout spécialistes, et pour l'industrie pharmaceutique, pour leur prospérité monétaire et leur confort intellectuel... Il ne faut pas augmenter les cotisations sociales, il faut changer de médecine : la bonne médecine n'est pas plus chère, elle est autre[1]... »

---

1. « Lettre d'un médecin en colère », *Le Monde*, 5 août 2004.

ANNEXE

Quatre rapports à la médecine : malade, patient, consommateur, usager

J'ai essayé dans cet ouvrage de suivre une typologie malade/patient/consommateur/usager qui permet d'identifier des attitudes déterminées par le rapport facile ou non (dans tous les cas toujours complexe) à la médecine, fait de docilité et de résistance, moitié confiance, moitié méfiance, impliquant un certain degré d'autonomie pouvant aller jusqu'à une très grande liberté et donc jusqu'au choix de changer de thérapeute. L'ambivalence des attitudes dans les rapports à la médecine permet de rendre compte des ambiguïtés de comportements qui peuvent aller jusqu'à une instrumentalisation de la médecine et à la création d'une consommation indépendante des médecins.

1. Malade

Point de vue du sujet sur son état qui rencontre ou non le point de vue de la médecine officielle octroyant, selon ses définitions, le statut particulier de « malade ». Les deux points de vue peuvent ne pas s'ajuster : un « malade » ne se reconnaît pas comme tel ; ou à l'inverse, il est dit guéri mais ne l'accepte pas. Sur une base de consensus international 1 000 maladies sont recensées par l'OMS, 5 000 par le savoir universitaire. Mais il existe actuellement des définitions concurrentes : celles des laboratoires pharmaceutiques par exemple qui peuvent compter jusqu'à 20 000 maladies.

2. Patient

Le patient est un malade qui est reconnu, suivi et traité par le monde médical. Il est passif, intervient moins qu'un malade, lequel résiste, négocie ou suit plus ou moins les avis des médecins. On peut être en désaccord avec son médecin mais on reste coopératif quand on est un patient ; c'est donc davantage un terme professionnel : version publique du terme client réservé aux discussions internes. On est donc plus ou moins « patient » selon le degré d'engagement et d'adhésion à la perspective médicale.

3. Consommateur

Le terme de consommateur désigne ceux qui utilisent la médecine comme un marché, pour ses biens et ses produits, selon leurs propres définitions de la santé et des soins. Ils usent de l'automédication et des régimes prescrits avec les moyens que donne la vulgarisation des savoirs et des pratiques acquises par une longue fréquentation. Ces acheteurs adaptent les biens médicaux à leur cas. On y trouve aussi bien la lutte contre le poids que le dopage, la recherche d'organes, embryons, prothèses, tissus, ensembles cellulaires, bientôt gènes.

4. Usagers

Les usagers sont les demandeurs d'un acte ou d'un avis, d'une autorisation, d'un examen de routine, d'une attestation pour toutes sortes d'événements civils ou de contrôle légal pour le travail, le sport, certains voyages ou d'autres activités auxquelles, de droit, la médecine ouvre l'accès. Nous sommes ainsi tous, plus ou moins, des usagers, parfois contre notre gré.

Chacune de ces catégories est ambiguë. Elles peuvent se recouvrir partiellement en raison des interactions entre les points de vue du médecin, du consultant, de sa famille, des instances des assurances. Chacun peut traverser les divers états selon son âge et sa biographie. On peut être plus patient que malade ou l'inverse. On peut avoir été un intense consommateur et devenir totalement réfractaire. Dans cette catégorisation, une population n'apparaît pas: les non-consultants, ceux qui pourraient être la gloire de la médecine (les jamais malades ou les guéris). Paradoxalement, cette catégorie a disparu des statistiques grâce au calcul de la moyenne et des taux à large spectre, amalgames trompeurs vu la dispersion extrême des comportements pathologiques.

Sur la méthode

Nous avons introduit chaque fois que cela a été nécessaire et possible une relation globale de pouvoir et de classe. Alors que les sociologies de l'éducation, du travail social, de la police, de la justice ne conduisent plus leurs problématiques sans tenir compte des classes sociales, singulièrement dans le face-à-face professeur-élève, policier-délinquant, producteur de services-usager, la médecine continue d'être étudiée sans que la condition et l'origine sociale du malade et celle du médecin soient citées et analysées. Cette bizarrerie d'une grande partie de la sociologie médicale implique que deux grands ensembles – les professions médicales et les populations malades – pourraient se situer dans un champ indéterminé, indifférent aux positions sociales de pouvoir, de niveaux de revenus, d'influence politique, contrairement à ce qui se passe pour toutes les autres relations de production, de services, que ce soit dans l'éducation, l'administration, l'économie. Chaque fois que cela a été réalisable (en nous basant sur des indices parfois fragiles mais produits par une longue expérience), nous avons indexé une variable « classe sociale d'appartenance » dans les observations des malades et des thérapeutes, de la hiérarchie médicale, des relations aux autres acteurs : associations, journalistes, élus, etc. Cette discrétion de la sociologie traditionnelle découle du fait qu'on ne demande pas à un médecin d'où il « vient », combien il gagne, comme on le fait avec un instituteur ou un cadre administratif. On répugne aussi à le demander au malade inquiet ou en état de faiblesse, ou bien alors on accepte sans réserve ses réponses dont la vérification paraîtrait incongrue ou insupportable.

Table

Quatrième partie

Enquêtes sur le désordre institutionnel

RÉALISATION : PAO ÉDITIONS DU SEUIL
IMRESSION : NORMANDIE ROTO IMPRESSION S.A.S. À LONRAI
DÉPÔT LÉGAL : OCTOBRE 2005. N° 138 (05-2541)
IMPRIMÉ EN FRANCE

Les Empêcheurs de penser en rond
Extrait du catalogue

Éric Alliez (sous la direction de), *Gilles Deleuze, une vie philosophique*

Philippe Artières, *Clinique de l'écriture*

Robert Barrett, *La Traite des fous. La construction sociale de la schizophrénie*

Bernadette Bensaude-Vincent, *La Science contre l'opinion*
Faut-il avoir peur de la chimie ?

Christine Bergé, *Héros de la guérison*

Mikkel Borch-Jacobsen, *Folies à plusieurs. De l'hystérie à la dépression*

Danièle Burel, *Pas plus pute qu'une autre*

Léon Chertok, *La Relation médecin-patient*
Le Non-Savoir des psy
Naissance du psychanalyste

Léon Chertok, Isabelle Stengers, *L'Hypnose blessure narcissique*

Collectif *Les Échos*
100 Mots pour juger les inventions qui vont changer le monde

Pierro Coppo, *Les Guérisseurs de la folie. Histoires du plateau dogon*

Vincent Crapanzano, *Les Hamadcha. Une étude d'ethnopsychiatrie marocaine*

François Dagognet, *Comment se sauver de la servitude ?*
Des détritus, des déchets, de l'abject
Une nouvelle morale
Questions interdites
100 Mots pour commencer à philosopher
Les Grands Philosophes et leur philosophie
100 Mots pour comprendre l'art contemporain
Philosophie à l'usage des réfractaires
La Subjectivité

François Dagognet, Tobie Nathan, *La Mort vue autrement*

François Dagognet, Philippe Pignarre, *100 Mots pour comprendre les médicaments*

Martine Delvaux, *Femmes psychiatrisées, femmes rebelles*

Ernesto de Martino, *Italie du Sud et magie*
La Terre du remords
Le Monde magique

Sybille de Pury, *Comment on dit dans ta langue ?*

Philippe Descamps, *Un crime contre l'espèce humaine ? Enfants clonés, enfants damnés*

Camille Desmarais, *Les lendemains qui mentent. Peut-on civiliser le management ?*

Vinciane Despret, *Ces émotions qui nous fabriquent. Ethnopsychologie des émotions*
La Danse du cratérope écaillé. Naissance d'une théorie éthologique
Quand le loup habitera avec l'agneau
Hans, le cheval qui savait compter

Georges Devereux, *Ethnopsychiatrie des Indiens mohaves*

John Dewey, *Comment nous pensons*

Paul Dumouchel, *Émotions. Essai sur le corps et le social*

Jean-Pierre Dupuy, *La Panique*

Steven Epstein, *Le virus est-il bien la cause du sida ? Histoire du sida 1*
La Grande Révolte des malades. Histoire du sida 2

Sue Estroff, *Le Labyrinthe de la folie. Ethnographie de la psychiatrie en milieu ouvert et de la réinsertion*

Bernard Forthomme, *De l'acédie monastique à l'anxio-dépression. Histoire philosophique de la transformation d'un vice en pathologie*
L'Expérience de la guérison
La Folie du roi Saül

Evelyne Fox Keller, *Le Rôle des métaphores dans les progrès de la biologie*

Jean Garrabé, *La Schizophrénie*

Gaëtan Gatian de Clérambault, *Passion érotique des étoffes chez la femme*
L'Érotomanie

Daniel Jonah Goldhagen, *Le Devoir de morale*

Jan Goldstein, *Consoler et classifier*

Byron Good, *Comment faire de l'anthropologie médicale ?*

Catherine Gransard, *Juifs d'un côté*

Henri Grivois, *Tu ne seras pas schizophrène*

Norbert Gualde, *Les microbes aussi ont une histoire*

Ian Hacking, *L'Âme réécrite. Étude sur la personnalité multiple et les troubles de la mémoire*
Les Fous voyageurs

Nathan Hale, *Freud et les Américains*

David Healy, *Le Temps des antidépresseurs*

Daniel Helminiak, *Ce que la Bible dit vraiment sur l'homosexualité*

Émilie Hermant, *Clinique de l'infortune*

William James, *Précis de psychologie*
La Volonté de croire

Stuart Kirk, Herb Kutchins, *Aimez-vous le DSM ? Le triomphe de la psychiatrie américaine*

Georges Lantéri-Laura, *La Chronicité en psychiatrie*

Dominique Laplane, *La Pensée d'outre-mots*

Bruno Latour, *Petite Réflexion sur le culte moderne des dieux faitiches*
Jubiler ou Les Tourments de la parole religieuse

Bruno Latour, Émile Hermant, *Paris ville invisible*

Gérard Layole, *Tu seras un chef*
100 Mots pour résister aux sortilèges du management

Judith Lazar, *Les Secrets de famille de l'Université*
100 Mots pour introduire aux théories de la communication

Maurizio Lazzarato, *Puissances de l'invention. La psychologie économique de Gabriel Tarde contre l'économie politique*
Les Révolutions du capitalisme

Catherine Lemaire, *Rêves éveillés*
Cendrillon est un couillon

Catherine Lutz, *La dépression est-elle universelle ?*

Patrick Mahony, *Dora s'en va. Violence dans la psychanalyse*

Thierry Marchaisse, *Dépayser la pensée*

Harry Marks, *La Médecine des preuves. Histoire et anthropologie des essais cliniques*

Jean-Clet Martin, *Van Gogh. L'œil des choses*
100 Mots pour jouir de l'érotisme
100 Mots pour 100 philosophes

Bertrand Méheust, *Somnambulisme et médiumnité*
Tome 1 : *Le Défi du magnétisme*
Tome 2 : *Le Choc des sciences psychiques*
Un voyant prodigieux. Alexis Didier, 1826-1866
100 Mots pour comprendre la voyance

Thierry Melchior, *100 Mots pour ne pas aller de mal en psy*

Martin Miller, *Freud au pays des soviets*

Robert Misrahi, *Le Corps et l'Esprit dans la philosophie de Spinoza*
La Signification de l'éthique
100 Mots pour construire son bonheur
*100 Mots sur l'*Éthique *de Spinoza*

Shoma Morita, *Shinkeishitsu*

Tobie Nathan, *Nous ne sommes pas seuls au monde*
Du commerce avec les diables

Tobie Nathan, Isabelle Stengers, *Médecins et Sorciers*

Tobie Nathan, Isabelle Stengers, Lucien Hounkpatin
La Damnation de Freud

Tobie Nathan, Jean-Luc Swertvaegher, *Sortir d'une secte*

Françoise Parot, *100 Mots pour faire de la psychologie*
100 Mots pour comprendre le rêve

Jean Peneff, *La France malade de ses médecins*

Pierre Pichot (sous la direction de), *L'Approche clinique en psychiatrie*

Pierre Pichot, Tobie Nathan, *Quel avenir pour la psychiatrie et la psychothérapie ?*

Bruno Pinchard, *Méditations mythologiques*

Philippe Pinel, *Traité médico-philosophique sur l'aliénation mentale*

Richard Pollak, *Bruno Bettelheim ou la fabrication d'un mythe*

Marquis de Puységur (textes rassemblés et présentés par Jean-Pierre Peter)
Un somnambulisme désordonné

Anne Querrien, *L'École mutuelle. Une pédagogie trop efficace ?*

Marc Renneville, *Le Langage des crânes. Une histoire de la phrénologie*

Nathalie Rigaux, *Le Pari du sens. Une nouvelle éthique de la relation avec les patients âgés déments*

Alain Rubens, *Le Maître des insensés. Gaëtan Gatian de Clérambault*

Starhawk, *Femmes, magie et politique*

Isabelle Stengers, *La guerre des sciences aura-t-elle lieu ? Scientifiction*
La Volonté de faire science
L'Hypnose, entre magie et science

Isabelle Stengers, Bernadette Bensaude-Vincent
100 Mots pour commencer à penser les sciences

Jean Stengers, *Histoire d'une grande peur, la masturbation*

Gabriel Tarde, *L'Opposition universelle*
La Logique sociale
Les Lois de l'imitation
Les Lois sociales
Maine de Biran et l'évolutionnisme en psychologie
Monadologie et sociologie
Philosophie de l'histoire et science sociale. La philosophie de Cournot
Les Transformations du pouvoir
La Criminalité comparée

Louis-Vincent Thomas, *Les Chairs de la mort*

Serge Tisseron, *Le Bonheur dans l'image*
Les Oreilles sales

Jean-Michel Truong, *Totalement inhumaine*

Jean Wahl, *Les Philosophies pluralistes d'Angleterre et d'Amérique*